张其仔 江飞涛 吴利学 等 著

中国发展经济学
思想研究

1949~2019

STUDY ON THE ACADEMIC RESEARCHES OF
CHINA'S
DEVELOPMENT ECONOMICS

1949-2019

社会科学文献出版社
SOCIAL SCIENCES ACADEMIC PRESS (CHINA)

前　言

为了加强学科体系建设，中国社会科学院从 2017 年开始实施学科登峰计划。登峰计划分为几个层次，如优势学科登峰计划、重点学科登峰计划。发展经济学学科建设项目就属于重点学科登峰计划这个层次。

工业经济研究所传统的学科范围仅包括产业经济、企业管理、区域经济、会计与财务管理等，并不涵盖发展经济学。但研究中的很多内容，如工业化、产业转型升级、城市化等，与发展经济学关系密切，加之所里主办的《中国工业经济》杂志的作者有不少是研究发展经济学的，杂志也希望能把国内研究发展经济学的一批学者团结起来，所以，在申报学科建设计划时，由我牵头申报了发展经济学重点学科建设项目。

对学科的学术思想进行梳理，是学科建设的基础，也是学科项目建设所列重要任务之一。这个工作在项目启动时就开始了，原计划是对改革开放后四十年发展经济学的学术思想进行梳理，但到 2018 年底并没有完成初稿。2019 年是中华人民共和国成立 70 周年，于是我们把研究任务拓展至 1949 年之后中国的发展经济学学术思想。《中国发展经济学思想研究：1949 ~ 2019》就是我们对中国 1949 ~ 2019 年发展经济学在中国引入、传播和发展进行梳理、归纳总结的成果。

对中国发展经济学学术思想进行梳理、归纳、总结面对的一个难题是，什么样的学术思想属于发展经济学学术思想。一个简单的办法，就是把西方发展经济学研究所涵盖的问题归入发展经济学范围，超出这个范围就不包括。但在分析了西方发展经济学所研究的问题之后，我们发现，西方发展经济学所研究的问题，很多对我国的发展来说，并非十分重要，于是，我们就根据对中国发展实践的理解，列出了七大主题。从七大主题着手对中国的发展经济学学术思想进行梳理、归纳和总结。这七大主题分别为经济增长与发展战略、发展中的宏观调控、产业发展、区域发展、对外开放与经济全球化、收入分配与反贫困、经济体制改革等。

呈现在读者面前的这本著作，只能是对中国发展经济学学术思想研究的初步成果，著作中所列七大主题是否就是发展经济学应涵盖的内容或是否全面涵盖了发展经济学研究，七大主题之下所囊括内容是否合适、叙述和呈现的方式是否得当等，都值得进一步讨论。恳请大家批评指正。

在学术界，对于发展经济学作为一门独立的学科存有质疑的声音，我们在梳理、归纳、总结我国发展经济学的学术思想时，深感发展经济学作为一门独立的学科，其研究的理论边界并不十分清晰。但不管怎样，我们仍坚信，站在发展中国家的立场去看待发展问题，总能给经济学做出一些贡献。

最后，我代表所有作者衷心感谢中国社会科学院重点学科资助计划的支持，感谢所学术委员会对发展经济学申报为重点学科的支持。同时对社会科学文献出版社为出版此书付出的大量心血表示感谢。

张其仔

2020 年 9 月 8 日

撰写作者分工

目　录

第七篇 经济体制改革理论

总论　发展经济学在中国的引入、传播与发展

一　中国发展经济学学术思想研究现状

中国已经成为世界第二大经济体，一般而言，随着一国经济实力的强大，其知识的本土化或原创性水平也会相应地提高。中国从低收入国家成为上中等收入国家，为发展经济学研究提供了大量的实践素材，相较于其他学科，发展经济学面临着更多地产生原创性和本土性知识的有利条件。但中国发展经济学的原创性究竟如何，或者说中国发展经济学在世界上处于何种地位？对此，并无系统研究。

研究中国发展经济学思想70年，需要厘清的首要问题，是什么是中国的发展经济学，中国的发展经济学是否与中国的经济学有区别？对此的回答取决于我们如何定义经济学与发展经济学。针对发展经济学，学术界存在两种不同的界定，一种是广义的。广义的，就是把发展经济学作为一门研究发展问题的学科。迈耶在《发展经济学的先驱》导言中写道："发展经济学这门学科，既是最老的经济学的分支，又是最新的经济学的分支。从亚当·斯密的《国民财富的原因与性质的研究》开始，古典经济学家就试图发现经济进步的根源，并分析经济变化的长期过程。正如诺贝尔奖获得者刘易斯提醒我们的那样，亚当·斯密所谓的'富裕的自然增进'，就是我们今天所谓的'发展经济学'"（1988：1）。杨小凯在《发展经济学:超边际与边际分析》一书中，同样把发展经济学界定为一门研究经济发展的经济学科。按此定义，经济学中所有与发展有关的问题都可以归入发展经济学这门学科之下，不仅被冠以发展经济学名称的思想可以被划入，而且西方经济学中的古典经济学因为其研究的中心议题是发展问题，也属于发展经济学。所以，在

杨小凯的眼里，发展经济学经历了古典发展经济学时期、新古典发展经济学时期和新新古典发展经济学时期（杨小凯，2003：1～13）。

对于发展经济学的另一种界定是狭义的，把兴起于第二次世界大战后的研究发展中国家问题的经济学称为发展经济学。这一狭义界定，明确把发达国家的发展问题排除在外，也与一般的经济发展研究区分开来。"狭义而言，发展经济学是研究世界上已经存在一批发达国家的情况下，那些不发达国家如何实现经济起飞和经济发展的经济学"（张培刚，1996：17）。所以，狭义的发展经济学与广义的发展经济学相比，将发展经济学的研究对象限定为发展中国家，并且是在存在一批发达国家的情况下对如何推动发展中国家实现起飞、谋求发展的研究。中国是一个发展中国家，中国经济学研究的核心问题是发展及其相关的问题，如把发展经济学界定为研究发展问题的经济学，则所有有关中国发展问题的经济学研究都属于发展经济学，中国的经济学与发展经济学思想重合度很高，中国的经济学思想的主体是发展经济学思想。

对1949年之后中国发展经济学思想的研究有一类是从经济学思想的角度进行的。这类研究既包括了发展经济学思想，也包括了其他经济学思想。相较于专门从发展经济学角度展开的研究，这类文献非常丰富，其中以张卓元撰写或主编的一系列著作最为全面和系统。张卓元先后组织撰写了《论争与发展：中国经济理论50年》《中国经济学30年》《中国经济学60年》《当代中国经济学理论研究（1949～2009）》《新中国经济学史纲（1949～2011）》《中国经济学成长之路》《中国经济理论创新四十年》等，对1949年以来，特别是改革开放以来中国经济学的发展进行了较为系统的探索。其他的研究还有史晋川、叶建亮在《人民日报》上发表的《新中国经济学创新发展70年》，在《经济研究参考》上发表的《中国经济学70年发展的回顾与展望》，刘伟在《学习与探索》（2019年第8期）上发表的《中国经济学70年演进与发展》、在《经济研究》（2019年第9期）上发表的《中国经济学70年：回顾与展望》等。

发展经济学是经济学的一个分支，研究经济学思想的这类文献自然会包含中国发展经济学的一系列思想。但发展经济学毕竟不同于经济学，这类文献虽然为我们研究中国发展经济学奠定了重要基础，但并不能以此代替对发展经济学思想的研究。当然，更为重要的是，此类文献主要是从中国的自身学术发展脉络进行梳理，以此为基础要研究中国发展经济学在世界的地位需要做大量的补充性工作。这不仅需要把发展经济学的思想与一般的经济学思想区分开来，而且需要将中国学者的研究与国际学术界的研究相对照，最终才能得出结论。

中国学者对发展经济学学术思想的研究把重点放在了对西方发展经济学理论与思想的研究上，对中国发展经济学学术思想的研究文献相对较少，并且重点在 1949 年之前。1991～1998 年北京大学出版社出版的由赵靖教授主编的《中国经济思想通史》1～4 卷于 2002 年修订重版，重版后增加了 1 卷《中国经济思想通史续集：中国近代经济思想史》。在这一卷的序言中，作者明确指出，中国近代经济思想的基本内容是经济发展思想（赵靖，2002：2），但其年代仅延至 1924 年。1990 年北京大学出版社出版了由罗荣渠主编的《从西化到现代化：五四以来有关中国的文化趋向和发展道路论争文献》，整理了"五四"以来到 1948 年关于中国发展道路的研究文献。在1993 年由北京大学出版社出版的罗荣渠的《现代化新论：世界与中国的现代化进程》，专辟一章讨论中国近百年来的现代化思潮。研究中国经济思想史的学者中，只有叶世昌及其学生李向民做出过这方面的努力。李向民在《论中国发展经济学的世界地位——兼论发展经济学的三个阶段》一文中指出，发展经济学的发展应分为三个时期：欧洲时期、中国时期、美洲时期。他还提出，到 1949 年前，中国的发展经济学进入了成熟期（1994：9～14）。叶世昌在《中国发展经济学的形成》中提到，在 1995 年华中理工大学"发展经济学与中国经济发展"研讨会上武汉大学李守庸教授在其题为《中国古代经济发展思想初探》的论文中认为，中国古代已经有经济发展思想，"不妨把司马迁看作是发展经济学在东方古代的先驱"（2000：86～91）。叶世昌列举出中国的工农关系、对外贸易与进口替代、计划化和二元经济结构等思想，以此证明中国是发展经济学的发源地（2000：86～91）。

对 1949 年后中国发展经济学理论进行系统研究的文献并不多。此类研究中，较早的一篇是在西方发展经济学引入中国 10 年之际，谭崇台教授在《中国社会科学》上发表的《十年来我国对发展经济学的研究和应用》一文。文章指出中国在研究和应用西方发展经济学中存在三大问题（1990：135～149）。国内知名经济学家林毅夫教授力图将其倡导的新结构经济学纳入全球发展经济学的脉络中予以分析。谢伏瞻在《中国社会科学》2019 年第 11 期上发表《中国经济发展与发展经济学创新》。近期的研究文献还包括中国人民大学彭刚教授为叶升初教授主编的《中国发展经济学年度发展报告（2016～2017）》写的绪论《发展经济学在中国：引介、传播与发展》，在《区域经济评论》2019 年第 5 期上发表的《70 年来发展经济学在中国的引介、传播与发展》等，简要介绍了发展经济学在中国的引介、传播过程以及新结构主义经济学（2019：51～56）。在中国发展经济学理论与思想研究中，尽管出现了上述文献，也为进一步研究中国发展经济学思想提供了有益线索，但仍不够系统和全面。

二 西方发展经济学思想的引入与传播

与发达国家的不同之处在于，发展中国家前面已经有了经济上比较成功的、值得关注的对象。这一特性不仅会表现在经济实践中，也会表现在学术研究上。研究发展经济学在中国的发展离不开对西方发展经济学思想在中国的引入和传播的研究。

（一）1978年前

改革开放以前，国外的发展经济学思想在中国就已有所传播。1957 年，《世界经济文汇》推出了一个关于"后进国如何发展经济"的专辑，经济学家吴斐丹为此写了引言。在引言中，他提到，"后进国"是从俄文或英文翻译过来的，过去在报刊上多用"落后国"，近来则多用"不发达国"或"未发展国"的译名，"我们认为后进国的译名比较恰当和简洁，所以决定采用它"（1957：1）。吴斐丹是经济学家和人口理论家，翻译了大量的外国经济文献和经典著作，翻译和撰写的专著有《资产阶级古典政治经济学选辑》

《魁奈经济著作选集》《经济组织论》《战时日本全貌》《外国经济学说史》等。同时，他是《世界经济文汇》的创刊人。但在推出这一专辑时，吴斐丹教授并没有使用发展经济学这个概念。

1960年《现代外国哲学社会科学文摘》发表了定扬译自英国《经济学家》关于"经济发展的策略"与"经济进步的可能性"的介绍性文章，前者为A. O. Hirschman所著，后者为A. J. Youngson所著，此文中第一次提及发展经济学这个概念（1960：32～33）。但这个概念在1978年前并没有为国内学术界所接受，当时学术界更倾向于使用"不发达经济学"这个概念，直到20世纪80年代始，国内学术界才广泛使用"发展经济学"的概念。1961年《现代外国哲学社会科学文摘》发表了定扬翻译的马堡关于希琴斯的《经济发展：原理、问题和政策》的介绍性文章（1961：31～32）。1978年前国内对于国外发展经济学思想都是从批判的角度加以介绍的。吴斐丹在为"后进国如何发展经济"专辑写的引言中就指出，发展经济学代表了资本主义国家的立场。唐雄俊发表的《罗斯托"经济发展阶段论"发表后各方面的反映》，介绍了一些批评罗斯托的经济发展阶段论的观点（1960：29～31）。张显高在《简评"不发达经济学"》一文中就直接指出，发展经济学是为资本主义服务的（1964：58～65、74）。

（二）20世纪80年代初至80年代中期

对西方发展经济学的研究在"文化大革命"期间停顿下来，直到改革开放以后，在老一辈经济学家的引导下，国内学术界才又开始研究西方发展经济学。在20世纪80年代较早对发展经济学进行系统讨论的学者包括范家骧、高鸿业、俞品根、陶文达、谭崇台等。

范家骧于1980年发表《七十年代的发展经济学》的文章，对20世纪70年代前后的发展经济学进行了介绍和讨论。他指出，20世纪70年代以前，发展经济学把经济发展理解为实现持续的高增长，因此，强调迅速工业化，70年代以来，发展经济学研究的重点开始转向农业现代化，强调执行适当的经济、社会措施，使发展中国家贫穷的广大民众"尽快地和广泛地提高生活水平""最有效地分享经济进步的成果"，并且着重总结经济成果比较显著的一些发展中国家或地区的发展方式。在理论上，他着重讨论了哈罗德·多马模型、刘易斯的二元结构模型，以及进口替代、出口导向战略，另外对罗斯托的经济成长理论、熊彼特的经济体系、新制度学派也有所讨论（1980：68~74）。

高鸿业教授在20世纪80年代早期发表过《为什么要研究西方发展经济学》《西方发展经济学述评》等文章，介绍了西方发展经济学的理论基础。在这些文章中，高鸿业教授除提及哈罗德·多马模型、进口替代和出口导向战略外，还提到了西方发展经济学的微观理论基础、西方发展经济学关于制度的研究，涉及罗斯托、刘易斯、阿德尔曼等学者的思想。高鸿业指出，阿德尔曼和莫利斯在1964年发表的文章中，企图从数量上论证制度和结构因素对经济发展的重大作用，试图用制度和结构上的22个因素，如文盲比例、民族主义情绪的强烈程度、国家统一的程度等来"解释"74个发展中国家国民生产总值的变动。所以，高鸿业教授当时提到的制度是文化、习惯、规章制度、政治结构等（1981：59~63，1983：73~78）。

1982年陶文达、徐宽共同发表《发展经济学与经济学的研究层次问题》，既不赞成将西方发展经济学视为庸俗经济学、认为是毫无用处的观点，也不赞成只注意引进西方发展经济学、忽视建立自己的发展经济学的主张。他们将经济研究分为三个层次，即最高层次、中间层次和最低层次，一般经济理论研究属于最高层次，中间层次是应用经济理论研究，最低层次是实际经济工作研究。发展经济学以发展中国家为研究对象，属于应用经济理论研究这一中间层次。在这篇文章中，作者认为，发展经济学研究的主要问题包括发展中国家的二元结构、资金积累和外资利用、人口与就业、工农业发展、技术革命与技术引进、国民收入分配、对外贸易的模式、经济增长速度、经济发展战略与计划模式，以及发展中国家经济发展的历史总结与比较等。作为分析工具，赫克歇尔－俄林的要素禀赋理论、可计算一般均衡模型、影子价格、基尼系数、ASHA分析等概念出现在此论文中（1982：69~73）。

谭崇台1983年发表《综论西方发展经济学》一文。文章从几个不同的角度，对西方发展经济学进行了介绍。从时间的角度，他将西方发展经济学分为以下几个阶段。第一阶段是 20 世纪 50～60 年代。发展经济学在这个阶段的主要特点，是强调资本积累的重要性，强调计划的重要性，强调工业化的重要性。第二阶段是 20 世纪 60 年代之后的发展经济学，这个阶段的发展经济学有五个特点：①更多地采用了新古典学派理论的观点；②更多地采用了经验分析的方法；③强调了对涉外经济部门的政策的重要性，这种转变可能是由于内向的进口替代战略未能成功；④改变了单纯追求增长的观点，转而重视收入分配、经济稳定、资源使用和劳动力就业等问题；⑤一般的、统一的理论逐步为特殊的、具体的分析所代替（1983：58～63）。

在这个阶段，中国社会科学院对西方发展经济学的引入起到过重要推动作用，中国社会科学院的一些学者也对西方发展经济学做过介绍。1981 年 7 月末至 8 月底，根据中美学术交流计划，中国社会科学院责成经济研究所举办西方发展经济学讲习班，有 80 多人参加。盖尔·约翰逊教授就农业的发展战略、农业科研政策、粮食价格与发展农业的关系等问题做了讲解。芝加哥大学教授加里·贝克尔讲授了人力资本的投资及回收率、人力资本与人口增长、经济增长与人口动态的关系等问题。耶鲁大学经济增长研究中心副主任古斯塔夫·拉尼斯对很多国家经济发展三阶段各自的特点和过渡的条件、劳动过剩经济发展理论、经验与政策做了讲解。约瑟夫·斯蒂格里茨讲授了劳动的刺激、经济计划和集中与分散、经济信息在经济发展中的作用等。他强调经济体制的中心问题是经济信息的质量和数量问题，以及决策者的利益和社会利益是否协调的问题等。伯克利加州大学农业和资源经济系教授、研究发展中国家收入分配以及宏观经济计量模型的学者伊尔玛·阿德尔曼就经济发展计划的经济逻辑、投入—产出和社会核算以及可计算一般均衡模型等进行了讲解。世界银行工业经济处首席经济学家（处长）、哈佛大学经济学博士、前常驻韩国国家计委顾问拉里·韦斯特法尔就规模经济和投资决策与技术选择问题做了讲解。他对资本密集与劳动密集、资本与劳动互相替代对经济发展的影响做了分析，并针对世界银行在很多国家运用的投入—产出模型做了系统的讲解。明尼苏达大学教授、国际开发署顾问安妮·克鲁杰尔就发展中国家采取进口替代、出口鼓励两种外贸政策的利弊做了比较分析，强调采取出口鼓励政策的优越性（李俞荣，1981：7~9）。

1981年俞品根教授发表了《资产阶级发展经济学简介》一文，简要介绍了西方发展经济学的理论与政策主张。文章中提到的发展经济学理论，除哈罗德·多马模型，刘易斯以及费景汉、拉尼斯提出的二元经济结构理论（文中称为"双重经济结构理论"）之外，第一次简要介绍了"库兹涅茨曲线"和缪尔达尔提出的"循环积累因果原理"。在介绍西方发展经济学的政策主张时，俞品根教授从发展目标的确定到发展策略的选择两个方面做了介绍。在发展目标方面，他提到早期发展经济学确立的发展目标是要追上先进国家，传统发展经济学的战略是"追赶型"战略，但实际结果并不理想，所以，到20世纪70年代后发展经济学开始提出以满足基本生存需要为发展目标。在讨论发展策略的选择时，文章中涉及诺克斯、西托夫斯基的平衡发展和赫尔希曼的不平衡增长两种策略，以及以工业为重或以农业为重的战略、进口替代与出口导向型战略等，也包括"大推进论""临界最小努力论""起飞论"等概念（1981：37~42）。

20世纪90年代前，对西方发展经济学做过最系统和全面介绍的文章是南开大学杨敬年教授的《发展经济学的对象和方法》，分上、下册发表于《南开经济研究》上。他关注到20世纪80年代西方经济学界关于发展经济学是否已经死亡的争论。在从对象上肯定发展经济学的存在性时，他引用了迈克尔·托达诺在《经济发展与第三世界》一书中关于发展中国家共同的特征的论述：发展中国家确实是有许多不同之点的，然而，在这些不同的背后，有许多共同的特征，那就是生活水平低，生产率低，技术不发达，人口增长速度快和抚养负担重，失业和就业不足的水平高和增长速度快，主要依靠初级产品的生产和出口，在国际关系中处于受支配、依附和脆弱的地位。他认为，不论是发展中的社会主义国家还是其他的发展中国家，都具有这些共同的特征，研究它们怎样才能从不发达国家变为发达国家，这就是发展经济学存在的客观基础。在论述发展中国家的经济发展包括经济增长目标之外更多的内容时，他引用了杰拉德·迈耶关于"发展的目的论述"：发展的质方面，除了增长之外，还会体现在制度的发展和人们的态度与价值观念的改变中。同时，他还引用了霍利斯·钱纳里和伊西斯·赛奎因《发展的格局：1950~1970年》一书中的经验证据，证明一个国家随着人均国民生产总值的增长，经济结构也会发生变化。在论证"即便是单纯的经济增长，发展中国家与发达国家也处于不同的条件下"这个观点时，作者引用了西蒙·库兹涅茨于1971年12月接受诺贝尔奖时发表的题为"现代经济增长：发展与反思"的演讲（载《美国经济评论》1973年6月）。库兹涅茨认为不发达国家虽有许多差异，但共同之点就是未能利用现代经济增长的潜力，因此人均产值低、农业或采掘工业所占比重大、生产规模一般很小，并且欠发达国家与发达国家进入现代经济增长前夕所处的地位相比亦有较大的不同（1988：1~10）。在讨论发展经济学的研究方法时，作者按霍利斯·钱纳里的研究，从"结构主义的、新古典主义的和马克思主义的"三个方面进行了讨论。在结构主义下，作者分析了发展经济学中的"资本积累""刻意的工业化""进口替代""发展计划化""两缺口模型""二元结构模型"；在新古典的方法方面，作者讨论了用新古典方法开展的关于经济发展目标、就业、农业、外贸自由化、人力资本投资等的研究；在新马克思主义方法下，作者重点讨论了在20世纪60年代，拉丁美洲的依附论者和加勒比海的"新世界小组"提出的依附理论（1989：8~14、17）。

（三）20世纪80年代末至90年代中期及以后

改革开放至20世纪80年代末，中国对发展经济学的研究中，对一般性发展经济学思想开展零散性的研究较多，到20世纪80年代末，这个状况开始发生变化，中国对发展经济学的研究进入对发展经济学的系统探索期。1988年经济科学出版社出版"现代经济发展研究丛书"。董辅礽教授在为该丛书写的序言中指出，中国正经历的这场规模宏大的经济体制改革深植于我国经济发展的复杂的现实基础之上。发展经济学这门新型的经济学学科则可以使我们抓住各种经济发展模式的演化轨迹。因此，为获得求解现实中国经济问题的分析工具，我国经济理论界在经历了一段时期比较经济体制学研究的高潮之后，如今又开始注重研究发展经济学了。近年来，在我国人们越来越重视对发展经济学的学习和研究。有些研究机构设立了发展经济学研究室，许多大学开设了发展经济学的课程。问题的症结在于，我们不能仅仅满足于一般性的研究或只潜心研读发展经济学的教科书，而应作为一个中国现实问题的研究者直接接触发展经济学前沿阵地的攻坚难点（1988：1～2）。该丛书的出版是我国系统探索发展经济学的开始。

比"现代经济发展研究丛书"早一年，华夏出版社出版了"二十世纪文库"。这套文库包括了社会科学研究的方方面面，其中也有一些发展经济学的著作，如弗朗索瓦·佩鲁著的《新发展观》、阿瑟·刘易斯著的《增长与波动》、苏布拉塔·加塔克和肯·英格森特著的《农业与经济发展》。1989 年上海三联书店开始出版"当代经济学译库"，包括钱纳里著的《工业化和经济增长的比较研究》以及詹姆斯·A. 道、史迪夫·H. 汉科、阿兰·A. 瓦尔特斯等著的《发展经济学的革命》《发展中国家的贸易与就业》等。

20 世纪 80 年代末，上海三联书店（后来改由该社与上海人民出版社共同出版）出版了由陈昕等人策划组织的一套"当代经济学系列丛书"（包括"当代经济学文库""当代经济学译丛""当代经济学教学参考书系""当代经济学新知文丛"四个子系），包括一批日后在中国经济学界产生了重要影响的经济类图书，其中也有少量发展经济学方面的著作。2002 年北京大学推出"增长与经济发展译丛"。

谭崇台教授对"发展经济学"做了开创性的研究，其有关发展经济学的一系列著作在经济学界产生了很大影响。谭崇台教授撰写的《发展经济学》（1985 年）是我国第一部介绍西方经济发展理论与政策的著作，是我国发展经济学的启蒙文献。谭崇台教授主编的《发展经济学的新发展》，由武汉大学出版社于 1999 年出版，是 1985 年人民出版社出版的《发展经济学》的姊妹篇。由谭崇台教授主编、几位经济学博士参加撰写的《西方经济发展思想史》属于"经济发展理论研究丛书"，是 1991～1995 年国家重点图书之一。1993 年 12 月由武汉大学出版社出版的《西方经济发展思想史》对我国的经济科学，特别是发展经济学，又做出了重要贡献。

1995 年，杨敬年教授编的《西方发展经济学文献选读》由南开大学出版社出版。国家教育委员会除将《西方发展经济学概论》（杨敬年著）列为高等院校财经学科的核心课程教材之外，还依上述著作增设了发展经济学文献选读课程。

20 世纪 90 年代中期以来中国关于西方发展经济学的研究成果相对较少。研究文献可分为三类：第一类是将西方主流经济学的研究成果纳入发展经济学的脉络中进行介绍，来自武汉大学的一批学者对此贡献最大；第二类则是从中国发展经济学研究的角度，对发展经济学进行梳理，林毅夫教授对此贡献最大（见表 0 - 1）；第三类是关于新的研究方法的介绍，主要是关于随机实验方法的介绍。

表 0 - 1　20 世纪 90 年代中期以来部分介绍西方发展经济学的重要文献

作者	论文名称	发表刊物与时间
庄子银、邹薇	发展经济学理论的新发展	《经济学动态》1994 年第 8 期
郭熙保、黄敬斌	制度分析与发展经济学的重构	《财经科学》1999 年第 3 期
张建华	发展经济学的新进展与新趋势	《江西财经大学学报》1999 年第 11 期
邹薇	发展经济学中制度主义研究思路的演进与前沿	《山东社会科学》2002 年第 2 期
马颖	论发展经济学的结构主义思路	《世界经济》2002 年第 5 期
叶初升	经济全球化、经济金融化与发展经济学理论的发展	《世界经济与政治》2003 年第 10 期
郭熙保	论发展经济学的新进展	《理论月刊》2004 年第 10 期
谭崇台、叶初升	在跨期比较中拓展发展经济学的研究领域	《社会科学研究》2005 年第 1 期
林毅夫	新结构经济学——重构发展经济学的框架	《经济学》(季刊)2010 年第 10 期

三　中国发展经济学研究的主要成就

中国的发展经济学研究一开始就具有如何将西方发展经济学的相关工具、方法应用到现实中去以解决中国现实问题的特点，中国学者在研究西方发展经济学的同时，也一直努力在发展经济学中作出自身的贡献。

　　要研究中国发展经济学的成就，应采取何种资料搜集方法？或者说，应把什么样的文献纳入发展经济学思想的研究？如果把中国的发展经济学放在世界的视域下进行考察，那么，只有那些研究全球发展经济学问题的文献才可以归入发展经济学学科，在操作上需要明确发展经济学研究的具体问题。

　　西方发展经济学自诞生之日起，研究的问题是什么？谭崇台在《论发展经济学的发展》一文中提到，刘易斯在美国经济学会第96届年会上致辞中将发展经济学研究的问题概括为14个：两缺口模式、不平衡增长、剩余劳动力转移、荷兰病、二元经济、隐蔽性失业、结构性通货膨胀、经济依附、适用技术、指导性计划、大推进、增长极（增长点）、上升的储蓄率、低水平均衡陷阱（1984：67～76）。麦肯茨等在研究发展中国家的发展经济学教育时列出了23项问题，去掉其中两项涉及方法和工具的问题，剩下21项，包括：贫困与不平等及其测度（Measuring Poverty and Inequality），经济增长与发展理论（Theories and Models of Economic Growth and Development），依赖理论（Dependency Theory），人口、生育率和人口转型（Population Growth, Fertility, Demographic Transition），健康、教育等人力资本问题（Human Capital, incl. Health and Education），农业转型和乡村发展（Agricultural Transformation, Rural Development），企业家、社会企业家（Entrepreneurship, Social Entrepreneurship），城镇化、城乡移民（Urbanization, Rural-urban Migration），行为经济学与发展（Behavioral Economics and Development），环境与发展、气候变化（Environment and Development, incl. Climate Change），国际移民（International Migration, incl. Remittances），政府地位、制度的地位、腐败（The Role of the State, The Role of Institutions, Corruption），公司成长、产业发展（Firm Growth, Industrial Development），援助的地位（The Role of Aid），国际贸易与贸易政策（International Trade and Trade Policy），宏观经济管理（Macroeconomic Management），土地市场（Land Markets），劳动力市场（Labor Markets），信贷市场及小额信贷市场（Credit Markets, incl. Microcredit），风险、保险（Risk, Insurance）等（David McKenzie, Anna Luisa Paffhausen, 2015）。

　　在搜集中国发展经济学文献时，本研究曾尝试用上述刘易斯和麦肯茨所提到的问题作为基本线索进行文献搜集，具体方法是首先利用知网对与上述问题有关的文献进行全文搜索，然后采取人工方法对那些不合格的文献进行剔除。为了避免遗漏，本研究还对国内有影响力的发展经济学研究机构如中国社会科学院、中国人民大学、武汉大学、华中科技大学、南京大学、浙江大学、复旦大学、南开大学等进行成果搜索，以及对知名研究发展问题的专家、学者的研究成果进行了搜索。但对利用这种方法搜集到的文献进行分析、研读时，很难总结出中国学者的理论贡献。其原因可能在于，这些问题是发达国家的经济学界以发达国家为参照提出来的，与中国的经济实践并不能完全契合，自然也难有原创性贡献。

　　发展经济学研究的具体问题很多，但归结起来就是研究发展中国家应实现什么样的发展、如何实现发展的问题，就是研究发展中国家财富的性质及其原因。中国的经济学家对发展经济学的具体问题开展了很多研究，也取得了不错成绩，但针对中国发展的研究，其最重要和最根本的问题是要回答中国为什么创造了经济奇迹。所以，对中国发展经济学研究成果的梳理可从解释中国经济奇迹的角度加以统揽。对于中国经济奇迹的解释，中国学者正在做出自身特有的贡献，为发展经济学的发展贡献中国智慧，在理论方面，除了大家比较熟知的新结构主义经济学之外，还有统一增长理论、发展的新政治经济学以及体制转型理论等。

　　新结构主义经济学是由林毅夫教授提出来的、在国内外都有广泛影响的发展经济学理论。其主要观点是，一个国家的经济发展是由产业结构升级推动的，产业结构升级则由资源禀赋结构决定。在产业升级的过程中，要发挥市场在资源配置中的基础性作用，也要发挥政府因势利导的作用，就是政府在促进产业升级中要遵循比较优势。在林毅夫教授看来，遵循比较优势正是新结构主义区别于老结构主义之处。在新结构主义看来，老结构主义之所以不成功，原因在于其在推进产业结构升级的过程中违背了比较优势理论（2010：1~32）。

　　统一增长理论由蔡昉提出。在他看来，对中国经济奇迹有很多不同的解读，但这些理论解释尚不能令人满意，因为无法满足下述标准：理论逻辑和历史逻辑的一致性，既可以解释今天的现象，也应该可用来解释昨天、预测明天。解释一国经济发展现象的理论框架，也应该能够适用于其他国家。中国实现了人类历史上最大规模和最快的经济增长，理应对经济学和经济史学作出贡献，增进人们对世界经济发展全貌的认识。他提出的统一增长理论就是力图要回答三个命题：为什么在前现代社会，中国科技一度遥遥领先而近现代中国却落后了；在改革时期中国经济为什么以及靠什么实现了高速增长；中国的高速增长能否得以延续，从而按预期进入高收入国家行列。在他看来，从一个较长的世界经济史跨度看，人类经历过的经济增长类型或阶段，可以被分为马尔萨斯式的贫困陷阱、刘易斯式的二元经济发展、刘易斯转折点和索洛式的新古典增长。虽然这几种增长类型具有本质上的差异，但在他看来，完全可以用统一的经济理论框架加以解释。他认为，任何一个阶段的增长，归根结底都要依靠特定的激励机制，促成物质资本和人力资本的积累，把激发出的各种创意转化为生产率的提高，实现报酬递增（2013：4～16、55）。

发展的新政治经济学就是从政治的角度研究发展问题，包括中性政府理论、市场维护型联邦主义、"晋升锦标赛"理论等。

中性政府理论由姚洋教授提出，借鉴的是奥尔森的泛利组织观点。其基本思想是，中国的成功依赖于中性政府。中性政府指的就是一个对待社会各个集团采取不偏不倚的态度、不和任何一个集团结盟的政府（2009：5～13）。中性政府追求的是整个社会的经济增长而不是为某个特定集团利益的经济增长。

从政治经济学的角度解释中国经济奇迹的另一项理论成果是"晋升锦标赛"理论。这个理论最早由周黎安提出，是一种与中性政府理论相冲突的理论。周黎安在其发表于2007年第7期《经济研究》上的文章中指出，地方官员围绕GDP增长而开展的"晋升锦标赛"是理解政府激励与增长的关键线索之一。"晋升锦标赛"本身可以将地方政府官员置于强力的激励之下，是一种将行政权力集中与强激励兼容的政府官员治理模式。当然，他也指出，"晋升锦标赛"作为一种强力激励，会产生一系列的扭曲性后果（2007：36～50）。这个理论很显然受到了市场竞争的启发，与市场竞争理论在思想上非常相近。这个理论提出后，国内对此进行了大量实证研究，是在各种国内学者提出的理论中被实证研究得最多的一种理论。

周黎安的"晋升锦标赛"理论是针对市场维护型联邦主义提出的。他基于钱颖一、Weingast 等提出的市场维护型联邦主义理论，认为中国地方政府的强激励有两个基本原因，一是行政分权，从20世纪80年代初中央政府就开始把很多经济管理的权力下放到地方，使地方政府拥有相对自主的经济决策权。二是以财政包干为内容的财政分权改革，中央把很多财权下放到地方，而且实施财政包干合同，使地方可以与中央分享财政收入。正是这两方面的激励使得中国地方政府有那么高的热情去维护市场，推动地方经济增长（2007：36～50）。该理论提出后，国内也出现了一批基于该理论的实证研究。

解释中国经济奇迹的另一种有影响力的理论是转型经济理论。这一理论把中国经济奇迹归结为实行了渐进式改革。在分析渐进式改革对中国增长的影响时，当然重要的不是分析其作用，而是解释其原因，中国的学者在这个方面做出了自身的贡献。钱颖一、许成钢等认为，中国的渐进式改革之所以成功，原因在于中国改革以前存在层级制组织结构。中国以块块为基础的层级结构，使基层有很大的自主权能在计划经济之外建立一种市场化取向的经济部门，上下级之间的联系虽然是垂直的，但地区与地区之间的联系是水平的、市场取向的。极为有限的讨价还价能力与极大的自主权结合在一起，强化了 M 型层级制内的市场活动（1997：273～304）。钱颖一、许成钢等提出的 M 型组织理论，与其提出的市场维护型联邦主义思想一脉相承。

四 研究展望

1989 年张培刚先生在《经济研究》上发表题为《发展经济学往何处去——建立新型发展经济学刍议》的文章，提出建立新型发展经济学的任务：建立新型的发展经济学，首要地必须从社会经济发展的历史方面来考察，探根溯源；建立和研究新型的发展经济学，除了必须考虑发展中国家的社会经济历史因素外，还必须从发展中国家各自的具体国情出发，制订发展战略。就今天的中国而论，最重要的国情就是应该考虑到中国"多元经济"的特点和问题。建立新型发展经济学，还应该研究社会主义国家的经济体制改革。在《发展经济学通论》中，他又提出，要以发展中大国作为重点研究对象。洪银兴等在总结中国自改革开放至20世纪90年代的中国发展经济学研究时指出，当它在20世纪80年代的西方命运不济、走下坡路时，在中国却得到了异乎寻常的欢迎和传播。从介绍性教材到联系中国发展实际的专著、论文，成果累累目不暇接。发展经济学在我国的发展呈现一个显著的特点，就是同我国经济改革和经济发展的实践密切结合。许多经济学者利用发展经济学的有关理论和方法，结合中国国情，深入探讨中国的经济发展问题，也建立了一系列有中国特色的经济发展理论（1992：5～10）。

中国发展的最基本经验就是走中国特色的社会主义道路，就是选择了一条适合中国国情的发展道路。中国对其他国家的发展主张也是各国根据国情选择适合自身的发展道路。这一点与发达国家主流经济学理论和发展经济学理论不同。主流发展经济学理论是以发达国家的经济发展作为参照系，为发展中国家开出的处方是基于发达国家的经验，但在实践中，那些完全照搬发达国家经验的国家，总体发展并不理想。这一经验事实带给发展经济学研究的基本启示，是发展经济学必须具有包容性，就是它必须能包容多样化发展道路的现实。把学习作为一核心要素纳入经济发展的分析中，对于各国基于国情借鉴中国经验是有益的，可以使发展经济学作为一种指导发展的理论不失其指导性，又可不失其包容性。发达国家的经验应用于发展中国家，中国的经验应用于其他国家，无法不通过学习而直接嫁接，而必经一个学习的过程。

发展经济学在区分发展的形式时，一般分为政府驱动型、市场驱动型、混合型，以及基于知识的发展等。解释中国经济奇迹的各种观点，都是在观察中国经济现实后提炼出来的，都在一个层面上解释了中国的经济奇迹，但其核心在于如何发挥政府的作用，对于技术进步、创新的重要性相对重视不足，从而也就忽略了对经济发展有着重要作用的学习因素的研究。中国经济奇迹发生的时候，已经有不少国家在经济发展上取得了成功，经济发展水平远远高于中国。在这样的背景下，中国要成功地实现发展，就必须解决好向谁学、如何学、学什么等问题，就是要建立一种学习比较优势。约瑟夫·斯蒂格利茨、布鲁斯·格林沃尔德在《增长的方法》中把创建学习型社会作为实现经济增长的一种新路径。在他们看来，新结构主义在研究资源禀赋时，忽略了最为重要的禀赋，那就是学习能力。斯蒂格利茨对新结构主义的此种批评，同样也适用于既有的解释中国经济奇迹的系列理论。

发展经济学研究的广泛主题都可以纳入利用和培育比较优势这一范畴，主流的发展经济学在研究比较优势时，强调的是资本、劳动等，但大量的经验事实表明，支撑一国长期经济增长的是技术进步和创新，而这是与一个国家的学习能力直接相关的。新兴工业国家所取得的经济成就，与其技术学习能力的培育和不断提升相关联。因此，从学习比较优势的角度思考发展问题是必要的。新的把学习比较优势有目的地纳入发展中国家的发展研究的经济学可以称为新发展经济学。关于学习问题，经济学中已经有所研究，并取得了一系列成果，故此，这里将学习比较优势纳入重要研究议程的发展经济学冠以新发展经济学之名，并非是指发展经济学研究进入一个完全空白的全新的研究领域，而只是为了区别于那些完全忽略学习比较优势研究或只是将学习比较优势作为一个背景因素的发展经济学研究。

参考文献

G. M. 迈耶，1988，《形成阶段》，载 G. M. 迈耶、D. 西尔斯编《发展经济学的先驱》，经济科学出版社。

杨小凯，2003，《发展经济学：超边际与边际分析》，张定胜、张永生译，社会科学文献出版社。

张培刚，1996，《发展经济学的回顾与展望》，《湖北社会科学》，第 1 期。

赵靖，2002，《中国经济思想通史续集：中国近代经济思想史》，北京大学出版社。

李向民，1994，《论中国发展经济学的世界地位——兼论发展经济学的三个阶段》，《复旦大学学报》（社会科学版），第2期。

叶世昌，2000，《中国发展经济学的形成》，《复旦大学学报》（社会科学版），第4期。

谭崇台，1990，《十年来我国对发展经济学的研究和应用》，《中国社会科学》，第2期。

林毅夫，2011，《新结构经济学——重构发展经济学的框架》，《经济学》（季刊），第1期。

谢伏瞻，2018，《中国经济发展与发展经济学创新》，《中国社会科学》，第11期。

彭刚，2018，《发展经济学在中国：引介、传播与发展》，载叶升初主编《中国发展经济学年度发展报告（2016～2017）》，武汉大学出版社。

彭刚，2019，《70年来发展经济学在中国的引介、传播与发展》，《区域经济评论》，第5期。

吴斐丹，1957，《后进国如何发展经济专辑引言》，《世界经济文汇》，第4期。

定扬，1960，《经济发展的策略与经济进步的可能性》，《现代外国哲学社会科学文摘》，第2期。

希琴斯，1961，《经济发展：原理、问题和政策》，定杨译，《现代外国哲学社会科学文摘》，第1期。

唐雄俊，1960，《罗斯托"经济发展阶段论"发表后各方面的反映》，《现代外国哲学社会科学文摘》，第7期。

张显高，1964，《简评"不发达经济学"》，《学术月刊》，第1期。

范家骧，1980，《七十年代的发展经济学》，《世界经济》，第4期。

高鸿业，1981，《为什么要研究西方发展经济学》，《世界经济》，第7期。

高鸿业，1983，《西方发展经济学述评》，《教学与研究》，第4期。

陶文达、徐宽，1982，《发展经济学与经济研究的层次问题》，《经济理论与经济管理》，第3期。

俞品根，1981，《资产阶级发展经济学简介》，《经济学动态》，第10期。

李俞荣，1981，《中国社会科学院举办西方发展经济学讲习班》，《经济学动态》，第10期。

谭崇台，1983，《综论西方发展经济学》，《经济学动态》，第9期。

杨敬年，1988，《发展经济学的对象和方法（上）》，《南开经济研究》，第6期。

杨敬年，1989，《发展经济学的对象和方法（下）》，《南开经济研究》，第1期。

谭崇台，2000，《论发展经济学的发展》，《上海行政学院学报》，第1期。

董辅礽，1988，《"现代经济发展研究丛书"序》，载《发展经济学的先驱》，经济科学出版社。

林毅夫，2010，《新结构经济学——重构发展经济学的框架》，《经济学》（季刊），第 1 期。

蔡昉，2013，《理解中国经济发展的过去、现在和将来——基于一个贯通的增长理论框架》，《经济研究》，第 11 期。

姚洋，2009，《中性政府：对转型期中国经济成功的一个解释》，《经济评论》，第 3 期。

周黎安，2007，《中国地方官员的晋升锦标赛模式研究》，《经济研究》，第 7 期。

钱颖一、G. 罗兰德、许成钢，1997，《M 组织与 U 型组织的协调性变革》，载王洛林、龙永图、李京文主编《现代企业理论与中国经济改革（上）》，社会科学文献出版社。

张培刚，1989，《发展经济学往何处去——建立新型发展经济学刍议》，《经济研究》，第 6 期。

洪银兴、陈志标，1992，《发展经济学在我国的发展》，《经济学动态》，第 5 期。

Arthur，Lewis，1984，"The State of Development Theory," *American Economic Review*，Vol. 74，No. 1.

David McKenzie，Anna Luisa Paffhausen，2015，"Development Economics as Taught in Developing Countries," Policy Research Working Paper 7521，http：//econ. worldbank. org.

第一篇
经济增长与发展战略

新中国成立70年来，中国经济发展取得了重要成就，从落后的农业大国转变为现代化工业大国，创造了属于中国的发展奇迹。与此同时，中国经济学不断发展，在理论研究和政策探讨方面涌现出大量优秀成果，逐渐形成了比较完整的学科体系。本文以新中国成立为起点，沿着中国经济发展的进程，梳理70年来中国发展经济学中对于经济增长的理论探讨。本篇共分四部分，包括经济体制与经济增长研究、新中国工业发展战略与经济增长研究、增长方式转变的相关研究、技术进步与经济增长研究。

第一章　经济体制与经济增长研究

新中国成立 70 年以来，从一穷二白发展为如今的世界第二大经济体，特别是改革开放以来，经济增长之迅速受到了国际的广泛关注。中国经济发展离不开几代人对适合国情的经济体制的探索。在中国经济面临新的挑战之际，有必要对以往经济体制的探索进行回顾，以把握经济体制研究与经济增长的关系。为此，本文将针对新中国成立 70 年以来中国学者对中国经济体制的相关研究及其主题进行梳理，并与相关史实联系，考察不同时期中国经济体制对经济增长的影响，以及中国学者对经济体制的研究对经济增长的影响。由此，一方面可以较为直观地看出新中国成立 70 年以来经济体制的变化及对中国经济发展的影响，总结经验教训，以助于今后经济体制的进一步改革；另一方面也可以看出中国经济体制思想史的发展脉络，以及相关研究对经济发展的影响，为今后更好发挥经济体制相关研究对经济体制改革实践的积极指导意义总结经验。

中国学界对于经济体制的研究大多与当时的经济社会现实有较强的相关性，具有较为显著的时代特征。新中国成立初期，研究主要集中为对市场作用的探讨，重点关注社会主义制度下生产资料价值的存在性以及价值规律的作用。此后，由于一系列错误思潮，特别是"文革"的冲击，国内关于中国经济体制的学术讨论基本沉寂，直到改革开放。改革开放前实践探索中的各种代价致使计划经济体制的弊端逐渐暴露。受到改革开放政策的影响，学界对中国经济体制与经济增长的研究不再局限于市场与计划的关系，包括所有制和经济分配方式在内的基本经济制度，开始涉足经济体制改革的具体领域。

根据新中国成立 70 年来经济学界关于经济体制与经济发展研究的基本

历程，我们将其划分为以下几个时期：新中国成立初期（1949～1957年）、改革开放初期（1978～1992年）、全面改革时期（1992～2012年）和经济新常态以来（2012年至今）。

总的来说，新中国成立70年来关于经济体制与经济增长的研究具有如下特点：早期的研究多与当时的经济社会环境相联系，且集中于对经济体制的讨论，研究的领域比较集中；后期的研究则更多地通过考察经济发展情况反过来讨论经济体制，同时计量方法的改进也使实证型文献数量增多，研究领域更为细化和多元化。

从研究特点来看，多数研究观点往往受制于当时的经济社会环境，诚然，这反映了研究从实际出发的特点，但也可以发现，学界观点对于中国探索经济体制改革道路有较大的影响，特别是改革开放初期的学术争论对中国改革开放进程有重要促进作用，这得益于论战对观念统一的作用，以及其中跳出现实政治经济框架的、超前于当时实践水平的观点。随着改革开放的推进和经济发展，关于经济体制的研究呈现更广的研究面和更细的研究领域，这使大规模围绕经济发展基本问题的论战出现的可能性下降，其在研究指导中国经济体制改革与经济增长方面的作用弱化，但这一时期的研究特点使跨界研究可以成为反哺实践探索的新领域。就研究内容而言，不少文献都表明，中国改革开放以来对社会主义市场经济的探索对经济增长整体发生了正面的影响，中国经济体制改革成绩不菲。

第一节　新中国成立初期对价值规律作用的相关研究

在新中国成立初期，国家通过没收官僚资本企业并改造成国营企业、进行土地改革并发展农业互助合作等方式巩固新生政权，恢复国民经济。至1952年底，国民经济基本恢复，国家财政经济状况也有所好转。在这样的情况下，国家提出了过渡时期的总路线，随后提出了"一五"计划，拉开了中国国民经济公有制成分取代私有制成分的序幕。这一时期，学界对中国经济体制的讨论主要集中在社会主义下的生产资料是否具有价值及价值规律是否有作用等方面。部分观点受到苏联的政治经济学教科书的影响，认为社会主义制度下国内经济流通领域内的生产资料不再是商品，其价值只是形式上的事情。但也有部分学者认为，上述观点是"对比着真正的完全意义的商品而言的"（骆耕漠，1956：3～11）。对于价值规律的作用，计划管理范围越大，价值规律发挥作用的空间就越小；集体所有制和个人所有制的存在才使价值规律发挥作用，随着社会主义的发展与非公有制的消亡，商品交换完全消失时，价值规律便不再起作用。这些研究认为价值规律仅因非公有经济存在而起作用，价值概念本身也会随着中国经济发展、商品关系的消亡而被抛弃。

还有一种观点则坚持价值和价值规律依旧存在且发挥作用。如孙冶方认为根据马克思的经济学理论，价值规律的意义在于考察生产是否落后，因此在社会主义经济下依旧能够发挥作用，且能成为推进社会生产力提升的工具（1956：30～38）。吴海若持有相似的观点，认为价值规律的作用得以发挥，除了公有制处于发展的初期阶段，不得不保持商品交换外，还因为当时的劳动存在本质差别，必须通过价值来衡量劳动的消耗和补偿。但价值规律的调节作用需要为社会主义基本经济规律让步；价值规律和价格政策对社会主义生产和供求关系也仅有辅助性调节作用（1957：85～99）。顾准对价格调节生产的机制进行了分析，认为社会主义经济是通过经济核算调节生产的，因此价格的存在对经济发展是有利的（1957：21～53）。南冰和索真分析了社会主义下生产资料仍旧存在价值的原因，并强调了价值规律对国家计划管理的积极作用。这些研究对于价值规律的意义进行了多方面的探讨，而不仅限于商品关系（1957：38～51）。

尽管这一时期的研究对价值规律的作用进行了多方面的探讨，突破了以往对价值规律非黑即白的评价方法，但受到当时社会主义经济建设的影响并没有将其与商品关系完全绑定，并且大多围于国家干预经济发展的框架，未能给予价值规律的调节作用更大的权重。这些研究使中国对社会主义商品经济的探索摆脱了苏联计划经济模式的影响，同时也在某种程度上指导了中国对经济体制的实践探索。

总的来说，尽管该时期学界对社会主义下商品资料的价值性及价值规律的作用仍有争议，但大部分观点都认同国家有必要对国民经济运行的方方面面进行干预，当时的国家建设方针也与此相对应。截至1957年底，中国生产资料公有制的社会主义改造基本完成，具有苏联色彩的高度集中的计划经济体制得以完全确立，市场的作用被大幅削弱。此后相当长的一段时间内，计划经济在中国都处于绝对优势地位，加上发展探索路上的"左倾"错误冲击了正常的学术研究活动，经济体制相关领域的研究寥寥。

第二节 改革开放初期经济体制相关研究

在1978年党的十一届三中全会制定改革开放政策后，经济学界迎来了一波关于计划和市场关系讨论的高峰。部分学者就"计划"和"市场"的相关概念进行了讨论。1978~1984年，学者普遍认为应该将计划调节和市场调节相结合，但具体的论证各有不同，其争议点在于社会主义经济与商品经济的关系。

第一种观点认为当时中国的社会主义经济是生产力水平不高的商品经济，计划调节发挥的作用受制于中国生产力水平，因此采取市场调节和计划调节两种相辅相成的方法是符合客观规律要求的（邓力群，1979：27，30~31）。第二种观点则认为当时中国社会主义经济兼有计划经济与商品经济的性质，社会主义经济是建立在生产资料公有制基础上的计划经济，但由于存在商品生产，价值规律必然发生作用，对社会生产进行调节（孙尚清等，1979；刘成瑞等，1979：37~46；薛暮桥，1979：9~10）。第三种观点不同意前两种观点中将社会主义经济纳入商品经济范畴的论断，认为社会主义经济是计划经济，市场调节是作为计划的补充而存在的。如雷鸣春认为社会主义经济是计划经济，这也是社会主义制度领先于资本主义制度的重要标志（1979）。第四种观点从中国的现实条件、社会主义制度的特点出发，论证市场调节和计划调节相结合的可行性，认为当时中国生产力不够发达，人们之间的物质利益并不完全一致，只有依靠市场调节才能照顾到不同的经济利益。因此计划调节与市场调节相结合是一种不可避免的客观趋势（刘国光等，1979：46～55）。

显然，这一时期学界对计划与市场的观点与新中国成立初期有所不同，大部分学者都认同计划和市场可以相结合，且市场能够在调节国民经济中发挥不小的作用。但对于两者如何结合、在发挥两者作用时需要注意什么，不同的学者有不同的见解。有的学者认为这两者的作用是可以区分的，且有主次之分。他们认为在必需的、关系国计民生的重大生产建设领域采用计划调节，而在其他领域则主要采用市场调节，市场调节手段主要运用在无法直接被计划调节的领域（邓力群，1979：27～28；张致诚、王奇华，1979：70～74）。有的学者则认为这两者是相互渗透的，在两种调节手段的运用方面，许多产品都通过市场调节来实现计划调节，而计划调节和市场调节的统一和矛盾实际上反映了社会主义经济中局部利益与整体利益的统一和矛盾，因此需要统筹兼顾，但当两者发生矛盾的时候，市场调节必须服从计划调节（薛暮桥，1980：3～8；孙尚清等，1979；刘国光，1980：3～11）。这些研究强调计划调节和市场调节的作用具有一致性，两者对当时中国的经济有促进作用，两者存在矛盾的一面是次要的，因此发展商品经济是一种必要的补充，但也需要采取必要的措施防止价值规律可能产生的消极作用。

与新中国成立初期相比，这一时期学界普遍认可市场调节在推动经济发展中的重要作用，且在社会主义经济的定义方面，一些观点突破了社会主义经济等于计划经济的框架，拓展了社会主义商品经济理论，但大多数观点依旧认为发展商品经济只是对计划经济的补充，这本质上是完善计划经济体制的思想。

在1984年后"社会主义经济是公有制基础上有计划的商品经济"成为学界的主流观点，一些学者认为发展商品经济是社会主义的必然要求，社会主义商品经济是计划发展的主体，计划工作需要有根本性的改革（于光远，1986：9～11；华生等，1988：13～37）。而如何切实地使市场与计划结合，成为后续研究的热点。这些研究延续了此前市场与计划相互渗透的观点，认为计划调节与市场调节的作用不应死板地在不同领域进行，可以发挥政府的调节作用，将立法、行政手段的计划领导与灵活的经济手段结合（刘国光，1988：1~12；蒋学模，1989：219~238）。

这些研究在一定程度上影响了党和政府对当时中国经济体制改革的整体策略。改革之初在党的纲领性文件中，私有制经济是作为公有制经济的对立面而被禁止的，其中个体经济被认为是从属于社会主义经济的，但私人经济依旧被禁止。1984年，中共十二大通过的《中共中央关于经济体制改革的决定》首次阐述了社会主义是有计划的商品经济的理论，认为应当破除将计划与商品经济对立起来的传统观念。1987年，中共十三大将社会主义初级阶段的所有制结构确定为以公有制为主体、多种所有制并存，并明确资本主义商品经济和社会主义商品经济的本质区别在于所有制不同。同时会议报告还指出计划和市场的作用是覆盖全社会的，要逐步形成少量重要商品及劳务价格归国家计划管理、大量其他商品及劳务价格由市场调节的制度。

整体来看，改革开放初期对中国市场经济体制的研究经历了从认为市场和计划相排斥到认为两者可以相结合，但这种结合是暂时的、范围受限的消极结合，而两者应该长期相容的积极结合，这一变化和学界关于市场与计划的思潮变化是相呼应的；对市场机制的讨论焦点从商品生产与交换逐渐到社会主义经济本质，这一经济学上认知的深入领先于当时的计划工作，对于经济建设中的改革也具有促进作用。实际上，这一认知的深入带来的促进经济发展的作用也被后来的部分研究所证实。如周叔莲和郭克莎通过理论分析和实证检验发现随着市场调节手段发挥作用的情况增多，中国资源配置效果显著改善；而这一时期经济运行中出现的新问题并非在发展市场经济和市场资源配置条件下必然发生的（1993：38~48、224~225）。大体看来，学界对这一时期市场调节的加入对中国经济的影响基本持肯定态度，但在经济概念上，仍有不少学者未能突破计划经济的限制，认为中国依旧应实行计划经济体制才符合社会主义性质，这也为后来的学界争论埋下了种子。

在具体的经济体制改革领域，作为中国经济体制改革的先导，农村经济体制改革受到了不少学者的关注。这一时期学界对于农村经济体制改革的研究主要包括以家庭联产承包责任制为代表的农村土地改革、农村粮食价格体制改革以及农村乡镇企业的发展。1978～1983 年，土地家庭联产承包责任制逐步得到确立和推广，为农村经济体制改革拉开了序幕，1984 年起土地流转机制建立并逐步完善；在"双轨制"的实施和市场逐步放开的背景下逐步改革农村粮食价格体制；乡镇企业发展推动了农村产业结构的变革，其也可视作国有企业改革的先导。

农村家庭联产承包责任制对生产力的解放和经济发展的正面作用是得到学界统一认可的。如林毅夫（1992：34～51）通过考察中国 1978～1987 年农业增长水平和家庭联产承包责任制的关系发现，"包产到户"式的农村经济体制改革将农村生产单位由先前的集体生产队转化为以家庭为单位的个体经济形式，对农村的生产力有较为显著的促进作用，但这一作用在 1984 年后大幅减弱，这可能是农村土地改革停滞的后果。也有一些学者探讨了家庭联产承包责任制促进农村经济发展的原因，如发展研究所综合课题组 1987 年的研究指出，"包产到户"并没有高举改革所有制的大旗，其对农村经济的发展作用主要源自对农民财产权利和身份自由的确认。

"包产到户"使农村生产力大幅提高，而价格双轨制的实行也是推动农民货币收入提高的重要政策。一些学者对价格双轨制的历史地位和发展趋势进行了探讨。如杨圣明认为价格双轨制是计划调节向市场调节妥协的"产品"，适应了改革开放初期中国的生产力水平，推动了价格形成机制的转换，并哺育了几百万家乡镇工业企业。但它终究是价格改革中的一种过渡形式，会随着价格改革的深入而最终消失，但这至少不会在短期内实现（1991：36～42）。另一些学者则更看重价格双轨制对农村经济的直接影响，如郑毓盛等考察了农产品价格双轨制对农村经济发展的影响。他们发现农产品价格双轨制的实行会导致农民在作物间大幅调整播种面积，致使粮食产量和经济作物产量出现失衡，这并不利于经济的长期发展。政府可以通过逐步减少计划定购的数量来保障农业供给的稳定（1993：16～25）。

在上述经济背景下，乡镇企业的蓬勃发展引起了部分学者的关注。比如发展研究所和企业研究室注意到当时中国农村非农产业收入和就业增长速度远高于同期农业收入和就业增长，乡镇企业的快速发展推动了农村产业结构变革，成为推动中国经济结构变革的积极力量（1986：9~24）。

这一时期对于农村经济体制改革方面的研究大多聚焦于分析具体的改革政策，与以往研究相比，基于现实数据的实证研究所占比例有所上升。这些研究大多对当时的政策给予了较为正面且及时的反馈，使相关政策得以在大范围内普及。而反思部分政策的研究则主要在这一时期后半段农村经济发展势头减弱后出现，但这些研究未能给出有显著效力和可推广性的改革方案。

城市经济方面，国有企业改革也是经济学家所关注的。这一时期国有企业改革处于起步的"让权放利"阶段，改革的主要目的在于引导国营单位逐渐适应商品化市场，完成自身的企业化改造。这段时期的文献也主要对国有企业自主权等相关问题展开研究，如许涤新认为国营企业实行经济责任制是有必要的，能够调动企业经营管理的积极性，也利于提高劳动生产率。但实行经济责任制需要保证经济效果和生产质量，不能一味地向利润看齐（1981：3~8）。黄振奇认为实行经济责任制实际上是企业扩权的继续和发展。企业扩权和实行经济责任制，不仅是为了市场调节作用得以发挥，也是为了有效执行计划和宏观经济决策，但国营企业扩权在当时并不可能做到完全的自负盈亏，只能算作"以税代利"，而之后能否扩大到自负盈亏的程度，则需要进一步的改革实践来证明（1982：39~43）。张成廉则根据沈阳市试行租赁经营和股份制的经验，指出国有企业的所有者、劳动者和经营者有着一致的根本利益，但又因为在生产经营中有不同地位和作用而有相对独立的经济利益。企业领导机制应当明确权利关系，使所有者、劳动者和经营者的地位和作用不同，同时又能相互制约，使国有企业真正成为自主经营、自负盈亏的生产经营者（1987：81~89）。大体看来，这一时期的研究大多支持国营企业进行扩权和实行经济责任制，这与学界更好发挥市场调节作用的思潮一致，但相当一部分学者对企业扩权的界限仍较为保守，表现为对国企自负盈亏能力的怀疑，实际上也受到对发展商品经济的限制的影响。

第三节　全面改革时期经济体制相关研究

1990年前后，我国改革开放进入瓶颈期，经济增长速度下降，通货膨胀严重，而国际方面，东欧剧变，苏联解体。在如此国内外政治经济形势下，市场与计划关系再次成为争论的焦点，并引发了一场姓"资"姓"社"的论战。

一些学者将1984年中共十二大所确立的社会主义有计划的商品经济的改革目标称为"市场取向"的改革，并把20世纪80年代中后期中国宏观经济的不景气归咎于市场取向的改革。他们认为，市场经济只能建立在资本主义私有制的基础上，与社会主义公有制经济并不相容，因此发展所谓有计划的商品经济是要走资产阶级自由化道路，是要改变中国经济制度性质的做法。针对这些观点，另一些学者认为应该从中国社会主义初级阶段的实际出发，依旧实行全面的计划经济是不符合当时中国的经济发展情况的，因此发展市场经济是经济发展的需要（李连仲，1992：330~342）；而且中国需要发展的市场经济也是和以往完全交由市场调节不同的、接受国家的"有意识、有目的、有计划的控制和引导"的现代市场经济（于光远，1992a：19~22），不可因此将其与资本主义市场经济等同。

本质上，这一时期的争论焦点在于中国姓"资"姓"社"的标准到底是什么。反对市场取向改革派认为市场经济和计划经济本身即是区分资本主义和社会主义的标准；而支持改革派则认为，判断标准应该从当时的生产关系出发（卫兴华，1992：18~22），且不应混同社会生产的组织形式和劳动的组织形式，将计划经济与社会主义等同是简化马克思主义哲学的结果（舒化鲁，1992：3~8）；具体而言，可以将其标准细化为邓小平1992年南方谈话提及的"是否有利于发展社会主义社会的生产力、是否有利于增强社会主义国家的综合国力、是否有利于提高人民的生活水平"（林凌、郭元晞，1992：23~27；于光远，1992b：9~11），而社会主义的本质则是"解放生产力和发展生产力，消灭剥削，消除两极分化，最终达到共同富裕"。

这些讨论平息了社会对改革开放政策的疑虑，统一了对社会主义本质认识的论调，并为建设中国特色社会主义市场经济奠定了理论基础。1992年中共十四大确立了我国改革经济体制建立社会主义市场经济体制的目标，推进了全面改革的进程。

在此之后，学界在基本经济制度和社会属性方面的大规模论战几不可见，更多的学者将研究重点放在经济体制改革的具体领域之中。这一时期，相关研究的热点主要在于国有企业改革，还有部分学者探讨了这一时期政府在经济发展中的角色变化。

国有企业改革在这一时期进入"制度创新"阶段，重心落在引导国有企业确立新的资本和产权的观念、建立现代企业制度上，以适应市场经济要求。这一时期的相关研究也大多和产权改革联系在一起，如张军论述了产权制度改革能够带来的积极影响。他认为产权制度能通过将成本和收益内部化来激励当事人，从而促进生产力的提高，且产权变迁能够为外部性内部化提供有效激励（1993：50、72～80）。吴晓峰认为前一阶段的改革取得一定成效，但企业没有成为真正独立的经济实体，国有企业的经营机制没有得到根本性转换，仅靠扩大企业自主权、通过利益机制刺激企业并不够。对所有制结构问题，应注意到非公有制经济的发展使市场经济的作用逐步发挥，使各种所有制在竞争中发展（1993：21～22）。晓亮持有相似的观点。他认为没触及产权的改革成效不大，因此国企改革需要与所有制和产业结构调整结合起来，利用产权改革带动资产存量的调整。对于改革方向，他认为需要遵循分类指导原则，大企业公司化、小企业民营化，在实现产权清晰的同时强化产权约束（1996：12～15）。周叔莲从当时国有企业改革的具体落实情况出发，分析了前一阶段国企改革成效不大的原因。他认为重点不应是企业管理和企业领导班子，而是"产权清晰、权责明确、政企分开、管理科学"，按照社会主义市场经济的模式要求进行改革，这其中制度创新是最重要的（1999：39）。熊映梧则从公民产权的角度分析了国有企业改革的未来方向。他认为应立"公民产权本位论"，除了关系国民经济命脉的、某些高新技术产业和公共福利性事业外，其他现阶段的国有企业（通常是中小型企业）

应当通过公开拍卖等方式逐步民营化（1995：41~45）。总的来说，这一阶段的研究大多回顾了上一阶段国企改革的成效及不足，且大多文献认为上一阶段的国企改革成效不够大，国企改革的深入离不开产权改革，国有企业民营化也是这时期被反复提及的改革策略。这一时期的研究对国有企业改革力度提出了更高的要求，民营化的改革策略也反映出学者对发展非公有制经济的支持。这也表明20世纪90年代初期对社会主义本质的争论已深入人心，学者在改革具体领域的政策建议更为开放。

除了对国有企业改革的研究，这一时期也有不少研究提及了政府在市场与计划关系中的角色定位。政府作为计划调节的代言，在经济体制改革中的作用不可小觑，其各种政策的变化也反映了市场和计划关系的变化。

一些学者从经济体制改革的整体角度考察了政府在其中扮演的角色及所起的作用。比如唐龙指出政府主导型经济发展方式曾是助力中国经济高速增长的关键，而政府改革的滞后却成为当前经济发展的绊脚石。他认为政府应该改变驾驭市场的角色，把以经济手段进行间接调控作为主要的宏观调控方式（2008：135~138）。张卓元等指出政府在经济体制改革中的作用在于克服外生性、解决信息不对称、平衡宏观经济和增进社会整体福利。对于政府如何发挥推进经济体制改革的作用，他们认为政府应在保留和强化应尽职能的基础上，把其他职能转交给行业协会、中介组织，或转移给市场，利用市场机制来实现（2001：92~93）。

一些学者则从政府本身的改革入手，这方面的研究多和财税体制改革相挂钩。不少学者认为改革开放初期政府"让权放利"的成效并不明显。如何振一指出这一阶段的财政体制改革的具体实施办法失当，由此带来的集中与分散的数量关系也失度（1984：21~24、29，1994：34~38）。实行"分灶吃饭"后地方真正拥有了财政自主权，对加速当地经济发展有良好的影响，但其对中央和地方的简单割裂不利于整体的经济发展，而1994年以分税制改革为代表的财税体制改革是对让权放利阶段改革思路的根本性突破，是真正的制度创新之路。吕冰洋则从中央和地方政府关于税权配置的契约形式入手，指出1994年分税制改革蕴含的政府间税收分权契约由财政包干制下的分成合同和定额合同向分税合同为主的转变是推动十多年来中国税收高速增长、中央财政集中程度稳定的重要原因（2009：16～27）。

从上述研究可以看出，这些研究大多认为政府应当减少使用计划手段干预经济发展，弱化对经济的干预作用，这与当时关于计划与市场关系的研究观点是相呼应的；同时在具体改革方面又表现出对政府改革成效的迫切期望，这也反映了学界对中国经济体制改革方向的认可及实践落地的期望。这一时期形成的学术观点也是后续政府改革政策的重要理论来源。

第四节　改革开放新时期经济体制相关研究

21世纪以来，随着改革开放和社会主义市场经济制度建设的推进，学界在完善社会主义市场经济制度理论体系方面进行了不少探索。一是针对市场调节的自发性和盲目性，需要发挥宏观调控的作用，一些学者对政府角色在新时期的作用进行了讨论。这些讨论承接了上一阶段的研究，认为宏观经济波动性增强使得新时期的政府宏观调控呈现频繁和市场化的特点，建立公共财政体制是应对经济市场化带来问题的重要方法（张辉，2009：47～57；高培勇，2018：41～42）。二是所有制理论的发展，特别是关于非公有制经济发展的研究。研究指出，非公有制经济先后经历了"利用论"、"补充论"、"重要组成论"、"同等待遇论"和"重要基础论"，其作用越来越重要（白永秀、宁启，2018：40～48），在新时期，非公有制经济将在所有制改革、完善现代企业制度等方面发挥作用，但发展非公有制经济也需要公有制经济高度发展。三是对进一步对外开放的研究。这一方面的研究主要集中在"引进来"和"走出去"上。在"引进来"方面，一些学者辨析了FDI对中国经济的影响，认为FDI的主要贡献在于引进先进的商业和管理模式，而不一定是高新技术（胡祖六，2004：24～28），且FDI对中国产业结构优化有正面作用（赵红、张茜，2006：82～86），FDI仍将继续对中国经济发展做出贡献，但也需要在市场准入和政策软环境方面有所约束。在"走出去"方面，大多数学者认为在新时期需要完成从吸引外资到双向投资的转变，但在此过程中的结构性失衡及各具体产业所面临的问题仍待解决（梁军、谢康，2008：3~9、84；李辉、张荣，2012：111~116）。

2012 年后中国经济增长速度放缓，此后，市场在资源配置中的重要性被进一步强调，经济"新常态"的概念也被提出。这一时期，学界对经济体制的研究重心也发生了变化。一些学者分析了中国经济"新常态"的原因及挑战，如李扬和张晓晶指出中国经济结构性减速的原因在于人力资本和全要素生产率增速下降，这可能导致产能过剩、债务风险增大等问题，为此注重创新和市场作用非常重要（2015：4~19）。更多的研究提出了应对经济新常态的方法，如刘伟认为，新常态下经济失衡的根本原因在于结构性矛盾，为此经济发展方式转变与供给侧结构性改革是发展经济的必由之路（2016：1~9）。2015 年，新发展理念被提出，强调从产业体系和经济体制两方面构建现代化经济体系，被学界认为是党和国家应对经济增长问题的创新良方（顾海良，2017：15~17；刘伟，2017：1~17）。这一时期的研究和 20 世纪的研究相比更具"以小见大"的特点，即对整体经济的分析和国家政策的解读切入点更为细化且多元；同时，对中国改革开放以来的回顾性文章有所增多，在整体上对经济发展和政策的分析更为全面细致。

在具体的改革领域，这一时期，国有企业改革进入"国资发展"阶段。这一阶段我国已经在一定程度上解决了先前国有经济量大面广及政府财政压力过大的问题，改革的重点在于国有资产管理体制。这一阶段，纯理论研究除了关注国企改革中出现的新问题外，也尝试将国企改革和其他经济体制改革措施相联系。如林毅夫和李志赟认为国企改革与金融体制改革不可分离，国有企业承担了政策性负担，由此带来了预算软约束的问题，致使国企的自生能力不足；金融体系为国企服务，因此也变相承担了这种政策性负担。国企改革与金融体制改革的成功需要在政策性负担被剥离的情况下（2005：913~936）。

而实证性研究则为国企改革对经济发展的影响提供了证据。如郝大明利用 2001 年山东省第二次基本单位普查数据对国有企业改革效率变化进行了分析，发现国有企业公司制改革后效率显著提高，但公司资本构成和投资主体差异会显著影响改制效率。他认为提高国企改制效率的关键在于令国有企业成为独立的市场主体（2006：61～72）。赵世勇和陈其广有类似的结论。他们从企业技术效率的角度考察了不同产权改革模式对公有企业技术效率的影响。研究表明并非所有的改革模式对企业效率都有正效应（2007：71～81）。许召元和张文魁则通过构建模型模拟不同国企改革路径下的经济增长情况，发现国企改革可以通过提高资本边际产出、提升资本动态配置效率、促进全要素生产率增长和发挥外部溢出效应等途径提高经济增长速度。国有企业改革对经济增长的影响具有阶段性特征，初期主要是资源配置改善的效果，而后期则主要是外部溢出效应。这一阶段的研究思路延续了上一阶段的，对先前的相关现象和数据进行分析，以提出当前的改革方向，但也因为改革的不断深入，相关的研究对象也更为细致而分散。与先前的研究相比，这一阶段的研究难以找到一个具体的主题来概述主要的文献内容，且由于计量工具的发展，这阶段出现的实证分析有所增长，从不同角度考察国有企业改革对经济增长影响的文献也有所增多，这也是其他具体改革领域中研究的特点。

参考文献

白永秀、宁启，2018，《改革开放 40 年中国非公有制经济发展经验与趋势研判》，《改革》，第 11 期。

邓力群，1979，《商品经济的规律和计划》，人民出版社。

高培勇，2018，《中国财税改革 40 年：基本轨迹、基本经验和基本规律》，《社会科学文摘》，第 11 期。

顾海良，2017，《新发展理念的新时代政治经济学意义》，《经济研究》，第 11 期。

顾准，1957，《试论社会主义制度下的商品生产和价值规律》，《经济研究》，第 3 期。

发展研究所综合课题组，1987，《农民、市场和制度创新——包产到户八年后农村发展面临的深层改革》，《经济研究》，第 1 期。

发展研究所和企业研究室，1986，《论农村非农产业的发展——推动我国国民经济结构变革的积极力量》，《经济研究》，第 8 期。

华生、张学军、罗小朋，1988，《中国改革十年：回顾、反思和前景》，《经济研究》，第 9 期。

何振一，1984，《关于改革现行财政体制问题的探讨》，《经济研究》，第 5 期。

何振一，1994，《1994 年财税改革举措效果及问题剖析》，《经济研究》，第 4 期。

胡祖六，2004，《关于中国引进外资的三大问题》，《国际经济评论》，第 2 期。

黄振奇，1982，《对国营企业扩大经营管理自主权几个问题的探讨》，《经济研究》，第 3 期。

郝大明，2006，《国有企业公司制改革效率的实证分析》，《经济研究》，第 7 期。

蒋学模，1979，《论计划调节与市场调节的结合》，《经济研究》，第 8 期。

蒋学模，1989，《社会主义宏观经济运行的理论模式》，《马克思主义研究》，第 4 期。

雷鸣春，1979，《市场调节是计划调节的必要补充》，《南方日报》，6 月 12 日。

李辉、张荣，2012，《中国双向投资问题研究》，《亚太经济》，第 5 期。

李连仲，1992，《计划经济不等于社会主义　市场经济不等于资本主义》，《经济研究参考》，第 Z6 期。

李扬、张晓晶，2015，《"新常态"：经济发展的逻辑与前景》，《经济研究》，第 5 期。

李震中，1979，《什么是计划经济》，《经济研究》，第 S1 期。

林凌、郭元晞，1992，《论改革开放中的姓"资"姓"社"问题》，《改革》，第 4 期。

林毅夫、李志赟，2005，《中国的国有企业与金融体制改革》，《经济学》（季刊），第 3 期。

骆耕漠，1956，《论社会主义商品生产的必要性和它的"消亡"过程——关于斯大林论社会主义商品生产问题的研究》，《经济研究》，第 5 期。

梁军、谢康，2008，《中国"双向投资"的结构：阶段检验与发展趋势》，《世界经济研究》，第 1 期。

刘成瑞、胡乃武、余广华，1979，《计划和市场相结合是我国经济管理改革的基本途径》，《经济研究》，第 7 期。

刘国光、赵人伟，1979，《论社会主义经济中计划与市场的关系》，《经济研究》，第 5 期。

刘国光，1980，《略论计划调节与市场调节的几个问题》，《经济研究》，第 10 期。

刘国光，1988，《改革以来我国经济理论的若干重要发展》，《云南社会科学》，第 1 期。

刘国光，2001，《〈论中国所有制改革〉评介》，《经济研究》，第 7 期。

刘伟，2016，《经济新常态与供给侧结构性改革》，《管理世界》，第 7 期。

刘伟，2017，《坚持新发展理念，推动现代化经济体系建设——学习习近平新时代中国特色社会主义思想关于新发展理念的体会》，《管理世界》，第 12 期。

吕冰洋，2009，《政府间税收分权的配置选择和财政影响》，《经济研究》，第 6 期。

吕炜，2004，《体制性约束、经济失衡与财政政策——解析 1998 年以来的中国转轨经济》，《中国社会科学》，第 2 期。

南冰、索真，1957，《论社会主义制度下生产资料的价值和价值规律的作用问题》，《经济研究》，第 1 期。

舒化鲁，1992，《计划经济不等于社会主义》，《财经理论与实践》，第 6 期。

孙尚清、陈吉元、张耳，1979，《把计划调节和市场调节正确结合起来》，《文汇报》，7 月 27 日。

孙冶方，1956，《把计划和统计放在价值规律的基础上》，《经济研究》，第 6 期。

唐龙，2008，《转变经济发展方式关键在于政府改革》，《经济体制改革》，第 6 期。

王一鸣，2017，《中国经济新一轮动力转换与路径选择》，《管理世界》，第 2 期。

王珏，1979，《从社会主义经济特点看计划调节和市场调节》，《光明日报》，10 月 20 日。

卫兴华，1992，《关于姓"资"姓"社"与生产力标准问题》，《中国工商管理研究》，第 2 期。

卫兴华、侯为民，2007，《中国经济增长方式的选择与转换途径》，《经济研究》，第 7 期。

吴海若，1957，《价值规律在社会主义经济中的作用》，《经济研究》，第 6 期。

吴晓峰，1993，《从"放权让利"到明晰产权是改革的重大进步》，《中国经济体制改革》，第 6 期。

晓亮，1996，《产权改革——深化国有企业改革的必由之路》，《前进》，第 1 期。

熊映梧，1995，《公民产权与国有企业改革》，《改革》，第 1 期。

许涤新，1981，《国营企业实行经济责任制的几个问题》，《经济研究》，第 12 期。

许召元、张文魁，2015，《国企改革对经济增速的提振效应研究》，《经济研究》，第 4 期。

薛暮桥，1956，《论计划经济与价值规律》，《人民日报》，10 月 28 日。

薛暮桥，1980，《计划调节与市场调节》，《经济管理》，第 10 期。

薛暮桥，1979，《社会主义经济如何进行计划管理》，《经济管理》，第 11 期。

杨圣明，1991，《价格双轨制的历史地位与命运》，《经济研究》，第 4 期。

于光远，1992a，《市场经济姓"资"姓"社"的问题》，《经济学家》，第 3 期。

于光远，1992b，《要的是现代的市场经济》，《经济研究》，第 10 期。

周叔莲、郭克莎，1993，《资源配置与市场经济（上）》，《管理世界》，第 4 期。

周叔莲，1999，《不要再用计划经济模式要求国企改革》，《经济研究参考》，第 75 期。

张辉，2009，《我国转型期的宏观调控失范行为》，《华东政法大学学报》，第 4 期。

张朝尊、文力，1992，《论社会主义市场经济》，《中国社会科学》，第 4 期。

张成廉，1987，《对国有企业领导体制的调查研究》，《中国社会科学》，第 4 期。

张军，1993，《中央计划经济下的产权和制度变迁理论》，《经济研究》，第 5 期。

张致诚、王奇华，1979，《从农副产品的收购政策看计划调节和市场调节的关系》，《经济研究》，第 6 期。

张卓元、胡家勇、刘学敏，2001，《论中国所有制改革》，江苏人民出版社。

赵红、张茜，2006，《外商直接投资对中国产业结构影响的实证研究》，《国际贸易问题》，第 8 期。

赵世勇、陈其广，2007，《产权改革模式与企业技术效率——基于中国制造业改制企业数据的实证研究》，《经济研究》，第 11 期。

郑毓盛、曾澍基、陈文鸿，1993，《中国农业生产在双轨制下的价格反应》，《经济研究》，第 1 期。

中国社会科学院经济体制改革 30 年研究课题组，2008，《论中国特色经济体制改革道路》（下），《经济研究》，第 10 期。

左大培，1992，《80 年代我国的经济增长、通货膨胀与短缺》，《经济研究》，第 4 期。

Lin, Justin Yifu, 1992, "Rural Reforms and Agricultural Growth in China," *American Economic Review*, 82 (1).

第二章 新中国工业发展战略 与经济增长研究

工业化是衡量一个国家或地区经济发展水平的重要标志，不仅表现为由传统的农业社会向现代的工业社会转变，更表现为经济增长和产业结构变迁而带来的生产力的进步。新中国成立 70 年来，为了实现建设现代化工业国家的目标，我国对工业化战略进行了积极的探索。多数文献将我国的工业化战略划分为三个阶段：1953～1978 年，主要依靠政府力量，在计划经济体制下优先发展重工业；1979～2001 年，在市场经济条件下，多种经济成分共同发展，协调农轻重的关系；2002 年至今，提出走"新型工业化"道路，以信息化带动工业化，经济增长由粗放式向集约式转变。我国的工业化战略是随着国际形势和国内宏观经济的变化而变化的，是不断探索符合我国国情的经济政策的结果。

当前我国已经进入从工业大国向工业强国转变的阶段，在历史发展的关键时期，详细研究 70 年来我国工业化战略及其对经济增长的影响，总结发展经验，对我国未来的工业发展具有现实的指导意义。因此，本研究梳理了新中国成立以来有关我国的工业化战略及经济增长的文献，分别整理了三个阶段学者研究的主要问题。从我国工业化战略和相关研究的变迁可以看到，我国要确保基本建设成为工业化强国的目标实现，在国际竞争中取得领先地位，必须坚持走新型工业化道路。

根据新中国成立以来工业化战略的变迁，可以看到改革开放前后我国的工业化道路存在以下不同：从经济体制来看，改革开放前实行的是计划经济，改革开放后实行的是市场经济；从工业化主体来看，改革开放前政府是工业化单一推动者，改革开放后多种经济成分共同发展；从产业结构来看，改革开放前我国优先发展重工业，改革开放后强调农业、轻工业、重工业均衡发展；从对外关系来看，改革开放前主要依靠自身力量进行工业化，改革开放后注重引进国外资金、技术。跨入21世纪以后，我国工业发展进入了新阶段，注重与信息化相互促进、与环境相互协调。我国的工业化道路并不是一帆风顺的，既有成功的经验，也有失败的教训。我国工业化战略的演进是事物在新条件、新形势下向更高层次的演进。学者对我国工业化和经济发展的认识经历了从片面到全面的过程。早期研究是从马克思经济学角度进行的，且受到政治因素的影响，不同于主流的声音较少。改革开放后学者从马克思经济学、西方经济学多个角度来讨论我国的经济，对经济问题有了更为深刻的认识，这是辩证唯物主义认识论在现实中的体现，是应用科学方法看待我国经济的重要实践。

第一节　重工业优先发展战略（1953～1978年）

1953～1978年，我国依靠政府力量，在计划经济体制下优先发展重工业。新中国成立初期，实施这一战略具有一定的历史必要性：①工业水平在新中国成立初期相当落后，生产效率低、工业结构不合理，迫切地需要在短时间内改变落后的经济状况、提升国际地位，这是选择优先发展重工业的根本原因。②西方国家对我国实行了军事和经济封锁，朝鲜战争的爆发使国际形势更加紧张。我国亟须建立起独立的工业体系，增强国防和军事力量。③苏联在优先发展重工业的战略下成功地实现了工业化，对于我国具有示范作用。

这一时期我国的工业化可以细分为四个阶段：①"一五"期间的重工业优先发展（1953～1957年）。为了迅速地改变落后的工业、赶超西方发达国家，我国模仿苏联的工业化模式，优先发展重工业。②"大跃进"时期的赶超工业化（1958～1960年）。根据"多快好省地建设社会主义"的总路线，我国"以钢为纲"，盲目地追求高指标、高速度。③国民经济调整时期的工业化（1961～1965年）。"大跃进"和人民公社化给我国经济带来了严重的负面影响，为此中央提出了"调整、巩固、充实、提高"

的方针，我国经济进入了五年调整时期。④"文化大革命"时期的三线建设（1966～1978年）。由于备战的需要，我国加强了与国防有关的重工业的发展，要在一线和二、三线地区分别建立起能够独立作战的工业体系。

这一阶段的研究主要集中于讨论农、轻、重的关系问题。"一五"计划是我国优先发展重工业战略形成的标志，学者对重工业优先发展的必要性进行了阐述。如王思华认为，只有优先发展重工业，才能在短时间内建立起现代化的独立发展的工业、发展国民经济的物质和技术基础。然而，模仿苏联工业化模式并取得成功的同时，也显露出了一定的问题，如忽视了农业和轻工业的发展，造成了农村的落后（1956：5～18）。中共八大前后，党和政府意识到了苏联模式与我国国情不相适应，开始探索自己的工业化道路。"大跃进"时期，中共中央提出了"在优先发展重工业的基础上，发展工业和发展农业并举"的方针，学者开始认识到农轻重协调发展的重要性，认为农业是国民经济的基础，轻工业的发展能满足人民生活的需要，重工业能为农业和轻工业提供生产资料，社会生产要求农、轻、重协调发展（房维中，1958：48～59；俞明仁，1960：1～7）。季崇威认为工业必须从中国的实际情况出发对农业做出支援，帮助农业进行技术改造，使我国农业逐步走向机械化、化学化和电气化（1958：1～11）。尽管经济政策和学术界均提出要实行"工农并举"的方针，但实际上我国当时"以钢为纲"，片面地追求钢铁产量的高指标。这致使国民经济中重大比例关系的严重失调，阻碍了工业的持续发展（董志凯，1996：62～70）。1961年，我国进入了五年经济调整期，贯彻执行了"以农业为基础，以工业为主导"的方针，目的是平衡农、轻、重之间的关系。学者强调农业是国民经济的基础，而重工业从"优先发展"变为"主导"地位。董辅礽从政治经济学的角度剖析了农业是国民经济发展的基础（1963：22～29）。有学者认为，工业的发展受到农业发展水平的支援和制约，工业必须为农业提供技术装备，推动农业实现技术改造；重工业要充分发挥主导作用，加强对农业的支援。经过五年的经济调整，"大跃进"时期的产业结构失调状态得到了明显缓解（许涤新，1962：1～10；王向明，1962：1～11）。然而，1966年起，基于对可能发生战争的估计，我国进入了备战状态，加大了对国防工业和重工业的投资，农、轻、重的比例关系又陷入了失调，严重影响了经济增长。

积累和消费的关系与农、轻、重有着密切联系，学者在这方面也做了许多讨论。"大跃进"期间，我国盲目地追求经济发展的高速度，通过高积累来加快工业的发展。这期间的研究也重积累而轻消费，如岳巍认为积累的大量增加并未影响人民生活（1959：26～33）。邝日安等认为，提高消费水平应当不影响国家高度建设所必要的积累规模，要通过加快工业发展的速度来达到（1959：1～14）。国民经济调整时期，我国提出要实现消费和积累的平衡，兼顾经济建设和人民生活。杨坚白从政治经济学的角度说明了两大部类生产的增长速度以及农业、轻工业和重工业的增长速度，都受到消费和积累比例的影响（1961：11～21，1962：10～21）。欧阳桦指出，积累比例的提高必须保证人均消费水平有所提高；积累基金用于扩大再生产时，要贯彻农、轻、重的分配顺序，以保证国民经济有计划、按比例地发展（1961：12～17）。

此外，学者还讨论了国民经济体制和生产组织方式的问题。"一五"期间，我国完成了对农业、手工业和资本主义工商业的社会主义改造。王思华（1956：5～18）认为，我国"一五"计划的基本任务是要首先发展国营工业，以保证国民经济中社会主义经济的比重不断增长；要加快农业合作化，为工业的迅速发展创造有利条件。"大跃进"期间，我国实行了"中央工业和地方工业并举、大型企业和中小型企业并举、洋法生产和土法生产并举"的方针。当时的研究均高度肯定了这一政策。沈立人认为全党、全民办工业方针的基本精神是贯彻群众路线，这一方针不仅反映了社会主义工业化的客观需要和客观规律，而且是从我国的实际情况出发的（1958：13～22）。陈大伦认为大型企业是经济发展的"火车头"，但建设时间长、投资大、需要有集中的大量的资源，而中小企业克服了这些缺点，采取大中小企业并举的方针实际上是取长补短的过程（1958：47～54）。有学者认为，全党、全民办工业的方针大大加快了工业化的速度，节约了资本，增加了社会财富，充分利用了资源，进一步改善了工业格局，加速了农业现代化的进程（宫晓集, 1960: 13~22; 明今, 1958: 29~32)。然而, 后来有学者认为, 地方工业的盲目布局妨碍了全国工业体系的建立。土法生产的企业基本上都是效率低, 严重浪费了资源。

这一时期, 我国走的是一条传统的社会主义工业化道路。在公有制和计划经济背景下, 实行优先发展重工业的战略, 目的是在一个较短的时间内将我国建设成为现代化工业国家。尽管在短短二三十年间建立起了社会主义工业化的初步基础, 基本实现了工业化的初期目标, 但我们也付出了巨大的代价 (吕政等, 2003: 48~55), 如经济增长大起大落、重大比例关系失调、资源浪费严重、人们长期处于贫困状态等。

第二节 农轻重均衡发展战略 (1979~2001年)

1979~2001 年, 我国的工业化进入了新的阶段, 主要特征是以市场为导向, 实行轻重工业均衡化发展战略。这一阶段的主要战略是: ①实行经济体制改革。家庭联产承包责任制的实行极大地调动了农民生产的积极性, 乡镇企业异军突起, 成为推动我国工业化的一支重要力量。②农轻重均衡发展。在市场经济条件下, 以农业为基础, 扶持轻工业的发展, 改善人民生活, 改变了产业结构的失衡状况。③允许和鼓励外商投资。外资的大量进入和对外贸易的迅速扩张为工业化发展提供了新的资金、技术来源和市场空间。

农村改革解放了生产力, 变革了农业的经营体制, 使农村的剩余资金不断积累、剩余劳动力开始流动、市场不断扩展和成长 (吴象、陆文强, 1993: 23~24; 吴象, 1995: 105~108)。在这样的背景下, 20 世纪 80 年代我国乡镇企业迅速崛起, 成为支撑中国经济的一支重要力量。乡镇企业可按经济关系分为以乡村集体经济为主的苏南模式、以个体经济为主的温州和阜阳模式、国营企业和乡镇企业联合办厂的上海郊区模式、以中外合资为主的珠江三角洲模式等 (吴象、陆文强, 1993: 23~24)。从乡镇企业的经营机制来看, 乡镇企业有着比国营大中型企业更为灵活的运行机制, 如自负盈亏、灵活的劳动力管理、自主经营、按劳分配、随行就市等 (叶祖成等,

1991：68～72）。从乡镇企业的地位和作用来看，乡镇企业推动了国民经济增长与结构变革、提高了国民经济的总体效率、加速了农业现代化和农村城市化进程、提高了工业参与率和农业生产集约化程度、有利于吸收农业剩余劳动力（黄守宏，1990：39～46；李炜勋，1992：136～139；陈乃醒等，1992：129～135）。90年代以来，我国乡镇企业出现了布局分散、污染环境、要素配置不合理等问题，乡企转制成为备受关注的话题。田国强认为，在市场体系建立之后，随着产权明晰的企业数量增多，乡镇企业的竞争优势越来越小；进行产权制度的改革从而实现资源的有效配置，是解决乡镇企业存在的问题的最好办法（1995：35～39）。秦晖的调查报告详尽地说明了转制的背景和动因、股份制转制、乡企拍卖、转制过程中应注意的问题等（1997：104～114，1998：98～109）。冯曲从资金筹集的角度解释了乡镇企业产权制度的变迁（2000：58～64）。张军和冯曲建立了一个框架分析乡镇集体企业改制的条件，得出了最优的改制区间，并讨论了各种因素对改制的影响（2000：12～20）。

在农、轻、重的关系方面，改革开放前我国实行重工业优先发展的战略，再加上政治运动和经济建设指导思想"左"的错误，造成了我国消费品缺乏、经济结构失调的问题。李成瑞和作沅指出，当时我国经济存在"三短两长"的现象。"三短"是：农业短，轻工业短，燃料、动力、建材和交通短；"两长"是：基本建设和加工工业战线长（1979：3～10）。学者对农、轻、重的安排进行了大量讨论，如张卓元认为，现阶段我国调整产业结构最重要的是遵循农业—轻工业—重工业的发展规律（1982：31～37）。吴凯泰等指出，要继续大力发展消费品生产，加快调整重工业服务方向的步伐，贯彻落实节约能源的各项措施（1982：32～38）。冯宝兴等从马克思经济学的角度论证了在工业化的初期阶段，轻工业的优先增长是由再生产的客观规律决定的；随着国有企业、乡镇企业、个体和私营经济的发展以及对外贸易的扩张，我国轻工业进入了快速发展时期，并逐渐走上与重工业协调发展的道路（1980：17～22）。要调整国民经济各部门之间的比例关系，首先必须正确地处理积累与消费之间的关系（许涤新，1981：3～8）。何琢认为，积累率过高，基本建设规模过大，但社会没有相应的物资供应，就会拖长工期，造成资金的浪费和损失（1979：6~13）。20世纪90年代末期，在结构调整战略的指导下，我国轻工业高速发展，对能源、交通、原材料等行业的需求增加；城市化进程不断加快，需配套道路、水电、房屋等基础设施；居民收入增加，消费结构不断升级，住房、汽车等成为新的消费热点。基于以上原因，我国工业发展向重工业倾斜的趋势日益明显。一些学者对这一趋势进行了分析，如胡长顺认为，重新提出"重化学工业化"和"知识技术密集化"的发展方向是适时的；轻纺产业经过长期的发展，已具有竞争优势，应放任市场、鼓励自由竞争；而对于基础性、战略性产业，要通过相应的产业政策进行扶持（1996：102~108）。张立群认为，投资资金分散、巨大的就业压力是推动投资向轻型产业倾斜的原因，应通过改造国营企业、提高财政收入在国民收入中的比重来解决资金问题（1992：38~43）。基础设施与制造业发展关系研究课题组指出，亚洲经济危机以来，我国政府实施了积极的财政政策，以加快基础设施建设带动经济发展，这是对我国基础设施长期投资不足的矫正（2002：37~47）。

在对外开放方面，我国政策以"引进来"为主，通过设立经济特区、沿海沿江沿边开放地带，实施优惠政策引进外方资金、技术、人才、管理经验。这对我国经济产生了重要影响，如拉动GDP增长、促进技术进步、推动产业结构升级、扩大出口、优化出口商品结构、增强研发能力等（杨永华，1995：60~61；钱薏红，1995：69~81；江小涓，2002：4~14）。学者还讨论了在开放条件下保护和发展民族工业的问题。王振中列举了加拿大、巴西等国的实例，说明了保护和发展民族工业的必要性（1996：39~49）。金碚认为，发展民族工业的根本是提高国际竞争力，保护政策的本质是与外资企业展开有效竞争（1997：41~48）。有学者认为，应充分开放成熟产业和一般产业，合理保护主导产业、幼稚产业及高新技术产业，鼓励外资投向基础设施和基础产业（夏友富、马宇，1997：21~31；熊性美，1997：17~21）。2001年，我国加入WTO，一些学者讨论了经济全球化背景下我国的工业化战略选择。黄如金认为，经济全球化背景下，各个国家的竞争是非对称的，工业化战略应有利于创新（2001：28～31）。郭克莎认为，在开放环境下，我国应以产业结构战略为中心来调整工业发展战略，对外贸易战略、利用外资战略应服从产业结构战略（2004：30～41）。

这一时期，我国乡镇企业发展迅速，工业化在城市和农村迅速铺开；农、轻、重均衡发展，产业结构趋于合理；实行对外开放，引进国外资金和先进技术。工业发展取得了极大成功，摆脱了新中国成立以来长期的"短缺"和"卖方市场"的约束。

第三节　新型工业化道路（2002年至今）

2002年，党的十六大报告提出，要"坚持以信息化带动工业化，以工业化促进信息化，走出一条科技含量高、经济效益好、资源消耗低、环境污染少、人力资源优势得到充分发挥的新型工业化路子"。实施这一战略主要有以下原因：①改革开放以来，我国主要是依靠高投资和高消耗来实现产值的高增长，依然处于粗放型发展阶段，资源利用效率低，环境污染严重。②20世纪90年代末期重工业发展迅速，而重工业是资本和技术密集型，对劳动力的吸纳能力较弱，加剧了就业问题。③我国在高新技术产业方面与发达国家差距较大，而信息革命引起了经济结构、生产方式和消费结构的重大变化（朱继民，2006：2～13），这为我国带来了发展的机遇与挑战。

学者对新型工业化的特征、实施路径，以及新型工业化与信息化、环境的关系等进行了大量的研究。新型工业化的特征主要表现为由信息化带动、以集约型增长为主、追求可持续发展的道路；能发挥比较优势和后发优势，优化产业结构，实现机械化与就业协调、工业化与城镇化协调（简新华、向琳，2003：139～149；黄范章，2003：50～54；朱继民，2006：2～13）。此外，曾福生和高鸣利用2000～2010年的省际面板数据，发现新型工业化发展的外部效应对现代农业发展和城镇化率提升有促进作用（2013：13～19）。刘世锦认为，新型工业化与传统工业化道路的区别体现在高新技术对传统产业的影响、产业结构和资源配置的国际化、发展理念和发展战略的转变、工业化完成时间的缩短（2005：5~9）。

新型工业化战略提出要以信息化带动工业化、以工业化促进信息化，这是顺应世界经济与科技发展趋势的必然选择。21世纪的信息革命使人类社会发生了巨大的变化，信息技术的快速发展不仅催生了许多新兴产业，也在逐渐改变着传统产业。信息化不仅改变了人类的生产、生活方式，而且改变了工业化的内涵和实现条件。郭祥才认为要实现我国生产力跨越发展，必须走新型工业化道路；新型工业化的内在机制就是信息化与工业化双向互动的过程（2003：4~13）。徐盈之和孙剑实证分析发现我国信息行业与制造业的融合度比大多数发达国家低（2009：56~66）。杨蕙馨等构建了工业化与信息化的协同演化共生模型，对两化融合的动态特征、两化融合对平衡增长路径的影响进行了理论研究和数值模拟（2016：1~9）。焦勇和杨蕙馨在政府干预的背景下，解释了两化融合对产业结构变迁的影响（2017：6~19）。任毅和东童童总结了国内外关于工业化与信息化融合的相关理论分析和实证研究（2015：47~56）。

新型工业化提出要走资源消耗低、环境污染少的道路，在这方面有大量的研究，包括背景、现状、实现路径和政府职能等。随着我国市场经济的推进，个人、企业、政府都进入了"短线竞争"的状态，粗放式增长可以利用低价资源压缩产品成本，在一定的历史时期有其存在的理由（金碚，2006：5~14）。然而与发达国家相比，我国的工业化过程显著缩短，资源和环境问题具有特殊性和复杂性（王文军、李蜀庆，2004：29~35；成金华、吴巧生，2007：147~148）。因此，转变经济发展方式、提高资源利用效率、解决环境问题成为亟须解决的问题。在资源和环境的现状方面，周民良对比了1991年和2000年的统计资料，研究了在我国工业结构的变动过程中的能源消耗和污染的状况（2002：10~17）。庞瑞芝等从低碳、节能和环保目标的角度，测度了1998~2008年30个省份工业部门的增长绩效（2011：64~73）。王博和张泠然对2011~2015年中国36个重点城市进行了工业—环境—能源综合效率评估（2017：108~114）。史丹根据改革开放40年来经济发展规划目标和实际效果，将中国工业绿色发展划分为三个阶段，分别概括了各阶段的主要政策措施和发展特点（2018：5～18）。还有一些学者构建了工业绿色发展的指标体系（李平等，2010：5～15；巩前文、严耕，2015：73～80；徐沛勋、袁广达，2016：74～84）。在实现路径方面，金碚认为，应当实现工业转型升级，发展现代产业体系，促进科学技术发展，提高各产业的自主发展能力和国际竞争力（2011：5～14）。涂正革认为要适度控制工业增长速度，转变工业增长模式，逐渐调整能源结构、开发清洁能源技术，提高能源利用效率（2012：78～94、206～207）。朱南和刘一根据地区工业的经济效率和生态效率划分出各地区在新型工业化发展进程中4种新型工业发展模式，并对每种模式涉及的地区提供了政策建议（2009：3～16）。在政府职能方面，高志刚和尤济红利用2000～2012年中国省际面板数据，发现环境规制可以促进能源效率的提高（2015：111～123）。王鹏和尤济红利用1998～2012年中国省际工业部门的面板数据和空间杜宾模型发现，中国环境管制对工业绿色发展是显著有效的（2016：25～42）。金碚认为实行资源环境管制，必须协调管制方式与企业竞争力之间的关系，既要确保较好地实现政策目标，又要不断提升产业和企业竞争力，实现经济效率准则和社会效益准则的合理平衡（2009：5～17）。

新型工业化是符合中国国情、顺应时代发展趋势的道路。它不仅是工业自身的发展，也是我国经济发展方式的转变。它是生产技术由落后到先进的转型，经济增长方式由粗放向集约的转型。它超越了"先污染、后治理"和"先工业化、后信息化"的西方国家的工业化道路，是我国从工业大国走向工业强国的必然选择。

参考文献

王思华，1956，《关于我国过渡时期国家工业化与农业合作化的相互适应问题》，《经济研究》，第1期。

明今，1958，《试论工业建设中的"小、土、群"》，《经济研究》，第11期。

季崇威，1958，《我国工业应当积极支援和促进农业的发展》，《经济研究》，第2期。

陈大伦，1958，《关于中央工业和地方工业、大型企业和中小型企业同时并举》，《经济研究》，第6期。

房维中，1958，《谕工业和农业同时并举》，《经济研究》，第7期。

沈立人，1958，《关于全党、全民办工业的几个重要问题》，《经济研究》，第8期。

岳巍，1959，《飞跃的速度、健康的比例》，《经济研究》，第10期。

邝日安、刘国光、董辅礽，1959，《试论实现我国社会主义建设总路线中国民经济平衡工作的基本任务和原则》，《经济研究》，第12期。

宫晓集，1960，《略论工业战线上大型企业和中小型企业同时并举、洋法生产和土法生产同时并举的伟大胜利》，《经济研究》，第1期。

俞明仁，1960，《论农业、轻工业和重工业的相互关系》，《经济研究》，第2期。

杨坚白，1961，《试论农业、轻工业、重工业比例和消费、积累比例之间的内在联系》（上），《经济研究》，第12期。

欧阳桱，1961，《综合平衡是经济计划工作的科学方法》，《经济研究》，第10期。

许涤新，1962，《论农业在国民经济中的地位和发展农业生产的关键》，《经济研究》，第12期。

王向明，1962，《论重工业对农业的依存与支援》，《经济研究》，第10期。

杨坚白，1962，《试论农业、轻工业、重工业比例和消费、积累比例之间的内在联系》（下），《经济研究》，第1期。

董辅礽，1963，《怎样从本质联系上理解农业是国民经济发展的基础》，《经济研究》，第7期。

李成瑞、作沅，1979，《坚定不移、扎扎实实地把国民经济调整的任务完成好》，《经济研究》，第12期。

何琢，1979，《调整国民经济是加速现代化建设的战略决策》，《经济研究》，第5期。

冯宝兴、万欣、张大简，1980，《在一定时期内优先发展轻工业的客观必然性》，《经济研究》，第1期。

许涤新，1981，《我国当前经济调整问题》，《经济研究》，第6期。

张卓元，1982，《调整我国产业结构要按生产力发展规律办事》，《经济研究》，第11期。

吴凯泰、利广安、陆百甫，1982，《怎样使国民经济尽快转入良性循环?》，《经济研究》，第1期。

黄守宏，1990，《乡镇企业是国民经济发展的推动力量》，《经济研究》，第5期。

叶祖成、陆喜宗、朱龙铭，1991，《国营大中型企业与乡镇企业经营机制的比较》，《改革》，第6期。

张立群，1992，《中国产业结构矛盾再认识》，《经济研究》，第4期。

李炜勋，1992，《乡镇工业战略地位的理论思考》，《改革》，第3期。

陈乃醒、胥和平，1992，《乡镇工业：促进中国工业化发展的重要力量》，《改革》，第 3 期。

吴象、陆文强，1993，《乡镇企业：市场取向改革的产物与动力》，《改革》，第 2 期。

吴象，1995，《乡镇企业：市场经济发展的推动力》，《改革》，第 4 期。

杨永华，1995，《外商投资企业对中国工业化的作用》，《中国工业经济》，第 5 期。

钱薏红，1995，《外资与技术进步——关于中国的技术自主发展能力》，《数量经济技术经济研究》，第 7 期。

田国强，1995，《中国乡镇企业的产权结构及其改革》，《经济研究》，第 3 期。

胡长顺，1996，《中国新时期工业化战略与产业政策》，《管理世界》，第 2 期。

王振中，1996，《开放条件下保护和发展民族工业之探讨》，《改革》，第 6 期。

董志凯，1996，《"大跃进"运动对中国工业建设作用辨析》，《中共党史研究》，第 2 期。

熊性美，1997，《论利用外资和对民族工业的适度保护》，《改革》，第 3 期。

金碚，1997，《关于保护和发展民族工业的四个问题》，《改革》，第 3 期。

夏友富、马宇，1997，《外商投资与我国主导产业、幼稚产业的适度保护》，《改革》，第 3 期。

秦晖，1997，《十字路口看乡企——清华大学乡镇企业转制问题调查研究报告》（上），《改革》，第 6 期。

秦晖，1998，《十字路口看乡企——清华大学乡镇企业转制问题调查研究报告》（下），《改革》，第 1 期。

冯曲，2000，《从资金筹集机制看乡镇企业改制：制度变迁动力学的一个案例》，《改革》，第 5 期。

张军、冯曲，2000，《集体所有制乡镇企业改制的一个分析框架》，《经济研究》，第 8 期。

黄如金，2001，《经济全球化与中国工业化的战略选择》，《中国工业经济》，第 11 期。

基础设施与制造业发展关系研究课题组，2002，《基础设施与制造业发展关系研究》，《经济研究》，第 2 期。

周民良，2002，《中国工业的结构变化与可持续性发展》，《改革》，第 2 期。

江小涓，2002，《中国的外资经济对增长、结构升级和竞争力的贡献》，《中国社会科学》，第 6 期。

曹建海、李海舰，2003，《论新型工业化的道路》，《中国工业经济》，第 1 期。

简新华、向琳，2003，《新型工业化道路的特点和优越性》，《管理世界》，第 7 期。

郭祥才，2003，《马克思主义跨越发展理论与中国新型工业化道路》，《中国社会科学》，第 6 期。

黄范章，2003，《从世界的视野看我国新型工业化道路》，《中国工业经济》，第 6 期。

吕政、郭克莎、张其仔，2003，《论我国传统工业化道路的经验与教训》，《中国工业经济》，第 1 期。

王文军、李蜀庆，2004，《压缩型工业化社会中的环境问题分析》，《中国工业经济》，第 9 期。

郭克莎，2004，《中国工业发展战略及政策的选择》，《中国社会科学》，第 1 期。

刘世锦，2005，《正确理解"新型工业化"》，《中国工业经济》，第 11 期。

朱继民，2006，《新型工业化道路及其在首钢的实践》，《管理世界》，第 1 期。

金碚，2006，《科学发展观与经济增长方式转变》，《中国工业经济》，第 5 期。

成金华、吴巧生，2007，《中国工业化进程中的环境问题与"环境成本内化"发展模式》，《管理世界》，第 1 期。

金碚，2009，《资源环境管制与工业竞争力关系的理论研究》，《中国工业经济》，第 3 期。

徐盈之、孙剑，2009，《信息产业与制造业的融合——基于绩效分析的研究》，《中国工业经济》，第 7 期。

朱南、刘一，2009，《中国地区新型工业化发展模式与路径选择》，《数量经济技术经济研究》，第 5 期。

李平、王钦、贺俊、吴滨，2010，《中国制造业可持续发展指标体系构建及目标预测》，《中国工业经济》，第 5 期。

杨鞲鞲、李平，2011，《新型工业化评价指标体系及测度分析》，《经济管理》，第 10 期。

金碚，2011，《中国工业的转型升级》，《中国工业经济》，第 7 期。

庞瑞芝、李鹏、路永刚，2011，《转型期间我国新型工业化增长绩效及其影响因素研究——基于"新型工业化"生产力视角》，《中国工业经济》，第 4 期。

曾福生、高鸣，2013，《新型工业化对"三化"协调发展的效应能力分析》，《经济管理》，第 9 期。

巩前文、严耕，2015，《"绿色生产"指数构建与测度：2008~2014 年》，《改革》，第 6 期。

任毅、东童童，2015，《工业化与信息化融合发展述评及其引申》，《改革》，第 7 期。

高志刚、尤济红，2015，《环境规制强度与中国全要素能源效率研究》，《经济社会体制比较》，第 6 期。

徐沛勍、袁广达，2016，《工业生态建设的评估体系及其理论阐释》，《改革》，第 4 期。

涂正革，2012，《中国的碳减排路径与战略选择——基于八大行业部门碳排放量的指数分解分析》,《中国社会科学》,第 3 期。

王鹏、尤济红,2016,《中国环境管制效果的评价研究——基于工业绿色发展的一个空间视角》,《经济社会体制比较》,第 5 期。

杨蕙馨、焦勇、陈庆江,2016,《两化融合与内生经济增长》,《经济管理》,第 1 期。

王博、张泠然,2017,《重点城市工业综合效率与产业转型升级:2011~2015 年》,《改革》,第 9 期。

焦勇、杨蕙馨,2017,《政府干预、两化融合与产业结构变迁——基于 2003~2014 年省际面板数据的分析》,《经济管理》,第 6 期。

史丹,2018,《绿色发展与全球工业化的新阶段:中国的进展与比较》,《中国工业经济》,第 10 期。

第三章 增长方式转变的相关研究

与经济发展战略紧密相关的是经济增长方式，即"推动经济增长的各种生产要素投入及其组合的方式，其实质是依赖什么要素，借助什么手段，通过什么途径，怎样实现经济增长"（吴敬琏等，2006：21~23）。按照这种思路，经济增长方式一般被分为两类，一类是靠增加自然资源、资本和劳动等的投入所实现的增长，另一类是靠提高生产效率实现的增长，分别是"粗放型"和"集约型"经济增长（奚兆永，1996：53~57）。中国经济发展过程，也是一个从粗放型经济增长转向集约型经济增长的过程，并探索更为全面和健康的经济发展。伴随着经济发展，中国经济学界对经济发展方式转变理论的认知不断深入，在重工业优先发展向产业平衡发展转变、投资拉动型经济向外向型经济转变、资本积累向技术创新转变、从资源与环境高消耗型增长方式向环境友好型增长方式转变等方面进行了积极探索。

第一节 对改革开放前增长方式的研究

1949年中华人民共和国建立时，是一个人口众多、人均自然资源匮乏、人均收入较低的发展中大国，加上世界市场已经被发达国家控制，中国不可能再有早期资本主义国家工业化时可以充分依靠国外资源和市场的有利条件，因此中国的工业化只能在温饱问题没有解决、积累有限、人均资源非常匮乏的贫困中起步。这也决定了中国的工业化过程中的产业结构升级和大量人口由农业向第二、三产业转移面临着资本、自然资源、环境和市场的多重压力与矛盾。林毅夫和龚强（2010：5~13）利用一个动态一般均衡模型论证了以当时的外在经济条件想要达到中央所期望的工业化，只能采取中央集权的计划经济体制来强行实施资源配置，但是这导致较低的国民收入，并且可用来消费和投资的资源原本就很匮乏，居民消费受到抑制，资本积累速度很慢，要素禀赋结构也难以迅速提升，经济发展中始终需要依靠政府来维持一定规模的工业体系，而在这种经济生产方式下，低效率是一种必然结果。

粗放型增长方式同时体现在配置和投入上，过分追求经济增长速度，导致了改革开放前效率较低的粗放型增长方式。林毅夫（1994：3~7）将改革开放前的宏观管理政策总结为"三位一体"，为了提供重工业发展所需的资金，强行干预了国内产业间价格、汇率、利率。赵农（2014）从资源错配的角度研究了中国改革开放前的资源配置问题。他认为改革开放前的中国有很严重的资源错配问题。王小鲁（2000：6~7）从实际资本形成率、对外贸易等方面考察了改革开放前中国的经济增长方式。在改革开放前的1952~1978年，中国的储蓄率平均为GDP的29%，而用于固定资产投资的部分只占21%，形成固定资产的部分所占比重不足GDP的15%，在高储蓄率的条件下显示出较低的资本形成率，浪费惊人。王小鲁、樊纲（2000：10~12）认为在对外贸易和外资方面，中国在改革开放前始终保持着比较保守的态度。改革开放前，除了苏联早期的援建项目以外，外资对于中国的资本贡献几乎为0。对外贸易方面也仅仅通过简单的初级产品出口来获得一定的外汇收入，进而对外采购一些必要的设备。胡鞍钢（1993a：31~34）对改革开放前中国的环境污染问题进行了考察。通过实证研究发现改革开放前，中国的经济发展虽然仍处于低收入阶段，但是环境污染水平达到了同期中上等收入国家的水平，资源浪费及环境破坏问题严重。

中国在改革开放前也不是完全没有意识到粗放型增长方式带来的问题，但是一直没能解决。武力（2006：5~12）研究了中国对于增长方式的态度转变，由于积累率低、资本稀缺和人均自然资源匮乏，中国一直就很重视经济效益，只不过表现方式是通过宏观政策来解决经济问题。例如，1958年毛泽东提出"多、快、好、省"的社会主义建设总路线。但是，在自上而下的指令性计划和单一公有制下，在宏观经济方面，信息不充分和政府决策失误造成资源浪费和经济波动；在微观经济方面，因缺乏自主和激励机制而导致低效，使"好"和"省"始终是可望而不可即的目标。

第二节 对重工业优先发展向平衡产业转变的研究

重工业优先发展是新中国建立以来的重要经济战略，对经济发展的影响甚至延续到改革开放以后。21世纪以来，政府提倡走新型工业化道路，而地方则出现重工业化浪潮，这引起了经济学家的广泛讨论。武力和温锐（2006a：39~49）在总结中国的重工业优先发展向产业平衡发展过程时认为，1949~2005年中国工业化进程中"轻、重"关系发生了三次大的转变：1949~1978年的求强阶段，工业化的"轻、重"关系表现为"重重轻轻"；1979~1997年的求富阶段，工业化的"轻、重"关系表现为"农、轻、重"同步发展；1998~2005年的探索新型工业化道路阶段，工业化的"轻、重"关系表现为政府和企业都在通过结构调整寻找新的经济增长点，以实现快速发展。

改革开放前30年的实践证明，重工业优先发展策略导致了提高人民生活水平被忽视，以及价格信号被扭曲等一系列的问题。所以，在改革开放之际，这种战略逐渐被放弃。当然在初期，学界对于轻重的看法也经历了"矫枉过正"的过程，一部分学者认为应该以农业与轻工业为发展中心，如杨白坚和李学曾（1980：19~40）认为农业和轻工业生产生活资料，在满足消费的同时会对重工业生产产品的种类和数量产生引导作用。

在改革开放之后，中国学者开始讨论产业平衡发展问题，如周振华（1991a：1~7）认为调整不合理的产业结构，核心问题是提高产业结构的聚合质量，以促进国民经济持续、稳定、协调发展。提高产业结构的聚合质量就是改善部门之间的耦合状态，从而提高产业关联的整体性功能。由于产业间耦合水平的度量指标是结构平衡度，提高产业结构的聚合质量最终可归结为提高结构平衡度。林晨和陈斌开（2018：25~46）利用投入产出分析了重工业优先战略对经济发展带来的不利影响。

第三节　对外向型经济发展的研究

国家的宏观经济由供给和需求两侧同时决定，凯恩斯主义强调需求方面的管理，这种思想也是各国需求管理理论的基石。需求由消费、投资和出口三个部分构成。改革开放前，中国选择关起门来发展经济，采取的宏观需求管理方式是忽略消费和外贸，通过偏向投资来拉动经济增长。邓小平曾批评道，"他们不愿意也不敢看见我们与国外的差距"。1978 年之后，中国开始推进改革开放，改变了以前的需求管理理念，从单一的依靠投资变为由"三驾马车"共同拉动经济。

20 世纪 80 年代，中国刚对外开放，经验不足，学术界就外向型经济发展问题展开了讨论。刘昌黎（1987b：36 ~ 41）认为中国若想赶超世界工业大国，就必须采用进口替代战略，中国并没有实行出口导向型战略的基础。高拴平（1988：53 ~ 58）则反对这一观点，认为中国应该放弃进口替代战略，勇于参与国际竞争。他认为内向型经济并非在任何时间点都适合大国，并且进口替代战略不利于外汇收支平衡，实行传统的进口替代战略避开国际竞争不利于发展商品经济。之后，学界逐渐出现将这两种战略相互调和的态度，例如，吕铁（2001：55 ~ 62）认为不应该将进口替代和出口导向两种战略对立起来。他认为应该考察经济体的具体增长型式和资源禀赋并将两种战略结合起来。吕铁对中国的增长型式进行了实证研究，发现我国制造业增长型式的一个显著特点就是国内需求在制造业增长中起着决定作用，而出口需求的影响相对有限。在这种增长型式下中国应采用一种复合战略。

不管从实践还是理论的视角，我们都可以看到在实行对外开放之后，我国的经济增速显著提升。中国的一批学者论证了国际贸易和 FDI 促进 TFP 增加的可能性。江小涓和李蕊（2002：5 ~ 16）发现，FDI 占比越高的行业增长越快，认为 FDI 对中国工业增长具有重要的贡献，体现在提供资金来源、改善投资效益、扩大产出、增加利税、引进先进技术、提升人力资本等方面。李小平、朱钟棣（2006：31～43）发现国际 R&D 溢出显著为正，并且认为国际贸易作为 R&D 溢出渠道的结论更加可靠，本国 R&D 对技术进步、技术效率和全要素生产率有负向作用，这和中国的技术吸收能力有关。徐涛（2003：22～27）通过一个内生增长模型来说明 FDI 对于引入国的技术水平提升的作用，认为 FDI 和国内资金的区别在于效率不同，等量 FDI 的产出要大于国内资金。代谦和别朝霞（2006a：15～27）研究了发达国家 FDI 产业选择与发展中国家经济增长和技术进步问题，认为发达国家 FDI 产业选择依赖于发展中国家的技术能力和竞争能力，发展中国家技术能力和竞争能力越强，发达国家则倾向于将更多更先进的产业转移到发展中国家；FDI 能否给发展中国家带来技术进步和经济增长依赖于发展中国家的人力资本积累情况，只有辅之以较快速度的人力资本积累，FDI 才能给发展中国家带来技术进步和经济增长。傅晓霞、吴利学（2013：19～32）分析了后发国家赶超过程中国内自主研发与技术引进的关系，指出针对不同的发展阶段和技术能力应该采取与之相应的技术创新策略。朱军（2017：5～24）认为中国全要素生产率的提高，不应该完全依赖于对美国的技术追随，也不能够完全依赖于本土的技术创新，实现两者的最佳结合是提升中国经济质量、实现可持续发展的有效途径。

第四节　对从资本积累向技术创新转变的研究

一般认为，经济增长来源于两个方面，一是要素投入增加，二是技术进步。增长理论认为，当经济达到平衡增长时，技术创新是推进经济增长最重要的因素。改革开放以来，市场经济成为中国资源配置的主要方式，经济效率得到了极大的提升，不过在改革开放初期粗放型增长方式并没有从本质上得到改变。邱晓华等（2006：4～12）通过增长要素核算计量发现，改革开放以来中国经济持续高速增长的主要动力来自要素投入增加，其中资本投入增加是最主要的动力，1980～2004 年，资本对经济增长的贡献达到了59.2%，拉动经济增长 5.8 个百分点。蔡昉（2008：4～11）将中国改革开放之后的高速增长总结为改革不断为生产要素积累和有效配置创造恰当体制环境从而兑现人口红利的过程。

但是随着中国的经济资源错配被逐渐纠正，由人口红利、价格信号的纠正等带来的高速增长势头终究会被消磨殆尽。这时，改变增长方式就显得十分重要，在第九个五年计划期间，1996 年中央进一步明确提出转变经济增长方式的战略要求。在这段时间里，中国学者对增长方式的转变展开了广泛的讨论。孙海鸣（1997：3~10）讨论了中国经济阶段和转变方向，认为中国要更多地采用投资推动阶段后期的推动经济增长、降低资源消耗的技术，使技术进步更多地依附于资本投入以推动经济增长。将 20 世纪 90 年代前界定为大规模工业化的粗放型投资推动增长阶段，90 年代是集约型投资推动增长阶段，即不仅依赖资本总量扩张来提高增长率，还要通过提升资本的质量、劳动力的质量和管理水平的方式来提高总要素生产率的增长；同时，经济技术水平较高的行业，也可提前进入"创新"推动增长的阶段，特别是那些代表高技术发展趋势的行业。周振华（1996：3~8）、奚兆永（1996：53~57）、宋则行（1996：74~78）、华民和杨桓兴（1997：64~71）等在同一时期发表论文，探讨如何使中国从粗放型经济增长转向以 TFP 增长为特征的集约型经济增长。

在中央提出转变增长方式之后，中国经济转型取得了较大成绩，王小鲁、樊纲、刘鹏（2009：4~16）考察了中国经济增长方式的转换发现，中国经济增长方式持续改变。过去中国经济增长呈现粗放型模式的特点，即通过大量资本、能源、原材料和劳动力的投入带动经济增长，并且表现为高度依赖出口拉动。但是在改革开放后经济增长方式出现了改变，在1999~2009 年 TFP 持续提高，年均增长率达到 3.6%，TFP 的来源也在发生变化，外源性效率提高的因素减少，技术进步和内源性效率改善的因素增加。

对于如何进一步推进中国经济增长方式转向创新型驱动，中国学者也发表了很多论述，例如，潘士远和林毅夫（2006：12~18）认为发展中国家遵循比较优势战略会获得更高的知识吸收能力，从而可以向发达国家的经济收敛；如果违背比较优势战略则会导致相反的结果。他们提出的模型或许可以解释李小平和朱钟棣（2006：31～43）指出的发展中国家 R&D 投入的反常现象。陈晓光（2006：18～29）通过修改知识累计函数对内生增长模型做出了一定的改进，认为 OECD 国家与科学家和工程师数量增加相伴的是 R&D 人员创新活动的有效时间的减少，二者互相抵消，使 TFP 增长率保持不变，因此将 R&D 人员创新活动的有效时间引入知识的积累方程。陈晓光依据模型结果提出，要提高经济的长期增长率，不同国家应该采取不同的政策。对于经济增长受制于科学家和工程师数量的国家，应该首先考虑培养更多的科学家和工程师；对于经济增长受制于人力资本积累速度的国家，应该首先考虑提高国民整体的教育水平。

第五节　对向环境友好型增长转变的研究

在过去的一段时间里，中国的粗放型经济增长的特征是高投入、高消耗，但是随着经济发展以及对环境问题的日益重视，中国的高资源消耗和环境破坏问题趋于缓解。

根据张卓元（2006：31）的观点，中国转变经济增长方式取得了一定成效，如 1980～2002 年单位 GDP 能耗下降了 66.8%，但是还需要进一步促进增长方式转变，因为我国原本的粗放程度很高，资源利用效率很低。金碚（2005a：5～14）通过考察实际资源储量认为中国的增长会受到资源储量的限制。周叔莲（2008：12～13）指出经济发展方式的内容相较于经济增长方式更为丰富，除了包括经济增长方式外，还包括产业结构、收入分配、居民生活以及城乡结构、区域结构、资源利用、生态环境等方面。

向环境友好型增长转变的研究不仅关心总量上资源环境问题，而且还关心区域资源和环境问题。王兵等（2010：90～97）通过实证研究发现，环境效率较高的省份集中在东部地区，环境全要素生产率增长率高于市场全要素生产率增长率，中西部地区无论是市场全要素生产率增长率还是环境全要素生产率增长率均低于东部地区；资源环境因素对各省份全要素生产率排名有显著影响；人均 GRP、FDI、结构因素、政府和企业的环境管理能力、公众的环保意识对环境效率和环境全要素生产率有不同程度的影响。

未来资源利用和环境破坏问题会加剧还是会缓解，是值得讨论的问题。彭水军和包群（2006：15～23）、涂正革和肖耿（2009：41～54）、王兵等（2010：90～97）的研究均支持在中国情景下的环境库兹涅茨曲线假说。彭水军、包群（2006：15～23）认为中国的环境库兹涅茨曲线的转折点在国民人均收入 3 万元左右，而中国的人均收入已经接近 1 万美元，也就是说，如果按照该理论，中国未来的环境问题可能会得到较好的解决。而产生这种结果的机制是金碚（2005a：5～14）所认为的那样，随着经济发展，资源限制及价格提升导致节省资源的技术进步，从而减缓中国的资源环境问题。从另一个角度讲，中国对环境友好型产品的需求偏好可能也会促使环境资源问题得以缓解。

蔡昉等（2008：4～11）将二氧化硫排放量作为环境污染指标的研究也同样肯定了中国的环境库兹涅茨曲线的转折点的存在，尤其是在东部地区，而西部地区的污染问题仍然较为严重。因此，需要中央政府进行机制设计，一方面把经济增长方式转变的内在要求转化为地区经济增长行为的变化，以及地方政府经济职能的变化；另一方面通过改善区域之间、中央与地方之间的转移支付，为抑制欠发达地区的 GDP 冲动提供物质激励，激励其实施更有效的且相容的减排措施。

对于环境库兹涅茨曲线在中国是否到达或者接近拐点这一问题仍然有争议。李斌等（2013：56～68）则通过绿色全要素生产率指标对中国资源消耗和增长之间的关系进行了实证研究，发现 2001～2010 年中国工业分行业的绿色全要素生产率非但没有出现增长，反而出现一定的倒退，而绿色全要素生产率的下降导致其对工业经济增长的贡献率降低甚至为负，中国工业增长方式愈加显现粗放和外延性特征。相应地，他们认为需要进一步加强资源环境方面的法制建设和政策力度，鼓励工业企业采用更为环保和高效的生产技术，从而缓解环境问题。

第六节　对供给侧改革的初步探讨

中国经济在 2012 年之后进入了新常态。从增长理论的角度来说,这并不令人奇怪,随着经济增长,各要素的边际报酬呈现递减趋势,进而出现增速放缓。党的十七大报告中,将转变经济增长方式的要求改为转变经济发展方式,提出了中国面临的问题和解决思路。2014 年和 2015 年,中央分别提出了"新常态"和"供给侧改革",对应于经济增速放缓的现象和应对增速放缓的措施。新常态的到来意味着经济发展迎来了新的阶段。在新常态下实现供给侧改革意味着需要对经济发展方式有更多的认识,除由投资推动向 TFP 增长的观念转变外,还需要考虑技术创新、制度创新、城市化、工业化、收入分配、政府职能等涉及发展方式的内涵扩充。

2016 年 2 月,中共中央政治局进一步提出"十三五"时期以供给侧结构性改革为主线,扩大有效供给、满足有效需求,加快形成引领经济发展新常态的体制机制和发展方式。"十三五"规划纲要再次强调发展主线是"必须在适度扩大总需求的同时,着力推进供给侧结构性改革,使供给能力满足广大人民日益增长、不断升级和个性化的物质文化和生态环境需要"。供给侧改革是面对中国经济发展新阶段提出的新改革构想,以应对中国经济发展中的实际情况。

在经济理论上,供给侧对应的是需求侧,而需求侧指的就是凯恩斯主义所强调的经济增长中的"三驾马车"。在过去一段时间,全球各国政府主要致力于需求侧的宏观管理,这在 2008 年国际经济危机时表现得尤为明显,全球各国政府几乎统一推出了一系列需求管理政策,中国政府也相应地提出了"四万亿"救市计划以增加市场的流动性从而带动经济复苏。但是,理论上需求侧的管理方式只适合于短期对经济的刺激,长期利用需求管理政策可能会得不偿失。杨嘉懿和李家祥(2016a:5～10)指出在一个经济体系内部,消费需求和投资需求之间必然存在结构平衡关系,并且应在中长期保持稳定。长期以来中国的问题是消费不足,因此政府采用需求侧短期刺激政策，加大对生产部门的投资，弥补消费需求不足，促使经济在短期达均衡水平，但会出现投资高于原有的均衡点而消费低于原有的均衡点的情况。投资周期完成之后，会产生新的生产能力，产能会大于原有的均衡点。而消费品生产部门对投资需求仍低于原有水平，投资品部门必然要购买多出的产品，否则会出现产能过剩。吸纳新增产能，就需要新一轮的刺激政策来制造新需求，以应对投资品供给的增长，这又会造成下一个生产周期形成更大的产能。最终结果必然是生产部门的产能不断扩大，迫使政策刺激的规模也越来越大，直至难以控制供求平衡。投资低于原有均衡水平时，需求侧的短期刺激政策是有效的。但如果消费水平在均衡线以下，刺激政策只在短期有效，若中长期仍采用则会不断上演新的供求失衡，这会导致经济陷入流动性陷阱，进而引发刺激政策失效。在保持经济稳定中起决定性作用的力量正在由需求侧转向供给侧。同样的，邵宇（2015：15～19）、龚刚（2016：13～20）、贾康和苏京春（2016a：1～24）等经济学者都表示随着经济的发展，我国的经济形势已经悄然改变，一味地采用针对需求侧的宏观政策似乎对经济增长的推动作用有限并且可能失效进而引发更大的结构性问题。

国内普遍认为供给侧改革理论来自里根时期供给学派的经济思想。但是供给侧改革不只是基于供给学派的思想。美国供给学派的主要思想可以用拉弗曲线来表示，即降低税率会导致企业扩大生产，增加税基，反而会使财政收入增加。而中国的供给侧改革强调的是结构调整和知识密集型经济发展。

龚刚（2016：13～20）认为发展过程是指经济体从落后的发展中国家转变为发达国家的过程，具体体现为人均GDP不断提高。发展过程必然伴随着经济体在经济结构和资源禀赋等方面的不断演变，从而会形成不同的发展阶段。可以将发展中国家转变为发达国家的过程分成如下两个阶段。第一阶段，剩余劳动力的消化过程。此时，经济处在刘易斯拐点出现之前、库兹涅茨曲线前半部分，属低等收入国家；生产方式从劳动密集逐渐向资本密集过渡。第二阶段，技术的追赶过程。此时，刘易斯拐点出现，经济处于库兹涅茨曲线后半部分，"中等收入陷阱"已被跨越；生产方式从资本密集向知识密集转型。中国供给侧改革的核心目标是发展知识密集型经济，主要方法是为自主研发和创新提供足够的激励，具体手段是进行研发体制的改革。

我国供给侧理论也并不是在供给侧改革被提上议程之后才开始构建的，经济学中供给侧理论经历了"萨伊定律—凯恩斯主义—供给学派兴起—凯恩斯主义复辟—供给管理"这样两轮"否定之否定"（贾康、苏京春，2014b：84~94）。贾康和苏京春（2016：30~54）推广了"新供给经济学"的研究范式，认为需求侧管理不能"包打天下"，经济发展的"元动力"应该在供给侧空间进行构建，要素层面要破解"供给约束"与"供给抑制"，从体制创新和技术创新的角度来破解未来经济增长面临的约束。

第七节　对中国经济发展方式转变障碍的认识

中国要继续保持经济高速增长，就需要改变经济发展方式。但是我国改变经济发展方式还面临着一些障碍，主要可以分为三类：一是体制障碍，二是结构障碍，三是创新不足（翟佳丽，2017：7~9）。同样地，王小鲁、樊纲（2000：16~24）认为一些尚未解决的体制缺陷越来越成为经济继续保持增长的障碍，特别是结构调整和产业升级方面的重大挑战。未来经济增长的主要动力在于：①要素投入增长的潜力，主要指投资效率提高的潜力；②农村工业化受到若干因素制约，对经济增长的推动力正在下降，加速城市化成为未来经济增长的主要推动力（特别是大中型城市）；③经济增长模式转换，技术进步和产业结构调整；④改革与制度建设是增长模式转换的前提，同样反映了制度、结构、技术三方面的制约。

关于体制性障碍，中国学者进行了比较广泛的讨论。张卓元（2005a：8~9）考察了中国粗放型经济增长背景下资源、能源消耗以及生态破坏的实际情况，认为需要快速推进粗放型经济增长方式转变。张卓元认为增长方式转变难以推进的原因在于我国现行财税、价格等体制刺激了各地热衷于工业立市和外延式经济扩张。推进增长方式的转变需要：①改变政府职能，从经济活动的主角转为公共服务的主角；②改变干部政绩考核和提拔任用体制；③深化国有企业改革；④深化金融体制改革。金碚（2005b：38）认为，经济增长方式转变的关键取决于深化改革，实现制度和体制的创新；取决于实现科学发展观指导下的管理创新。唐龙（2009：18～81）认为，转变经济发展方式的体制难点主要集中在政府管理体制、财税体制、价格体制和企业体制四个关键环节。毕兴顺（2010：41～43）认为转变经济发展方式的障碍主要来自体制性障碍导致的地方政府行为扭曲。伍世安（2012：5～13）认为，转变发展方式与转换体制机制具有相互决定的关系，由制度结构及其变迁形成的激励约束机制是推动发展方式转变的动力。周黎安（2004：33～40）考察了中国长期存在的地方保护主义和重复建设的问题，提出"如果财政激励是导致地方保护主义的原因，为什么在同样面临税收激励的国家之间可以通过双边协定或者多边协定等方式达成贸易自由和市场开放，但是在一国之内却做不到？"由此提出了中国特色的官员晋升模式，将其称为官员晋升锦标赛，并利用了一个简单的委托代理模型来描述晋升锦标赛的部分特征。中国官员的晋升具有锦标赛的特征，每个官员所关心的指标并不是绝对量，而是相对排位，一个官员的晋升成功必定意味着另一个或多个官员的晋升失败，所以官员的激励函数中不仅包括自己的政绩提升，也隐含了其他人的治理失败，进而，在晋升锦标赛的背景下，中国的地方官员之间很难相互合作。

　　产业结构不合理、需求结构不合理、区域结构不平衡、收入差距拉大是我国长期以来面临的经济问题。张保胜（2010：31～37）认为，可以通过加快要素结构、需求结构、产业结构的优化升级以及促进环保与低碳经济的发展来推动经济发展方式转变。尹恒、龚六堂、邹恒甫（2005：17～22）考察了收入分配与经济增长的关系。尹恒等建立了一个政治经济模型，将财政支出同时纳入总生产函数和代表性行为人的效用函数，以考察收入分配对经济增长的影响。政府的财政保持平衡预算，收入通过资本税获得，通过外生假定分割财政收入，并分别纳入总生产函数和效用函数。代表性行为人采用分散决策,通过无限期自治型动态优化问题得到消费的相关信息。在一般均衡的条件下得出税率与经济增长率的关系:在经济均衡时,增长率与税率呈倒"U"形关系。随着税率增加,经济增长率先升后降;在政治均衡时,收入分配越不平等,实际资本税率就越高,因此收入分配不平等与经济增长间存在一定程度的库兹涅茨倒"U"形关系。张军(2002:301~338)把中国的经济增长和转轨与工业化联系在一起,发现中国经济增长不具备动态改进的力量,但是20世纪80年代以后的转轨过程又表现出以新兴工业部门的进入和扩张为特征的持续工业化。经济增长乏力与过度的工业化有关。在投入结构上还需要注意避免过度工业化。刘伟和张辉(2008:4~15)将技术进步和产业结构变迁从要素生产贡献中抽离出来,通过实证研究发现,在改革开放之后的30年里,产业结构变迁对中国经济增长的贡献一度非常明显,但是随着市场化改革的推进,结构变迁带来的经济增长贡献逐渐让位于技术进步。但是研究也发现产业结构变迁的作用逐渐减小,对经济增长没有显著的贡献,因此,中国的市场化改革仍需继续,进一步完善市场机制可以推动产业结构变迁,从而推动经济增长。

张平、刘霞辉、张晓晶等(2010:4~20、122)讨论了中国的资本化扩张和技术进步的关系,研究建立在一个包含研发部门的一般均衡模型之上,同时讨论了在中国的R&D收益。中国经济处在快速增长时期,资本和要素溢价很正常,并且实物资本的投资有收益的可预见性,而R&D收益依靠于创新带来的垄断收益。在经济快速增长期技术更新较快,因此R&D风险比较高。在这种背景下,实物资本投资的主观贴现收益可能会大于R&D的主观贴现收益,市场更加偏向于进行资本投资,而不是R&D投资。经济的资本化对经济增长和效率改进具有正效应,但在这种背景下技术进步可能受到很大程度的抑制,导致TFP在低水平徘徊。当前经济资本化出现偏移,资源向资产部门过快集中,出现了资产价格快速上涨、产能过剩和实体经济创新不足等问题,只有对现行制度和政策进行调整,才能有效激励内生技术进步,转变发展方式,保持经济可持续增长。

参考文献

蔡昉，2018，《中国崛起要跨越哪些"陷阱"》，《黑龙江日报》，4 月 16 日。

蔡昉、都阳、王美艳，2008，《经济发展方式转变与节能减排内在动力》，《经济研究》，第 6 期。

陈晓光，2006，《教育、创新与经济增长》，《经济研究》，第 10 期。

代谦、别朝霞，2006a，《FDI、人力资本积累与经济增长》，《经济研究》，第 4 期。

代谦、别朝霞，2006b，《外国直接投资、人力资本与经济增长：来自中国的数据》，《经济评论》，第 4 期。

邵宇，2015a，《理解中国经济新常态》，《经济参考报》，5 月 20 日。

邵宇，2015b，《供给侧改革——新常态下的中国经济增长》，《新金融》，第 12 期。

方时姣，2011，《以生态文明为基点转变经济发展方式》，《经济学动态》，第 8 期。

傅晓霞、吴利学，2013，《技术差距、创新路径与经济赶超——基于自发国家的内生技术进步模型》，《经济研究》，第 6 期。

高拴平，1988a，《我国工业化发展阶段与战略新探》，《人文杂志》，第 3 期。

高拴平，1988b，《进口替代不宜作为我国当今经济发展战略》，《经济研究》，第 2 期。

龚刚，2016，《论新常态下的供给侧改革》，《南开学报》（哲学社会科学版），第 2 期。

胡鞍钢，1993a，《人口增长、经济增长、技术变化与环境变迁——中国现代环境变迁（1952～1990）》，《环境科学进展》，第 5 期。

胡鞍钢，1993b，《改革以来中国经济发展的四起三落》，《战略与管理》，第 1 期。

胡鞍钢，1992，《中国资源与经济发展》，《现代化工》，第 2 期。

华民、杨桓兴，1997，《经济增长方式——关于中国的模型》，《经济研究》，第 2 期。

毕兴顺，2010，《转变经济发展方式的体制性障碍——基于地方政府行为分析》，《理论界》。

贾康，2016，《供给侧改革的三个问题》，《学习时报》，1 月 18 日。

贾康，2015，《"十三五"时期的供给侧改革》，《国家行政学院学报》，第 6 期。

贾康、苏京春，2016a，《论供给侧改革》，《管理世界》，第 3 期。

贾康、苏京春，2016b，《"供给侧"学派溯源与规律初识》，《全球化》，第 2 期。

贾康、苏京春，2014，《中国特色宏观调控的概念与现实——基于理性"供给管理"与"动物精神"的解读》，《人民论坛·学术前沿》，第 6 期。

江小涓、李蕊, 2002,《FDI 对中国工业增长和技术进步的贡献》,《中国工业经济》, 第 7 期。

金碚, 2005a,《资源与环境约束下的中国工业发展》,《中国工业经济》, 第 4 期。

金碚, 2005b,《实现工业竞争力来源的转变》,《中国科技信息》, 第 16 期。

孔泾源, 2011,《"中等收入陷阱"的国际背景、成因举证与中国对策》,《改革》, 第 10 期。

李斌、彭星、欧阳铭珂, 2013,《环境规制、绿色全要素生产率与中国工业发展方式转变——基于 36 个工业行业数据的实证研究》,《中国工业经济》, 第 4 期。

李小平、朱钟棣, 2006,《国际贸易、R&D 溢出和生产率增长》,《经济研究》, 第 2 期。

林晨、陈斌开, 2018,《重工业优先发展战略对经济发展的长期影响——基于历史投入产出表的理论和实证研究》,《经济学》(季刊), 第 1 期。

林毅夫, 2017,《中国经济学理论发展与创新的思考》,《经济研究》, 第 5 期。

林毅夫, 1994,《战略抉择是经济改革与发展成功的关键》,《经济科学》, 第 3 期。

林毅夫、龚强, 2010,《发展战略与经济制度选择》,《管理世界》, 第 3 期。

林毅夫、潘士远、刘明兴, 2006,《技术选择、制度与经济发展》,《经济学》(季刊), 第 3 期。

刘昌黎, 1987a,《浅析八十年代世界直接投资的形势》,《投资研究》, 第 2 期。

刘昌黎, 1987b,《进口替代是我国赶超世界工业大国的长期战略》,《经济研究》, 第 8 期。

刘伟、张辉, 2008,《中国经济增长中的产业结构变迁和技术进步》,《经济研究》, 第 11 期。

吕铁, 2001,《比较优势、增长型式与制造业发展战略选择》,《管理世界》, 第 4 期。

欧阳峣、生延超、易先忠, 2012,《大国经济发展的典型化特征》,《经济理论与经济管理》, 第 5 期。

欧阳峣、易先忠、生延超, 2012,《技术差距、资源分配与后发大国经济增长方式转换》,《中国工业经济》, 第 6 期。

潘士远、林毅夫, 2006,《中国的就业问题及其对策》,《经济学家》, 第 1 期。

彭水军、包群, 2006,《中国经济增长与环境污染——基于广义脉冲响应函数法的实证研究》,《中国工业经济》, 第 5 期。

彭水军、包群, 2006,《资源约束条件下长期经济增长的动力机制——基于内生增长理论模型的研究》,《财经研究》, 第 6 期。

邱晓华、郑京平、万东华等, 2006,《中国经济增长动力及前景分析》,《经济研究》, 第 5 期。

宋则行, 1996,《服务部门劳动也创造价值》,《经济学家》, 第 6 期。

宋则行，1996，《论经济增长方式的转变与投入产出效益》，《经济研究》，第 5 期。

孙海鸣，1996，《振兴财政的战略与政策思路》，《财经研究》，第 5 期。

孙海鸣，1997，《中国经济发展阶段与增长方式的转变》，《财经研究》，第 6 期。

唐龙，2009，《再论从"转变经济增长方式"到"转变经济发展方式"》，《探索》，第 1 期。

涂正革、肖耿，2009，《环境约束下的中国工业增长模式研究》，《世界经济》，第 11 期。

王兵、卢金勇、陈茹，2010，《环境约束下的中国火电行业技术效率及其影响因素实证研究》，《经济评论》，第 4 期。

王小鲁、樊纲主编，2000，《中国经济增长的可持续性——跨世纪的回顾与展望》，经济科学出版社。

王小鲁、樊纲、刘鹏，2009，《中国经济增长方式转换和增长可持续性》，《经济研究》，第 1 期。

吴敬琏、刘福垣、胥和平，2006，《转变经济增长方式刻不容缓》。

伍世安，2012，《转变经济发展方式的制度性障碍分析》，《企业经济》，第 2 期。

武力，2006，《中国共产党对转变经济增长方式的认识与实践》，《教学与研究》，第 5 期。

武力、温锐，2006a，《1949 年以来中国工业化的"轻、重"之辨》，《经济研究》，第 9 期。

武力、温锐，2006b，《新中国收入分配制度的演变及绩效分析》，《当代中国史研究》，第 4 期。

奚兆永，1996，《论经济增长方式的内涵》，《经济研究》，第 5 期。

夏小林、王小鲁，2000，《中国的城市化进程分析——兼评"城市化方针"》，《改革》，第 2 期。

徐涛，2003，《引进 FDI 与中国技术进步》，《世界经济》，第 10 期。

杨嘉懿、李家祥，2016a，《论供给侧结构性改革的主线地位与转变经济发展方式》，《经济体制改革》，第 6 期。

杨嘉懿、李家祥，2016b，《以"五大发展理念"把握、适应、引领经济发展新常态》，《理论月刊》，第 4 期。

杨坚白、李学曾，1980，《论我国农轻重关系的历史经验》，《中国社会科学》，第 3 期。

杨沐，1987，《各国产业政策比较》，《中国工业经济研究》，第 4 期。

杨沐，1986，《经济发展的未来和产业政策》，《未来与发展》，第 6 期。

易纲、樊纲、李岩，2003，《关于中国经济增长与全要素生产率的理论思考》，《经济研究》，第 8 期。

尹恒、龚六堂、邹恒甫，2005，《收入分配不平等与经济增长：回到库兹涅茨假说》，《经济研究》，第4期。

翟佳丽，2017，《我国转变经济发展方式的主要障碍探析》，《知识经济》，第4期。

张保胜，2010，《自主创新促进经济发展方式转变的实证分析——以河南省为例》，《中国科技论坛》，第3期。

张军，2002，《增长、资本形成与技术选择：解释中国经济增长下降的长期因素》，《经济学》（季刊），第2期。

张平、刘霞辉、张晓晶等，2010，《资本扩张与赶超型经济的技术进步》，《经济研究》，第5期。

张卓元，2006a，《怎样转变经济增长方式?》，《社会观察》，第1期。

张卓元，2006b，《"十一五"时期转变经济增长方式的紧迫性》，《宏观经济研究》，第1期。

张卓元，2005a，《转变经济增长方式 保持经济平稳较快发展》，《财贸经济》，第11期。

张卓元，2005b，《转变经济增长方式主要靠深化改革》，《中国物价》，第7期。

赵农，2014，《中国社会科学院中国经济发展阶段及其演化》，《企业家日报》，11月9日。

中国经济增长与宏观稳定课题组、张平、刘霞辉等，2010，《后危机时代的中国宏观调控》，《经济研究》，第11期。

周黎安，2004，《晋升博弈中政府官员的激励与合作——兼论我国地方保护主义和重复建设问题长期存在的原因》，《经济研究》，第6期。

周叔莲，2008，《十七大为什么提出转变经济发展方式》，《中国党政干部论坛》，第2期。

周振华，1996，《我国现阶段经济增长方式转变的战略定位》，《经济研究》，第10期。

周振华，1989，《产业结构政策的选择基准：一个新的假说》，《经济研究》，第3期。

周振华，1991a，《论产业关系调整》，《中国经济问题》，第1期。

周振华，1991b，《产业结构成长中的创新扩散与群集——兼论若干模型在我国的运用》，《南开经济研究》，第4期。

朱军，2017，《技术吸收、政府推动与中国全要素生产率提升》，《中国工业经济》，第1期。

第四章　技术进步与经济增长研究

新中国成立 70 年来，中国的经济呈现奇迹般的增长速度。新中国成立初期，中国经济总量在世界经济中占比较低，1978 年中国经济总量占世界经济的比重仅为 1.8%，到 2018 年上升为 1/6，仅次于美国。特别是 1978 年改革开放以来，中国经济更是经历了 40 多年的持续高速增长，被称为"中国奇迹"。

中国经济增长奇迹的背后，是由内部与外部因素共同影响下，独特的经济发展与科技进步之路径。而以科技进步为基础的工业化进程为中国经济增长的重要驱动力量。本章将对新中国成立 70 年来的技术进步与经济增长的互动关系的研究进展进行梳理，对理论的发展脉络进行评述，旨在为技术进步与经济增长的研究提供参考。

国内外学者从理论以及实证检验的角度对技术创新、引进等对经济增长的影响进行了广泛探讨，技术进步与经济增长涉及三个方面的问题：第一，中国在特殊的历史背景下，对"科学技术是第一生产力"的曲折认识过程。第二，技术进步的来源与实现路径的认识和探讨。第三，技术进步对经济增长的贡献的测度、评价与争议。在现有的文献中，我们或可找到不同学者对于上述三个问题的研究成果，因此本章从三个角度对现有文献进行梳理。

第一节　对"科学技术是第一生产力"的曲折认识过程

回顾新中国成立 70 年来的科学技术水平，改革开放前在曲折中提升，而改革开放后取得了跨越式进步。在曲折的科技进步历程背后，是思想层面上对"科学技术是第一生产力"即科学技术在经济发展中作用的曲折认识过程。

一 对生产力与生产关系的初步探索与实践

在马克思主义思想的指导下，中国共产党始终坚持科学技术在社会进步、经济发展中的主导地位，并在实践中不断探索完善。从1949年建国开始，毛泽东同志提出"要用先进的科学文化知识武装我们"，周恩来提出"向科学进军"，党和政府制定了第一个全国科技规划《1956～1967年科学技术发展远景规划纲要》，1961年颁布《科研十四条》，这些都极大地调动了科学技术工作者的积极性。在艰苦的环境中，科学技术工作者仍然取得了"两弹一星"、人工合成胰岛素等卓越成就。然而，受一些错误思潮和政治运动的影响，全社会并没有充分认可科学技术是生产力的基础等观点，甚至曾经错误地认为在建立生产力基础以后只有通过变动社会关系才可以持续发展生产力（蒋丽，2018：28～33）。特别是受"文化大革命"的严重冲击，改革开放之前中国整体技术水平同发达国家的差距不仅没有缩小，反而进一步拉大了。

二 以"科学技术是第一生产力"为指导解放和发展生产力

1978年中共十一届三中全会以后，中国迈入了改革开放的新发展阶段。邓小平同志以"社会主义的本质是解放生产力和发展生产力"，明确了生产力在中国社会主义建设和发展中的关键地位。改革开放初期，中国经济发展面临着如何使生产力发展促进经济增长的关键问题。1981年党中央、国务院调整了中国科技发展方针，提出大力抓好科学技术成果的推进和应用。1982年全国科技奖励大会进一步明确，经济建设要依靠科学技术，科技工作要面向经济建设。在这样的方针指导下，国家在多个领域制定了科技发展研究计划，如针对农村技术进步的"星火计划"、针对高新技术发展的"863计划"，并实施了一批围绕经济社会发展的重点科技项目，调整制定了农业、能源、城市建设和交通方面的重大技术政策。1988年9月5日，邓小平会见捷克斯洛伐克总统胡萨克时指出，"马克思说过，科学技术是生产力，事实证明这话讲得很对，依我看科学技术是第一生产力"。这一论断是对如何使生产力发展促进经济增长的最好回答，是在马克思科学技术观的基础上进一步地深入和发展。

在此基础上，江泽民同志进一步指出"科学技术是第一生产力，而且是先进生产力的集中体现和主要标志"，1995 年"科教兴国"的教育方针出台，1998 年国家计委、科委对外发布全国科技发展"九五"计划和2010 年远景目标纲要，有关部门相继出台了 13 项全国重大科技计划和项目规划。此后，党中央和历届政府都高度重视科学技术在经济发展中的重要作用。党的十五大报告强调，"科学技术是第一生产力，科技进步是经济发展的决定性因素。要充分估量未来科学技术特别是高技术发展对综合国力、社会经济结构和人民生活的巨大影响，把加速科技进步放在经济社会发展的关键地位，使经济建设真正转到依靠科技进步和提高劳动者素质的轨道上来"。党的十六大报告中进一步指出，"走新兴工业化道路，必须发挥科学技术作为第一生产力的重要作用，注意依靠科学进步和提高劳动者素质，改善经济增长的质量和效益"。党的十七大报告中明确指出，"提高自主创新能力，建设创新型国家"是"国家发展战略的核心，是提高综合国力的关键"，并将其列入促进国民经济又好又快发展的八个着力点。

三 以"创新"为"第一动力"的新时代发展的要求

在 2014 年中国科学院第十七次会议上，习近平总书记对"科学技术进步是第一生产力"的观点作出了最新论述。他指出，"科技创新是提高社会生产力和综合国力的战略支撑，必须摆在国家发展全局的核心位置"，"实施创新驱动发展战略，建设创新型国家，为实现'两个一百年'奋斗目标提供强大科技支撑，是时代赋予我国广大科技工作者的历史使命"。习近平总书记进一步强调在新时代下自主创新的重要性。他指出，"自力更生是中华民族自立于世界民族之林的奋斗基点，自主创新是我们攀登世界科技高峰的必由之路。党的十九大报告指出，"创新是引领发展的第一动力"，"第一动力"与"第一生产力"理论相互融合，"第一动力"是新时代下对科学技术的进一步要求，是对中国特色社会主义的新探索。

第二节 关于技术进步的来源、实现路径的探讨

中国具有特殊的科学技术发展历程。新中国成立 70 年以来，技术进步的主要来源为两个方面：技术引进与技术创新。而技术引进与创新是并行且交织的，在伴随着技术引进而来的新思路、新理念、新工具的支持下，自主创新能力大幅提升，而自主创新能力的提升又更能促进新技术、新思路的吸收和应用。在此基础上，科学技术转化为生产力，促进经济发展。

一　中国技术进步的实现路径

1949 年，新中国刚成立，面对着一片空白的科学技术以及相当落后的工农业生产水平，党和政府决定通过发展科学技术来恢复经济，建立科学技术研究、开发机构，制定了科技发展规划和科技法规，逐步落实知识分子政策（张明国，2001：12～15）。改革开放后，中国的科学技术进一步在学习中创新、在创新中发展。有学者将改革开放以来中国工业企业技术创新的基本历程划分为四个阶段：第一阶段为技术引进和消化吸收的起步阶段（1978～1991 年），第二阶段为技术引进和消化吸收的加速阶段（1992～2005 年），第三阶段为自主创新阶段（2006～2011 年）；第四阶段为创新驱动发展阶段（2012 年至今）（王钦、张崔，2018：5～20）。中国作为后发型国家，开放条件下的技术进步是从技术引进到自主创新的过程。

二　中国技术进步的两个主要来源

技术创新是发达国家经济获得持续增长的动力和原因的观点得到多位学者的认同（Schumpeter，1934：85～88；Solow，1957：312～320），但是他们忽略了欠发达国家可以通过从发达国家引进技术来实现更快的技术创新（林毅夫、张鹏飞，2005：985～1006）。技术作为生产要素之一，Romer（1990：71～102）强调，技术既不是传统的商品，也不是纯粹的公共产品，它兼具非竞争性和部分排他性，是一种特殊的生产投入品。因此，对于后发

国家来说，从发达国家引进技术无疑是更低廉的技术进步方式。但是，由于不同国家的发展阶段、资源禀赋的差异，直接引进发达国家的先进技术并不一定直接适用于后发国家（傅晓霞、吴利学，2012：101~122）。正如唐未兵、傅元海、王展祥（2014：31~43）所指出的，技术进步与技术创新和技术引进密切相关，但是技术创新和技术引进并不等同于技术进步。技术进步通常表现为既定投入条件下产出增加，是技术创新和技术引进的结果。

由此可见，在模仿国外技术的基础上，进行自主创新才是后发国家技术进步的有效途径（黄烨菁，2008：14~18）。从对中国技术进步的实证研究结果来看，中国的技术引进、技术创新共同促进了技术进步，然而自主研发和国外技术引进对提高生产率有显著促进作用（吴延兵，2008：51~64）。并且中国企业自主研发能力的提升促进总体研发投入增长，国外技术引进效率对自主研发强度的影响取决于国内外研发投入的关系、生产技术条件和居民偏好（傅晓霞、吴利学，2012：101~122）。

三 中国对科学技术成果转化为生产力进行探索

20世纪80年代，计划经济体制下的技术创新政策在很大程度上是科学技术政策，表现为多项科学技术计划的实施。90年代，国家意识到仅仅是科学技术政策并不能解决科学技术与经济脱节的问题，开始关注科学技术成果转化为生产力，并着手建设服务体系（吴建南、李怀，1998：1~3）。

随后，如何将科学技术成果转化为生产力引发学者的讨论。部分学者认为应为促进中国技术创新进行政策配套，如张鸿（2001：62~68）认为中国存在科技成果转化率低、科技进步对经济增长贡献低、科研经费投入低等三大问题，应采取更为有力的科技政策包括税收政策，鼓励和引导企业成为技术创新的主体。贺德方（2011：1~7）也提出在中国的有关科技成果管理及科技成果转化工作中应重点注意：转化的概念界定、国际比较、科技成果分类管理等问题。

综上，中国作为后发型国家，早期应通过技术引进的积累并辅之自主创新，这是中国技术进步的合理路径。此种路径下，存在科学技术成果向生产力转化的不完全性。同时，由于存在发达国家的技术溢出，中国技术进步的路径与传统发达国家不同，其对经济增长的影响的核算方式与传统发达国家如美国等也存在差异。

第三节　关于技术进步对中国经济增长贡献的测度、评价与争议

为了评价技术进步对经济发展的影响，人们非常关注如何定量测度技术进步及其贡献。受 Solow（1957：312~320）等研究的启发，西方主流学者大多认同"索罗余值"理论，认为产出增长中要素增加所不能解释的部分即为技术进步的贡献。具体而言，他们将总量生产函数中产出与要素投入组合的比值定义为"全要素生产率"（Total Factor Productivity），并将其作为技术水平的衡量指标。当然，对于这种方法及其结果的科学性和准确性，一直存在广泛的争议。特别地，由于中国科学技术进步道路的特殊性，传统的"索罗余值"的"全要素生产率"测算是否能完全代表中国技术进步对经济增长的贡献引发争议。

一　关于技术进步对中国经济增长贡献的定性以及初步的定量讨论

早在 1961 年，中国的部分学者就关注了外国学者就技术进步与社会发展问题的讨论。郭昭（1961：7~8）通过收集资料论证，新技术的发展不会给资本主义带来新的生命力，使其复兴，相反会使资本主义内在的一切矛盾进一步加剧。末永隆甫、吴斐丹（1961：17~21）阐述了罗宾逊新的增长理论，认为经济可能维持长久的最高增长率，同劳动增长率与每个劳动力生产率的增长率之和相近，如果技术进步不是中立的，技术进步就会倾向于使用资本或节约劳动。在技术进步对社会经济产生的影响方面，多数学者认为是积极的，如马阳（1983：3~7）认为技术进步是科学发展和经济增长的中间环节，技术进步通过生产力的提高促进经济增长，技术进步的具体表现形式是不断采用新技术。

在中国就资本主义经济发展规律与社会主义经济发展规律进行激烈探讨的时代，多位学者就生产资料生产优先增长究竟是什么样的经济规律展开讨论。曾启贤（1963：16～32）认为，生产资料生产优先增长是技术进步和劳动生产率迅速提高的条件下，建立在机器生产基础上扩大再生产的规律。吴佩钧（1963：53～58）则认为不能以技术进步的"快和慢"来论证生产资料生产优先增长规律是否存在或起作用。对于这个问题的讨论持续到20世纪80年代，部分学者对生产资料生产优先增长规律持否定态度，而马镔（1980：21～25）则持相反的观点，认为在技术进步的条件下，生产资料生产优先增长的原理不应被否定。鲁济典（1980：58～62）认为，用机器制造机器逐步代替用手工制造机器这样的科学技术进步会引起第一部类生产的优先增长，而第二次世界大战以后，科学技术进步是一切科学领域在生产和非生产过程中的根本变革，许多国家两大部类生产"平行发展"。由此，他认为在技术进步的条件下，只要不把资本的技术构成和资本的价值构成等同起来，在两大部类平行发展的情况下，仍可以实现高速扩大再生产。

二　关于全要素增长率的测度方式

20世纪70年代以来，中国学者意识到科学技术进步是促进经济发展的关键要素，开始对科学技术进步的贡献进行评价，并且一般都挑选重点的科技领域，采用以定性为主、定量为辅的方式，并对增长会计法进行了初探。20世纪80年代起，中国学界开始对技术进步的经济效果测度进行广泛的讨论。1984年10月22～27日在中国社会科学院数量经济与技术经济研究所和上海社会科学院部门经济研究所联合召开的技术进步的经济效果学术讨论会上，关于技术进步的经济效果进行了以下讨论：技术进步的经济效果问题研究的理论意义、技术进步的经济效果定量研究的主要方法、技术进步的经济效果定量方法的评价。

1984年，世界银行向中国提交的报告中采用了"综合要素生产率"这一概念，使用的计算公式为国民经济生产总值的年增长率减去劳动和资本投入的增长率，差额就是综合要素生产率的增长率。万伟勋（1986：23～26）

利用柯布—道格拉斯生产函数计算得出1947～1961年各国技术进步贡献率，美国为38.2%，日本为46.6%，中国为42%。随后，大量学者借助索洛残差法对中国经济全要素生产率的增长进行估计，并对产出和投入指标选取、要素权重设定等问题进行了深入和详细的探讨（史清琪、秦宝庭和陈警，1984a：9～17；史清琪、秦宝庭和陈警，1984b：31～34；狄昂照，1987：37～43；张永光、陈刚，1989：8～23；Chow，1993：809～842，2002：247～256；谢千里等，2001：5～17；黄勇峰、任若恩，2002：161～180；Wang和Yao，2003：32～52；郑京海、胡鞍钢等，2008：777～808；郭庆旺、贾俊雪，2005：51～60）。

随着国外生产率测算技术的发展，国内学者逐步引入这些方法来测算中国的生产率状况。郑玉歆、张晓和张思奇（1995：20～27），刘小玄和郑京海（1998：37～46），姚洋（1998：27～35），姚洋和章奇（2001：13～19），李胜文和李大胜（2008：43～54）等利用随机前沿分析方法研究了中国工业企业生产率。王志刚、龚六堂、陈玉宇（2006：55～66）等利用随机前沿面板模型对全要素生产率进行分解，还有部分学者利用随机前沿方法估算农业全要素增长率（李谷成、冯中朝，2010：4～14；匡远凤，2012：3～18）。颜鹏飞、王兵（2004：55～65），郭庆旺、赵志耘、贾俊雪（2005：46～53）等利用非参数DEA‐Malquist指数方法估算中国各省份的全要素生产率增长、效率变化和技术进步率。于君博（2006：50～59）综合运用SFA和DEA‐Malmquist指数法对中国改革开放以来技术效率变迁做了测算。傅晓霞、吴利学（2007：56～66）对随机前沿分析和数据包络分析在中国全要素生产率核算中的适用性进行了比较，发现随机前沿分析可能是更为适用的生产率分析工具。

三　对技术进步在中国经济增长中贡献的争论

对于中国技术进步的测度中，最大争议是如何评价和判断其对经济增长的贡献。改革开放以来，中国经济经历了长期的高速增长，被称为"中国奇迹"（林毅夫等，1999：4～20）。但是，克鲁格曼（1999：1～12）等根据

Young（1994：964～973，1995：641～680）的一系列基于索罗余值核算的实证分析结果认为，中国增长是资源投入的结果而不是效率提升的结果。这一观点引起了国内外学术界的广泛关注和争论。刘遵义（1997：88～97）认为中国的经济增长并不只是数量的扩张而没有技术和管理的创新，郑玉歆（1998：28～34）也认为关于东亚增长模式的争论很大程度是由于不同研究者在全要素生产率指标的定义、概念、数据以及假定等方面做了不同的处理。易纲、樊纲和李岩（2003：13～20）认为无论是改革带来的制度变迁还是中国的技术进步状况，抑或是不断提高的人力资本，都应该在全要素生产率方面体现出来。郑玉歆（2007：3～11）进一步指出，判断经济增长的质量，不能简单地根据全要素生产率对经济增长的贡献，不同发展阶段的国家在追求经济增长时，适用的经济增长方式有所不同，在高速的成长阶段适用于要素扩张，而进入低速的成熟阶段技术进步占据主导地位，全要素生产率对经济增长贡献大，更应关注投资的质量与积累的有效性。

此后，有学者在索洛模型缺陷的基础上，沿着新增长理论的方向对生产率测算进行拓展研究。例如，刘伟、张辉（2008：4～15）将技术进步和产业结构变迁从要素生产率（劳动生产率和全要素生产率）中分解出来，对产业结构变迁和技术进步对经济增长的推动作用进行横向和纵向的对比分析，结果发现：20世纪90年代初期和中期，产业结构变迁和技术进步对经济增长的贡献相当；1998年以后，产业结构变迁对经济增长的贡献逐渐减小，技术进步的市场化力量逐步上升，中国经济增长的自身可持续性逐步提高。

四　关于技术进步助力中国经济增长方式转变的探讨

多位学者就技术进步对中国经济增长方式转变起到的作用这一问题进行了探讨。郑友敬（1987：13～16）认为中国近几年来依靠技术进步带来的经济增长不是建立在技术进步与产业结构优化同步的基础上的，技术进步没有带来明显的结构效果。洪银兴（1999：15～22）提出中国面临着产品无法进入买方市场的压力，因此中国产业部门需要采用国际先进技术，生产替代进口的产品,现阶段推进技术进步的重点是促进科学技术成果向现实生产力转化。而21世纪之后,技术进步对中国经济增长方式转变的影响逐步增大。云鹤、吴江平等(2009:11~18)研究发现,中国经济增长在1978~2005年表现出明显的粗放型特征,1981~2005年纯技术进步平均增长率1.8%,贡献了经济增长的18.75%,对经济增长方式的转变起了极为重要的作用。应该倡导技术引进与自主创新。然而,针对技术引进、技术创新等技术进步来源对经济增长方式转变的影响,唐未兵、傅元海、王展祥(2014:3)指出由于机会成本、引进技术的路径依赖等,技术创新对经济增长方式转变的作用是不确定的,并且因技术差距、要素禀赋、吸收能力的差异,技术引进对经济增长方式转变的作用存在不确定性。

此外,有部分学者却认为中国的发展情况存在特殊性,应结合中国的情况,就技术进步对中国经济增长方式转变的适用性、作用方向以及影响程度进行探究。他们认为,应以生产成本最小化的增长方式作为经济增长的最优方式,全要素生产率或要素投入是否作为主要增长来源随着各国发展阶段的变化而变化。对于在中国何种经济增长方式才是最优化的这个问题,郑玉歆(1999:57~62)认为技术进步内生于经济发展过程,与资本密集程度高度相关,中国高投入的增长方式未必是坏事。进一步地,林毅夫、苏剑(2007:5~13、1~43)指出增长方式转变的根源是中国利用资源方式最优化,即要素禀赋结构的改变。改变企业对生产资源的实际支付价格体系,使其符合中国要素禀赋结构,从而使得企业最优化引致经济最优化。

第四节 总结与展望

新中国成立70年来,中国生产力与科技进步都经历了曲折而迅速的过程。与此相应,中国经济学在这一领域的研究也取得了很大成就,特别是在促进经济发展的相关政策制定方面做出了很大贡献。本章通过回顾这70年来技术进步与经济增长互动关系的政策与相关研究的变化,梳理相关理论与事实，对理论的发展脉络进行评述。从既有研究来看，得到以下结论。

第一，在曲折的科技进步历程背后，是对"科学技术是第一生产力"的认识过程。从马克思指出"科学是一般社会生产力"，到1949年新中国建立时毛泽东同志提出"要用先进的科学文化知识武装我们"、周恩来提出"向科学进军"。但因为错误地认为工业发展才是实现社会发展的关键，曾错误地理解生产力与社会关系的联系等。而改革开放后，邓小平同志提出"科学技术是第一生产力"，习近平同志进一步提出"创新是引领发展的第一动力"。对科学技术的认识在曲折中不断更新和深入，在新时代有了"创新"的新要求。

第二，中国技术进步的来源为技术引进与技术创新，二者并行且交织构成了中国技术进步的实现路径。伴随着技术引进而来的新思路、新理念、新工具，大幅提升了自主创新能力，而自主创新能力的提升又更能促进新技术、新思路的吸收和应用。在此基础上，科学技术成果转化为生产力，促进经济发展。

第三，就技术进步对中国经济增长的贡献的测度最初只是定性讨论。而后以索罗生产函数为基础利用"全要素生产率"的增长代表科技进步水平，以测度技术进步对中国经济增长的贡献。然而生产函数方法并未考虑到生产资源集约度的提高、资源配置的改善、规模经济等属于广义技术进步的部分，只考虑了知识进步等狭义范围的技术进步，其在中国的适用性引发学者争议。此外，针对技术进步对经济增长的贡献问题，大部分学者认为在中国的发展中，选取可最优利用中国劳动力、资本等要素的发展方式无可厚非，而在未来为了适应中国经济可持续发展的要求，向技术进步对经济增长贡献增大的集约型方式转变具有必要性。

回顾过去，是为了展望未来。就技术进步与经济增长的研究而言，我们认为今后的重要扩展方向可能包括以下几个方面。

第一，需要进一步探讨技术进步及其对经济增长的贡献。无论是从理论发展来讲，还是从政策实践来看，对技术进步的准确、全面度量和评价都是基础性工作。只有解决好测度问题，才能更好地检验经济理论和政策效果。特别是对于中国经济的不同发展阶段，亟须探索符合现实经济的技术水平与技术进步的测算和评价体系。

第二，需要进一步探讨技术进步的源泉问题。现代技术以科学为基础，但技术不等于科学。虽然中国经济发展取得了重大成就，但仍然是发展中大国，总体技术创新能力不足，并且各地区技术水平差异巨大。因此，仍需要深入探讨所有可能的技术进步途径，充分挖掘各种技术进步的实现手段，尤其是要处理好技术引进、吸收和创新的关系。这些领域都需要从理论、实证和政策等多方面予以研究。

第三，需要进一步探讨技术创新的激励问题。随着经济的快速发展，中国技术进步也在加速，特别是自主创新能力得到了极大的提高。在不断追赶世界技术前沿的过程中，中国的技术进步面临越来越大的挑战。中国甚至在局部领域开始成为技术创新的领导者。在此情况下，如何加快科学发展，促进基础研究，完善产学研一体化机制，提高技术进步在经济发展的作用，都需要我们根据现实情况做出理论回答和政策回应。

第四，需要进一步加强对经济发展与技术进步互动的研究。梳理70年来的文献，以往研究主要集中在技术进步如何影响经济发展方面，而对经济发展如何影响技术进步的探讨非常不充分，因而，如何根据经济发展来调整技术进步方向、科技进步与收入分配、就业波动等关联问题是非常有价值的研究方向。

参考文献

《马克思恩格斯文集》，人民出版社，2009。

蒋丽，2018，《从"第一生产力"到"第一动力"——论社会主义生产力基础与创新发展战略的逻辑起点契合》，《广西社会科学》，第9期。

《邓小平在武昌、深圳、珠海、上海等地的谈话》，1992。

中共中央文献研究室：《新时期科学技术工作重要文献选编》，中央文献出版社，1995。

《江泽民同志的七一重要讲话》，2001。

《江泽民在中国共产党十五大上的报告》，1997。

《江泽民在中国共产党十六大上的报告》，2002。

《胡锦涛在中国共产党第十七次全国代表大会上的报告》，2007。

《习近平在全国科技创新大会、两院院士大会、中国科协第九次全国代表大会的讲话》，2016。

《习近平在中国科学院第十七次院士大会、中国工程院第十二次院士大会上的讲话》，2014。

《习近平在中国科学院第十九次院士大会、中国工程院第十四次院士大会上的讲话》，2018。

《习近平在中国共产党第十九次全国代表大会上的报告》，2017。

张明国，2001，《中国共产党早期科学技术政策评述》，《北京化工大学学报》（社会科学版），第 2 期。

王钦、张崔，2018，《中国工业企业技术创新 40 年：制度环境与企业行为的共同演进》，《经济管理》，第 11 期。

林毅夫、张鹏飞，2006，《适宜技术、技术选择和发展中国家的经济增长》，《经济学》（季刊），第 4 期。

Romer P. M.，1990，"Endogenous Technological Change," *Journal of Political Economy.* No. 5（Vol. 98）.

傅晓霞、吴利学，2012，《技术差距、创新环境与企业自主研发强度》，《世界经济》，第 7 期。

唐未兵、傅元海、王展祥，2014，《技术创新、技术引进与经济增长方式转变》，《经济研究》，第 7 期。

黄烨菁，2008，《开放条件下的技术进步——从技术引进到自主创新》，《世界经济研究》，第 6 期。

吴延兵，2008，《自主研发、技术引进与生产率——基于中国地区工业的实证研究》，《经济研究》，第 8 期。

吴建南、李怀祖，1998，《我国改革开放以来技术创新政策回顾及建议——纪念党的十一届三中全会召开 20 周年》，《科技进步与对策》，第 6 期。

张鸿，2001，《促进高新技术产业发展的科技税收优惠政策研究》，《中国科技论坛》，第 4 期。

贺德方，2011，《对科技成果及科技成果转化若干基本概念的辨析与思考》，《中国软科学》，第 11 期。

Solow，Robert，1957，"Technical Change and the Aggregate Production Function," *Review of Economics and Statistics*，39（3）.

Zvi Griliches，1996，"The Discovery of the Residual：A Historical Note," *Journal of*

Economic Literature，34（3）.

郭昭，1961，《世界社会主义体系经济力量的增长》，《世界知识》，第 3 期。

末永隆甫、吴斐丹，1961，《琼·罗宾逊的经济增长率理论》，《现代外国哲学社会科学文摘》，第 9 期。

马阳，1984，《技术进步对经济增长的巨大推动作用》，《数量经济技术经济研究》，第 2 期。

曾启贤，1963，《生产资料生产优先增长的两个问题》，《武汉大学学报》（人文科学版），第 1 期。

吴佩钧，1963，《生产资料生产优先增长究竟是什么样的经济规律——兼与曾启贤同志商榷》，《武汉大学学报》（人文科学版），第 2 期。

鲁济典，1979，《生产资料生产优先增长是一个客观规律吗?》，《经济研究》，第 11 期。

马镔，1980，《技术进步条件下生产资料的优先增长不能否定——与鲁济典、朱家桢同志商榷》，《经济研究》，第 3 期。

鲁济典，1980，《科学技术进步对社会生产两大部类比例关系的影响》，《社会科学研究》，第 4 期。

万伟勋，1986，《关于技术进步贡献率的另一种算法》，《数量经济技术经济研究》，第 11 期。

史清琪、秦宝庭、陈警，1984a，《衡量经济增长中技术进步作用的主要指标初探》，《数量经济技术经济研究》，第 10 期。

史清琪、秦宝庭、陈警，1984b，《定量估算技术进步在经济增长中的作用》，《数理统计与管理》，第 4 期。

狄昂照，1987，《综合要素生产率的计算方法》，《数学的实践与认识》，第 1 期。

张永光、陈刚，1989，《我国技术进步对经济增长贡献的定量研究》，《系统工程理论与实践》，第 2 期。

Chow G.，1993，"Capital Formation and Economic Grow th in China," *Quarterly Journal of Economics*，108（3）.

Chow G. C.，Li K. W.，2002，"China's Economic Growth：1952 - 2010," *Economic Development & Cultural Change*，51（1）.

谢千里、罗斯基、郑玉歆等，2001，《所有制形式与中国工业生产率变动趋势》，《数量经济技术经济研究》，第 3 期。

黄勇峰、任若恩，2002，《中美两国制造业全要素生产率比较研究》，《经济学》（季刊），第 1 期。

Wang Y.，Yao.，2003，"Sources of China's Economic Growth 1952 - 1999：Incorporating Human Capital Accu mulation," *China Economic Review*，1（14）.

郑京海、胡鞍钢等，2008，《中国的经济增长能否持续？——一个生产率视角》，

《经济学》（季刊），第 2 期。

郭庆旺、贾俊雪，2005，《中国全要素生产率的估算：1979～2004》，《经济研究》，第 6 期。

郑玉歆、张晓、张思奇，1995，《技术效率、技术进步及其对生产率的贡献——沿海工业企业调查的初步分析》，《数量经济技术经济研究》，第 12 期。

刘小玄、郑京海，1998，《国有企业效率的决策因素：1985～1994》，《经济研究》，第 1 期。

姚洋，1998，《非国有经济成分对我国工业企业技术效率的影响》，《经济研究》，第 12 期。

姚洋、章奇，2001，《中国工业企业技术效率分析》，《经济研究》，第 10 期。

李胜文、李大胜，2008，《中国工业全要素生产率的波动：1986～2005——基于细分行业的三投入随机前沿生产函数分析》，《数量经济技术经济研究》，第 5 期。

王志刚、龚六堂、陈玉宇，2006，《地区间生产效率与全要素生产率增长率分解（1978～2003）》，《中国社会科学》，第 2 期。

李谷成、冯中朝，2010，《中国农业全要素生产率增长：技术推进抑或效率驱动——一项基于随机前沿生产函数的行业比较研究》，《农业技术经济》，第 5 期。

匡远凤，2012，《技术效率、技术进步、要素积累与中国农业经济增长——基于 SFA 的经验分析》，《数量经济技术经济研究》，第 1 期。

颜鹏飞、王兵，2004，《技术效率、技术进步与生产率增长：基于 DEA 的实证分析》，《经济研究》，第 12 期。

郭庆旺、赵志耘、贾俊雪，2005，《中国省份经济的全要素生产率分析》，《世界经济》，第 5 期。

于君博，2006，《前沿生产函数在中国区域经济增长技术效率测算中的应用》，《中国软科学》，第 11 期。

傅晓霞、吴利学，2007，《前沿分析方法在中国经济增长核算中的适用性》，《世界经济》，第 7 期。

林毅夫、蔡昉、李周，1999，《比较优势与发展战略——对"东亚奇迹"的再解释》，《中国社会科学》，第 5 期。

刘遵义，1997，《东亚经济增长的源泉与展望》，《数量经济技术经济研究》，第 10 期。

郑玉歆，1998，《全要素生产率的测算及其增长的规律》，《数量经济技术经济研究》，第 10 期。

易纲、樊纲、李岩，2003，《关于中国经济增长与全要素生产率的理论思考》，《经济研究》，第 8 期。

郑玉歆，2007，《全要素生产率的再认识——用 TFP 分析经济增长质量存在的若干局限》，《数量经济技术经济研究》，第 9 期。

刘伟、张辉，2008，《中国经济增长中的产业结构变迁和技术进步》，《经济研究》，第 11 期。

郑友敬，1987，《技术进步与产业结构》，《数量经济技术经济研究》，第 3 期。

洪银兴，1999，《论经济增长方式转变的基本内涵》，《管理世界》，第 4 期。

云鹤、吴江平、王平，2009，《中国经济增长方式的转变：判别标准与动力源泉》，《上海经济研究》，第 2 期。

郑玉歆，1999，《全要素生产率的测度及经济增长方式的"阶段性"规律——由东亚经济增长方式的争论谈起》，《经济研究》，第 5 期。

林毅夫、苏剑，2007，《论我国经济增长方式的转换》，《管理世界》，第 11 期。

第二篇
发展中的宏观调控

宏观调控是根据中国经济市场化改革的需要而提出来的概念。随着市场化改革的深入，一些基本概念的界定、宏观调控的目标和手段，以及分析框架仍存在很多争议，第五章简略概述这些争议。随着改革的推进，理论和实践共同充实着宏观调控的文献库。第六至八章按时间顺序，概述了改革开放以来宏观调控领域的主要理论和主要问题，以及相关的研究和争议。

第五章　宏观调控定义、目标与研究范式

由于西方没有宏观调控理论，陈彦斌（2018：65～80）认为从范畴来讲中国的宏观调控与西方的宏观经济政策最为接近。与宏观经济相对应的是微观经济，研究对象以家庭、企业等微观个体为主，而宏观经济往往从总供给与总需求等总体平衡着手。宏观经济有长短期之分，长期关注的是经济增长，也就是本研究第一部分关注的内容。本部分主要讨论短期波动，以及针对经济波动政府采取的宏观调控政策的理论依据，包括宏观调控的目标、手段以及政策效果等相关文献。

第一节　宏观调控的概念、定义和目标

一　宏观调控概念的提出

新中国成立至改革开放期间，由于政府参与微观经济建设，宏观调控和微观调节并没有清晰的界定，不存在单独的宏观调控政策实践。从计划经济转轨到市场经济，实践的需求使很多工作重新被定义，很多概念也由此得以提出，宏观调控就是其中之一。

计划经济时期，政府是经济社会的"总舵手"，全面干预经济活动，调控着经济的方方面面，没有宏观与微观之分。随着改革开放，经济主体自主性不断加强，面对经济中的波动，政府继续使用直接手段调控的空间与范围越来越狭窄，亟须通过间接手段来稳定经济，因此，1984年中共十二届三中全会首次提出与宏观调控含义相近的"宏观调节"这一概念，并尝试使用间接手段调控经济，但直接手段仍占主导地位，1988年宏观调控概念才

正式出现在官方文件中，中共十三届三中全会正式使用"宏观调控"这一概念，1993 年中共十四届三中全会正式提出建立以间接手段为主的完善的宏观调控体系。

表 5 - 1　宏观调控概念的提出与演进

时间	事件	出处
1984	首次提出"宏观调节"的概念	中共十二届三中全会
1988	正式使用"宏观调控"的概念	中共十三届三中全会
1993	建立以间接手段为主的完善的宏观调控体系	中共十四届三中全会
2013	健全以财政政策和货币政策为主要手段的宏观调控体系	中共十八届三中全会

资料来源：根据相关资料整理得来。

二　宏观调控的定义

早在 1993 年宏观调控概念刚刚提出的时候，马洪（1993：197）就给出了宏观调控的基本定义，对于调控主体、调控目标、调控手段都予以框定。他指出，"宏观调控，严格地说，是指政府为实现宏观（总量）平衡，保证经济持续、稳定、协调增长，而对货币收支总量、财政收支总量和外汇收支总量的调节和控制。由此扩展开来，通常把政府为弥补市场失灵而采取的其他措施也纳入宏观调控范围"。其中调控主体是政府，调控目标是实现宏观（总量）平衡，调控手段是货币收支总量、财政收支总量和外汇收支总量，但政府为弥补市场失灵而采取的其他措施也纳入宏观调控范围。同样，曹玉书（1995：2）和赵宽海（1996：26）给出了差不多的定义。曹玉书（1995：2）认为宏观调控是指在市场经济条件下，政府从宏观经济角度，主要运用经济手段、法律手段，并辅以必要的行政手段，为保持国民经济向着预期目标发展，维护经济健康运行所进行的调节和控制。赵宽海（1996：26）认为宏观经济调控简而言之就是运用经济手段对社会总供给和社会总需求的状况加以调节，使之能够经常趋于和基本保持在供需均衡的状态。

不过，黄达（1999：2~7）对这个宽泛的概念提出质疑。他指出宏观调控是调控经济总量的关系，但不是任何范围任何多少带有总体、全部之类含义的都可称为宏观经济问题。

调控手段决定了调控的性质是直接调控还是间接调控。21世纪初，学者开始将宏观调控手段限定在以间接调控为主的范围内。汤在新、吴超林（2001：217）就指出宏观调控是国家运用一定的经济政策（主要是财政和货币政策）对宏观经济总量（总供给和总需求）进行调节以期趋于经济均衡目标的行为过程。宏观调控的总体目标是实现总供给和总需求的均衡，促进经济持续稳定增长。宏观调控的具体目标包括经济增长、稳定物价、充分就业和国际收支平衡。张岩鸿（2004：100）也认为所谓宏观调控，是指为实现宏观总量平衡，保证经济持续、稳定、协调发展，一国政府通过其掌握的某些经济变量（如财政支出、货币供应量等）来影响市场经济中各个变量的取值，从而引导市场中各个行为主体自动按政府意图行事的一种政府干预经济的方式。宏观调控的最大特点是，在这种干预方式中，政府并不直接用行政命令来指示各市场主体能够或不能够做某事，而是通过各市场参数的调节来间接诱导各市场主体按政府意愿行事。通过对市场变量的调节而间接影响市场主体的行为是宏观调控的最大特色。

钱颖一（2005：42）认为，人们还未完全认清宏观经济与微观经济的区别，因而未能有效地区分政府对经济的宏观调控与市场监管这两种非常不同的职能。在现代经济学中，宏观经济指的是总量，如政府的总支出和总收入、货币总供给、GDP增长率、劳动就业率和失业率，以及影响整个市场的价格参数（如利率、汇率等）。就微观经济来说，不仅企业属于微观范畴，而且某一行业（如汽车、房地产）、单个市场（如钢材、电）都属于微观范畴。这一概念上的区分直接引出政府在市场经济中的不同职能：宏观调控指的是政府有关财政、货币、汇率等调整总量的政策，而市场监管指的是政府对企业、行业或单个市场的规制。

三 宏观调控的目标

国外相关研究倾向于认可"充分就业、物价稳定、经济增长和国际收支平衡"为宏观经济政策的目标。早期国内的学者对于宏观调控的目标界定在保持经济稳定运行的范围内，比如欧阳明和袁志刚（1997：7~20）认为，经济政策的根本目的，是保持经济稳定运行，防止过热或衰退。樊纲（1996：5~14）指出，宏观经济学的研究范围，说得极端一点，不过是研究如何解释经济波动和如何通过宏观政策来"熨平"波动这样一个"窄"问题。进一步地，搞清楚宏观经济学的研究界限，以符合经济学研究中的分工需要，对中国经济学研究的精确化和科学化必不可少。刘溶沧、马珺（2001：4~10）认为宏观经济调控的总目标是借助政府之手，改变各个市场主体的当期行为，从而提高总体经济运行的跨时期效率，不因实际产出的波动太大而造成潜在产出的重大损失。而在具体目标上，需要根据具体国情，提出符合中国实际的宏观经济调控目标，特别需要有利于解决和完成当前和今后一个时期中国经济发展中所面临的突出矛盾和关键任务。

刘溶沧、马珺（2001：4~10）认为，宏观调控目标的确定，必须以一定时期的中国经济社会发展战略为依据，并为其服务。发展战略与宏观经济政策之间的关系，就是一种决定与被决定的关系，后者服从和服务于前者。比如，当前和今后一个较长的历史时期内，我国宏观经济政策的制定和调整，就要充分体现确保国民经济稳定快速健康发展，促进经济结构进行战略性调整，以及不断提高广大城乡居民物质文化生活水平等方面的战略性目标及基本要求，并以此作为衡量经济政策目标选择是否正确、恰当的重要标志。

第二节 与宏观调控理论相关的西方研究范式概略

由于西方没有宏观调控理论，陈彦斌（2018：65~80）认为从范畴来讲中国的宏观调控与西方的宏观经济政策最为接近，而西方的宏观经济政策理论起源于凯恩斯主义经济学。

一　凯恩斯主义宏观经济政策

在市场出清的假设前提下，古典经济学围绕产出、劳动力、资本和技术等涉及经济增长的长期问题展开讨论，并获得丰硕的成果，马歇尔的供给需求曲线被认为是古典经济学的精简代表。在供给需求曲线的分析框架下，劳动力、资本和技术的变动会使供给曲线发生位移，而产出和价格会从原来的市场出清水平调整至新的市场出清水平。20 世纪 30 年代的大萧条对此提出了现实的挑战：大萧条时，美国产出下滑近 1/3，其间技术、劳动力和资本并未出现较大幅度的下滑。而对大萧条的解释成就了凯恩斯主义经济学。

（一）国民收入核算账户和商品市场非出清假设

凯恩斯认为支出决定了收入，也就是：

$$Y = AD = C + I + NX$$

其中，Y 是总收入也就是总产出，AD 是总需求也就是总支出，由消费 C、投资 I 和净出口 NX 决定。

当 $Y = AD$ 时，经济处于均衡状态；而当 $Y > AD$ 时，企业就会减少产出直至经济回到均衡状态；当 $Y < AD$ 时，企业就会增加产出以应对总需求的增加。这个模型暗含的假定是企业在非均衡状态下，没有立即调整价格，而是通过调整库存即产量来实现向均衡状态的回归。

由于国民账户核算方法对于刻画经济特征比较直观，常常被经济学家用来描述经济现象，并以此为基础寻找问题产生的原因。早在改革开放初期，余根钱（1994：9~13）就使用了该框架来分析改革开放至 1993 年的四次经济过热问题。较 $Y = AD = C + I + NX$ 更常用的公式是它的变形：

$$Y_t - Y_{t-1} = (C_t - C_{t-1}) + (I_t - I_{t-1}) + (NX_t - NX_{t-1})$$

$$\frac{Y_t - Y_{t-1}}{Y_{t-1}} = \frac{(C_t - C_{t-1})}{Y_{t-1}} + \frac{(I_t - I_{t-1})}{Y_{t-1}} + \frac{(NX_t - NX_{t-1})}{Y_{t-1}}$$

$$\frac{Y_t - Y_{t-1}}{Y_{t-1}} = \frac{C_{t-1}}{Y_{t-1}} \frac{(C_t - C_{t-1})}{C_{t-1}} + \frac{I_{t-1}}{Y_{t-1}} \frac{(I_t - I_{t-1})}{I_{t-1}} + \frac{NX_{t-1}}{Y_{t-1}} \frac{(NX_t - NX_{t-1})}{NX_{t-1}}$$

令增长率 $x_t = \frac{X_t - X_{t-1}}{X_{t-1}}$，则有 $y_t = \frac{C_{t-1}}{Y_{t-1}} c_t + \frac{I_{t-1}}{Y_{t-1}} i_t + \frac{NX_{t-1}}{Y_{t-1}} nx_t$

该公式显著的经济学意义在于各项最终需求增长率乘以其在 GDP 中的份额是其对 GDP 的贡献度，进一步地，每项最终消费可以根据需要再细分，以至可以根据中国国情进行分析。比如，投资可以分解为国有企业投资、民营企业投资和其他投资，这样就可以方便地分析国有企业投资、民营企业投资变动对经济增长的影响。因其灵活性，该公式经常出现在历年中国经济运行报告和研究文献中，比如中国人民大学中国宏观经济分析与预测课题组（2018）、中国社会科学院经济研究所宏观经济调控课题组（2010），当然它更多的是以文字描述的方式出现。

然而凯恩斯认为由于边际消费倾向递减、投资的预期回报率递减以及"流动性陷阱"的存在，总需求往往会小于总产出，也就是产品市场常常处在非出清状态，短期的刺激政策有助于经济恢复至潜在生产力水平，故而为积极的财政政策提供理论支持。

（二）IS－LM 模型

当商品市场处在均衡状态时，有 $Y = AD = C + I + NX$，假设国际收支均衡，即 $NX = 0$，并且存在政府部门通过税收和转移支付参与国民收入分配，则有 $Y = C（Y - T）+ I（i - \pi^e）+ G$，其中投资 I 取决于预期的真实利率水平（$i - \pi^e$），i 为名义利率，π^e 即预期通货膨胀率。T 是政府征税，这样消费 C 就是关于可支配收入（$Y - T$）的函数，G 是政府购买和转移支付。政府通过降低 T 和增加 G 实施积极的财政政策、通过提高 T 和减少 G 实施消极的财政政策，以实现商品市场均衡。

货币市场均衡状态下，货币供给等于货币需求，货币供给依据货币需求而定，这样货币市场实现均衡。货币需求 L 是利率 i 和收入 Y 的函数，利率 i 越高，货币持有的机会成本越高，货币需求就越低；收入 Y 越高，消费越高，货币需求就越高。于是，货币市场均衡函数：

$$\frac{M}{P} = L（i, Y）$$

其中，M 是名义货币供应量，P 是物价水平，$\frac{M}{P}$ 即真实货币余额。

希克斯在凯恩斯基础上，建立了 IS – LM 模型，使短期波动研究得以量化。货币市场和商品市场均衡模型如下：

$$Y = C(Y - T) + I(i - \pi^e) + G$$
$$\frac{M}{P} = L(i, Y)$$

（三）菲利普斯曲线：从凯恩斯到新凯恩斯

Phillips（1958：183 ~ 199）发现英国在过去一个世纪中失业率和工资增长率之间存在稳定的负相关关系，Lipsey（1960：1 ~ 31）从劳动市场供求的角度给出了菲利普斯曲线的理论基础，Samuelson 和 Solow（1960：177 ~ 194）则进一步发现失业率和通货膨胀率之间也存在类似关系，这种关系被称为菲利普斯曲线。菲利普斯曲线表明在通货膨胀率和失业率之间存在取舍关系：降低通货膨胀率只能以较高的失业率为代价，反之，降低失业率就必须要容忍较高的通货膨胀率。美国 20 世纪 60 年代的经济数据符合菲利普斯曲线，因而菲利普斯曲线是理论研究者和政策制定者关注的重点。

20 世纪 70 年代美国出现了"滞胀"现象，通胀与失业之间的简单替代关系不复存在。Friedman（1968：1 ~ 17）和 Phelps（1968：678 ~ 711）提出了自然失业率假设，认为货币和通胀等名义变量在长期中无法影响产出和失业等实际变量。虽然在短期中存在菲利普斯曲线，但是在长期中菲利普斯曲线是一条垂直于自然失业率的直线。建立在自然失业率和描述产出增长率与失业率之间替代关系的奥肯定律基础之上的附加预期菲利普斯曲线认为，影响通货膨胀的因素是过度总需求和预期，可以描述为 $\pi_t = \pi_t + \gamma y_t$，其中 y_t 是产出偏离潜在产出的百分比，π_t 是核心通胀率，并非特指预期通胀率。即使作为通胀预期来处理，通常使用的也是适应性预期，其中的预期通货膨胀率是滞后通货膨胀率的加权平均，并且越早的通货膨胀率，其权重越小。

Lucas（1973：103 ~ 124）和 Sargent（1971：721 ~ 725）提出的理性预期假说认为，经济参与者能够充分利用所有能够获得的信息对未来通胀进行理性预期，不会犯系统性错误。Lucas（1972：103 ~ 124）提出了不完全信息模型，认为预期到的总需求不会影响产出，而没有预期到的总需求会同时导致更高的产出和比预期更高的价格水平，即菲利普斯曲线。但是，著名的卢卡斯批判指出，政策的变迁会改变宏观经济模型中的总量关系，因而政府无法利用总量关系。

Gordon（1996）提出"三角"形式的菲利普斯曲线，认为影响通胀的因素可以归纳为需求拉动、成本推动和通胀惯性三种因素，表示为 $\pi_t = \sum_{k=1}^{K} \alpha_k \pi_{t-k} + \beta \eta_t + \lambda y_t + \varepsilon_t$，其中 η_t 为供给冲击。虽然 Gordon 三角模型可以获得较好的拟合结果，但其成功也主要是在模型中引入滞后多期的通货膨胀率的缘故。三角模型的缺点是没有克服卢卡斯批判。

建立在理性预期和价格粘性基础上的菲利普斯曲线被称为新凯恩斯菲利普斯曲线。新凯恩斯菲利普斯曲线按照通胀解释因素可以大致分为早期的基于产出缺口的模型和近期的基于单位劳动成本的模型。前者模型较多，其中被广为引用的主要有 Taylor（1980：1～22）、Calvo（1983：383～398）、Fuhrer 和 Moore（1995：127～129）所提出的菲利普斯曲线模型。Taylor（1980：1～22）提出了交错合同模型。该模型假设名义工资存在粘性，名义工资固定两期，每期有一半的合同要重新谈判，所得到的菲利普斯曲线为 $\pi_t = E_t \pi_{t+1} + \lambda (y_t + y_{t-1})$，其中 $E_t \pi_{t+1}$ 是预期通胀率。Calvo（1983：383～398）假设每一期厂商按一定概率调整价格，从而得到的菲利普斯曲线为 $\pi_t = \beta E_t \pi_{t+1} + \lambda y_t$。Fuhrer 和 Moore（1995：127～129）发现这些模型无法产生通货膨胀率的持续性，其采取的改进方法是同时采用前向预期和后向预期的混合菲利普斯曲线。后向预期关注家庭对于信息的学习机制，因此将之引入模型的构造有助于提高模型解释能力。Fuhrer 和 Moore（1995：127～129）假设谈判工资是相对平均实际合同工资，通过两期合同模型得到的混合菲利普斯曲线为 $\pi_t = 0.5 (\pi_{t-1} + E_t \pi_{t+1}) + \lambda (y_t + y_{t-1})$。滞后的通胀率出现在方程的右边，模型中的通货膨胀率具有持续性。

前文所介绍的三个模型在经验研究中存在两个问题。首先，三个模型都将产出缺口作为自变量，然而产出缺口难以估计。其次，Calvo 模型说明了通货膨胀率对预期的需求冲击产生迅速的反应，然而经验证据表明通货膨胀率滞后于产出缺口。当前被广为引用的新凯恩斯菲利普斯曲线是 Galí 和

Gertler（1999：195～222）所提出的基于单位劳动成本的前向和混合模型，其设定源于 Calvo（1983：383～398）的交错价格调整模型。在此模型中，每一个时期垄断竞争厂商依据利润最大化原则以 $1-\theta$ 的概率调整价格，所得到的前向菲利普斯曲线为 $\pi_t = \beta E_t \pi_{t+1} + \lambda s_t$，其中 β 是主观贴现因子，s_t 是单位劳动成本偏离稳态的百分比，$\lambda = (1-\theta)(1-\beta\theta)/\theta$ 度量实际边际成本对于通胀的影响。前向菲利普斯曲线的缺陷在于无法解释现实中的通胀持续性。Galí 和 Gertler（1999：195～222）进一步假定有部分调整价格的厂商遵循后向行为的拇指法则，剩下的厂商仍然遵循前向预期法则，那么就得到 $\pi_t = \lambda_f E_t \pi_{t+1} + \lambda_b \pi_{t-1} + \lambda s_t$，其中各个系数度量各个因素对通胀率的影响。

二　RBC 的出现及 DSGE 模型

20 世纪 70 年代之前，凯恩斯主义宏观经济学成为宏观经济的主要分析框架，而凯恩斯主义宏观框架存在以下基础性假设：消费需求受边际消费倾向递减的主观假设影响，存在消费的增长幅度小于收入的增长幅度的现象；而人们存在流动性偏好和资本未来的预期利润下降的主观假设，导致产生投资不足的结论。70 年代之后，这些基础性假设遭到质疑：首先，实证研究并不支持凯恩斯边际消费倾向递减的假说，理论上永久收入假说和生命周期假说的提出使凯恩斯的有效需求不足的理论基础开始出现裂痕。关键的是卢卡斯的理性预期理论让政策实施的有效性失去理论基础。卢卡斯指出基于凯恩斯理论所建立的宏观计量经济模型存在固有的缺陷，大型经济计量模型中"货币、财政以及其他政策工具与政策目标相联系的参数随着时间的推移一直保持相对稳定"，而卢卡斯则证明，人们会根据理性预期假设行动，从而改变政策手段和政策目标之间的参数。在卢卡斯的理性预期模型中劳动的跨期替代起着关键作用。劳动市场的行为反映在总供给的层面，体现着卢卡斯的观点即总供给的作用远远大于总需求的作用。

这期间 Prescott 和 Kydland（1982：348～370）在理性预期的基础上以新古典增长模型为核心，利用动态随机一般均衡方法（DSGE）模拟了技术进步与实际变量的关系，进而指出实际中观测到的波动是由技术进步引起的，由劳动的跨期替代效应和建筑周期等因素导致的产出、消费等的调整而呈现出来，被称为真实经济周期研究，其核心思想是经济中的波动是由真实因素引起的，这挑战了凯恩斯以名义变量为主的经济周期研究，同时打破了古典主义"长短期二分法"的传统。RBC 模型的核心假定为：

$$\text{Max} \sum \beta^t U(C_t, N_t)$$

模型假定经济体中存在无数个无限期存在的家庭。在任何时间点上，每个家庭需要权衡消费 C_t 和闲暇 N_t 以满足期望效用最大化，其中瞬时效用函数满足无餍足性 $U'(x_t) > 0$ 和边际效用递减性 $U''(x_t) < 0$，假设瞬时效用函数为 $U = \log C_t + \varphi \log N_t$。$\beta$ 是主观折现率，是 $[0, 1]$ 区间的常数。β 越高，意味着家庭对未来消费的权重越高，越倾向于减少消费，增加投资；反之亦然。家庭的生产消费行为受制于生产水平 $Y_t = f(A_t, K_t, L_t)$ 与资本积累水平 $K_{t+1} = (1-\delta)K_t + I_t$，家庭需要在闲暇还是劳动、消费还是投资中做出选择。其中，Y_t 为当期产出，L_t 为当期劳动投入，K_t 为当期资本投入，δ 为资本折旧率，I_t 为当期投资。$Y_t = f(A_t, K_t, L_t)$ 模型使用常见的 $C-D$ 生产函数 $f(K, L) = AK^\alpha L^{1-\alpha}$。

尽管凯恩斯主义的消费函数遭到了严重的质疑，但凯恩斯主义暗含的价格粘性假设则经受住了实证的检验，凯恩斯主义者将价格粘性和工资粘性加入上述 RBC 模型后发现，模型的解释范围得以扩大，实际上促使了宏观经济学的一次较大融合。

20 世纪 80 年代之前，经济学家对于工资—价格机制的研究主要集中在实证研究领域。在实证研究上，工资—价格机制的主要实证特征已取得"一致意见"，认为考虑价格通胀效应的菲利普斯曲线可以用来解释工资形成机制。1983 年 Calvo 提出一个用于理论分析的模型。该模型在实证研究和理论研究之间构建了桥梁，为 DSGE 建模提供了理论依据。Calvo（1983：383～398）假定在 t 期调整工资的概率为 $(1-\xi_w)$，而未调整工资者其工资的设定由以下规则决定：$W_{j,t} = \pi_{t-1} W_{j,t-1}$，其中 π_{t-1} 为上期通胀指数。

　　随着金融体系的重要性越来越高，如亚洲金融危机以及 2008 年全球金融危机肇始者都是金融，DSGE 也开始尝试将金融系统纳入分析框架，BGG 模型就是其中的典型。

参考文献

陈彦斌，2018，《新时代下中国特色宏观调控的新思路》，《政治经济学评论》，第 4 期。

马洪，1993，《什么是社会主义市场经济》，中国发展出版社。

曹玉书，1995，《宏观调控机制创新》，中国计划出版社。

赵宽海，1996，《经济转轨时期的宏观调控和货币政策》，中国金融出版社。

黄达，1999，《宏观调控与货币供给》，中国人民大学出版社。

汤在新、吴超林，2001，《宏观调控：理论基础与政策分析》，广东经济出版社。

张岩鸿，2004，《市场经济条件下政府经济职能规范研究》，人民出版社。

钱颖一，2005，《宏观调控不是市场监管》，《财经》，第 5 期。

樊纲，1996，《企业间债务与宏观经济波动（上）》，《经济研究》，第 3 期。

樊纲，1996《企业间债务与宏观经济波动（下）》，《经济研究》，第 4 期。

刘溶沧、马珺，2001，《中国宏观经济调控目标的定位分析》，《财贸经济》，第 9 期。

余根钱，1994，《改革以来我国经济过热类型的变化》，《经济研究》，第 2 期。

樊纲，1995，《当前宏观经济的焦点问题与政策分析》，《经济研究》，第 2 期。

中国人民大学中国宏观经济分析与预测课题组，2018，《结构性去杠杆下的中国宏观经济——2018年中期中国宏观经济分析与预测》，《经济理论与经济管理》，第 8 期。

中国社会科学院经济研究所宏观经济调控课题组，2010，《宏观调控目标的“十一五”分析与“十二五”展望》，《经济研究》，第 2 期。

约翰·范·奥弗特瓦尔德著，2012，《芝加哥学派》，王永龙等译，中国社会科学出版社。

欧阳明、袁志刚，1997，《宏观经济学》，上海人民出版社。

刘瑞，2016，《中国特色的宏观调控体系研究》，中国人民大学出版社。

Calvo, G. A., 1983, "Staggered Prices in a Utility Maximizing Framework," *Journal of Monetary Economics*, Vol. 12.

Carlson, J. A., Parkin J. M., 1975, "Inflation Expectations," *Economica*, Vol. 42, No. 166.

Fluri, R., Spoerndli, E., 1987, "Rationality of Consumers' Price Expectations-Empirical

Tests using Swiss Qualitative Survey Data," paper presented to 18th CIRET Conference.

Fuhrer, J. C. and G. R. Moore, 1995, "Inflation Persistence," *Quarterly Journal of Economics*, Vol. 110, No. 1.

Friedman, M. , 1968, "The Role of Monetary Policy," *American Economic Review*, Vol. 58, No. 1.

Galí, Jordi and Mark Gertler, 1999, "Inflation Dynami CS: A Structural Econometric Approach," *Journal of Monetary Economics*, 44 (2), October.

Galí, Jordi, Mark Gertler, and David Ló pez-Salido, 2001, "European Inflation Dynamics," *European Economic Review*, 45 (7).

Gordon, R. J. , 1996, "The Time-Varying NAIRU and Its Implications for Economic Policy," NBER Working Paper, No. 5735, August.

Hansen, Lars Peter and Kenneth J. Singleton, 1982, "Generalized Instrumental Variables Estimation of Nonlinear Rational Expectations Models," *Econometrica*, Vol. 50, No. 5

Lipsey, R. G. , 1960, "The Relationship between Unemployment and the Rate of Changes of Money Wage Rates in The UK, 1862—1957: A Further Analysis," *Econometrica*, Vol. 27, No. 105.

Lucas, Robert E. , Jr. , 1972, "Expectations and the Neutrality of Money," *Journal of Economic Theory*, Vol. 4.

Lucas, R. E. Jr. , 1973, "Some International Evidence on Output – Inflation Tradeoffs," *American Economic Review*, Vol. 63, No. 3.

Phillips, A. W. , 1958, "The Relation between Unemployment and The Rate of Changes of Money Wage Rates in The United Kingdom, 1861—1957," *Econometrica*, Vol. 25, No. 100.

Samuelson, P. A. and R. M. Solow, 1960, "Analytical Aspects of Anti – Inflation Policy," *American Economic Review*, Vol. 50, No. 2.

Taylor, J. B. , 1980, "Aggregate Dynamics and Staggered Contracts," *Journal of Political Economy*, Vol. 88.

Sanchez, D. A. , 2006, "A New Keynesian Phillips Curve for Japan," Working Paper.

Phelps E. S. , 1968, "Money-Wage Dynamics and Labor-market Equilibrium," *Journal of Political Economy*.

Sargent, T. J. , 1971, "A Note on the Accelercetionist Controversy," *Journal of Money, Credit and Bancking*, Vol. 3.

Kydland F. E. and E. C. Prescott, 1982, "Time to Build and Aggregate Fluctuations," *Econometrica*, Vol. 50.

第六章　探索时期的宏观调控实践
与理论探讨

本章所指的探索时期是 1978～1992 年，关于宏观调控的理论和实践都处在探索时期，其中实践中采取的手段延续了计划经济时期的行政干预，而理论研究集中在制度的选择以及未来宏观调控方向上。

在探索时期，随着宏观调控实践的深入和国际学术交流的加强，理论界关于选择何种宏观调控体制逐渐达成了共识，即有宏观控制的市场协调体制，而不足之处：视野较窄，国际上流行的宏观调控理论较少进入研究范畴；宏观调控（或者宏观控制）的研究往往与改革等相关的更为基础性的研究混在一处，研究分化程度低。

值得一提的是，这个阶段宏观调控体制机制正在建立，但尚不能承担间接调控的职能。改革开放初期，随着非国有企业的发展和国有企业自主权的扩大，市场经济逐渐萌芽，但保障市场协调的宏观调控体制机制不完善，典型的代表是货币政策体制。改革开放以来，金融机构逐渐从财政部门分离出来，金融系统不再作为财政的出纳，而是承担起货币发行和配置资金的职能，但体制不完善，机制运行不畅。其中作为中央银行的中国人民银行不仅承担货币发行职能，还承担部门政策性职能；而商业银行兼具商业银行和政策性银行职能。在实际中，货币发行缺乏明确的发行锚，以控制贷款规模为主要发行目标；随着国有企业自主权的扩大，中央银行无法控制货币发行规模，货币发行一度失控且成为经济波动的原因。

第一节　探索时期的经济波动以及宏观调控实践

这个阶段有三次较为明显的经济波动，即 1979～1980 年、1984～1985

年、1988～1989 年。这个阶段中国对外贸易规模逐渐扩大，但占世界贸易的比重较小，与世界的经济沟通相对较少，世界经济波动对中国经济尚无显著影响，中国经济波动往往与发展战略和改革的步伐密切相关。而由于间接调控的体制机制尚在发育期，严格意义上的宏观调控并不存在，无论是政策文件还是学术文献大多以"宏观控制"（吴敬琏，1985：5～14）或"宏观协调"称之。

一 第一次经济波动（1979～1980年）

1979 年 7 月 13 日，国务院颁布《关于扩大国营工业企业经营管理自主权的若干规定》，指出了国有企业改革方向。1979 年 7 月 3 日颁布《关于发展社队企业若干问题的规定（试行草案）》，为乡镇企业发展扫清了政策障碍。随着改革的推进，1979～1980 年发生了较严重的通货膨胀，国家统计局数据显示，1979 年社会消费品零售总额同比增长 15.49%，较上年提高 6.7 个百分点，1980 年进一步增加到 18.89%；1979 年 CPI 为 101.9，而 1980 年攀升至 107.5[①]。1979 年和 1980 年全民所有制单位的固定资产投资增长率不高，分别为 4.6% 和 6.7%，而政府支出中基本建设支出和国防支出增长过快，基本建设支出在 1978 年增长 50.2% 的基础上 1979 年又增长了 13.9%，国防支出则增长了 32.7%（余根钱，1994：9～13）。此次调控，中央采取的政策为"压缩固定资产投资和基建项目；压缩国防经费和行政管理费；加强银行的信贷管理，冻结企业存款，并向国有企业强行推销国库券 48 亿元"（吴敬琏，2004：464）。

对于此次经济波动的原因，余根钱（1994：9～13）分析指出政府通过改革农副产品收购价格机制、减免部分农村税收及调整部分职工工资、实行企业基金制度等减少了财政收入而增加了居民收入，导致消费过快增长；在财政收入减少的同时，财政支出如国防和基础建设投资增加，导致财政赤

---

① 这段时间，吴敬琏（2017：464）指出"大部分商品价格仍受到行政管制，但部分放开了的价格开始攀升……"。

字。对此，吴敬琏（2004：463）指出，除了国有企业进行"扩大企业自主权"外，还与当时的"洋跃进"①有关系。中央为此早在1979年4月就针对此问题提出"调整、改革、整顿、提高"八字方针，并调整了1979年国民经济计划，但是"大搞基本建设之风没有得到扭转"，该方针没得到落实。刘瑞（2016：7~9）指出，"1978年7~9月召开的国务院务虚会提出了扩大出口和引进先进技术加快我国四个现代化建设的思想，会后短短几个月的时间内，我国就从日本、美国、联邦德国等国家引进了以钢铁、石化等为主的22个大中型项目，大规模引进国外先进技术装备，使得1979年外贸逆差达到11.4亿美元"。刘树成（1986：3~11）则从固定资产投资周期的角度分析，认为经济波动有一定的客观性。

对于调控措施的定性，吴敬琏（2004：464）认为是"在坚持以计划经济为主的体制背景下进行的"，因此调控措施和手段以直接调控为主。对调控效果的评价，刘瑞（2016：7~9）认为紧缩性政策出台滞后，而政策力度又过大，导致GDP增速从1980年的11.88%大幅回落至1981年的7.59%。

学术界对于此次宏观调控（称宏观控制更为贴切）的讨论和研究相对滞后，且往往是同随后的几次经济波动一同探讨（余根钱，1994：9~13；刘树成，1986：3~8；刘瑞，2016：7~9；吴敬琏，2004：463~464）。及时对经济波动进行探讨多出自政策决策者，如陈云（1986：391）的《经济形势与经验教训》。

二　第二次经济波动（1984~1985年）

1984年，中国十二届三中全会通过了《中共中央关于经济体制改革的决定》。1985年1月，经国务院批准，国家物价局、物资局发布《关于放开工业品生产资料超产自销产品价格的通知》，取消了企业完成国家计划后生

---

① 《1976~1985年发展国民经济十年规划纲要》提出，1978~1985年，要新建和续建120个大型项目，在全国形成14个大型重工业基地，以便工业总产值在这十年间，每年增长10%以上（吴敬琏，2004：463）。

产资料产品销售不得高于国家牌价 20% 的限制。从此，计划外生产资料的自由交易取得合法地位。在价格改革的推动下，经济再次出现较大波动，具体表现：1984 年，名义 GDP 增长 20.89%，较上年提高 8.84 个百分点，1985 年进一步提高了 4.12 个百分点，增长速度达到 25.01%；其中投资和消费均出现大幅度提高，以全社会固定资产投资规模为例，1984 年和 1985 年分别增长 33.88% 和 38.75%，同期，社会消费品零售总额分别增长 18.50% 和 27.50%。1984 年物价指数并未表现出异样，但 1985 年出现通货膨胀迹象，CPI 和 PPI 分别上涨 9.30 个和 8.70 个百分点。其中突出的特征是 1984 年货币净投放量超计划增发两倍之多，接近 1949~1983 年总投放量的一半（吴敬琏，2017：466~467）。

余根钱（1994：9~13）认为造成这次货币过量发行的主要原因已经不是财政赤字，而是信贷规模的膨胀。1984 年国家银行贷款余额增长 32.8%，这比以往最高年份还要高 14 个百分点，1985 年增长率为 23.9%，仍然明显过高。信贷膨胀取代财政赤字，成为这次经济过热的主要原因有一定必然性。从 1979 年到 1985 年，我国的经济体制发生了很大的变化。随着"拨改贷"等改革措施的出台，金融在我国经济中的作用变得越来越重要，而财政的作用则相对下降。与此同时，企业自主权明显扩大。我国经济体制的这些变化自然而然地促使我国经济过热。刘瑞（2016：9~12）指出，除了 1985 年"拨改贷"全面推行导致企业自主权扩大引发投资热之外，继前一段时期农产品价格实行双轨制后，主要工业生产资料价格也开始实行双轨制，以防为主的价格体系改革在矫正价格扭曲的同时，也撤去了"隐蔽通货膨胀"的面纱；1984 年企业工资制度改革和 1985 年全国工资制度改革的推行，在增加居民收入的同时，推动了消费和消费品价格上涨。

货币政策领域，中国人民银行发布《关于控制 1985 年贷款规模的若干规定》；消费领域，1985 年 2 月，国务院先后下发了《关于严格控制社会集团购买力的紧急通知》和《关于节减行政经费的通知》；财政领域，国务院下发《关于控制固定资产投资规模的通知》和《关于不再扩大一九八五年基本建设投资规模的通知》。调控政策以紧货币、控投资为主（刘瑞，

2016：9～12）。为此，货币供给得到有效控制，但由于企业流动资金短缺，央行不得不重新扩大信贷规模。吴敬琏（2017：465～469）提出宏观控制主要采取的是行政办法，为此，"损害经济活力"，"消极地抑制需求"，"不能有力地提高经济效益"。

三　改革开放初期的第三次经济过热（1988～1989年）

1988年8月，中央政治局会议讨论通过《关于价格、工资改革的初步方案》，号称"价格闯关"，一经公布并震动全国，一场抢购风潮席卷各地，物价面临失控，具体表现：1988年，市场货币流通量增长31.8%，零售物价上涨18.5%。1989年，虽然市场货币流通量增长率很低，仅为9.0%，但零售物价仍上涨17.8%。1988年，社会消费品零售额急剧增长，增长率高达27.8%，比1987年上升了10多个百分点，是改革以来最高的一年。固定资产的增长率虽然也比前两年高，但差距还不到4个百分点。这次经济过热主要是由于消费需求膨胀，各类物价指数的变动极不平衡。上涨最快的是消费品价格，零售物价指数要比物价总指数（国民生产总值平减指数）高6.7个百分点。尽管1988年的市场货币流通量增长很快，增长率比前三年中最高的年份还高7个百分点，但是财政赤字和贷款余额的增长率都没有异常迹象。1988年，财政赤字为78.6亿元，相当于财政支出总额的2.9%、贷款增加额的5.2%，这一比例与前几年相比，并没有明显差别。1988年，贷款余额增长率16.8%，比前几年都低；贷款增加额也比1986年低。因此，这一次货币过量发行不是由财政赤字和贷款膨胀引起的。

余根钱（1994：9～13）认为消费行为的突变是这次货币过量投放的主要原因。居民消费行为突变是否会引起经济过热，主要是取决于居民储蓄是否已成为全社会积累资金和银行信贷资金的重要来源。20世纪80年代初期，这一条件是不具备的，但在80年代中期以后，这一条件基本成熟，居民储蓄存款在国家银行贷款资金来源中所占比例已经超过20%，因此，这时只要发生居民消费行为的急剧变化就会对货币投放和经济运行产生巨大影响。1988年，由于前几年连续出现高通货膨胀，居民消费行为突变的现象终于在我国经济中出现，这一年的居民储蓄贷款余额的增长率仅为 23.7%，要比前三年平均值低 12 个百分点；居民储蓄存款增加额与居民消费额的比值也异常地较 1987 年下降了 4 个百分点，而在此之前，这一比值始终是上升的。据测算，1988 年居民储蓄存款增加额要比正常趋势值少约 300 亿元。

货币政策领域，严格控制信贷规模，并一度停止对乡镇企业发放贷款；提高专业银行存款准备金率，两次提高存款利率。财政领域，压缩固定资产投资规模，停止审批计划外建设项目；控制社会集团购买力。管控物价，对重要生产资料实行最高限价。此外，清理整顿公司，尤其是刚成立不久的信托投资公司（吴敬琏，2017：469~472）。

1989 年十三届五中全会通过了《中共中央关于进一步治理整顿和深化改革的决定》。"一刀切"现象突出（刘瑞，2016：12~14）。经济出现大起大落，带有显著的"硬着陆"特征。而这次价格闯关的失败，使改革也随之陷入沉寂，直到 1992 年，邓小平发表南方谈话。

第二节　宏观调控理论探讨

改革开放初期，改革一直是经济学界研究的焦点，随着经济的大起大落，宏观调控问题逐渐进入研究和探讨视野。岑科（2012：6~8）指出当第二波经济波动产生后，"……中国经济学界开始关注宏观调控问题……"，以吴敬琏（1985：5~14）[1]，以及 1985 年召开的巴山论"宏观经济管理国际讨论会"（中国社会科学院经济研究所发展室，1987）上国内外专家观点为代表。

与会的科尔奈发表了题为"谈匈牙利经济改革的目标模式和可供中国参考的经验教训"的演讲，认为经济运行的协调机制可以分为行政协调（I）和市场协调（II），每类有两种具体形态：直接的行政协调（IA）和间

---

[1] 吴敬琏于 1985 年 2 月在《人民日报》上发表题为《经济改革初战阶段的发展方针和宏观控制问题》的文章。这里引用的文章是他 1985 年发表在《经济研究》上的《再论保持经济改革的良好经济环境》。

接的行政协调（IB）、无控制的市场协调（IIA）和有宏观控制的市场协调
（IIB）。

　　行政协调（I）的特点是行政机构和企业的关系是上下级的隶属关系，
通过自上而下的信息流和行政手段控制经济运行，而直接的行政协调（IA）
和间接的行政协调（IB）的不同之处在于：IA 体制中行政机构对企业下达
具体的指令性投入产出指标；IB 体制中行政机构不是通过下达指令而是借
助权利通过各种形式的干预迫使企业做出大致符合上级要求的投入产出
决策。

　　市场协调（II）是通过企业间的横向信息流和市场力量来协调经济运
行：IIA 体制中没有宏观调控系统，经济运行几乎完全受市场机制自发的调
节和引导；IIB 体制中则借助于统一规范的宏观约束手段和经济参数手段对
经济进行调节和管理。

　　间接的行政协调（IB）和有宏观控制的市场协调（IIB）两种体制的不
同在于：后者强调规范化和公平化，如国家有统一的税率，且由立法机关批
准，企业依法纳税；而前者纳税则由主管部门同各企业讨价还价后决定。除
此之外，二者在利润分成、企业破产中存在规范化和公平化方面的不同。

　　刘国光等认为有宏观控制的市场协调（IIB）是比较理想的经济运行体
制。会议召开时，正值改革开放以来的第二次经济波动期间，与会专家较多
谈论了如何建立间接的宏观控制机制。刘国光总结道，中国"……经济改
革的方向是逐步减少行政手段，由以直接控制为主转向以间接控制为主，主
要运用经济手段控制和调节经济的运行"，"但必要的行政手段始终是不可
缺少的，特别是新旧体制更替过程中还需要加强必要的行政手段，以保证经
济生活正常运转、改革有秩序地进行"。凯恩克指出采用行政控制的客观原
因：缺乏间接控制的金融体制，货币政策影响力有限；新旧体制更替过程
中价格机制尚缺乏弹性，无法引导市场做出准确反应；市场竞争不充分甚至
缺乏竞争，间接调控缺乏实施的环境。

　　托宾认为，宏观经济管理的目标有：维持总需求和总供给平衡、维持物
价总水平稳定、维持国家对外经济关系稳定。其中总需求和总供给平衡是居

首位的。宏观管理的重点是调节总需求，一般通过财政手段和货币手段予以实施。当前往往更加重视和强调货币政策，但是对于像中国这样资本市场不发达的国家，缺乏货币政策起作用的环境，间接调控需要依赖于财政政策。当前中国需要着手建立金融货币控制机制。会上就货币政策的中介目标和调控手段进行了讨论。

除了对财政政策和货币政策的探讨外，与会专家就收入政策在新旧体制交替过程中所起的作用也进行了探讨。专家基于匈牙利、南斯拉夫和日本的经验认为，中国应该搞好工资控制，以应对成本推动型通货膨胀。

针对贸易关系，布鲁斯指出虽然长期看外汇控制由直接控制转向间接控制是中国的发展目标，但当前中国不具备取消外汇控制的条件，因为在一个稳定的对外环境下集中精力处理改革带来的波动更为紧迫。

参考文献

吴敬琏，1985，《再论保持经济改革的良好经济环境》，《经济研究》，第 5 期。

吴敬琏，2004，《当代中国经济改革》，中信出版集团。

余根钱，1994，《改革以来我国经济过热类型的变化》，《经济研究》，第 2 期。

张卓元，1994，《密切注视今年通货膨胀和物价上涨的态势》，《改革》，第 2 期。

厉以宁，1994，《就业优先，兼顾物价稳定》，《改革》，第 2 期。

吴敬琏，1994，《论通货膨胀政策之不可行和根本出路在于落实各项改革措施》，《改革》，第 2 期。

丁鹄，1994，《改革需要货币稳定》，《改革》，第 2 期。

马宾，1994，《通货膨胀是改革与发展的大敌》，《改革》，第 2 期。

华生、何家成、张学军、罗小朋、边勇壮，1986，《经济运行模式的转换——试论中国进一步改革的问题和思路》，《经济研究》，第 2 期。

刘国光，1986，《我国价格改革的一些情况和问题》，《财贸经济》，第 5 期。

李晓西、宋则，1987，《从双轨制到市场化——经济体制改革总思路的调整》，《财贸经济》，第 12 期。

华生、何家成、蒋跃、高梁、张少杰，1985，《论具有中国特色的价格改革道路》，《经济研究》，第 2 期。

楼继伟、周小川，1984，《论我国价格体系改革方向及其有关的模型方法》，《经济研究》，第 10 期。

郭树清、刘吉瑞、邱树芳，1985，《全面改革亟需总体规划——事关我国改革成败的一个重大问题》，《经济社会体制比较》，第 1 期。

薛暮桥，1981，《关于调整物价和物价管理体制的改革》，《价格理论与实践》，第 1 期。

陈云，1986，《陈云文选（1956-1985）》，人民出版社。

陈云，1982，《计划与市场问题》，《计划经济研究》，第 32 期。

马洪、孙尚清，《中国经济结构问题研究下册》，人民出版社，1981。

刘国光，1980，《略论计划调节与市场调节的几个问题》，《经济研究》，第 10 期。

中国社会科学院经济研究所发展室，1987，《中国的经济体制改革：巴山轮"宏观经济管理国际讨论会"文集》，中国经济出版社。

岑科，2012，《价格双轨制改革始末》，《传承》，第 1 期。

刘树成，2005，《论中国宏观经济调控》，《经济与管理研究》，第 4 期。

刘树成，1996，《论中国经济周期波动的新阶段》，《经济研究》，第 11 期。

刘瑞，2016，《中国特色的宏观调控体系研究》，中国人民大学出版社。

第七章　体制机制初步建立时期的宏观调控实践与理论探讨

自1992年邓小平发表南方谈话开始，改革又进入了重启阶段。停滞的价格闯关重新启动。1992年放开了几乎全部生产资料价格；1992年底全国844个县（市）放开粮食价格；1993年，除了电力、通信、石油等少数实行政府定价的产品，绝大部分生产资料和生活资料价格放开由市场调节，商品经济管制时代结束。其中，重要事件是中共十四届三中全会通过的《中共中央关于建立社会主义市场经济体制若干问题的决定》为建立有宏观控制的市场协调（IIB）体制机制奠定了基础，宏观调控体制逐步完善。

第一节　宏观调控体制的建立

自1978年以来，中央政府不断改革财政和金融机构，明确宏观调控的主要职能部门。以货币政策体制机制建设为例，1977年，中国人民银行从财政部分离出来，作为唯一的金融机构承担着金融政策、金融制度、金融计划、资金的调度和货币的发行等职能；但资源配置还是以信贷规模控制等直接手段为主。随后各种专业银行相继成立，1979年中国农业银行成立，同时恢复农村信用社，由农行领导；1979年，中国银行、中国建设银行相继成立，分别承担外汇业务和投资建设业务；同年中国人民保险公司恢复，中国国际信托投资公司成立；1984年中国工商银行成立，由财政分配资金的渠道改为银行分配。1986年，放松了各种银行业务领域准入限制，工、农、中、建开始向彼此业务领域拓展。1987年中国第一家证券公司成立。改革开始初期（1979～1992年），金融系统的机构框架逐渐搭建完成，但是旧有制度的沉疴痼疾仍在，货币发行渠道不畅，信贷规模目标值作为可选的货币发行制度延续了计划经济体制，资金配置效率不高。资金配置效率低的体现是贷款利率偏低，甚至出现存贷款利率倒挂的现象。

财政方面的包干制和金融体制中贷款控制成为从直接调控（行政手段，如直接限制企业的投资、限制企事业单位福利发放）转变为间接调控（调整宏观变量，如调整税率、利率等）的制约因素。为此，1993年，中共十四届三中全会通过《中共中央关于建立社会主义市场经济体制若干问题的决定》，财政上实施了分税制改革，宏观调控中财政税收成为有力的手段；金融和银行体系改革①上，分离了商业性金融机构和政策性金融机构，为中央银行实施货币政策疏通传导渠道。这期间，货币政策的调控目标逐渐转向货币供应量，贷款规模控制手段逐渐淡出，中央银行越来越倚重于通过调整存贷款利率、调整存款准备金率和市场公开业务来达到宏观调控目的。

此外，改革外汇管理体制，取消双重汇率制，实施有管理的浮动汇率制，并逐步演变为盯住美元的固定汇率制，这为中国出口导向发展战略奠定了制度基础。此后随着中国加入WTO，中国外贸规模不断扩大，国际市场的波动也逐渐成为影响中国经济波动的因素之一。

第二节　间接调控的初步尝试

在宏观调控框架初步建立的阶段，改革和发展依旧是经济波动中重要的关注点，但是越来越多的外部冲击逐渐成为宏观调控关注的焦点。

---

① 1994年，国家开发银行、中国进出口银行和中国农业发展银行三家政策性银行成立，将国家重点建设投资、外贸进出口和支持"三农"等政策性职能从四大国有商业银行分离出来，自此四大国有银行成为自负盈亏的现代化金融企业。

一 间接调控初体验之抑制过热（1993~1996年）

1992年，全民所有制单位的固定资产投资增长40.7%，全社会固定资产投资增长37.6%，远远超出了现价国民生产总值的增长速度。1993年1~6月，全民所有制单位的固定资产投资增长率高达70.7%。在这次经济过热阶段的初期，消费需求基本是正常的。1992年，社会消费品零售额增长17.6%，低于工业总值增长速度。这次货币过量投放的主要原因是社会集资规模的急剧扩大和国家银行资金大规模地以非贷款方式流出。社会集资规模的急剧扩大，最终会在居民储蓄存款和机关团体存款的变动中反映出来。1992年我国居民消费仍属基本正常，居民储蓄存款余额增长率的异常下降主要是由社会集资规模扩大引起的。当年我国居民储蓄存款余额的增长率为26.7%，明显低于1984~1991年的年均水平；居民储蓄存款增加额与居民消费额的比值也反常地出现下降；机关团体存款余额一反增长的趋势，减少了65.3亿元。国家银行资金以非贷款方式流出的主要途径是拆解和汇兑在途资金，集中表现在国家银行资金来源方的其他科目的余额迅速下降。这一年，国家银行资金来源方的其他科目的余额减少1524.3亿元，相当于当年贷款增加额的42.8%。

由于控制贷款规模是我国政府在通常情况下实施金融调控的主要手段，而这次过热恰恰是说明控制贷款规模已不能有效地控制市场货币流通量，余根钱（1994：9~13）把这次过热视为由金融调控体系失效引起的。1993年6月出台《中共中央 国务院关于当前经济情况和加强宏观调控的意见》（即通常所说的"16条"），强化间接调控；分类指导，避免以前的"一刀切"。调控力度较前三次把握得好（刘瑞，2016：14~17）。

在物价保持回落的过程中，经济增长仍保持了较理想的速度，被业内称为"软着陆"（刘国光、刘树成，1997：19~21）。有学者早在1994年底1995年初就意识到以降低通货膨胀率为目标的宏观调控已经完成，并建议调整宏观政策（樊纲，1995：3~7；郭树清，1995：3~11）。

专栏：《中共中央　国务院关于当前经济情况和加强宏观调控的意见》

一、严格控制货币发行，稳定金融形势。

二、坚决纠正违章拆借资金。

三、灵活运用利率杠杆，大力增加储蓄存款。

四、坚决制止各种乱集资。

五、严格控制信贷总规模。

六、专业银行要保证对储蓄存款的支付。

七、加快金融改革步伐，强化中央银行的金融宏观调控能力。

八、投资体制改革要与金融体制改革相结合。

九、限期完成国库券发行任务。

十、进一步完善有价证券发行和规范市场管理。

十一、改进外汇管理办法，稳定外汇市场价格。

十二、加强房地产市场的宏观管理，促进房地产业的健康发展。

十三、强化税收征管，堵住减免税漏洞。

十四、对在建项目进行审核排队，严格控制新开工项目。

十五、积极稳妥地推进物价改革，抑制物价总水平过快上涨。

十六、严格控制社会集团购买力的过快增长。

二　间接调控初体验之应对过冷（1998～2001年）

1998年GDP名义增速从上年的11.00%陡降至6.88%，在此基础上，1999年又下降了0.58个百分点；与此同时，CPI连续两年负增长，而PPI早在1997年就开始出现通缩迹象，消费和投资低迷。

一是"软着陆"政策的负效应；二是国企改革的深化和市场化程度的加深，预期不确定性增加，导致预防性储蓄增加、消费增速减缓，企业和银行等微观主体对生产逐渐持谨慎态度，投资减少；三是亚洲金融危机的影响（刘瑞，2016：24～30）。

1996年5月至1999年7月，中央银行连续7次降息，并采取了降低存款准备金率、取消信贷额度控制和发展消费信贷等措施。财政方面，主

113

要采用扩大赤字和国债规模的扩张性政策。这有效遏制了经济增长和物价水平进一步下滑的趋势（刘瑞，2016：24～32）。郑超愚、陈景耀（2000：23～31）在重新核算年度货币供应和货币流通速度的基础上，构造了从新古典主义到凯恩斯主义的货币政策规则参照体系，用以辨识中国货币政策的积极与消极、顺周期与逆周期性质，认为这段时期货币政策呈紧缩状态。

第三节　初步建立时期宏观经济面临的突出问题

改革终会遇到宏观经济中典型的问题——通货膨胀。为此，经济学界提供的较有力的解释，即隐性通货膨胀的显性化（科尔奈，1978）。科尔奈指出计划经济是一种短缺经济，需求过旺而供给不足，由于实行固定的价格，供需矛盾以其他形式表现，如配给制度和额外的寻求成本。随着改革的推进，企业自主权扩大，价格逐步放开，通货膨胀自然而然就会产生。1994年宏观经济过热的主要特征之一就是通货膨胀。这时期对外开放的力度已经较大，国内的学者试图从外资流入的角度解释这次通货膨胀的成因。郑超愚（1996：34～42）认为1994年货币供应的高速扩张是此次通货膨胀及其加速的运行层面的原因，与此同时由于出现了资本项目和经常项目双顺差，外汇占款增多，并促使外汇占款成为基础货币发行的主要渠道之一。孙婉洁、臧旭恒（1995：60～66）就发文分析了外资流入增加是外汇储备增加的重要原因，从而得出外资流入是因而通货膨胀是果的结论。郑超愚（1996：34～42）则认为二者应该是互为因果。他构建了一个中国经济体系的利率、汇率与通货膨胀关系的模型，刻画了外资流入与通货膨胀相互影响的作用机制，反驳了孙婉洁、臧旭恒（1995：60～66）的结论。

随着国有企业改革的深入，失业问题成为关注的焦点。除了微观手段（如下岗职工安置）外，宏观手段也被提及，争论的焦点是通货膨胀政策。通货膨胀政策实施的理论依据之一就是菲利普斯曲线的存在，即失业和通货膨胀之间存在替代关系，并以此为由实施通货膨胀政策（刘树成，1997：21～

33）；反对者的观点认为菲利普斯曲线不存在稳定的替代关系（左大培，1996：3～14），货币稳定更为重要（吴敬琏，1994：7～9）。

参考文献

刘溶沧，1998，《新时期财政理论建设需研究解决的若干问题》，《经济学动态》，第7期。

江晓薇，1996，《宏观经济运行中的财政政策》，《经济研究》，第10期。

史永东，1999，《中国转轨时期财政政策效应的实证分析》，《经济研究》，第2期。

贾康、傅道鹏，1999，《论走向市场经济的财政调控》，《经济研究参考》，第2期。

何东、王红林，2011，《利率双轨制与中国货币政策实施》，《金融研究》，第12期。

吴敬琏，2003，《吴敬琏自选集（1980—2003）》，山西经济出版社。

胡鞍钢、王绍光，2000，《政府与市场》，中国计划出版社。

袁钢明，1996，《地区经济差异与宏观经济波动》，《经济研究》，第10期。

盛洪，1996，《国有企业，银行体系和宏观经济波动的制度原因》，《管理世界》，第6期。

张振斌，1989，《中国通货膨胀的财政分析》，《经济研究》，第5期。

余永定，1998，《中国宏观经济管理的新阶段》，《改革》，第5期。

刘溶沧，1998，《论促进地区经济协调发展的财政政策》，《财贸经济》，第4期。

卢洪友，1998，《非税财政收入研究》，《经济研究》，第6期。

刘溶沧、夏杰长，1998，《中国国债规模：现状、趋势及对策》，《经济研究》，第4期。

夏杰长，1999，《论当前扩张性财政政策的回旋空间、制约因素及解决对策》，《管理世界》，第2期。

中国社会科学院财贸经济研究所课题组，1999，《借鉴国际经验　寻求积极财政政策的新思路》，《财贸经济》，第11期。

郑超愚，1994，《解析速度经济》，《经济研究》，第12期。

郑超愚，1994，《测度货币政策效应：方法论假说及其应用》，《经济研究》，第6期。

郑超愚、余方，2000，《中国货币需求函数的计量分析：层次递归系统与动态调整方法》，《金融研究》，第10期。

郑超愚，1999，《中国通货膨胀分析的理论框架》，《金融研究》，第3期。

郑超愚，1999，《论中国附加预期和需求的总供给函数》《经济研究》，第4期。

中国社会科学院经济学科片经济形势分析与预测课题组、国家统计局综合司宏观经济分析与预测课题组，1994，《中国经济形势分析与预测——1994年春季报告》，《经济研究》，第5期。

宋国青，1995，《利率、通货膨胀预期与储蓄倾向——从两次高通胀期间的储蓄倾向看预期的作用》，《经济研究》，第7期。

韩文秀，1996，《经济增长与通货膨胀之间关系研究》，《管理世界》，第6期。

左大培，1996，《围绕着通货膨胀的"替换"作用的经济学论争》，《经济研究》，第2期。

管毅平，2001，《宏观经济波动：重大论争的回顾与评论》，《国外社会科学》，第1期。

孙婉洁、臧旭恒，1995，《试析外资流入对我国通货膨胀的影响》，《经济研究》，第9期。

中国综合开发研究院研究部，1995，《开放经济中汇率与通货膨胀关系的计量分析》，《经济研究》，第10期。

郑超愚，1996，《近年来中国通货膨胀与外资流入：另一种可能的解释以及相关政策理论模型》，《经济研究》，第3期。

余根钱，1994，《改革以来我国经济过热类型的变化》，《经济研究》，第2期。

刘树成，1997，《论中国的菲利普斯曲线》，《管理世界》，第6期。

郭树清，1995，《当前经济形势和加强宏观调控问题》，《经济研究》，第6期。

周绍朋、王健，1998，《宏观调控政策协调在经济"软着陆"中的作用》，《经济研究》，第2期。

郑超愚、韦伟，1994，《开放经济中的我国贸易政策的定位考察》，《财贸经济》，第5期。

俞乔，1998，《亚洲金融危机与我国汇率政策》，《经济研究》，第10期。

郑超愚、陈景耀，2000，《政策规则，政策效应，政策协调：现阶段中国货币政策取向研究》，《金融研究》，第6期。

汪红驹，2002，《用误差修正模型估计中国货币需求函数》，《世界经济》，第5期。

范从来，2000，《菲利普斯曲线与我国现阶段的货币政策目标》，《管理世界》，第6期。

刘国光、刘树成，1997，《论"软着陆"》，《人民论坛》，第2期。

刘瑞，2016，《中国特色的宏观调控体系研究》，中国人民大学出版社。

第八章　体制机制逐步完善时期的
　　　　宏观调控实践与理论探讨

21 世纪初，中国加入 WTO，对外开放步伐加快。经济波动中外部因素逐渐成为影响宏观稳定的因素之一。这期间宏观调控的体制逐渐完善，宏观调控政策实施的环境改善；有三次较为典型的宏观调控实践活动；宏观经济研究的焦点逐渐多元化。

第一节　宏观调控主动出击型（2002 ~2004年）

亚洲经济危机之后，2001 年底，中国加入 WTO，中国经济迎来增长周期，2003 年经济增长明显加速，刘树成（2005：3 ~ 8）指出本次经济增长加速中出现了五个"过"：部分行业投资的急速上升致使整个固定资产投资增长过猛，由此导致煤电油供求关系过紧，投资猛增又带动货币信贷投放过多，在经济快速增长中耕地大量减少、粮食产量下降幅度过大，以上原因又导致食品和生产资料价格上涨过快。对于这些问题，如果不及时采取措施加以解决，任其发展下去，局部性问题就可能演变成全局性问题；部分行业的过热就可能演变成整个经济的大起大落；部分产品的价格上涨就可能演变成严重的通货膨胀。

宏观调控是有预见性的主动调控，既不是"硬着陆"也不是"软着陆"，而是使经济在适度增长区间内继续保持平稳较快的健康运行；切入点准，严格把控土地和信贷两个闸门，确保粮食增产的耕地基础和抑制部分过热行业的盲目投资；节奏稳健；有保有压；综合运用经济手段、法律手段和必要的行政手段。调控成效方面，一是避免了局部问题酿成全局问题，二是避免了经济的大起大落，三是避免了物价过度上涨，保持了经济平稳较快增长，保持了社会和谐稳定（刘树成，2005：3～8）。

第二节 国际全球金融危机时期的宏观调控（2008～2010年）

彭兴韵、吴洁（2009：52～60）对美国次贷危机演进为全球金融危机的过程进行了简要回顾，认为危机的根源是过去20多年美国过分地追求完全自由市场竞争，它再次暴露了自由竞争市场的缺陷。杨春学、谢志刚（2009：22～30）从理论影响实践政策的角度来看，凯恩斯主义和新自由主义经济学对当前国际金融危机的爆发都负有不可推卸的责任。此轮各国的救市政策本质上仍然属于凯恩斯主义式的救急方案，并不会改变西方社会中自由市场制度的根本基础。目前共享宏观经济学主流地位的新凯恩斯主义和新古典主义都是自由市场制度的拥护者，各种形态的凯恩斯主义反对的只是自由放任主义形态的市场经济。即使是新凯恩斯主义者对政府使用短期政策目标来管理长期经济增长的策略也持谨慎态度。经过长期的争论，它们的理论分歧原本就在不断缩小，这次金融危机加速了它们的理论融合。王义中、何帆（2011：51～71）研究金融危机传导的资产负债表渠道能理清主流经济学难以解释的流动性陷阱、大衰退、新型国际金融危机等重大经济问题。他们梳理了金融危机传导的国内和外部资产负债表渠道以及相关宏观经济政策与金融监管启示等方面的文献，试图为更好地理解和解释此次国际金融危机打下基础。从既有文献中得到的政策内涵是：重新审视公允价值会计准则、谨慎使用扩张性宏观经济政策、将资产负债表信息纳入经济政策框架并进行风险监控。姚枝仲（2008：28～34）认为金融危机的本质在于对风险价值的重新认识。风险价值重估引起资产损失和流动性不足之间的自我循环与自我强化。这种恶性循环机足以导致整个金融系统的崩溃。针对问题金融机构的资产、负债和资本金的救助均能打破这种恶性循环，维持金融系统的运行。但是不同的救助方式和融资方式将产生不同的效果。不过，不管如何救助，这次危机引起的风险贴水升高都将破坏美国15年来经济繁荣的两个引擎，美国实体经济的衰退不可避免。美联储的通货膨胀政策虽然可能使美国经济在实现金融稳定以后尽快走出衰退，但是美国的下一个高增长、低通胀繁荣需要一次新的技术革命。朱新蓉、李虹含（2013：15～27）则认为始于2007年底的全球性金融危机，不仅使传统货币理论和政策的一些基本命题丧失了解释力，而且货币政策目标、调控工具、传导机制的宏观化及其有效性也受到挑战和质疑，如何通过微观化提高货币政策调控有效性问题被纳入研究和实践的议事日程。他们从金融加速器存在的理论前提入手，以全球金融危机以来中国A股上市公司13个行业2577家企业的货币资金和投资现金流净值面板数据为基础，分析中国货币政策传导的企业资产负债表渠道的有效性问题。运用面板向量自回归模型方法，对货币资金、投资现金流科目和货币政策虚拟变量之间的因果关系进行了检验，并用面板VAR方差分解得出13个行业的资产负债表渠道传导基本有效，同时又存在整体非对称性和部分行业低效应的研究结论，据以为提高货币政策传导的有效性提供新的科学决策依据。

　　鉴于本次金融危机的全球化特征，不少学者也关注了国外的政策措施，彭兴韵（2009：20～35）指出在次贷危机演变为全球性金融危机的过程中，美联储吸取了1929～1933年大萧条的教训，积极地通过货币政策来加强危机管理。他在对货币政策危机管理文献及历史经验的简要回顾基础上，系统地总结和分析了美联储这一次危机管理的货币政策操作及其在维护金融体系流动性方面所创设的诸多货币政策工具，也分析了应对这次危机的货币政策国际协调机制和政策操作，最后对这次危机管理的货币政策操作做了简要评价。周小川（2012：1～19）指出救助问题已经成为应对全球金融危机和主权债务危机过程中的焦点，同时也是一个宏观经济政策问题。他探讨了危机救助的方法论拓展，总结了多国危机救助的经验、私人部门参与救助的作用及公共部门参与救助的渠道。他强调，为了防范危机蔓延，必要时公共部门应参与救助，在救助资源上，除了传统的财政渠道，还有一些更广泛的选项，其中涉及比较复杂的成本和利益分配问题，这也决定了政策工具选择的复杂性。中央银行在危机处理和救助中可以发挥独特的作用，也有成功的经验，但政策实施时要注意保持中长期的动态均衡。

梁树广（2010: 16～20）认为为应对金融危机带来的挑战，2008 年以来，我国政府采取了积极财政政策、适度宽松货币政策和产业振兴政策等。从 2009 年的我国经济发展形势看，这些政策是合理的，并取得良好的效果。中国人民银行济南分行调查统计处课题组（2013）指出，2008 年国际金融危机爆发后，全球主要经济体采取了前所未有的扩张性财政政策和货币政策。但财政部门支付的巨额危机救助及由金融危机导致的财政收入锐减，也加剧了这些经济体的财政赤字甚至引发债务危机。显然，以一场危机取代另一场危机有悖于金融危机救助的初衷。同时，在美国金融危机救助过程中，流动性陷阱现象使传统货币政策工具几乎难以发挥作用；而美联储所采取的创新性非常规货币政策不仅为市场提供了必要的流动性，还使美联储的职能由银行体系扩展到证券市场和工商业领域。在巨额预算赤字和流动性陷阱双重约束下，有必要基于财政部门和央行的优势，探讨中央银行实施股权救助、财政部门实施债权救助的新的职责分工，以优化财政部门和央行的金融危机救助行为。央行通过采取对问题金融机构直接实施股权投资的救助方式，能发挥其拥有的无限流动性创造能力优势，并能规避流动性陷阱约束，使救助资金直接作用于被救助对象，从而使货币政策传导渠道更顺畅、目标更具体、作用更集中、过程更直接、救助效率更高。财政部门实施债权救助能发挥其在剥离和处置不良资产方面的优势，并能减少金融危机救助支出。在新分工模式下，财政部门和央行需紧密合作。央行可通过购买国债为财政部门提供资金支持，通过降息减少财政融资成本。财政部门则可通过经济结构调整疏通货币政策传导渠道，通过信用建设、法律约束等制度改进降低央行的出资风险。此外，央行还应注意实施股权救助的方式和救助边界。

很多学者关注到政策推出机制的问题。苗永旺、王亮亮（2010: 48～53）认为，在全球经济进入企稳回升的大背景下，前期经济刺激方案所带来的通货膨胀、财政危机等潜在风险开始显现。为此，如何适时、有序地退出经济刺激方案将成为世界主要经济体未来所面临的重大挑战。他们对

1929～1933 年大萧条后期的经济刺激方案的退出策略进行了重点分析，并在此基础上给出了此次经济刺激方案退出策略的现实选择。

第三节 新常态下的"微刺激"

中国经济增长与宏观稳定课题组（2010）尝试基于国际、省际的分析以及动态的视角来总结和展望中国的宏观调控。课题组首先通过经验分析，对经济波动与宏观调控进行国际比较，突出中国宏观调控的特色；然后，通过省际分析进一步揭示中国特色宏观调控及其与主流经济学反思所形成的交集，特别是结构性调控作为"中国经验"的意义；最后对中国宏观调控进行展望，指出后危机时代中国宏观调控的新思维可概括为：①把握宏观调控的主线——突出供给管理，加快结构调整；②完善宏观调控的基础——推进市场化改革，减弱政府性驱动；③转移宏观调控的重心——从工业化到城市化；④拓宽宏观调控的视野——关注世界发展的中国因素，加强国际政策协调。

陈彦斌、陈小亮（2014：7～16）指出，2012 年以来政府为稳增长而使用的"微刺激"政策有其必要性。"微刺激"已取得一定的稳增长效果。但是，"微刺激"的使用不能常态化、长期化，究其原因：一是"微刺激"仍然靠拉动投资稳增长；二是政府频频出招，"微刺激"叠加之后的政策力度并不小；三是寄望"微刺激"既稳增长又调结构的战略意图难以实现，并且可能导致经济结构进一步恶化；四是"微刺激"已经出现"效应递减"现象，政府为稳增长很可能将"微刺激"不断加码为强刺激。为解决换挡期出现的经济增速下滑问题，应完善社会政策体系，发挥其"托底"功能。

欧阳志刚、薛龙（2017：53～66）指出新常态下央行多种货币政策工具的组合操作形成了不可观察的潜在驱动力，对不同特征企业的投资产生不同的组合效应和特质效应。基于此，他扩展 Bernanke 等（2005：387～422）的 FAVAR，使用面板数据货币组合 FAVAR 模型揭示多种货币政策工具对不同特征企业的调节效应，研究发现：多种货币政策工具对不同特征企业的组合效应和特质效应具有显著差异，由此表明央行货币政策对不同特征企业具有定向调节效应。具体而言，1 年期商业银行存款基准利率、支农再贷款利率对农业企业的调节效应较好；结构性货币政策工具 SLF 对民营企业的调节效应更为显著；银行间债券质押式 7 天回购利率和结构性货币政策工具 SLF 对小型企业的调节效应明显；M0 和 1 年期商业银行存款基准利率对房地产企业具有更好的调节效应；1 年期商业银行存款利率和 M2 对信息技术企业的调节效应更为显著；1 年期商业银行存款利率则对制造业企业的调节效应相对更好。新常态下央行为实现定向调控目标，应基于货币政策工具对不同特征企业组合效应和特质效应的差异而对货币政策工具进行选择性操作。

第四节 宏观经济研究焦点的多元化趋势

开放经济条件下的宏观经济波动研究方面，车维汉、贾利军（2008：27～38），刘军荣、李天德（2008：103～108），熊衍飞、陆军、陈郑（2015：49～70），周靖祥（2010：23～40）分别从国际贸易冲击、FDI、资本账户开放、经常项目失衡等角度探讨宏观经济波动的渠道，以及应对措施。陈宇峰、陈启清（2011：90～102），张翔、刘璐、李伦一（2017：39～55）则从国际油价、国际大宗商品市场金融化等微观角度入手，探讨对宏观经济的影响路径。

财政政策是应对宏观经济波动的有效工具，但是如何以及多大程度上有效也是这期间研究的主题（穆争社，2005：78～85；刘金全、刘兆波，2008：41～51；万晓莉，2011：77～98；毛彦军、王晓芳，2012：106～113；薛立国、杜亚斌、张润驰、徐源浩，2016：27；王博、李力、郝大鹏，2019：121～136）。

投资作为我国经济增长的引擎之一，也成为宏观经济研究的热点，仝冰（2017：62～78）以投资冲动为切入点，研究其与宏观经济波动之间的关系。还有学者从投资效率角度考察宏观经济波动（沈坤荣、孙文杰，2004：

52~63、205）。

长久以来，宏观经济政策往往关注物价稳定，而忽视其稳定资产价格的职能，但近年来国际上宏观政策研究领域越来越关注资产价格，我国学者也在相关方面跟进，比如赵振全、张宇（2003：145~148），唐志军、徐会军、巴曙松（2010：17~24），董凯、许承明、杜修立（2017：23~32、82），李颖、胡日东（2011：28~32）。

新世纪以来，商品市场的运行逐步走上正轨，宏观调控体制机制逐渐顺畅。改革的方向转向生产要素市场及土地、资金和劳动力市场。其中资金的价格管制即利率管制成为货币政策传导不畅的重要因素之一。

利率市场化改革是这段时期完善宏观调控体制的主要决策之一，另一个是汇率制度改革和资本项目开放。根据蒙代尔三角原理，独立的货币政策、固定汇率制度和资本项目可兑换三者不可同时存在，也就是国际经济学里著名的"三元冲突"。角点解为：①浮动汇率制度安排（浮动汇率、货币完全独立、资本项目完全自由流动），②硬盯住汇率制度安排（固定汇率制、货币不独立、资本完全自由流动），③资本控制的汇率制度安排（汇率可以稳定在合意的任何位置、货币独立、资本控制）。1994~2005年中国实际上实施的是盯住美元的固定汇率制度，这种制度下，中国对内的货币政策往往效果不佳。夏斌、廖强（2001：33~43）认为，中国人民银行在设定发行制度的时候选择了两个名义锚，一是由汇率制度选择决定的美元锚，二是货币供应量。当二者冲突时，货币供应量这个名义锚往往盯不住。2005年之后，中国的汇率制度改革为"开始实行以市场供求为基础、参考一篮子货币进行调节、有管理的浮动汇率制度"，货币基金组织在2012年的年度报告中指出中国的汇率制度定性为爬行带内浮动的固定汇率制度，由于其资本项目实施了部分可自由兑换，中国的货币政策是半独立的（货币基金组织，2012）。易纲、汤弦（2001：5~17）则为非角点解的汇率制度提出了一种理论支撑，提出非角点解选择下经济运行的可能状况。

陈国进、晁江锋、武晓利、赵向琴（2014：56~68）以罕见灾难风险为主题研究探讨中国应对经济波动的政策措施。

参考文献

邹东涛，2005，《2003～2004年我国宏观调控的全方位透视及基本经验》，《宏观经济研究》，第6期。

袁钢明，2002，《增长加快与通缩加重并存现象分析》，《价格理论与实践》，第8期。

袁钢明，2003，《当前中国经济的失衡变动与政策选择》，《价格理论与实践》，第11期。

陈东琪、宋立，2007，《我国历次宏观调控的经验和启示》，《宏观经济管理》，第2期。

刘树成，2005，《论中国宏观经济调控》，《经济与管理研究》，第4期。

杨春学、谢志刚，2009，《国际金融危机与凯恩斯主义》，《经济研究》，第11期。

人力资源和社会保障部专题组，2010，《中国就业应对国际金融危机方略系列研究报告之三：财政、货币和产业政策与就业政策的协调》，《中国就业》，第1期。

梁树广，2010，《我国应对国际金融危机的政策与效应分析——基于凯恩斯理论》，《经济论坛》，第5期。

彭兴韵，2009，《金融危机管理中的货币政策操作——美联储的若干工具创新及货币政策的国际协调》，《金融研究》，第4期。

彭兴韵、吴洁，2009，《从次贷危机到全球金融危机的演变与扩散》，《经济学动态》，第2期。

苗永旺、王亮亮，2010，《全球金融危机经济刺激方案的退出策略：历史经验与现实选择》，《国际金融研究》，第2期。

何帆，2009，《世界主要发达经济体应对金融危机的措施及其效果评述》，《经济社会体制比较》，第4期。

王义中、何帆，2011，《金融危机传导的资产负债表渠道》，《世界经济》，第3期。

朱新蓉、李虹含，2013，《货币政策传导的企业资产负债表渠道有效吗——基于2007～2013中国数据的实证检验》，《金融研究》，第10期。

中国人民银行济南分行调查统计处课题组，2013，《金融危机救助过程中财政部门和央行职责分工研究》，《金融发展评论》，第1期。

周小川，2012，《金融危机中关于救助问题的争论》，《金融研究》，第9期。

姚枝仲，2008，《美国金融危机：性质、救助与未来》，《世界经济与政治》，第12期。

欧阳志刚、薛龙，2017，《新常态下多种货币政策工具对特征企业的定向调节效应》，《管理世界》，第 2 期。

陈彦斌、陈小亮，2014，《中国经济"微刺激"效果及其趋势评估》，《改革》，第 7 期。

郭豫媚、陈彦斌，2015，《中国潜在经济增长率的估算及其政策含义：1979 - 2020》，《经济学动态》，第 2 期。

黄达，2007，《全球经济调整中的中国经济增长与宏观调控体系研究》，中国人民大学出版社。

刘瑞，2016，《中国特色的宏观调控体系研究》，中国人民大学出版社。

郭豫媚、陈彦斌，2015，《中国潜在经济增长率的估算及其政策含义：1979 - 2020》，《经济学动态》，第 2 期。

中国经济增长与宏观稳定课题组，2010，《后危机时代的中国宏观调控》，《经济研究》，第 11 期。

马骏，2014，《新常态与宏观调控模式》，《中国金融》，第 15 期。

林毅夫，2007，《潮涌现象与发展中国家宏观经济理论的重新构建》，《经济研究》，第 1 期。

赵振全、于震、刘淼，2007，《金融加速器效应在中国存在吗》，《经济研究》，第 6 期。

赵昕东，2008，《基于菲利普斯曲线的中国产出缺口估计》，《世界经济》，第 1 期。

陈彦斌，2008，《中国新凯恩斯菲利普斯曲线研究》，《经济研究》，第 12 期。

王少平、涂正革、李子奈，2001，《预期增广的菲利普斯曲线及其对中国适用性检验》，《中国社会科学》，第 4 期。

张焕明，2003，《1979 ~ 2000 年我国菲利普斯曲线的实证研究》，《管理科学》，第 2 期。

刘金全、金春雨、郑挺国，2006，《中国菲利普斯曲线的动态性与通货膨胀率预期的轨迹：基于状态空间区制转移模型的研究》，《世界经济》，第 6 期。

黎德福，2005，《二元经济条件下中国的菲利普斯曲线和奥肯法则》，《世界经济》，第 8 期。

中国经济增长与宏观稳定课题组，2008，《外部冲击与中国的通货膨胀》，《经济研究》，第 5 期。

郑挺国、王霞、苏娜，2012，《通货膨胀实时预测及菲利普斯曲线的适用性》，《经济研究》，第 3 期。

经济增长前沿课题组，2003，《经济增长、结构调整的累积效应与资本形成——当前经济增长态势分析》，《经济研究》，第 8 期。

曾利飞、徐剑刚、唐国兴，2006，《开放经济下中国新凯恩斯混合菲利普斯曲线》，《数量经济技术经济研究》，第 3 期。

赵博、雍家胜，2004，《菲利普斯曲线研究在中国的实证分析》，《管理世界》，第

9 期。

易纲，2000，《汇率制度的选择》，《金融研究》，第 9 期。

黄赜琳，2005，《中国经济周期特征与财政政策效应——一个基于三部门 RBC 模型的实证分析》，《经济研究》，第 6 期。

龚刚，2004，《实际商业周期：理论、检验与争议》，《经济学》（季刊），第 4 期。

陈昆亭、龚六堂、邹恒甫，2004，《什么造成了经济增长的波动，供给还是需求：中国经济的 RBC 分析》，《世界经济》，第 4 期。

马文涛、魏福成，2011，《基于新凯恩斯动态随机一般均衡模型的季度产出缺口测度》，《管理世界》，第 5 期。

杨坤、曹晖、孙宁华，2015，《非正规金融、利率双轨制与信贷政策效果——基于新凯恩斯动态随机一般均衡模型的分析》，《管理世界》，第 5 期。

刘尧成、徐晓萍，2010，《消费替代弹性、经济开放与中国经济外部失衡》，《统计研究》，第 4 期。

唐琳、王云清、胡海鸥，2016，《开放经济下中国汇率政策的选择——基于 BayesianDSGE 模型的分析》，《数量经济技术经济研究》，第 2 期。

Kydland F. E., Prescott E. C., 1982, "Time to Build and Aggregate Fluctuations," *Econometrica*, 50 (6).

刘斌，2008，《我国 DSGE 模型的开发及在货币政策分析中的应用》，《金融研究》，第 10 期。

黄志刚，2009，《加工贸易经济中的汇率传递：一个 DSGE 模型分析》，《金融研究》，第 11 期。

许振明、洪荣彦，2008，《新凯恩斯 DSGE 模型与货币政策法则之汇率动态分析》，《广东金融学院学报》，第 3 期。

王宪勇，2008，《DSGE 模型的估计：ML 与 GMM 方法》，《生产力研究》，第 20 期。

陈彦斌、郭豫媚、陈伟泽，2015，《2008 年金融危机后中国货币数量论失效研究》，《经济研究》，第 4 期。

郑超愚、陈景耀，2000，《政策规则，政策效应，政策协调：现阶段中国货币政策取向研究》，《金融研究》，第 6 期。

郑超愚、余方，2000，《中国货币需求函数的计量分析：层次递归系统与动态调整方法》，《金融研究》，第 10 期。

易纲、汤弦，2001，《汇率制度"角点解假设"的一个理论基础》，《金融研究》，第 8 期。

盛松成、吴培新，2008，《中国货币政策的二元传导机制——"两中介目标，两调控对象"模式研究》，《中国经济研究》，第 10 期。

盛松成、谢洁玉，2016，《社会融资规模与货币政策传导——基于信用渠道的中介目标选择》，《中国社会科学》，第 12 期。

盛松成，2012，《社会融资规模与货币政策传导》，《金融研究》，第 10 期。

刘明志，2006，《货币供应量和利率作为货币政策中介目标的适用性》，《金融研究》，第 1 期。

苏亮瑜，2008，《我国货币政策传导机制及盯住目标选择》，《金融研究》，第 5 期。

蒋瑛琨、刘艳武、赵振全，2005，《货币渠道与信贷渠道传导机制有效性的实证分析——兼论货币政策中介目标的选择》，《金融研究》，第 5 期。

夏斌、廖强，2001，《货币供应量已不宜作为当前我国货币政策的中介目标》，《经济研究》，第 8 期。

孙国峰、贾君怡，2015，《中国影子银行界定及其规模测算——基于信用货币创造的视角》，《中国社会科学》，第 11 期。

张成思，2012，《通货膨胀、经济增长与货币供应：回归货币主义?》，《世界经济》，第 8 期。

张成思，2008，《中国通胀惯性特征与货币政策启示》，《经济研究》，第 2 期。

袁江、张成思，2009，《强制性技术变迁、不平衡增长与中国经济周期模型》，《经济研究》，第 12 期。

张成思，2012，《全球化与中国通货膨胀动态机制模型》，《经济研究》，第 6 期。

郑超愚，2005，《2004 年中国货币政策：评论意见与调整建议》，《中国金融》，第 2 期。

郑超愚，2004，《2003 年中国货币政策：评论意见与调整建议》，《中国金融》，第 2 期。

郑超愚，2009，《滞后效应、多重均衡与反向软着陆：中国需求管理经验》，《金融研究》，第 4 期。

郑超愚，2016，《2016 - 2017 年中国宏观经济形势与政策》，《新金融》，第 12 期。

胡乃武、黄泰岩、包明华等，2003，《中国宏观经济形势与政策：2003 年——2004 年》，《经济理论与经济管理》，第 12 期。

伍戈、连飞，2016，《中国货币政策转型研究：基于数量与价格混合规则的探索》，《世界经济》，第 3 期。

宋芳秀，2008，《中国利率作用机制的有效性与利率调控的效果——兼论利率不宜作为当前我国货币政策调控目标》，《经济学动态》，第 2 期。

冯安明，2012，《利率结构、利率变化和利率政策的有效性》，《改革》，第 1 期。

周立群、伍志文，2004，《利率政策的有效性问题研究——兼论加息之争》，《管理世界》，第 10 期。

彭兴韵，2008，《加强利率机制在中国货币调控中的作用》，《经济学动态》，第 2 期。

李宏瑾、钟正生、李晓嘉，2010，《利率期限结构、通货膨胀预测与实际利率》，《世界经济》，第 10 期。

夏斌、高善文、陈道富，2003，《中国货币流通速度变化与经济波动——从黑箱理论看中国货币政策的有效性》，《金融研究》，第12期。

黄桂田、何石军，2011，《结构扭曲与中国货币之谜——基于转型经济金融抑制的视角》，《金融研究》，第7期。

李斌，2004，《经济发展、结构变化与"货币消失"——兼对"中国之谜"的再解释》，《经济研究》，第6期。

郭豫媚、陈伟泽、陈彦斌，2016，《中国货币政策有效性下降与预期管理研究》，《经济研究》，第1期。

谢平、张怀清，2007，《融资结构、不良资产与中国M2/GDP》，《经济研究》，第2期。

伍志文，2002，《货币供应量与物价反常规关系：理论及基于中国的经验分析——传统货币数量论面临的挑战及其修正》，《管理世界》，第12期。

彭方平、连玉君、胡新明、赵慧敏，2013，《规模经济、卡甘效应与微观货币需求——兼论我国高货币化之谜》，《经济研究》，第4期。

张杰，2006，《中国的高货币化之谜》，《经济研究》，第6期。

董秀良、帅雯君，2013，《中国财政政策通货膨胀效应的实证研究》，《统计研究》，第3期。

孙磊，2006，《中国财政政策动态效应的实证分析：1998~2004》，《财贸研究》，第1期。

吕炜、曾芸，2009，《体制性约束、双重失衡与政策权衡——全球金融危机挑战与中国的财政政策选择》，《财贸经济》，第3期。

肖炎舜，2017，《中国经济体制转轨与财政政策调控》，《财政研究》，第2期。

周波，2012，《中国财政政策规则及其体制稳定性分析》，《数量经济技术经济研究》，第2期。

吕炜，2004，《体制性约束、经济失衡与财政政策——解析1998年以来的中国转轨经济》，《中国社会科学》，第2期。

夏杰长，2000，《投资与经济增长关系的实证分析及其财政政策选择》，《湘潭大学学报》（哲学社会科学版），第1期。

胡书东，2002，《中国财政支出和民间消费需求之间的关系》，《中国社会科学》，第6期。

胡书东，2002，《我国实施积极财政政策的潜力和影响》，《管理世界》，第3期。

黄威、丛树海，2011，《我国财政政策对居民消费的影响：基于省级城乡面板数据的考察》，《财贸经济》，第5期。

胡永刚、郭长林，2013，《财政政策规则、预期与居民消费——基于经济波动的视角》，《经济研究》，第3期。

李永友、丛树海，2006，《居民消费与中国财政政策的有效性：基于居民最优消费决策行为的经验分析》，《世界经济》，第 5 期。

周波，2012，《中国财政政策规则及其体制稳定性分析》，《数量经济技术经济研究》，第 2 期。

阎坤、王进杰，2003，《积极财政政策与经济增长的效应分析》，《世界经济》，第 4 期。

许宪春、王宝滨、徐雄飞，2013，《中国的投资增长及其与财政政策的关系》，《管理世界》，第 6 期。

张延，2010，《扩张性财政政策的中长期后果：通货膨胀——凯恩斯主义模型对 1992~2009 年中国数据的检验》，《经济学动态》，第 1 期。

王立勇、李富强，2009，《我国相机抉择财政政策效应非对称性的实证研究》，《数量经济技术经济研究》，第 1 期。

贾康，2003，《关于积极财政政策的若干认识》，《中央财经大学学报》，第 4 期。

邓晓兰、黄显林、张旭涛，2013，《公共债务、财政可持续性与经济增长》，《财贸研究》，第 4 期。

张屹山、张代强，2007，《前瞻性货币政策反应函数在我国货币政策中的检验》，《经济研究》，第 3 期。

穆良平、程均丽，2004，《货币政策透明度制度兴起的背景分析》，《金融研究》，第 5 期。

卞志村、张义，2012，《央行信息披露、实际干预与通胀预期管理》，《经济研究》，第 12 期。

陈彦斌、陈小亮、陈伟泽，2014，《利率管制与总需求结构失衡》，《经济研究》，第 2 期。

程均丽，2007，《央行预期管理研究最新进展》，《金融研究》，第 5 期。

邓伟、唐齐鸣，2013，《机会主义"策略及其在中国货币政策中的运用"》，《经济学》（季刊），第 2 期。

李成、马文涛、王彬，2010，《通货膨胀预期、货币政策工具选择与宏观经济稳定》，《经济学》（季刊），第 1 期。

李成、马文涛、王彬，2011，《学习效应、通胀目标变动与通胀预期形成》，《经济研究》，第 10 期。

李成、王彬、马文涛，2010，《资产价格、汇率波动与最优利率规则》，《经济研究》，第 3 期。

李拉亚，2011，《预期管理理论模式述评》，《经济学动态》，第 7 期。

马文涛，2014，《预期管理理论的形成、演变与启示》，《经济理论与经济管理》，第 8 期。

盛松成、翟春，2015，《央行与货币供给》，中国金融出版社。

徐亚平，2009，《公众学习、预期引导与货币政策的有效性》，《金融研究》，第 1 期。

129

徐亚平，2006，《货币政策有效性与货币政策透明制度的兴起》，《经济研究》，第8期。

姚余栋、谭海鸣，2013，《通胀预期管理和货币政策——基于"新共识"宏观经济模型的分析》，《经济研究》，第6期。

刘国光，2006，《我国改革的正确方向是什么？不是什么？——略论"市场化改革"》，《经济学动态》，第6期。

熊衍飞、陆军、陈郑，2015，《资本账户开放与宏观经济波动》，《经济学（季刊)》，第3期。

董凯、许承明、杜修立，2017，《金融深化、房产价格与宏观经济波动》，《金融论坛》，第10期。

仝冰，2017，《混频数据、投资冲击与中国宏观经济波动》，《经济研究》，第6期。

邵全权、王博、柏龙飞，2017，《风险冲击、保险保障与中国宏观经济波动》，《金融研究》，第6期。

陈国进、晁江锋、武晓利、赵向琴，2014，《罕见灾难风险和中国宏观经济波动》，《经济研究》，第8期。

张翔、刘璐、李伦一，2017，《国际大宗商品市场金融化与中国宏观经济波动》，《金融研究》，第1期。

王博、李力、郝大鹏，2019，《货币政策不确定性、违约风险与宏观经济波动》，《经济研究》，第3期。

许志伟、吴化斌，2012，《企业组织资本对中国宏观经济波动的影响》，《管理世界》，第3期。

毛彦军、王晓芳，2012，《货币供给冲击、货币需求冲击与中国宏观经济波动》，《财贸研究》，第2期。

陈彦斌、唐诗磊，2009，《信心、动物精神与中国宏观经济波动》，《金融研究》，第9期。

唐志军、徐会军、巴曙松，2010，《中国房地产市场波动对宏观经济波动的影响研究》，《统计研究》，第2期。

孙工声，2009，《中国宏观经济波动：内部调整还是外部冲击？》，《金融研究》，第11期。

纪敏、王月，2009，《对存货顺周期调整和宏观经济波动的分析》，《经济学动态》，第4期。

李颖、胡日东，2011，《中国房地产价格与宏观经济波动——基于 PVAR 模型的研究》，《宏观经济研究》，第2期。

车维汉、贾利军，2008，《国际贸易冲击效应与中国宏观经济波动：1978～2005》，《世界经济》，第4期。

刘军荣、李天德，2008，《我国宏观经济波动对 FDI 流入量影响的实证分析》，《统计与决策》，第 5 期。

刘金全、刘兆波，2008，《我国货币政策的中介目标与宏观经济波动的关联性》，《金融研究》，第 10 期。

穆争社，2005，《论信贷配给对宏观经济波动的影响》，《金融研究》，第 1 期。

周靖祥，2010，《经常项目失衡与宏观经济波动——O-R 模型在中国的实证应用》，《数量经济技术经济研究》，第 2 期。

盛军锋，2005，《基于宏观经济波动的中国金融生态状况》，《改革》，第 11 期。

陈宇峰、陈启清，2011，《国际油价冲击与中国宏观经济波动的非对称时段效应：1978 ~ 2007》，《金融研究》，第 5 期。

赵振全、张宇，2003，《中国股票市场波动和宏观经济波动关系的实证分析》，《数量经济技术经济研究》，第 6 期。

薛立国、杜亚斌、张润驰、徐源浩，2016，《财政政策对宏观经济波动的影响研究——基于金融加速器模型的分析》，《国际金融研究》，第 10 期。

万晓莉，2011，《我国货币政策能减小宏观经济波动吗？基于货币政策反应函数的分析》，《经济学》（季刊），第 1 期。

沈坤荣、孙文杰，2004，《投资效率、资本形成与宏观经济波动——基于金融发展视角的实证研究》，《中国社会科学》，第 6 期。

Bernanke B. S., J. Boivin and P. Eliasz, 2005, "Measuring the Effects of Monetary Policy: A Factor-Augmented Vector Autoregressive (FAVAR) Approach," *The Quarterly Journal of Economics*, Vol. 120.

第三篇
产业发展理论

产业发展理论是以产业为研究对象，分析和探讨产业的发展规律、生命周期、影响因素、资源配置、发展政策等问题。对产业结构演进规律的研究，有助于决策部门根据产业在不同发展阶段的特征与规律有针对性地制定政策，也有助于企业在不同阶段采取相应的发展策略。从严格意义上来说，西方产业经济学中没有"产业发展"这个术语，而是称为产业组织。实际上"产业发展"的概念最早出现在发展经济学中。20世纪60、70年代"亚洲四小龙"的崛起为发展经济学研究提供了丰富的素材。因此，许多讨论经济发展的文献中，关于不同产业部门在经济发展中的贡献与变化，以及产业部门发展与宏观经济政策关系、政府与市场的关系等研究越来越多，并成为热点。在此背景下，产业发展成为经济发展中非常重要的问题，其理论也逐渐形成了一定体系。

改革开放以来，我国引入了市场机制，产业结构优化升级，产业政策日臻成熟，经济高速发展。我国改革开放的伟大实践引起了国内外学者的广泛关注，并推动了我国产业发展理论演进。为此，我们应当对改革开放以来国内外学者关于我国产业发展领域的相关理论研究加以梳理，为中国特色产业发展理论的传播与发展做好基础性工作。

第九章　产业结构理论：
部门经济、产业结构与工业化理论

产业结构是指"在社会再生产过程中，一个国家或地区的产业组成，即资源在产业间配置状态，产业发展水平即各产业所占比重，以及产业间的技术经济联系即产业间相互依存、相互作用的方式"。广义的产业结构理论包括产业关联理论和狭义的产业结构理论。随着改革开放的深入，我国的经济体制从单一的公有制和计划经济体制向社会主义市场经济体制逐步转型、发展和完善。我国的产业结构也发生了深刻的变革，为产业结构理论在我国的深入传播和发展提供了重要的现实基础和实践空间。

第一节　部门经济学与投入产出法在中国的发展

新中国成立后，我国效仿苏联为首的社会主义阵营，实行高度集中的计划经济体制。为了完成及超额完成社会主义的计划任务，我国在产业发展理论方面主要对苏联的政治经济学、部门经济学和投入产出理论展开了深入研究。

为了完成社会计划任务，不仅仅要从政治经济学的角度掌握经济运行的一般规律，还要研究国民经济各部门的运行规律。50 年代的苏联和中国开始兴起部门经济学研究，学者对部门经济学的对象展开了热烈的讨论。宋海文（1957：1~5）详细阐述了部门经济学和政治经济学的关系，认为部门经济学具有一般的经济规律，是建立在政治经济学的基础上的。部门经济学又具有特殊性，研究的是部门之间的特殊规律，但部门经济学的研究对象仍然是生产关系，而非生产力。

作为一种科学的数量分析方法，投入产出法是我国计划经济体制下调节国民经济、部门经济的重要分析方法。里昂惕夫在吸收借鉴古典经济理论、马克思的再生产理论、瓦尔拉斯的一般均衡理论和凯恩斯的国民收入决定理论基础上，通过对美国经济系统中投入产出的数量关系进行研究，最早提出了"投入产出分析"这一概念。随后他出版相关著作，以美国经济数据为支撑对"投入产出分析"的基本原理、内容进行了详细阐述和补充拓展。第二次世界大战后，"投入产出分析"在资本主义国家得到了广泛应用，并为战后资本主义经济的恢复和发展做出了巨大贡献，奠定了其在国民经济数量分析中的地位。与资本主义国家相比，投入产出法虽然在我国的研究与应用较晚，但是我国最早运用的经济数量分析方法。

20世纪50年代末60年代初，我国数量经济学界的先行者开始了对该方法的研究、介绍和应用，发表和出版了大量相关评述、书文和译著。1962年山西率先研究将投入产出应用到实践中来，紧接着黑龙江、北京、广东、河南、上海、天津、辽宁等省市先后编制投入产出表，1974年编制了全国第一个投入产出表，但受当时两极化的世界政治格局和"文化大革命"的影响，关于投入产出的理论研究和探索一度停滞。

改革开放后，《世界经济》先后刊登了宫著铭（1979：73～75）和胡谦尊（1979：77～81）对"投入产出分析"和里昂惕夫的简介，投入产出理论研究才又走上正轨，并在中国蓬勃发展起来。1982年，第一届中国数量经济学会年会后的第二年，山西太原召开了中国投入产出法应用经验交流会，随后由乌家培和张守一（1984）主编的《投入产出法在中国的应用》一书第一次全面系统地总结了投入产出法在国家、部门、地区、企业各级计划统计和经济管理中的应用经验，将投入产出法的研究与应用推向了一个新阶段。1978年十一届三中全会召开后，学界围绕"计划"和"市场"一系列问题展开了热烈的讨论，其中对计划经济学的研究对象进行了深入的探讨，为投入产出法的研究和应用提供了政治基础和具体框架。李震中（1981：10～13）指出，计划经济学就是要有计划地发展国民经济，胡乃武（1981：61～63）进一步将计划经济解释为整个国民经济按比例发展。李震中（1981：10～

13）通过总结计划经济学研究对象的相关研究，归纳出计划经济学三大内容：一是研究国民经济计划管理的理论、制度和方法，二是阐明社会主义经济过程中的具体规律性，三是阐明编制国民经济计划的原则和方法。

20 世纪 90 年代以来，投入产出法在基本理论、模型结构和投入产出表的编制及应用方面都已经相对成熟，并且新的数量分析方法兴起，投入产出法的研究和应用开始进入一个新阶段。钟契夫、刘起运（1999：64）提出我国编制的投入产出分表能够良好反映我国社会主义市场经济的客观实际，强调要坚定地结合我国社会主义市场经济的实际，关注新现象，研究新问题，研制新方法，发挥投入产出法在市场经济中的重要作用。宋辉（2004）的《产业结构与部门发展模型研究》一书拓展了中国投入产出理论及应用的研究：在理论上对产业结构和部门进行了概念界定，并将投入产出应用扩充到研究多元产业结构；以投入产出模型为核心，通过对产业结构和部门发展的原理分析，积极探索建立多目标优化结构模型或部门优化结构模型；实证分析了河北省的国民经济产业结构与部门发展情况，包括主导产业部门的选择、发展和优化及其对国民经济的带动和影响，产业结构和部门偏差。

第二节 产业结构：从两部类到三次产业

产业经济的研究除了要从"量"的角度来分析不同产业间"投入"与"产出"的量的比例关系，还要从"质"的角度动态地解释不同产业之间技术经济发展关联与关联方式不断变化的趋势，揭示在经济发展过程中国民经济占主导或支柱地位的产业部门更替的规律及其相应的"结构"效益，由此便产生了对产业结构研究的需要。研究产业结构就是研究社会再生产过程中，一个国家（或地区）的产业构成即资源在不同产业之间的配置状态，产业发展水平即国民经济中各产业所占的比重，以及不同产业之间的技术经济关联（或者说产业间相互依存、相互作用）的方式。改革开放以来，我国创造了经济持续高速增长的奇迹。伴随着经济的高速增长，产业结构也发生着巨大变迁，劳动力从农业部门大量流向非农业部门，产业结构优化升级是驱动经济增长的重要引擎（严成樑，2016：40～53）。产业结构的演变与经济增长和社会体制改革息息相关，相互影响，相互制约。因此，研究我国产业结构变迁及其相关问题对分析我国经济形势、把握经济问题、制定经济政策而言意义重大。

一　新中国成立到改革开放前的研究：两部类与"农、轻、重"

建国初期，由于效仿苏联实行社会主义计划经济体制，这一阶段主要是对苏联社会主义经济理论的引入与研究。从建国到改革开放前，我国始终没有使用"产业结构"这一概念，而是从马克思的社会再生产理论中的两大部类关系和后期基于国情的"农、轻、重"关系的角度展开研究。20世纪50年代，我国学者对苏联政治经济学，尤其是对社会生产中再生产问题进行了深入的研究①，两大部类关系和生产资料优先发展规律是研究的重点内容。马克思依据在社会再生产过程中的不同作用，将社会总产品分为生产资料生产（第Ⅰ部类）和消费资料生产（第Ⅱ部类）两大部类，按照社会总产品价值形态划分成不变资本价值（C）、可变资本价值（V）和剩余价值（M）三部分。在技术进步与资本有机构成提高这个扩大再生产条件下，提出了生产资料生产增速应快于消费资料生产增速理论，即Ⅰ（C＋V＋M）＞Ⅰ（C）＋Ⅱ（C）②。这就是生产资料优先增长理论，是苏联和我国在建国初期集中力量优先发展重工业的主要理论依据。

毛泽东在总结苏联社会主义建设的经验和教训基础上，结合我国的实际，提出要建设一条自己的社会主义道路，对于农、轻、重三者之间的关系提出了有别于苏联教条的论述，强调我国是农业国的实际情况（毛泽东，1956）。这一论述为我国20世纪60年代产业结构领域的研究注入了新的活力，引发了我国对产业结构问题较为集中的讨论。虽然这次讨论仍是基于苏联范式，即在两大部类和生产资料优先增长理论的框架下展开，

---

① 最早从苏联译介的社会主义再生产理论著作，是诺特金著、健文翻译的《社会主义再生产理论概论》，由中华书局1952年出版，此后又陆续出版了几本苏联教材的译著。

② 也可简化表达为Ⅰ（V＋M）＞Ⅱ（C）。

但学者结合中国的实际对社会再生产问题和农、轻、重之间的关系进行了重新思考。

第一个问题是关于扩大再生产的基本公式，汪海波和周书莲首次提出，I（V+M）＞II（C）只反映了扩大再生产对追加生产资料的要求，没有反映扩大再生产对追加生活资料的要求，因此，应加上II（C+M）＞I（V+MX）这个基本公式，不能片面发展重工业（实学，1961）。也有学者虽然认同应重视第二部类在扩大再生产中的作用和地位，但仍坚持认为扩大再生产的基本公式只有一个，所谓的"第二个基本公式"只是对基本公式的侧面展开（刘国光，1962：16～22）。

第二个问题是关于生产资料优先增长规律的讨论。在这个问题上，我国学者在一致肯定生产资料优先增长的基本规律的前提下，对生产资料生产优先增长的条件，消费资料生产在社会再生产中的作用，生产资料优先增长的数量界限，两大部类比例和农、轻、重之间的比例关系等问题进行了讨论（杨坚白，1961：11～21；金学，1962：1～5；吴树青，1962）。

这是新中国成立以来学者在产业结构领域的第一次"百家争鸣"，但是随着"文化大革命"的开始，相关讨论和研究被迫中止。

二　改革开放初期的研究：围绕"生产资料优先"展开的争论

"文化大革命"期间，中国走的是一条高投资积累率、低消费率，重工业投资多、农业轻工业投资少，生产性项目多、生活性项目少，投资效益低、见效慢的经济发展道路。20世纪70年代末，国民经济比例严重失调，迫切需要对我国的现实问题进行理论研究。十一届三中全会以后，产业结构调整成为中央经济工作的重中之重。国内关于产业结构的理论研究重新活跃起来，一方面是继续对马克思两大部类理论进行深入研究与讨论，另一方面则是在十一届三中全会提出的实事求是的路线下，将产业结构理论研究和中国实际联系起来；同时，工业化国家产业发展历史和现状及其相应的学术研究成果逐渐被引入，为我国学者提供了新的理论视角、研究方法。

（一）对马克思两大部类理论的再讨论

20世纪70年代末到80年代中期，在总结社会主义经济建设30年来的经验和教训的过程中，针对我国经济两大部类的失衡问题，我国学者在马克思两大部类理论框架下又展开了一次集中性讨论。有学者认为社会生产中的两大部类关系是国民经济中的根本比例关系，只有调整好国民经济的比例关系、综合平衡两大部类的关系，才能保证经济健康稳定发展（欧阳胜，1979：13～19）。冯宝兴等（1979：14～17）在《红旗》上发表《汲取片面发展重工业的历史教训》一文，指出我国的重工业只能服务于自己，不能促进农业和轻工业的发展。该文开了我国经济学界对优先发展重工业问题的理论研究先河，开了新时期关于毛泽东时代工业化思想研究的先河，对20世纪60年代绝大多数学者所肯定的"生产资料优先"这一规律的客观性和马克思是否提出过这一规律提出了质疑。鲁济典（1979：16～21）和鲁从明（1980：48～53）认为生产资料优先增长规律的假设和计算方法不够科学、理论依据不够充分，并从实践角度指出资本主义国家发展生产力、实现再扩大都是从消费资料优先增长开始的，同时，进一步论证了生产资料优先增长并不符合客观规律，两大部类生产增长速度要根据客观情况不断交替。但刘恩钊（1980：34～40）和马镔（1980：21～25）等坚持认为在技术进步条件下，生产资料优先增长是社会再生产的客观规律。奚兆永（1980：12～17）还进一步确认马克思在《资本论》和《剩余价值理论》里，对于生产资料优先增长问题有明确的阐述。刘国光等（1981：5～10）和关梦觉（1980：1～11）等虽然肯定了生产资料优先增长这一规律，但认为这个规律并不是马克思提出的，而是列宁对马克思理论的拓展。

除了讨论传统理论框架的客观性和规律性外，这次还重点讨论了中国社会主义工业化道路建设问题。其中，朱家祯（1979：44～51）认为，在社会主义制度下生产资料优先增长并不符合客观规律，而要从轻工业开始。鲁济典（1979：16～21）指出优先发展哪种资料生产是由当时生产力的状况和水平决定的。关梦觉（1980：1～11）在社会主义建设道路上区分了"开始发展重工业"和"优先发展重工业"这两个概念，强调了"优先发展"

并不等于"优先开始发展"。

（二）对中国产业结构问题的研究

十一届三中全会后，在实事求是的思想路线指导下，国务院成立了由100多人组成的经济结构调查组，开展了自1949年以来最认真、最彻底的国民经济大普查。马洪和孙尚清（1981）在整理40多位国内著名经济学学者调研报告的基础上，出版《中国经济结构问题研究》一书，首次全面系统地研究了我国产业结构演变的历史、机制和规律，以及中国产业结构的调整等问题，指出盲目追求高指标、高速度，破坏了综合平衡，片面强调发展重工业、以钢为纲，忽视了农业和轻工业的发展是导致经济结构不合理的最重要的原因之一。该书从理论上对我国改革开放初期乃至今后的产业结构研究产生了深远影响，将我国的产业结构理论研究推向现实分析；为分析与践行经济结构调整和体制改革，提供了理论框架和思路，为改革开放初期更好地贯彻中央"调整、改革、整顿、提高"的方针起了积极作用。李悦（1983）的《中国工业部门结构》一书是我国第一部中国工业结构专著。该书依然是基于传统的马克思两部类和生产资料优先增长规律，但是指出了列宁的生产资料优先增长是有条件的，过去我国无条件地优先发展重工业是错误的。该书总结了中国建立以来产业发展方面的经验和教训，认为片面追求重工业优先发展、过分追求高速度等导致的产业结构不合理是我国经济发展中的主要障碍。

（三）引入新的理论视角和研究方法

改革开放后，一些西方产业经济学著作①逐渐传入中国，我国学者对西方工业化国家的发展历史和现状及其理论开始有所了解。从20世纪80年代初期开始，国内一些学者尝试将一些新的概念和方法应用于我国的产业结构分析，打破了过去一直采用的苏联范式下的两大部类和基于国情的农、轻、

---

① 在这个时期，我国陆续翻译出版了一些国外经济学教科书、专著或文选，其中与产业结构研究有关的有中国社会科学出版社1980年组织翻译出版的《外国经济结构文集》和1981年组织翻译出版的《主要资本主义国家的经济结构》以及联合国工业发展组织编写的、中国对外翻译出版公司1980年翻译出版的《世界各国工业化概况和趋向》。

重分类范式。改革开放初期，我国在产业结构理论研究方面取得较大突破：从内容上，从纯理论研究到对现实问题的思考与批判，将产业结构理论与实际联系起来，更好地阐述和解决我国的产业结构问题；从框架范式上，打破了传统苏联范式的束缚，引入了西方产业经济学的一些概念和方法，为我国产业结构理论探索提供了新的视角。

任思霖（1981：84~86）认为三次产业的分类方法是根据社会需要构成的变化进行的，随着我国经济发展、人民生活水平提高，当前消费服务部门完全不能满足人民生产生活需要，具有极大的发展空间。何小峰（1981：47~54）认为劳务是用来交换的特殊产品，且服务业和生产的发展是成正比的，随着经济发展水平的提高，服务业必然实现快速发展。必须按照三大部类再生产的实现条件来组织商品和劳务，保持合理的经济结构，使人民的生活水平能随着生产水平的提高而提高。但是也有一些学者不认同西方的三次产业分类法。孙冶方（1981：15~24）认为第三产业是资产阶级经济学的概念，并坚决反对在我国使用三次产业分类法。刘国光等（1981：1~5）指出三次产业的划分标准并不严谨，各国划分口径不一，简单地把两大部类和西方第一、二产业之和等同起来是不科学的。在这一时期，中央并没有提出要放开第三产业的政策，国内学者对此态度褒贬不一，争论激烈。这些新方法、新框架备受争议，并未形成较为成熟的体系，但对我国产业结构理论研究的意义是重大的。

三　20世纪80年代中后期的研究：西方产业结构理论的引入、借鉴与应用

经过20世纪70年代末期80年代初期的结构调整，我国在改革开放初期存在的产业结构问题到80年代中期已有很大改善，政策上不再一味追求重工业的发展，农业与轻工业得到了长足的发展，与此同时，服务业也迅速发展。产业结构调整的重点从平衡产业结构向产业结构转型升级转变。这一时期，我国学者大量吸收和借鉴西方产业经济学理论和工业化国家产业结构变迁中的经验，在研究范式和研究内容上取得了显著进展，从不同视角对我

国产业结构的划分、演变、特征、发展方向等问题展开了较为深入的研究和讨论。

（一）西方产业结构理论的大量引入和应用

1. 从经济发展阶段研究产业结构的变迁

20 世纪 80 年代中后期，国外产业结构理论相关经典教科书和具有代表性的著作在我国陆续被翻译出版，其中有一些阐述了产业结构演变与经济增长的内在联系，比较有代表性的包括库兹涅茨的《各国的经济增长》、罗斯托的《经济成长的阶段》、钱纳里等的《工业化和经济增长的比较研究》。还有一些学者提出了三次产业结构自身的演变规律并对其动因进行了探究，如配第—克拉克定理、库兹涅茨的产业结构演变规律、霍夫曼定理。这些学者不仅从经济发展阶段出发研究产业结构的演变规律，为我国产业结构理论研究提供了新的分析框架和视角，还通过建立计量模型进行实证分析，丰富了产业结构研究的新方法、新手段。这一时期，国内学者纷纷从经济发展阶段和水平出发研究产业结构的特征及演变，为我国产业结构调整方向提供了理论指导。吴仁洪（1987：31～38）从总量和结构的角度出发，提出一国经济发展呈现一定的阶段性特征，这在一些发展迅速的发展中国家与后起发达国家中表现得尤为显著。不同的经济总量及其增速反映着经济发展的一定阶段，在不同发展阶段产业结构特征明显不同。吴仁洪指出，我国虽然存在某些经济高速发展阶段的条件，但是从总体情况和主要条件具备的程度来看，我国经济发展仍处于（经济高速发展）准备条件阶段。这一阶段产业结构中生产能力不足与过剩并存，所以必须"实行产业结构改造"，进而"通过现有生产要素的重新组合与更新来实现结构的高度化"。周林、杨云龙和刘伟（1987：16～24）认为我国仍处于机械化工业阶段，要建立长期的产业结构调整目标，实现产业结构高度化。程晓农和吴仁洪（1987：83～98）将新中国成立以来产业结构的演变划分为两个阶段，即初步工业化阶段与主层次均衡化阶段，并指出产业结构失衡是初步工业化阶段的产物。到了第二阶段，产业结构失衡问题得以缓解，主要问题是结构变化与工业化进程相逆。因此要将产业结构推向一个新阶段——产业结构改造阶段。

该阶段要依靠改革，通过资产增量带动资产存量的重组改造，并使扩大非农就业与加快技术进步得以兼顾。

2. 经济发展周期与结构变动的关系

20世纪60、70年代，西方经济学家就指出了产业结构和经济周期波动之间具有较强的相关性。陈越（1986：23~30）在对我国经济周期问题的分析中提出，产业结构随着经济周期的波动从不断恶化转向趋于合理，开辟了国内将经济周期与结构变动联系的研究先河。厉以宁（1987：15~22）在社会主义经济周期假设中，将产品结构、产业结构调整以及与此有关的投资结构调整看作是周期经济中暂时的"间歇"和"休整"。马建堂（1988：65~73，1989：44~51）探索了经济周期波动与产业结构变动之间的关系，提出了周期波动影响产业结构的理论机制：部门需求反应弹性的差异，产品的用途不同，投资周期、进出口结构及主体感应速度和反应方式不同都能够影响产业结构。马建堂还进一步通过分析国民收入、价格、储蓄等典型的总量指标的波动，建立中间机制将总量变动转化为相应的结构变动，使宏观经济理论中观化，从中观层面分析经济周期对产业结构的影响，为政府在收入分配政策、货币政策和财政政策的制定和实施方面提供了思路。

3. 三次产业分类法的系统引入

改革开放初期，我国对西方产业经济学中三次产业的相关概念及其在我国的适用性展开了讨论，但是这些讨论比较零散，缺乏系统的介绍和论述。1984年，中国政府开始提出大力发展第三产业，此后，三次产业分类法被国内学者所重视，对三次产业分类法也有了系统性研究。杨治（1985：20~34）对克拉克和库兹涅茨的观点做了系统性阐述，对三次产业分类法的概念和具体内容及其不同时期的特征进行了详细论述。此后，相关的译著被越来越多地出版，三次产业分类法逐渐被运用到我国经济研究中，服务业大多情况下被用来代替第三产业进行讨论。李江帆（1984：53~68，1985：28~31）根据马克思对实物价值和非实物价值的论述比较，对服务消费品的使用价值和价值予以认可，并强调随着社会生产力水平的提高，服务消费品在国民经济发展中的意义逐步提高。李斌（1986：40~

45）再次对第三产业的劳动价值进行了确认。国务院发展研究中心第三产业专题组（1986）认为，我国第三产业的总量不足、结构扭曲，并提出了促进我国第三产业协调发展的对策。李江帆（1990）编写的《第三产业经济学》是这一时期学术研究的代表性成果。他以服务产品理论为基础，将政治经济学应用到第三产业领域的分析中，试图构筑一个理论新体系来探讨、概括和解释现代经济生活中涌现的以服务业为中心的一系列新现象。该成果在中共中央、国务院制定的《关于加快发展第三产业的决定》中被采用，对中国第三产业发展的实践和决策产生了积极的影响，为我国的经济结构提供了新的度量标准。

（二）对工业化国家产业结构演变的借鉴和反思

1. 产业优先发展顺序选择的相关研究

20世纪50年代，罗斯托在吸收和借鉴20～30年代熊彼特、库兹涅茨和霍夫曼等研究之大成的基础上，提出了主导部门分析理论，将产业结构置于经济增长中极其重要的地位。第二次世界大战后，工业化国家的发展经验，尤其是日本和韩国通过主导产业的选择实现了经济的高速增长，引起了国内学者的极大关注，引发了对我国主导产业选择问题的热烈讨论。王忠民等（1988：44～59）对我国当时主导产业的偏误进行了阐述和原因分析，并提出了我国应当发展能够充分吸收劳动力的重头工业。曾新群等（1988：162～170）认为为了适应我国的二元经济现状，主导部门应分为两类：第一类是能够带动现代部门发展的主导部门，如机械和钢铁工业；第二类是能够带动传统产业发展的部门，如纺织工业和建筑业。黄一义（1988：16～35）从资源禀赋角度，立足我国劳动力充足的基本国情，提出了要优先发展劳动密集型产业。杨沐（1988：153～162）进一步指出产业发展重点的选择应同时考虑制约因素和带动因素。制约因素不仅局限于一国的资源禀赋状况、人均收入水平和世界经济环境变化，还包括经济发展中形成的经济体制和经济结构。带动因素则包括收入弹性基准、生产率上升基准、关联度基准和其他国家的经验。这一阶段，我国学者对主导产业部门的选择研究为我国产业结构的调整和主导产业部门的选择提供了丰富的理论基础。

2. 产业政策对产业结构影响研究

20世纪80年代中期前后，国外产业结构调整的经验特别是战后一些后起国家通过产业政策促进结构转换和结构升级的经验，对这些国家的工业化道路产生了重要作用，对我国产业结构调整和产业政策研究产生了较大的影响，日本在产业结构调整和产业政策方面的重要理论和实践影响更为显著。有鉴于此，中国学者重点翻译推介了佐贯利雄的《日本经济的结构分析》、小宫隆太郎等的《日本的产业政策》和沃格尔的《日本的成功与美国的复兴》等著作。这些著作对日本发展的成功经验进行了深刻剖析，认为后起国家可以借鉴先行国家的发展经验，发挥"后发优势"，依托产业政策对经济进行积极干预，进而主动推动产业结构的调整和升级，实现经济的长期增长。这些著作的引入对我国研究产业政策对产业结构的影响起了很大作用。

四 20世纪90年代以来的研究：对中国产业结构问题研究的深化

20世纪90年代以来，随着我国社会主义市场经济机制逐渐完善，围绕中国特色社会主义工业化道路的研究越来越深入。尤其是在党的十六大提出新型工业化道路、我国加入WTO面对开放经济格局之后，产业结构和经济增长问题成为我国学术界关注的热点。同时，我国工业化发展不平衡、区域产业结构问题随之显现。这一阶段，产业结构与经济增长问题、区域产业结构问题是主要的研究方向。在研究方法方面更加规范化，越来越多地引入数学模型，使用统计学和计量经济学的方法对产业结构与经济增长的关系进行实证性研究。

（一）产业结构与经济增长的研究

熊映梧和吴国华（1990：3～11）提出并验证了产业结构的高级度和均衡度，并从这两个维度得出我国产业结构是不合理的，过去的经济增长是片面的，必须转变经济发展战略，实现"结构优化的适度经济增长"。郭克莎（1993：1～13）全面分析从改革开放以来到20世纪80年代末期的产业结构变化，包括对产出结构变化和投入结构变化的分析，将产业结构变化与经济增长方式的转变联系起来，开始借鉴并使用西方的产业分类方法和分析框架进行研究。郭金龙和张许颖（1998：38~40）阐述了产业结构优化对经济增长的作用，指出产业结构调整优化能够平衡供求总量关系，抑制经济波动，有效避免因经济波动而引起的各种问题和矛盾，确保经济稳定健康发展。吕铁、周叔莲（1999：113~125）认为我国三次产业发展不平衡、各次产业内部结构不合理，尤其是工业内部水平较低等问题导致我国经济结构还难以适应经济增长方式转变的要求。经济增长战略必须从过去长期实行的粗放型向集约型转变，尤其是要对工业内部结构进行升级，工业结构升级将成为集约型经济增长的重要推动力量。

20世纪90年代中后期以来，越来越多的学者将数学模型运用到产业结构与经济增长的关系分析中，尤其是进入21世纪，学术研究越来越向西方学术规范靠拢，基于国内外统计资料大量运用计量模型进行实证分析。胡振华和周永文（1997：18~23）在探讨产业结构对经济增长影响的历史、原因和途径基础上，较早地建立了产业结构对经济增长影响的测算模型。刘伟和张辉（2008：4~15）探讨产业结构演变与技术进步对经济增长的贡献，并试图将产业结构变迁的作用从全要素生产率中分解出来。其实证研究测度了产业结构变迁对中国经济增长的贡献，进而与技术进步对经济增长的贡献进行对比。研究结果表明，1978年以来，产业结构演进对经济增长的贡献显著，但是其作用呈现减弱的趋势。黄茂兴和李军军（2009：143~151）建立了一个技术选择、产业结构升级与经济增长的关系模型，采用中国31个省区市1991~2007年的面板数据，探讨技术选择与产业结构变迁对经济增长的作用，研究结果表明适度的资本深化能够推动产业结构升级与劳动生产率提升，从而推动经济快速增长。干春晖和郑若谷（2009：55~65）为验证中国1978~2007年"结构红利假说"，将这期间分为三个阶段，在估计三次产业资本存量的基础上，分析这三个阶段生产要素结构的变化、产业结构变迁、全要素生产率水平和增长率的差异，以及探讨产业结构变迁对全要素生产率的影响，研究表明：产业结构的变化相对平滑；全要素生产率的增长主要来自各产业内部生产率的提升，尤其是来自第二产业生产率的提升；劳动在产业间的流动带来了"结构红利"，资本在产业间的流动反而存在"结构负利"特征。郑若谷、干春晖和余典范（2010：58～67）在随机前沿生产函数分析框架中引入产业结构与制度因素，分析制度与产业结构对经济增长的作用，实证结果表明：制度与产业结构不仅对经济增长产生直接影响，而且通过对生产率的影响，进而对经济增长带来间接影响；制度与产业结构对于经济增长的影响具有显著阶段性演进的特征。

（二）产业结构与经济周期的关系

马建堂等（1991：172～415）、原毅军（1991：44～52）对经济周期波动和产业结构变动之间的关系进行了深入研究，指出高速的经济增长往往会加剧产业结构失衡的矛盾，而严重的结构失衡又是导致经济增长率下降的重要原因之一。金泓汛（1991：53～57）对亚洲"四小龙"经济发展周期问题的研究发现，经济周期长度取决于固定资本更新的平均时间，并结合"雁行机制"和"产品生命周期"理论分析得出，亚洲"四小龙"的中周期可称为由产业升级带动的经济周期。樊明太（1995：59～68）在比较中国改革开放前后的经济周期波动后，对过去大多数学者认为的结构和效率是中长期变量，对短期经济周期波动的直接影响程度不大提出了质疑。他指出产业结构和经济效率在生产函数中体现为技术水平，分析经济周期波动不能离开对结构和效率的分析。李建伟（2003：10～17）通过产业结构升级的变化幅度来反映我国经济运行中长周期的波动，指出我国产业结构升级存在明显的中周期和中长周期波动特征。

张晓晶（2005：4～10）从中国国情出发，以熊彼特理论与现代经济周期理论为基础，探讨经济周期冲击的主要因素及特点，研究表明：以房地产业和汽车工业为代表的产业结构升级带来了正向的技术冲击，同时也影响到经济长期的增长趋势与短期的周期波动，并表现出高位增长与强幅波动的双重特点。方福前和詹新宇（2011：5～16）采用时变参数模型对我国的经济周期与产业结构变迁问题进行实证研究，研究结果表明：1978年以来，我国产业结构升级对经济周期波动具有显著的熨平效应，并且随着结构升级的推进其作用更加显著。

赵旭杰和郭庆旺（2018：51～67）从劳动力市场的角度分析了中国产

业结构演变对经济周期性波动的影响及其机理。该文应用贝叶斯空间计量模型来研究第二产业（分行业）及第三产业如何通过平均工资、就业人数的变动来影响经济周期型波动，研究结果表明：第一产业对于经济周期性波动的影响比较模糊；第二、第三产业对经济周期性波动具有显著、非对称的加剧作用，制造业是第二产业周期性波动效应的主要来源。

（三）对第三产业发展的探究

刘伟（1995：229~245）指出第三产业的发展是经济发展历史逻辑进程中极为重要的内容。他指出我国正处于工业化加速发展阶段，作为工业化未完成的发展中国家，经济增长动力主要来源于工业。在这一阶段，第三产业无论是在结构比重的存量上还是在比重的增加速度上都不可能取代第二产业的领先地位，并指出推动工业化和市场化是现阶段我国发展第三产业的双重使命。刘伟和李绍荣（2002：14~21）通过实证研究来探讨服务业对于经济增长的贡献，研究表明：1992~2000年，中国的经济增长除工业、建筑业外，其他几乎全部由第三产业拉动。

方福前和詹新宇（2011：5~16）在对 TGARCH 模型深入研究后发现三次产业对我国经济波动幅度的影响具有非对称性的特征：第一产业波动对经济总量波动的影响几乎可以忽略；第二产业波动对经济总量波动的影响具有杠杆效应，并且主要是由重工业的波动带来的；第三产业波动对经济总量波动则存在明显的熨平作用。因此为保持我国经济平稳运行，必须不断推进产业结构优化升级，继续大力发展第三产业。江小涓（2011：4~14）探讨服务业的复杂性和研究中的难点，揭示"真实"和"名义"这两类增长因素及其带来的影响，并对人均国民收入达到 4000 美元后中国服务业的发展趋势进行预测，指出加快服务业发展十分重要。王恕立、腾泽伟和刘军（2015：73~84）将环境因素纳入服务业生产率的研究，结果表明：不考虑环境因素的测算方法会显著地高估服务业全要素生产率的增长率及其对服务业增长的贡献率，服务业全要素生产率增长的源泉主要是技术进步。江小涓（2017：4~17）研究发现，现代技术尤其是网络技术的发展对服务业产生重大影响，引起非常广泛的资源重组及聚合，并且对传统的服务经济理论带来根本性挑战。她进一步指出，未来需要在理论层面进行分析、权衡和选择，如互联网经济发展中带来的"隐私保护与数据利用效率"两难选择等问题。

（四）区域产业结构相关研究大国雁阵模型

区域科学是在 20 世纪 70 年代末至 80 年代末引入我国的。随着我国经济的发展，生产力布局学中难以描述生产关系变化对空间配置的影响，难以对我国经济转型过程中的区域问题作出合理的解释。90 年代以来，区域产业在我国作为一门正式的学科而蓬勃发展起来。杨开忠（1989：2~576）对我国的区域经济发展第一次进行了系统分析。

产业结构与区域增长及差异的关系是区域科学研究的重点。卢中原（1996：38~45）详细分析和比较了中国各省区市的产业结构状况和产业结构转换能力，指出现有产业结构对各地区增长速度和经济效益的影响，为各地区正确调整产业结构、缩小区域差距提供政策建议。李大山（1998：1~6）认为，自然条件与要素禀赋差异所形成的地区比较优势是地区间分工得以开展的根本性原因，从而使不同区域具有不同的产业分布。不同地区产业系统之间相互关联与依存，并对全国产业结构系统的平衡产生影响。

江世银（2004：1~178）对我改革开放前后区域产业结构演变进行了系统性归纳，并着力对四川这个西部大省的产业结构现状和主导产业选择情况进行了分析。汪斌（2001：1~485）以国际区域产业结构为研究对象，将各国产业结构在一定地域空间范围实际存在的较为紧密的相互依存关系看成一个整体，在封闭和开放两种条件下探讨国际上区域产业结构的演进及其内在机理，为探讨国际分工及国际上区域产业结构的演变构建了一般理论框架和新的分析范式。这对于研究我国在国际产业结构中的地位和作用有所启示，对我国产业结构调整升级具有重要意义。随着我国区域经济发展，产业集聚趋势越来越明显，产业区域转移现象也备受关注。部分学者运用新经济地理学的相关模型，研究中国地区经济发展中的产业集聚与产业区域转移问题。范剑勇（2004：39~51）通过实证研究分析了 1980~2001 年中国各省专业化和产业集中的变化情况，研究结果指出，改革开放以来至 2001 年，中国地区间的市场一体化程度与专业化水平有明显提高，但中国仍处于"产业高集聚、地区低专业化"的状况，这也使得制造业主要集中在东部沿海地区，难以向中、西部地区迁移，进而导致地区间经济发展差距拉大。蔡宁和吴结兵（2007：1～230）对2006年之前我国产业集群整体发展状况进行了较全面的梳理和比较。通过对全国24个省市集群的相关资料分析，归纳了集群发展的四种主要模式，指出每种模式形成和发展的内外部动因、条件与路径，并进一步总结了我国主要产业集群的区域分布，各区域内产业集群的发展模式及产业类型，在此基础上提出促进产业集群和地区经济协调发展的政策建议。王业强与魏后凯（2007：68～77）构建了一个基于产业特征分析的空间竞争理论框架，采用1995～2003年中国28个两位数制造业的行业面板数据进行实证研究，以此分析我国产业地理集中的主要影响因素，研究表明：劳动力方面的传统比较优势逐渐抑制制造业的地理集中，市场规模、技术偏好与产业关联成为推动制造业地理集中的主要原因。吴意云和朱希伟（2015：140～166）基于1999～2010年中国省际工业分行业面板数据的实证研究发现，中国工业的地理集中和行业专业化在2005年前后均由上升转为下降，导致省际产业同构现象加剧、中国工业地理集中度低和地区间分工不足。吴意云和朱希伟指出，这是由地方产业政策相似造成的，地方参考中央，欠发达地区参照发达地区，没有考虑到地方自身的产业发展条件和发展现状。

（五）中国产业升级的大国雁阵模式

雁阵模式最早由日本学者提出，分析的是国与国之间的产业发展关系，蔡昉等（2009：4～14）的研究将日本学者的雁阵模式用于解释国内地区间的产业发展关系。通过实证分析21世纪以来中国制造业增长与生产率提升的区域格局变化，研究发现，中部、东北地区比东部沿海地区具有更高的全要素生产率增长率与贡献率，通过推动产业在东、中、西部地区的布局调整，即在东部地区推动产业升级与转移、中西部地区承接东部地区的产业承接，可以充分利用中西部地区劳动力比较优势来保持劳动密集型产业的优势在中国延续。他们的研究验证了雁阵模式在中国应用的可行性。

欧阳峣等（2012：18~30）从技术差距、资源分配的视角研究后发大国经济增长方式的转变，基于拓展内生增长模型与中国省级面板的经验研究指出，我国作为一个后发大国在推进经济增长方式转变时，应依据与国际前沿的技术水平差距，优化生产性投资、模仿投资、研发投资与创新投资，并根据内部各区域技术水平的具体情况，"分层"推进区域经济增长方式的转换。

曲玥等（2013：757~756）采用工业企业数据库规模以上制造业企业数据，从县域层面考察中国制造业是否发生雁阵模式转移，研究结果发现，在2004年之前产业集聚效应推动着产业向东部沿海地区集聚，而在这之后制造业特别是劳动密集型产业出现向中西部内陆地区转移的趋势，由此验证了雁阵模式的存在。

张其仔（2014：18~30）对中国能否成功实现雁阵式产业升级展开深入研究，基于能力的比较优势理论，从产品复杂度和联通程度入手对产业重新进行分类，对于中国地区层面之间是否发生雁阵式产业升级进行实证研究，进而对能否通过雁阵式升级跨越"中等收入陷阱"进行深入探讨，研究表明，中国确已发生雁阵式产业升级，但正面临比较优势陷阱的风险，必须克服中等收入国家面临的"比较优势断档"问题。

（六）从微观层面角度研究产业结构调整

过去的理论和实证研究大多从宏观经济层面对产业结构调整进行分析和规划，随着国民经济统计的不断深入和经济计量方法的改进，越来越多的学者开始将微观层面的数据运用到对我国产业结构的研究中。黄亮雄等（2013：70~82）从调整幅度、调整质量与调整路径三个维度，基于1997~2007年中国工业企业数据分析产业结构调整的概况发现：从调整幅度来看，中国的产业结构变动以2004年为拐点呈"倒U"形趋势。在调整质量上，产业生产率和复杂度指数都呈上升趋势，中国的产业结构越来越倚重于高生产率和高技术复杂度的行业。东部地区的调整幅度最大和调整质量最高，中部地区次之，西部地区最低。在调整路径上，中国的产业结构调整在2004年前模仿以往先进经济体的方向与路径，而当前正进入缓慢调整期，降低了与先进经济体的相似度，展开了新一轮产业结构调整的探索。吴万宗等（2018：17～28、89）考察了1978～2015年产业结构演变与居民收入差距的关系，研究表明产业结构合理化能改善收入分配，而产业结构高级化对居民收入差距的影响则是不清楚的。该研究进一步指出，制定产业结构政策需注重三次产业之间的协调，高度关注产业结构高度化可能带来的收入分配问题。

第三节　工业化理论在中国的传播与发展

新中国成立以来，工业一直是各产业发展的先导部门，它的发展对整个产业结构的优化起到关键作用，它的结构也是决定产业结构的基本要素。20世纪后半叶，世界政治经济格局尤其是产业发展格局的重大变化对世界工业化进程产生了历史性影响。伴随着世界经济重心东移，中国借助改革开放的东风迅速崛起，开辟了独特的工业化发展道路（金碚，2012：5～17）。我国除了要借鉴西方发达国家的工业化经验外，还要立足国情，我国的工业化理论研究工作随之蓬勃开展，助力我国的工业化进程。

一　计划经济时代的工业化理论（1949～1979年）

这一时期，我国对社会主义工业化道路的研究主要是借鉴苏联社会主义经济理论和工业化建设经验，以马克思的社会再生产理论中的两大部类关系为分析框架。大多学者都认同优先发展重工业的苏联模式是社会主义工业化的独特方式。不少学者对我国建设一个较为完整的工业体系的必要性和重要性进行了讨论。马纪孔（1953：1～23）提出了基础设施建设对于社会主义工业化的重要意义。高放（1953：19～25）在深入学习苏联联（共）党史的基础上，提出苏联工业化道路对于我国今后实现工业化和过渡到社会主义的新时期具有特别重要的现实意义。王思华（1956：5～18）阐述了苏联工业化本质是发展生产资料部门，发展机械制造业，由此肯定了我国在社会主义过渡时期优先发展重工业的工业化政策。优先发展重工业可以促进各部门的技术改造，其中对农业的技术改造是我国社会主义工业化的重要特点之一，同时农业合作化又给工业的进一步发展提供了物质基础。农业合作化必须适应社会主义工业化的发展，这是苏联工业化的经验教训，因此在社会主义过渡时期，只有大力发展农业合作化，才能大力支援我国的社会主义工业化建设。雍文远（1958：49～57）指出我国已经完成了社会主义改造，但仍缺乏物质保障，必须通过社会主义工业化，大力发展重工业、核心机械制造业和与之相联系的冶金工业，建立一个基本完整的工业体系，并指出了我国具有大量的劳动力、广阔的国内市场，以及苏联及人民民主国家的物质和科技援助，建立较为完整的社会主义工业化体系是完全有可行的。邓子基（1955：94～108）也从资源的角度阐述了我国丰富的自然资源能为重工业的发展提供重要的物质基础，从而可以加速促进我国社会主义工业化。也有学者着重从国防安全的角度分析我国优先发展重工业的意义。米·维·布列也夫（1955：9～18）评述了苏联工业化初期的国民经济计划工作，指出国家工业化就是要建立新的社会生产的物质基础，建立过去沙俄没有的工业部门，建立新的国防工业。薛栋（1962：20～22）也指出过去苏联经济发展是以重工业为主导的，建立了共产主义的物质基础、促进技术进步和巩固国防实力的基础。林义（1964：23～25）根据日本一桥大学《经济研究》1963年第14卷第3期载佐藤定幸《美国工业结构和军事生产》一文，以马克思的两大部类为框架，对美国的工业产品进行重新分类并分析了军事部门的高额利润对美国工业结构的影响，对我国的工业结构研究具有一定的启发作用。

二 工业化理论在中国的传播与影响（1979～1989年）

改革开放前，受苏联计划经济学思想影响，中国选择走传统的社会主义工业化道路，强调优先发展重工业，虽然走过不少弯路，但是初步建成了一个独立完整、具有一定水平的工业体系。改革开放以后，中国的工业化迎来了新的历史发展时期，在社会主义市场经济体制下继续推进。改革开放初期，我国的工业化理论研究主要是引入苏联、西方发达国家以及其他发展中国家的工业化理论与经验，为中国特色社会主义工业化道路的探索提供启迪。有些学者坚持苏联经济的主导思想，批判资本主义工业化道路。裘元伦（1979：42～44）阐述了苏联等东欧学者对西欧国家工业化的批评及后果分析。厉以宁（1979：5～14）指出资本主义工业化的传统方式即首先发展劳动密集型经济，对发展中国家工业化来说是难以奏效的。有些学者认为可以适当借鉴资本主义经济学中发展经济学理论思想。范家骧（1980：68～74）分析了70年代发展中国家在工业化道路发展上的差异，并对比发达国家的工业化道路，吸取经验教训，为我国经济发展提供参考价值。直到20世纪80年代以后，现代经济学工业化思想以及实践经验才被广泛传播。霍利斯·B. 谢纳利（1982：9～13）通过分析一些国家工业统计数据为中国工业化道路提供了经验借鉴。刘淑兰（1982：1～140）对英国资本主义从轻工业开始工业革命进行了深入探讨。李嘉友（1984：65～67）详细阐述和剖析了日本工业化的发展历程。除此之外，美国和其他一些发展中国家的工业化道路建设经验相继传入中国，为我国改革开放初期的探索提供了启迪。

三　工业化理论在中国的发展（1990～1999年）

进入20世纪90年代，我国进入工业化加速阶段。这一阶段，我国在工业化理论方面的研究主要集中为：一是对我国工业化实践的总结和问题分析；二是继续引入西方发达国家和发展中国家的工业理论与实践经验；三是对我国工业化转型的探索。

（一）对改革开放第一阶段工业化的理论总结和问题分析

1978年改革开放后，中国的工业化进程直接表现为农村工业化，农业剩余劳动力迅速流向非农产业，地方政府扶持和保护下的乡镇企业高速发展，并引起了学术界的热议。Oi（1992：99～126）认为20世纪80年代初实行的财政分权改革，赋予了地方政府更多的经济自主权，激发了其参与经济的热情，并提出了"地方政府公司主义"这一概念。Chang和Wang（1994：434～452）认为公有产权是中国特色社会主义经济的一种机制要求。除此之外，更多的学者认为不完全竞争和政策影响下的模糊产权对乡镇企业的发展意义重大。Weitzman 和 Xu（1994：121~145）强调了乡镇企业是一种产权模糊的劳动合作组织，是建立在经由多阶段博弈所形成的合作文化的基础上的。Li（1994：1~19）运用理论模型验证了模糊产权制度是灰色市场环境下的最优解。Che 和 Qian（1998：467~496）提出了地方政府保护和扶持乡镇企业，可以有效避免中央政府对企业带来的负面影响。从实证角度，在我国政策环境下，赵耀辉（1997：205~219）提出地方政府能为乡镇企业争取公有产权进而带来潜在收益。Jin 和 Qian（1998：773~808）也通过实证进一步验证改革开放初期，乡镇企业更多的是在有能力的地方政府引导下发展起来的。这些实证分析均在公有产权存在的假定下，试图对乡镇企业的后期存续作出有效解释，但是对于公有产权使乡镇企业前期绩效良好没有给出直接的证据，所以模糊产业理论不能为解释中国农村工业化的成功提供有力的实证依据。林毅夫及其合作者（1996：35~45，1998：16~17、36，1999：4~20）运用比较优势理论详细论证了技术进步对经济增长和产业结构变迁的作用机理。

除了对农村工业化在我国取得成功的原因进行探究外，国内学者还对农业向工业化提供资金支持的手段、机制等相关问题做了进一步的探讨。王亚平（1990：24~30）提出随着工业化进程的推进，农业已不再是工业化资金积累的主要来源，要通过农产品价格调整政策使资金积累来源逐步向工业部门转移。周海春和马晓河（1991：96~109）较为系统地分析了我国工业化过程中农产品价格政策的形成基础、特征、得失、变迁，以及今后改革的方向。冯海发和李溦（1993：60~64）通过实证分析农业向工业化提供资金积累的主要手段：税收方式、"剪刀差"方式和储蓄方式，全面度量了我国农业在工业化中做出的巨大贡献。

当然，我国工业化在第一阶段也存在这一些问题，不少学者对农村工业化模式进行了反思。温铁军（2000：19~44）认为，改革开放初期，各地区农村工业化资本原始积累的起始条件差异是影响农村工业化模式选择的主要原因。张仁寿（1986：22~26）较为全面地对温州模式和苏南模式进行了分析，认为温州模式与市场经济相一致，而苏南模式则带有较明显的计划经济的制度结构特征，与市场经济不一致。

农村工业化和城市化之间的关系也是这一时期国内经济学者关注的重点之一。冉明权和李岩东（1993：120~128）指出农村工业化推动者农民向城镇集聚，加快城镇化建设，迎接农民进城，成为当务之急。高波（1994：27~36）指出在城市化的第一阶段，城市化进程相对滞后于工业化进程。20世纪90年代初，城市化进程滞后于工业化进程已经成为工业化、城市化与国民经济发展中的严重障碍，要促进工业化与城市化协同共进。

（二）对新兴工业化国家的经验研究

20世纪90年代，新兴工业化国家的出现、发展情况及趋势越来越引起关注，特别是各国经济界的关注。我国许多学者也对此展开研究，总结和分析这些国家工业化和经济发展过程中的经验与教训，以便为促进我国的工业化进程与经济发展提供有益借鉴。吴国平（1990：58~62）对拉美国家工业化道路的特点进行了详细分析，探讨拉美国家80年代遭遇的工业化瓶颈。东亚也是重要的新兴工业化地区，在工业化方面取得了较大成就，国内外学者纷纷对东亚国家工业化迅速推进的原因、存在的问题及趋势进行了研究（艾丽丝·H. 阿姆斯登等，1992：50~55；李晓，1996：1~14；王德复，1997：60~63；俞可平，1991：12~17）。江时学（1995：1~8）通过对比东亚"成功"与拉美"失败"的工业化道路，为我国乃至其他发展中国家的工业化道路提供了启示。

（三）对我国工业化转型的初步探索

1952~1978年，我国初步建立了以重工业为主的工业体系。1979~1988年，轻工业发展进入出口导向阶段，农、轻、重三者比例关系趋于协调。1989~1994年，工业化进入加速发展阶段，轻工业和基础产业均有了较大的发展，但是我国工业化仍面临着"重化工业"的老毛病，与此同时削除"瓶颈"产业、振兴制造业中的战略产业以及发展高科技产业等任务也迫在眉睫。20世纪90年代后期，国内学者纷纷对我国的工业化道路的转型进行思考与探索。胡长顺（1996：99~105）从我国新时期工业化战略和出台的相关产业政策角度对工业化道路的方向进行了分析和探讨。杨明洪

（1997：1～8）阐述了我国工业化和城市化战略中的偏差并予以纠正。尚启君（1998：69～73）指出目前我国不可能跨越以劳动密集型为主导的工业化阶段，故基于其他工业化国家和地区的经验，明确了我国培植劳动密集型主导工业的几大问题。这时候，中西部地区未来的工业化进程也备受国内学者关注。王建（1997：111～123）和魏后凯（1999：52～57）分别对我国中部地区和中西部地区在新形势下工业化发展战略进行了讨论。

四　工业化理论在中国的进一步发展（21世纪至今）

21世纪初期，我国的工业发展已经取得了巨大成就，成为工业生产大国。正如20世纪90年代后期经济学界对我国工业化道路的初步探讨中指出的那样，我国正面临工业化转型的多重任务。

（一）中国工业化进程与工业强国战略相关研究

金碚（2000：27～34）指出我国的产业发展进入了一个新阶段，中国工业也将进一步融入世界经济体系，增强工业国际竞争力，技术、知识、管理、体制和观念的创新是我国实现从工业大国到工业强国转变的根本动力。陈佳贵和黄群慧（2005：4～16）提出中国现代化建设已经进入了从工业经济大国向工业经济强国转变、推进工业现代化进程为核心任务的新阶段，要加大自主创新与科研投入、转变经济增长方式走新型工业化道路、坚定不移地深化市场化改革。黄群慧（2012：5～16）进一步对工业强国战略的必要性、目标、重点任务和政策导向进行了重点分析与详细阐述，并预计中国将在2020年前后初步建成世界工业强国，在2040年前后全面建成世界工业强国。

（二）新型工业化道路相关研究：理念、理论与实践

随着经济全球化，我国经济进一步融入世界经济，在吸引了大量外资的同时也引入了先进的技术和管理经验，促进了资本接收地的产业转型升级，从劳动密集型向资本、技术密集型转变，开创了我国新型工业化模式（袁志刚等，2003：59～66）。党的十六大报告正式提出，我国要走一条新型工业化道路。国内学者对新型工业化道路的内涵、内在机制、特征和建设方

向等问题展开了热烈的讨论。黄范章（2003：6～9）从世界经济发展的角度指出，我国新时期的新型工业化道路必须以信息化带动工业化。郭祥才（2003：4～13）进一步指出中国新型工业化道路的内在机制是通过信息化带动工业化、以工业化促进信息化的双向互动来真正实现生产力的跨越式发展。曹建海和李海舰（2003：56～62）则从所有制结构、经济运行方式、工业与国民经济其他部门关系、信息技术改造传统产业、企业生产组织的社会化、工业可持续发展、发展科技与教育、利用国际国内两个市场等方面对如何推进我国新型工业化进行了详细阐述。简新华和向琳（2003：139）在全面把握我国新型工业化道路的前提下，总结了我国新型工业化道路的特点和优越性：我国的新型工业化道路是一条由信息化带动工业化、以集约型增长为主、充分发挥比较优势和后发优势、机械化与就业相协调、力求产业结构优化、与城镇化适度同步发展、可持续发展的工业化道路。

林毅夫和刘明兴（2004：48～58）通过实证检验得出中国工业化的成功在于发展战略的转变，由传统的重工业先行赶超战略向比较优势发展战略转变，按照自身的比较优势来选择技术结构和产业区段。刘世锦（2005：5～9）通过与传统工业化道路比较，得出新型工业化道路具有高新技术对传统产业的渗入、融合或改造，产业结构和资源配置的国际化程度显著提高，发展理念和发展战略转变，和大体相同工业化阶段完成时间缩短等特点，并围绕新型工业化道路探索中的一些关键问题做出了回答。为促进新型工业化又好又快地推进，许多学者基于我国新型工业化道路的实际情况，通过实证研究提出了建议。朱南和刘一（2009：3～16）基于生态经济效率视角对中国各地区新型工业化发展模式进行了实证分析，提出新型工业化发展模式的选择应符合生态经济效率的二维结构特征。庞瑞芝和李鹏（2011：36～47）对中国新型工业化的增长绩效在不同区域内的差异及其变化进行了实证研究，提出高新技术产业是今后新型工业化的重点产业。这些关于我国新型工业化道路及相关理论、实证的研究，为我国新型工业化道路探索和实践提供了有价值的借鉴，为我国新型工业化的顺利推进起到了一定作用。

工业强国理论和新型工业化理论是我国在 21 世纪初的重要工业化理论成果，新型工业化道路和工业强国之路是我国进入新时期面对国际政治经济新挑战的必由之路。

（三）对于中国"过度去工业化"

还有学者针对中国的"过度去工业化"倾向进行了现象剖析和理论反思。黄群慧等（2017：94～116）立足于中国仍是处于中等收入阶段的发展中工业大国这一基本国情，研究进入中上等收入阶段后工业化战略问题。通过梳理国内外"中等收入陷阱"文献和对经典工业化理论的再考察，提出要跨越"中等收入陷阱"，制造业的转型升级是新旧经济动能转换的关键，并指出对于一个工业化水平较高的中等收入国家而言，只要制造业的生产效率仍有提高的空间，就可以进一步提升工业化水平，提高社会全要素生产率，达到更高的收入水平。这一理论超越了过去的第二、三产业之争，对新型工业化国家尤其是对中国跨越"中等收入陷阱"提供了重要的启迪。研究还表明，中国进入中等收入阶段后，制造业实际占比和生产率增速同时呈现显著下降的趋势，从理论、经验和现实三个不同维度指出中国可能存在"过早去工业化"现象，并提出中国未来的工业化战略不是"去工业化"，而是紧抓新一轮工业革命带来的机遇，加快建设制造强国，促进科技创新和产业升级深入融合，同时还要注重提升传统产业的技术能力、效率与质量，强化我国制造业的国际竞争力，加快经济动能的转变，跨越"中等收入陷阱"。

魏后凯和王颂吉（2019：5～22）也对近年来我国工业增加值和就业比重快速下降等"过度去工业化"现状进行了剖析，认为"过度去工业化"是产业升级、要素价格上涨和阶段性产能过剩等多重因素共同作用的结果，对我国的经济增长、生产率提升、现代服务业发展和农业劳动力转移产生了较大的消极作用。要认识到以先进制造业为主体的工业仍是中国经济的重要驱动力，应继续推进深度工业化，促进先进制造业和现代服务业深度融合，防范"过度去工业化"。

参考文献

宋海文，1957，《部门经济学的对象》，湖北人民出版社。

宫著铭，1979，《"投入产出技术"简介》，《世界经济》，第 4 期。

胡谦尊，1979，《沃西里·里昂惕夫》，《世界经济》，第 5 期。

乌家培、张守一，1984，《投入产出法在中国的应用》，山西人民出版社。

李震中，1981，《关于计划经济学对象问题》，《经济研究》，第 9 期。

胡乃武，1981，《计划经济学研究对象初探》，《经济理论与经济管理》，第 6 期。

钟契夫、刘起运，1999，《投入产出分析发挥更大作用》，《数量经济技术经济研究》，第 3 期。

宋辉，2004，《产业结构与部门发展模型研究》，经济科学出版社。

严成樑，2016，《产业结构变迁、经济增长与区域发展差距》，《经济社会体制比较》，第 4 期。

诺特金著，健文译，1952，《社会主义再生产理论概论》，中华书局。

毛泽东，1956，《论十大关系》，载《毛泽东著作选读》（下册），人民出版社。

实学，1961，《关于扩大再生产公式的初步探讨》，《光明日报》，12 月 4 日。

刘国光，1962，《再论所谓扩大再生产的"第二个基本公式"——与雍文远等同志商榷》，《学术月刊》，第 10 期。

杨坚白，1961，《试论农业、轻工业、重工业比例关系和消费积累比例之间的内在联系》，《经济研究》，第 12 期。

金学，1962，《关于社会主义再生产问题的讨论及值得探讨的若干问题》，《学术月刊》，第 6 期。

吴树青，1962，《马克思关于社会生产两大部类的学说及其在社会主义再生产中运用的几个问题》，光明日报。

欧阳胜，1979，《论生产资料和消费资料的平衡》，《经济研究》，第 6 期。

冯宝兴、万欣、张大简，1979，《记取片面发展重工业的历史教训》，《红旗》，第 12 期。

鲁济典，1979，《生产资料生产优先增长是一个客观规律吗?》，《经济研究》，第 11 期。

鲁从明，1980，《两大部类生产增长速度快慢是不断交替的过程》，《经济研究》，第 5 期。

刘恩钊，1980，《两大部类关系和生产资料生产优先增长》，《经济研究》，第 2 期。

马镔，1980，《技术进步条件下生产资料的优先增长不能否定——与鲁济典、朱家桢同志商榷》，《经济研究》，第 3 期。

奚兆永，1980，《生产资料生产优先增长是不适用于社会主义经济的规律吗？——与朱家桢、李定中同志商榷》，《中国经济问题》，第 2 期。

刘国光等，1981，《马克思的社会再生产理论》，中国社会科学出版社。

关梦觉，1980，《关于社会主义扩大再生产的几个问题》，吉林人民出版社。

朱家桢，1979，《生产资料生产优先增长是适用于社会主义经济的规律吗？》，《经济研究》，第 12 期。

马洪、孙尚清，1981，《中国经济结构问题研究》，人民出版社。

李悦，1983，《中国工业部门结构》，中国人民大学出版社。

经济结构组办公室资料组，1981，《主要资本主义国家的经济结构》，中国社会科学出版社。

任思霖，1981，《具有广阔发展前景的第三产业》，《内蒙古社会科学》（汉文版），第 4 期。

何小锋，1981，《劳务价值论初探》，《经济研究》，第 4 期。

孙冶方，1981，《关于生产劳动和非生产劳动、国民收入和国民生产总值的讨论——兼论第三次产业这个资产阶级经济学范畴以及社会经济统计学的性质问题》，《经济研究》，第 8 期。

西蒙·库兹涅茨等，1999，《各国的经济增长》，商务印书馆。

罗斯托，1962，《经济成长的阶段》，商务印书馆。

H. 钱纳里等，1989，《工业化和经济增长的比较研究》，上海三联书店。

吴仁洪，1987，《经济发展与产业结构转变——兼论我国经济当前的发展阶段及其使命》，《经济研究》，第 10 期。

周林、杨云龙、刘伟，1987，《用产业政策推进发展与改革——关于设计现阶段我国产业政策的研究报告》，《经济研究》，第 3 期。

程晓农、吴仁洪，1987，《我国产业结构发展阶段的演变与现实抉择》，《管理世界》，第 2 期。

陈越，1986，《我国经济周期问题的分析与思考》，《管理世界》，第 5 期。

厉以宁，1987，《社会主义经济周期的假设》，《经济研究》，第 9 期。

马建堂，1988，《周期波动与结构变动——经济周期影响产业结构的机制初探》，《经济研究》，第 6 期。

马建堂，1989，《从总量波动到结构变动——再论经济周期影响产业结构变动的机制》，《经济研究》，第 4 期。

杨治，1985，《产业经济学导论》，中国人民大学出版社。

李江帆，1984，《服务消费品的使用价值与价值》，《中国社会科学》，第 3 期。

李江帆，1985，《服务消费品的生产规模与发展趋势》，《经济理论与经济管理》，第 2 期。

李斌，1986，《重新评价第三产业的劳动》，《经济理论与经济管理》，第 1 期。

国务院发展研究中心第三产业专题组，1986，《加速我国第三产业协调发展的对策研究》，《经济研究》，第 12 期。

李江帆，1990，《第三产业经济学》，广东人民出版社。

王忠民、朱争鸣、邵崇，1988，《我国产业结构中的主导产业问题探讨》，《管理世界》，第 1 期。

曾新群、王至元，1988，《双重经济中的两类主导部门》，《中国社会科学》，第 6 期。

黄一义，1988，《论本世纪我国产业优先顺序的选择》，《管理世界》，第 3 期。

杨沐，1988，《我国产业发展重点的选择顺序》，《中国社会科学》，第 6 期。

佐贯利雄，1988，《日本经济的结构分析》，辽宁人民出版社。

小宫隆太郎等，1988，《日本的产业政策》，国际文化出版公司。

埃兹拉·沃格尔，1985，《日本的成功与美国的复兴——再论日本名列第一》，生活·读书·新知三联书店。

熊映梧、吴国华，1990，《论产业结构优化的适度经济增长》，《经济研究》，第 3 期。

郭克莎，1993，《中国：改革中的经济增长与结构变动》，上海三联书店。

郭金龙、张许颖，1998，《结构变动对经济增长方式转变的作用分析》，《数量经济技术经济研究》，第 9 期。

吕铁、周叔莲，1999，《中国的产业结构升级与经济增长方式转变》，《管理世界》，第 1 期。

胡振华、周永文，1997，《产业结构变动对经济增长的影响及其测算》，《数量经济技术经济研究》，第 4 期。

刘伟、张辉，2008，《中国经济增长中的产业结构变迁和技术进步》，《经济研究》，第 11 期。

黄茂兴、李军军，2009，《技术选择，产业结构升级与经济增长》，《经济研究》，第 7 期。

干春晖、郑若谷，2009，《改革开放以来产业结构演进与生产率增长研究——对中国 1978~2007 年"结构红利假说"的检验》，《中国工业经济》，第 2 期。

郑若谷、干春晖、余典范，2010，《转型期中国经济增长的产业结构和制度效应——基于一个随机前沿模型的研究》，《中国工业经济》，第 2 期。

马建堂、贺晓东、杨开忠，1991，《经济结构的理论、应用与政策》，中国社会科学出版社。

原毅军，1991，《论我国经济的适度增长》，《经济研究》，第 1 期。

金泓汛，1991，《亚洲"四小"经济发展的周期问题》，《世界经济》，第 1 期。

樊明太，1995，《改革前后中国经济波动机制的比较分析》，《管理世界》，第 5 期。

163

李建伟，2003，《当前我国经济运行的周期性波动特征》，《经济研究》，第 7 期。

刘树成、张平、张晓晶，2005，《实现经济周期波动在适度高位的平滑化》，《经济研究》，第 11 期。

方福前、詹新宇，2011，《我国产业结构升级对经济波动的熨平效应分析》，《经济理论与经济管理》，第 9 期。

赵旭杰、郭庆旺，2018，《产业结构变动与经济周期波动——基于劳动力市场视角的分析与检验》，《管理世界》，第 3 期。

刘伟、杨云龙，1992，《工业化与市场化：中国第三次产业发展的双重历史使命》，《经济研究》，第 12 期。

刘伟，1995，《工业化进程中的产业结构研究》，中国人民大学出版社。

刘伟、李绍荣，2002，《产业结构与经济增长》，《中国工业经济》，第 5 期。

江小涓，2011，《服务业增长：真实含义、多重影响和发展趋势》，《经济研究》，第 4 期。

王恕立、滕泽伟、刘军，2015，《中国服务业生产率变动的差异分析——基于区域及行业视角》，《经济研究》，第 8 期。

江小涓，2017，《高度联通社会中的资源重组与服务业增长》，《经济研究》，第 3 期。

杨开忠，1989，《中国区域发展研究》，海洋出版社。

梁桂，1996，《产业结构对地区经济发展影响的分析》，《经济研究》，第 7 期。

李大山，1998，《区域产业结构的理论与实证分析》，天津人民出版社。

江世银，2004，《区域产业结构调整与主导产业选择研究》，上海人民出版社。

汪斌，2001，《国际区域产业结构分析导论：一个一般理论及其对中国的应用分析》，上海人民出版社.

范剑勇，2004，《市场一体化、地区专业化与产业集聚趋势——兼谈对地区差距的影响》，《中国社会科学》，第 6 期。

蔡宁、吴结兵，2007，《产业集群与区域经济发展——基于"资源结构"观的分析》，科学出版社。

王业强、魏后凯，2007，《产业特征、空间竞争与制造业地理集中——来自中国的经验证据》，《管理世界》，第 4 期。

吴意云、朱希伟，2015，《中国为何过早进入再分散：产业政策与经济地理》，《世界经济》，第 2 期。

蔡昉、王德文、曲玥，2009，《中国产业升级的大国雁阵模型分析》，《经济研究》，第 9 期。

欧阳峣、易先忠、生延超，2012，《技术差距、资源分配与后发大国经济增长方式转换》，《中国工业经济》，第 6 期。

曲玥、蔡昉、张晓波，2013，《"飞雁模式"发生了吗？——对 1998-2008 年中国制造业的分析》，《经济学》（季刊），第 2 期。

张其仔，2014，《中国能否成功地实现雁阵式产业升级》，《中国工业经济》，第 6 期。

黄亮雄、安苑、刘淑琳，2013，《中国的产业结构调整：基于三个维度的测算》，《中国工业经济》，第 10 期。

吴万宗、谭诗羽、夏大慰，2018，《产业政策对企业间工资差距的影响——来自中国工业企业的经验证据》，《财经研究》，第 2 期。

金碚，2012，《全球竞争新格局与中国产业发展趋势》，《中国工业经济》，第 5 期。

马纪孔，1953，《基本建设与国家工业化》，中华全国科学技术普及协会。

高放，1953，《学习"联共（布）党史"中关于国家工业化的问题——"联共（布）党史简明教程"出版十五周年纪念》，《教学与研究》，第 5 期。

王思华，1956，《关于我国过渡时期国家工业化与农业合作化的相互适应问题》，《经济研究》，第 1 期。

邓子基，1955，《祖国的自然条件与社会主义工业化》，《厦门大学学报》（哲学社会科学版），第 1 期。

米·维·布列也夫，1955，《苏联工业化初期的国民经济计划工作（续）》，《教学与研究》，第 3 期。

薛栋，1962，《苏联〈经济报〉谈 20 年内苏联工业结构的变化》，《经济学动态》，第 6 期。

林义，1964，《日本一大学学报谈美国工业结构和军事生产》，《经济学动态》，第 10 期。

裘元伦，1979，《苏联东欧学者对西欧农业问题的研究——〈西欧国家农业工业化的后果〉一书评介》，《世界经济》，第 9 期。

厉以宁，1979，《论资本密集型经济和劳动密集型经济在发展中国家现代化过程中的作用》，《世界经济》，第 6 期。

范家骧，1980，《七十年代的发展经济学》，《世界经济》，第 4 期。

霍利斯·B. 谢纳利，1982，《工业化与发展——一些大国的经验》，《世界经济》，第 8 期。

刘淑兰，1982，《英国产业革命史》，吉林人民出版社。

李嘉友，1984，《日本工业化历史考略——兼论日本企业的发展背景》，《世界经济》，第 6 期。

Oi J. C. , 1992, "Fiscal Reform and the Economic Foundations of Local State Corporatism in China," *World Politics*, 45 (01) .

Chang C. , Wang Y. , 1994, "The Nature of the Township – Village Enterprise," *Journal of Comparative Economics*, 19 (3) .

Weitzman M. L. , Xu C. , 1994, " Chinese Township Village Enterprises as Vaguely

Defined Cooperatives," *Journal of Comparative Economics*, 18 (2).

Li D. D., 1996, "A Theory of Ambiguous Property Rights in Transition Economies: The Case of the Chinese Non – State Sector," *Journal of Comparative Economics*, 23 (1).

Che J., Qian Y., 1998, "Insecure Property Rights and Government Ownership of Firms," *Quarterly Journal of Economics*, 113 (2).

赵耀辉，1997，《中国乡镇企业所有权分析及其对农村就业的影响》，载海闻主编《中国乡镇企业研究》，中华联合工商出版社。

Jin H., Qian Y., 1998, "Public vs. Private Ownership of Firms: Evidence from Rural China," *Working Papers*, 113 (3).

林毅夫、蔡昉、李周，1996，《资源结构升级：赶超战略的误区——对"比较优势战略"批评意见的几点回应》，《战略与管理》，第1期。

林毅夫，1998，《知识经济、比较优势与我的产业发展》，《国有资产研究》，第6期。

林毅夫、蔡昉、李周，1999，《比较优势与发展战略——对"东亚奇迹"的再解释》，《中国社会科学》，第5期。

王亚平，1990，《论农产品价格政策与工业化资金积累》，《经济研究》，第12期。

周海春、马晓河，1991，《我国工业化过程中的农产品价格及其财政补贴》，《管理世界》，第1期。

冯海发、李溦，1993，《我国农业为工业化提供资金积累的数量研究》，《经济研究》，第9期。

温铁军，2000，《中国农村基本经济制度研究》，中国经济出版社。

张仁寿，1986，《苏南、温州农村工业化模式的比较》，《经济社会体制比较》，第2期。

冉明权、李岩东，1993，《农村工业化与城镇化同步发展的尝试——乡镇企业工业小区试验改革的工作报告》，《管理世界》，第3期。

高波，1994，《世纪之交的中国工业化、城市化战略》，《管理世界》，第4期。

吴国平，1990，《论拉丁美洲工业化进程的特点》，《世界经济》，第12期。

艾丽丝·H. 阿姆斯登、荣莹曾，1992，《亚洲的下一个巨人：南朝鲜和后起工业化》，《经济社会体制比较》，第3期。

李晓，1996，《东亚奇迹与"强政府"：东亚模式的制度分析》，经济科学出版社。

王德复，1997，《论韩国工业化进程中地区经济发展对策》，《世界经济》，第10期。

江时学，1995，《对拉美进口替代工业化发展模式的初步总结》，《拉丁美洲研究》，第6期。

胡长顺，1996，《中国新时期工业化战略与产业政策》，《管理世界》，第2期。

杨明洪，1997，《中国工业化、城市化中的战略偏差及其纠正》，《经济理论与经济管理》，第2期。

尚启君，1998，《我轻有否跨越以劳密集型工业为主导的工业化阶段》，《管理世界》，第 3 期。

王建，1997，《中国中部地区工业化高潮的兴起和未来发展战略的探索》，《管理世界》，第 6 期。

魏后凯，1999，《新形势下我国中西部工业化战略探讨》，《中国工业经济》，第 2 期。

金碚，2000，《中国的新世纪战略：从工业大国走向工业强国》，《中国工业经济》，第 5 期。

陈佳贵、黄群慧，2005，《工业发展、国情变化与经济现代化战略——中国成为工业大国的国情分析》，《中国社会科学》，第 4 期。

黄群慧，2012，《中国的工业大国国情与工业强国战略》，《中国工业经济》，第 3 期。

袁志刚、范剑勇，2003，《1978 年以来中国的工业化进程及其地区差异分析》，《管理世界》，第 7 期。

黄范章，2003，《论新型工业化道路》，《市场经济研究》，第 5 期。

郭祥才，2003，《马克思主义跨越发展理论与中国新型工业化道路》，《中国社会科学》，第 6 期。

曹建海、李海舰，2003，《论新型工业化的道路》，《中国工业经济》，第 1 期。

简新华、向琳，2003，《新型工业化道路的特点和优越性》，《管理世界》，第 7 期。

林毅夫、刘明兴，2004，《经济发展战略与中国的工业化》，《经济研究》，第 7 期。

刘世锦，2005，《正确理解"新型工业化"》，《中国工业经济》，第 11 期。

朱南、刘一，2009，《中国地区新型工业化发展模式与路径选择》，《数量经济技术经济研究》，第 5 期。

庞瑞芝、李鹏，2011，《中国新型工业化增长绩效的区域差异及动态演进》，《经济研究》，第 11 期。

黄群慧、黄阳华、贺俊等，2017，《面向中上等收入阶段的中国工业化战略研究》，《中国社会科学》，第 12 期。

魏后凯、王颂吉，2019，《中国"过度去工业化"现象剖析与理论反思》，《中国工业经济》，第 1 期。

第十章　产业政策理论

产业政策是为达到一定的经济发展战略和社会目标，政府对产业活动的干预，主要目的是弥补市场缺陷，优化资源配置，推动产业结构优化升级，实现国家经济快速平稳增长。在发展中国家和大多数工业化国家的产业发展进程中产业政策被普遍采用，我国改革开放以来，尤其是 20 世纪 80 年代之后，将产业政策频繁运用到经济各个领域中，并逐渐建立了一个较为细致、全面和系统的产业政策体系，形成了具有自身特色的产业政策理论体系（江飞涛、李晓萍，2010：26 ~ 36）。

第一节　产业政策及传统产业政策理论的引入

产业政策的实践最早可以追溯至 18 世纪汉密尔顿的幼稚产业保护理论和 19 世纪李斯特的保护幼稚工业理论，但其作为一个经济学概念被正式提出，是在 20 世纪 70 年代的日本。这一概念一经提出便饱受争议，与当时崇尚自由的市场机制的主流学派相悖。但是战后日本产业政策的成功推行，促使东亚、东南亚、拉美和非洲等众多发展中国纷纷效仿，根据各自的基本国情积极推行产业政策。其中东亚和拉美等发展中国家通过运用产业政策实现了经济腾飞，为此，对产业政策的理论研究日益受到经济学界的关注，传统的产业政策理论逐渐形成。

一　产业政策及传统产业政策理论的引入

20 世纪 80 年代中期以后，随着我国经济的发展，迫切需要制定系统的产业政策来提高宏观经济调控水平，促进经济发展。这一时期，我国产业政策理论研究以介绍、分析日本和韩国，特别是日本的产业政策实践为主。

杨沐（1987：1~5）对各国产业政策的理论和实践进行了比较分析，将各个国家和地区所推行的产业政策的主要类型和措施进行了分析，初步将产业政策划分为以下三个类型：以结构政策和组织政策为主要内容的产业政策，代表国家是日本；以指令型计划为主要内容的产业政策，代表国家有苏联、东欧等社会主义国家；以补救型政策为主要内容，促使产业实现自我调整的产业政策，典型代表是美国和西德，并指出组织、财政、金融、外贸、法律、政府采购和国有化或私有化等是产业政策的主要措施。杨沐的理论在我国经济学界产生了重要影响，此后国内学者对世界各国的产业政策理论和实践进行了深入探讨。

张维迎和程晓农（1988：18~27）对深受世界经济学家关注的日本模式进行了深入评析，认为日本政府是对市场机制破坏最小的政府之一，其产业政策是日本成功走向世界市场的关键，原因在于：第一，日本的产业政策重点是扶持而不是全面包揽产业发展；第二，日本产业政策制定的机构通产省是政府与民间企业界通力合作的智慧结晶；第三，日本产业政策的稳定性、连续性和程序化为企业决策提供了良好的环境。1988年，中国社会科学院数量经济与技术经济研究所考察团对日本进行了访问，并形成了书面考察报告，指出产业结构政策是日本产业政策的重要组成部分，其不仅要反映经济发展中产业结构的客观变化还要促进产业结构及时调整。陈小洪（1993：112~124）对通产省的任务、作用、组织体系、产业政策特点和产业政策运作进行了详细介绍进而为我们认识社会主义市场经济条件下政府的作用及结合机构调整深化改革提供了有益的启示：我国正处于经济体制改革的关键时期，推进经济改革并协调改革与发展的关系是我国政府的必要任务，要建立与市场经济相适应的管理体制和政策调控体系，合理设置政府机构，明确政策管理的基本目标和手段，配套使用多种政策手段，使产业政策的作用有效发挥，深化社会主义市场经济改革。陈吉江（1993：24~30）从日本对成长产业的扶持和对衰退产业的调整两方面进行了政策分析，产业扶持政策主要包括外部保护、资金援助、税收优惠和市场扶持等，产业调整政策主要包括对衰退产业实行行政干预、减小生产规模、主动转移衰退产业的劳动力、向衰退产业的地域诱导植入新产业等。在此基础上，陈吉江对我国实施产业政策中所存在的体制基础不健全、产业政策不配套等问题进行了分析，并提出了具体建议。

在对日本产业政策实践进行介绍的同时，我国对其他国家的产业政策也有所研究。如孙振远（1989：62～66）介绍了苏联80年代中后期的产业政策，这一时期苏联的产业政策以调整产业结构为主要目标，在满足人们迫切需求的同时加速技术进步。1990年，国务院发展研究中心产业政策考察团赴泰国对其产业政策和经济发展展开深入考察，认为泰国经济的高速增长、结构的持续演进与其以提供战略性的结构方案为主要内容的产业政策密切相关，并吸取泰国产业政策实施中的经验和教训，指出我国产业政策的制定和实施要在明确宏观政策的前提下保证微观活力，这也是泰国产业政策成绩斐然的本质所在。

二 传统产业政策理论在我国的发展和应用

日韩等东亚国家产业政策理论和实践对我国产业政策理论的发展影响深远。基于我国国情，国内学者对我国实施产业政策的必然性、基本思路、目标导向及面临的问题等进行了研究与探讨。

杨沐和黄一义（1986：12～20）通过对需求管理和供应管理的分析，指出我国研究、制订产业政策的迫切性，并在比较了我国与西方国家国情后提出我国正处于指令型经济向有计划商品经济转型中，不能仅依赖西方商品经济的财政和货币政策来进行需求管理，还要通过研制产业政策实现供应管理，才能提高宏观经济调控水平。周林、杨云龙和刘伟（1987：16～24）对1987～2000年我国产业政策的目标及所必需的一系列辅助政策与调控手段进行了探讨。刘伟等（1987：285～328）进一步分析了我国推行产业政策和体制改革、社会经济环境以及产业结构自身缺陷等问题，构建了现阶段我国产业政策的基本框架。刘昌黎（1987：34～44）通过比较进口替代战略和出口导向战略，基于我国国情，指出进口替代战略是我国赶超世界工业大国的长期战略。田春华（1988：1~10）将产业政策理论与比较优势结合起来，认为产业政策可以对比较优势理论这一主流的经济学理论进行较大程度的修正，进而促进国际经济分工与世界贸易的发展。刘鹤、杨焕昌和梁均平（1989）认为我国的产业结构在需求导向的经济格局下面临着时间和空间上的两大矛盾，要实现产业结构高度化，必须按充实基础产业、加强市场组织化、大力发展创汇产业这三大基本目标制定我国的产业政策，解决我国产业结构中的"瓶颈"问题。陈小洪（1989：22~31）对"六五"以来我国产业组织的现状及其主要问题进行初步分析，并在此基础上探讨改善产业组织的政策思路，以促进产业合理化。由于我国的产业政策理论研究刚刚开始，大部分研究还比较散乱。周振华（1991）编写的《产业政策的经济理论系统分析》一书，通过纵向（政策过程）与横向（政策内容）相结合的方式对我国产业政策进行了较为全面、系统的分析，为我国产业政策的制定和运用提供了完整的理论依据。

随着产业政策的实施，不少学者发现产业政策的效果并不尽如人意，便纷纷对其原因进行探究并提出相关建议，力图提高产业政策的"有效性"。周振华（1990：21~27）通过正常与非正常理论模型对我国产业政策效应偏差进行实证分析，得出的结论是，产业政策的效果要达到预期值，不是政策执行的主客体对自身利益诉求的抑制，而是要构建正确的利益格局，规范政策执行，提高各方素质，使其在相应行为规范下追求自身正当利益的过程中提出政策、执行政策和接受政策。江小涓（1991：9~15，1995：12~15）对改革开放以来产业结构调整政策的效果进行了分析，指出了产业结构调整政策失效的主要原因，提出要不断加强产业政策的有效性。江小涓（1993：3~18）通过总结反思我国多年产业政策的实践经验，认为我国产业政策远未达到预期效果，其原因在于产业政策的决策和执行是一种典型的非市场决策问题。公共选择理论对于这种非市场决策问题的分析，使政府在产业政策推行中的决策和执行行为具有了可分析性，能够通过改变影响政府行为的某些因素，改变政府在政策制定与执行中的行为方式，增强那些有充足理由存在的产业政策的实际效果。张鹏飞和徐朝阳（2007：28~35）认为产业政策对经济增长的作用仍然缺乏经济计量研究，并以 Beason 和 Weinstein（1998）的日本产业政策对日本企业竞争力的实证结果并不显著为依据，对新干预主义提出了质疑。

第二节　现代产业政策理论的引入

20 世纪 80、90 年代拉美国家的经济危机和 1997 年席卷东亚地区的金融风暴致使传统产业政策的问题开始暴露，1989 年"华盛顿共识"的提出宣告了传统产业理论的终结。进入 21 世纪，科学技术迅猛发展，世界政治与经济格局发生深刻变化，推动了全球产业的调整，各国政府迫切需要建立起符合现代产业变化的政策体系来应对新的挑战，提高本国产业的国际竞争力。现代产业政策应运而生，具有了不同于传统产业政策的一系列特征。姜达洋（2016：1~207）在总结东亚、拉美以及欧美产业政策的基础上，将产业政策分为传统型产业政策与现代产业政策，并指出正是由于不同国家在不同发展阶段的不同历史条件下选择了不同的产业政策组合，才形成了多样化的工业化与经济发展模式。20 世纪 90 年代以来，东亚国家开始推动由传统产业政策向现代产业政策的转型，欧美发达国家则通过不断进行政策调整与创新来进一步完善现代产业政策体系。我国产业政策理论研究的范畴也进一步拓宽，不再局限于东亚工业化国家的产业政策，还引入欧美发达国家的产业政策理论与实践。

一　市场失灵理论的新解释

传统产业政策理论主要从市场调节机制存在缺陷和市场行为具有外部性来解释市场失灵问题。然而现代产业政策理论则主要从弥补市场失灵出发，认为在传统产业政策理论中对自由市场的假定过于理想化，实际的市场尤其是发展中国家的市场往往是不完全的，其调节机制的效用比较弱，因此需要利用政府实施产业政策来弥补市场失灵。Smith（1973：197~209）分别从国家层面的宏观系统和公司等其他组织层面的微观系统出发，提出了四种市场系统性失灵：基础设施失灵、转变失灵、锁定失灵与制度失灵，并阐述了这四种系统失灵对主体创新能力的影响，从而对国家制定创新政策提出要求。Hausmann 和 Rodrik（2006）将市场失灵划分为协调失灵和信息外溢两种具体情况，由于这两种失灵使得不同市场之间或者单个市场内部无法实现资源配置最优化，需要政府实施不同的产业政策，弥补各种市场的失灵。国内，路爱国（2006：78～82）最早从市场失灵的角度分析了现代产业政策存在的合理性。基于豪斯曼和罗德里克所提出的由协调失灵和信息外溢带来的市场失灵论，他通过深入分析协调这两种外部性市场失灵问题来论证现代产业政策理论存在的合理性。姜达洋（2010：93～113）详细阐述了以协调失灵和信息外溢为基本内容的市场失灵论与系统失灵论，指出市场失灵论和系统失灵论为产业政策的实施奠定了新的理论基础，确立了产业政策在现代经济中的重要地位。

二　战略性贸易政策理论

20 世纪 50、60 年代以来，以日本和东亚"四小龙"为代表的东亚国家和地区，积极实施出口导向型战略，扶持本国具有比较优势的产业发展，实现了经济的快速发展和产业结构的转型升级。20 世纪 70 年代末，东亚经济的崛起又催生了以"战略性贸易政策"为代表的新干预主义理论，这是一种新型贸易保护主义理论。该理论认为在不完全竞争的市场下，国家应从战略性高度，实施"战略性贸易政策"，利用关税和补贴保护本国产业，实现本国经济福利最大化。战略性贸易理论产生之后，对世界各国尤其是发达国家的贸易政策产生了深刻影响。

国内学者最早对战略性贸易理论进行讨论的是夏申（1995：12～16）。他介绍了战略性贸易政策的概念、内涵、约束条件、作用及适用产业，并对其进行了评析。张谦和吴一心（1998：55～58）阐述了战略性贸易政策产生的原因和以内部规模经济为基础的"利润转移"理论和以外部规模经济为基础的"外部经济"理论这两大衍生体系。温太璞（2001：26～27）通过剖析 20 世纪 60、70 年代发达国家实行战略性贸易政策过程中存在的一些重点问题，为我国产业政策的制定和调整起到一定的启发作用。武巧珍和吕春成（2002：41~44）通过对比较优势与竞争优势差异的分析，强调战略性贸易政策应以创造、培植和发挥竞争优势为出发点。张建新（2003：64~80）分析了美国70年代末从传统的自由贸易和保护主义政策转向公平贸易和战略性贸易政策的经济和理论因素，并基于美国80年代美日半导体和美欧商用航空器争端两个案例与90年代克林顿政府的"出口能动主义"战略指出美国在这两个阶段推行的战略性贸易政策在一定程度上为美国经济恢复、增强国际竞争力做出了贡献。

国内学者大多主张中国和其他发展中国家可以采取战略性贸易政策，以保护本国民族工业，赢得国际竞争优势，但是也有一些学者对此提出质疑，对战略性贸易政策在中国以及其他发展中国家的适用性进行讨论。刘力（1996：20~23）基于近年来不断升级的日美贸易摩擦，深入比较日美的战略性贸易理论措施与效果，对战略性贸易理论予以重新审视和评价，认为战略性贸易政策是一种损人利己的国家干预贸易政策，损害了全球多边贸易体制，其成功的可能性也很小，并指出日本的成功特例并不具备推广价值，尤其是发展中国家不能采用战略性贸易政策。李俊（1999：1~5）对"利润转移"理论和"外部经济"这两大衍生体系对战略性贸易政策实施的具体作用机制进行了阐述，并在放宽假设条件和前提条件的基础上对该政策的有效性进行检验，得出发展中国家并不具备发达国家实施战略性贸易政策的市场结构和规模经济。唐永红（1999：6~11）重新阐述了战略性贸易政策理论有效实施的一系列较为严格的条件，认为在我国推行战略性贸易政策将会受到以下限制：我国正处于经济体制转型的过程，市场机制不够完善，企业制度不健全，企业创新能力缺乏，微观基础薄弱；人为割裂市场，规模经济难以实现；宏观调控机制不健全，政策实施效果差；不合理、无效率的与规模经济相联系的行业的市场结构；其他一般性限制。他提出我国实施战略性贸易政策必须基于长远的眼光，通过完善市场机制、实施产业组织政策、发展规模经济和结合动静态比较优势为选择性地运用战略性贸易政策创造良好的推行条件。胡昭玲（2002：79~82）基于唐永红（1996：6~11）提出的我国实施战略性贸易政策必须满足市场结构与经济体制两方面的要求,对战略性贸易政策在中国的适用性问题做了探讨。胡昭玲认为,总体说来中国已经基本具备实施战略性贸易政策的条件,该政策在我国具有良好的应用前景,并对应该如何适当实施战略性贸易政策提出了相关的政策建议。

第三节　产业政策理论在中国的发展与争论

从世界各国的实践经验来看,产业政策在实施过程中随着各国的历史条件与经济发展阶段不断调整。我国的产业政策也在世界经济波动、产业结构优化升级中不断做出相应的调整,学术界对产业政策转型的研究在不断深入的同时也存在一些争论。

一　传统产业政策与现代产业政策之争

20世纪80年代中后期,日韩等东亚工业化国家成功的产业政策实践对我国产业政策的研究产生了较大影响。20世纪90年代以后,东亚国家开始推动产业政策体系的转型,欧美发达国家不断完善现代产业政策体系。我国的学者也积极调整研究方向,综合借鉴东亚和欧美的产业政策理论与实践,推动我国建设现代产业政策体系,为此,这一阶段,建设什么样的现代产业政策体系成为我国产业政策研究的一大重点,也是一大难点,国内学者对此意见不一。

李寿生(2000:49~58)对我国在21世纪前10年产业政策的战略目标和功能选择进行了深入研究,提出按照"比较优势"原则,加快培育具有国际竞争优势的主导产业的产业政策,充分体现公平市场竞争、实现"优胜劣汰"的竞争性产业政策,鼓励技术创新的产业政策,在农业、服务业制定实施保护性产业政策,共同构成新世纪前10年我国产业政策的基本框架和政策体系。王允贵(2002:7~10)提出在加入WTO的15年内,我国产业政策重点应是大力发展中等技术产业。王平和钱学锋(2007:49~55)从开放经济条件下技术进步偏向性出发,进一步指出为改善贸易条件,我国鼓励技术进步的政策应该倾向于进口偏向型中高级技术。何德旭和姚战琪（2008：46 ~ 56）基于中国经济所处的实际发展阶段和社会发展程度，以及所面临的资源和环境约束条件，结合 21 世纪前期国民经济与社会发展的战略目标，提出我国应构建高新技术驱动型产业政策，大力支持现代服务业和现代制造业发展，带动产业结构优化升级。杨轶（2008：103 ~ 105）也提出要构建创新驱动型产业政策。姜达洋（2010：117 ~ 144）在充分分析国内外最新产业政策研究结论的基础上，较早地对传统产业政策和现代产业政策从特点、手段、分析框架、对市场失灵的认识、核心内容等方面予以区分，强调现代产业政策是以能力建设与创新为核心的产业政策，这为我国产业政策的转型，即由传统产业政策体系向现代产业政策体系的转型提供了新的思路。刘涛雄、罗贞礼（2016：76 ~ 82）则指出，当前中国产业政策体系转型的核心是从传统的选择性产业政策体系迈向以竞争和创新为导向的新型产业政策体系。

二　选择性产业政策与功能性产业政策之争

Lall（1994：1 ~ 14）将产业政策分为选择性产业政策和功能性产业政策。其中选择性产业政策指的是日本战后早期实施的产业政策，后发展国家可以借助"赶超理论"，通过政策扶持特定的战略性产业或者新兴产业，缩短产业结构演进的过程，以顺利实现经济赶超目标；功能性产业政策则是强调政府应加强基础设施建设与市场制度建设，推动和促进研发创新、人力资本投资与积累，创造公平有效的市场环境，使市场机制的功能得到发挥。国内外学者纷纷就政府应实行选择性产业政策还是功能性产业政策展开了讨论。

20 世纪 80 年代中后期，为了推动中国从计划经济向市场经济转型，走中国特色社会主义工业化道路，实现经济快速稳定增长，增强我国产业的国际竞争力，提升全球经济地位，我国实行了选择性产业政策，学习日本的赶超战略，实现经济的复兴。因此，很多学者认为我国应以选择性产业政策为主。林毅夫（2012：11 ~ 44）从新结构经济学的角度提出产业政策要取得成功，就要引导企业进入具有比较优势的产业，实行选择性产业政策。石奇和孔群喜（2012：70～82）也认为在当前全球分工格局调整、中国企业不断致力于进入主要由经济发达国家组成的水平分工和水平竞争俱乐部的背景下，我国政府应该基于比较优势要素和比较优势环节制定新式产业政策。余明桂等（2016：7～24）基于2001～2011年我国上市公司及其子公司的专利数据，检验了中国产业政策对企业技术创新的影响，研究发现，产业政策可以促进企业创新，尤其是民营企业的技术创新。但黎文靖和郑曼妮（2016：60～73）对余明桂等（2016：7～24）的结论提出了质疑，并实证分析了中国产业政策对企业研发创新行为的影响及其内部机理，指出选择性产业政策只激励企业策略性创新，企业为"寻扶持"而增加创新"数量"，但创新"质量"并没有显著提高。

许多学者提出要构建以创新和竞争为导向的产业政策体系，这也反映了我国学者对于功能性产业政策的思考。有些学者认为由于选择性产业政策对市场进行大量的直接干预，越来越不能满足我国提升市场化水平、产业竞争力的新要求，不能实现产业转型升级、社会主义市场经济建设等经济目标。

江飞涛和李晓萍（2015：17～24）与顾昕（2017：91～100）等则指出，传统的选择性产业政策以直接干预市场与限制竞争为特征，这类政策存在较严重的缺陷。但产业政策在为产业发展创造良好的制度环境与市场环境方面，在基础研究、人力资本培育等外部性环节仍能发挥重要作用，并主张中国应加快向功能性产业政策体系转型。江飞涛和李晓萍（2015：17～24）及孙彦红（2012：43～61）指出功能性产业政策在本质上是横向性的，但是会根据不同产业的特征进行调整，是一种矩阵式的产业政策。江飞涛、李晓萍（2018：33～42）进一步指出，在功能性产业政策框架下，市场及市场机制居于主导地位，但政府仍扮演着关键性角色，市场与政府是互补与协同的关系。与市场机制一起共同发挥作用的是一个"有限"而"有效"的政府框架下积极作为的政府，政府"完善市场制度，增进市场机能，扩展市场作用范围，补充市场不足"。

三 产业政策与竞争政策之争

长期以来，在选择性产业政策的视角下，产业政策和竞争政策一直被认为是两种对立的观点：产业政策强调要发挥政府"看得见的手"的作用，政府通过制定和实施产业政策来弥补市场调节不足，组织和发挥比较优势，实现经济快速发展；竞争政策则强调要尊重个人产权和市场竞争秩序，政府只要提供公平、有效的市场环境，市场机制就能充分发挥作用，进而推进技术创新和经济发展。但是随着功能性产业政策研究的深入，越来越多的学者认同功能性产业政策与竞争政策之间是相容、互补与协同的关系。

基于传统的选择性产业政策的认识，产业政策与竞争政策之间是相互冲突、此消彼长的关系。国内学者一般认为，竞争政策与产业政策的关系是伴随着国家工业化进程所处阶段而存在差异的，在工业化的早期阶段产业政策应优先于竞争政策，随着工业化进程的推进，产业政策的优先地位应逐渐让位于竞争政策（石俊华，2008：27～30；刘桂清，2010：1～16；朱凯，2010：77～80）。有学者进一步认为，在确立竞争政策基础性地位的基础上，战略性领域作为例外仍可实施干预性产业政策（张亮、刘义成，2015：62～66）。

基于功能性产业政策与竞争政策重要性的认识，功能性产业政策与竞争政策之间是相容、互补与协同的关系。产业政策与竞争政策具有相同的目标，即推动产业结构的调整与产业竞争力的提升，竞争政策不应被视为产业政策的障碍（李晓萍、罗俊，2017：105～112；江飞涛、李晓萍，2018：33～42）。例如，在欧盟委员会看来，维护公平竞争秩序的竞争政策应作为促进经济增长、生产率与竞争力提升的主要手段。但这不意味着，产业政策就应退出市场。相反，欧盟委员会仍然认为产业政策在加快产业结构调整和促进竞争力提升方面同样具有重要作用（李晓萍、罗俊，2017：105～112）。从20世纪以来美国产业政策的发展来看，美国的产业政策始终坚持遵循竞争政策的基本原则，产业政策基本不干预市场竞争，产业政策的重点同样也是在激励创新、为创新研发提供良好的环境以及教育等方面（黄阳华，2018：147～154）。

四　产业政策中市场与政府的角色、关系及争论

产业政策中市场与政府应扮演什么样的角色、市场与政府应该是怎样的关系，是产业政策争论的核心问题。传统的选择性产业政策下，市场与政府之间的关系是"政府驾驭市场"，即政府主导市场发展方向的关系，对于政府能否主导市场、为市场指出正确的方向，大量产业政策相关研究对此提出了诸多质疑。

越来越多的研究及政策实践指向产业政策应以市场机制为基础，政府与市场之间应该是政府顺应市场、补充市场的关系。新结构经济学在其理论框架体系中提出了有效市场与有为政府的观点，并提出识别目标产业的"两轨六步法"。在新结构经济学中，有效市场充分反映要素的相对稀缺性，有为政府据此识别具有"比较优势"的新兴产业，进行因势利导（林毅夫，2012：1~44）。在有效市场与有为政府的框架体系中，政府是顺应市场与补充市场的关系。

田国强（2016：203~219）、顾昕（2016：220~236）等的观点与林毅夫并无与太大区别，他们认为产业政策应以市场机制为基础，在产业政策中政府应该扮演有限政府的角色。田国强等指出，"有限政府论在经济体制转型、结构变迁及市场失灵中发挥着不可或缺的指导性作用，产业政策的采用应适度、慎用"，"产业政策应立足于市场机制，产业政策不是替代市场，而是要为产业发展提供服务"。在田国强与顾昕看来，在产业政策中政府应尊重市场、维护市场，并在"市场失灵"领域弥补市场不足。

江飞涛和李晓萍（2018：33~42）则认为产业政策中市场与政府是互补与协同的关系。他们指出，在产业政策中市场应居于主导地位，政府应为市场提供高质量的基础制度，并约束自身行为，避免对市场过度干预；在基础设施、科技公共基础设施和服务体系、教育与劳动者培训、基础科学研究、环境保护等领域，仍需政府弥补市场的不足。其中，政府扮演着"有限而有效"政府的角色，即"完善市场制度，增进市场机能，扩展市场作用范围，补充市场不足"。

五　关于产业政策效果的实证研究及争论

产业政策是否能有效提升经济生产率、优化资源配置、促进企业技术创新、加快产业结构调整升级、促进经济增长是产业经济领域的重要实证问题。在中国学者对于产业政策实施效果的早期实证研究中，最为重要的是江小涓（1996：53～57，1999：10～59）的研究。江小涓对 20 世纪 80 年代末至 90 年代纺织、冰箱、汽车等行业的产业政策实施情况、影响及效果进行了详细的分析，指出中国实施政府干预型产业政策的效果多不理想，许多行业高速发展的过程，就是不断突破有关部门预测、脱离其规划、摆脱其干预的过程，如果政府的干预大部分得以实现，这些行业的发展就会被进一步延迟。

宋凌云和王贤彬（2013：63～77）基于中国省份五年规划的重点产业政策，利用中国工业企业数据库计算省份制造业二位码产业全要素生产率，实证检验了重点产业政策对生产率产生的作用，研究发现：地方政府的重点产业政策对地方产业生产率有显著提升作用。但在不同产业类型上，产业政策对全要素生产率的影响程度存在显著差异，这是由产业政策往往将资源导向生产率增长率更高的企业造成的。黎文靖和李耀淘（2014：122～134）研究了产业政策对中国企业投资行为的影响，对于提升中国产业政策实施效果、加快调整和升级产业结构有着重要意义。他们基于 2001～2011 年中国 A 股上市公司的财务数据，通过实证研究分析产业政策对上市公司投资行为的影响及其内部机制，研究表明：产业政策能促进民营企业的投资，但企业的投资效率下降；产业政策对国有企业的投资行为影响并不显著。研究进一步指出，产业政策应逐渐减少行政干预与管制，尽可能减少项目审批，并加快银行信贷的市场化。侯方宇和杨瑞龙（2018：63～80）从政商关系对产业政策治理"潮涌现象"的效果进行了探究，研究发现，在政商关系扭曲的情形下，地方政府与本地企业会利用信息优势规避来自中央的治理政策，从而导致治理"潮涌现象"的政策低效甚至无效，这为我国构建新型政商关系以提升产业政策的有效性提供了重要的理论借鉴。

近年来，不少学者注意到了产业政策实施效果的地区差异性。陈钊和熊瑞祥（2015：67~80）采用中国工业企业微观数据（1998~2007年），运用倍差法即排除产业政策的制定过程中存在事先的挑选赢家行为，评估了国家级出口加工区在成立之初对所选择的"主导产业"的扶持政策的有效性并考察了比较优势对产业政策实施效果的作用。研究发现，总体上出口鼓励政策显著提升了受扶持行业内企业的出口额。中国在制定鼓励出口的地方产业政策时，要按照该地区的比较优势来确定应扶持的"主导产业"。孙早和席建成（2015：52~67）基于我国分权治理模式，考评了我国产业政策的实施效果，研究结果表明，中国式产业政策的实施效果不仅取决于中央政府赋予地方政府的双重任务目标，还受到不同地区经济发展水平和市场化程度的影响，存在显著的地区差异性。这对我国新型中央和地方关系的探索、不同类型经济政策的协调和差异化产业政策的制定起到了重要的启示作用。张莉等（2017：63~80）对地方政府对于宏观经济政策的不同反应进行了实证研究，结果发现：重点产业政策在总体上显著增加了城市工业用地出让的宗数和面积，但中央与地方的重点产业政策的影响程度存在比较显著的差异，地方政府会将工业用地更多配置在地方提及而中央未提及的重点发展产业领域，但东部地区和高级别城市对重点产业政策的落实往往存在"示范效应"。韩永辉等（2017：35~50）实证检验产业政策在产业结构合理化和高度化中的驱动机理，研究发现：产业政策显著促进了地区产业结构合理化和高度化；市场化水平提高有利于推进产业结构优化升级，要落实市场在资源配置中的决定性作用，深化市场改革；产业政策和市场化之间是互补共生关系、协调市场和政府之间的关系；政府能力和效率的提高是产业政策有效实施的重要保障，要深化政府体制改革，构建"有效政府"。

参考文献

江飞涛、李晓萍，2010，《直接干预市场与限制竞争：中国产业政策的取向与根本缺陷》，《中国工业经济》，第9期。

杨沐，1987，《各国产业政策的比较研究》，《经济社会体制比较》，第3期。

张维迎、程晓农，1988，《市场经济中的政府行为——日本经济体制考察》，《经济社会体制比较》，第1期。

陈小洪，1993，《日本通产省的作用，组织和政策》，《管理世界》，第2期。

陈吉江，1993，《日本实施产业政策的成功经验》，《世界经济》，第3期。

孙振远，1989，《苏联新产业政策与产业结构调整》，《世界经济》，第8期。

国务院发展研究中心赴泰产业政策考察团，1990，《泰国的产业政策与经济发展》，《管理世界》，第6期。

杨沐、黄一义，1986，《需求管理应与供给管理相结合——兼谈必须尽快研究和制订产业政策》，《经济研究》，第3期。

周林、杨云龙、刘伟，1987，《用产业政策推进发展与改革——关于设计现阶段我国产业政策的研究报告》，《经济研究》，第3期。

刘伟、杨云龙，1987，《中国产业经济分析》，中国国际广播出版社。

刘伟、杨云龙，1992，《工业化与市场化：中国第三次产业发展的双重历史使命》，《经济研究》，第12期。

刘昌黎，1987，《进口替代是我国赶超世界工业大国的长期战略》，《经济研究》，第8期。

田春华，1988，《产业政策与比较利益》，《世界经济》，第9期。

刘鹤、杨焕昌、梁均平，1989，《我国产业政策实施的总体思路》，《经济理论与经济管理》，第2期。

陈小洪，1989，《我国产业组织及产业组织政策分析》，《管理世界》，第5期。

周振华，1991，《产业政策的经济理论系统分析》，中国人民大学出版社。

周振华，1990，《我国产业政策效应偏差分析》，《经济研究》，第11期。

江小涓，1991，《论我国产业结构政策的实效和调整机制的转变》，《经济研究》，第2期。

江小涓，1995，《1995—2010年我国产业结构变动趋势和产业政策》，《山西财经学院学报》，第3期。

江小涓，1993，《中国推行产业政策中的公共选择问题》，《经济研究》，第6期。

张鹏飞、徐朝阳，2007，《干预抑或不干预？——围绕政府产业政策有效性的争论》，《经济社会体制比较》，第4期。

Beason R., Weinstein D. E., 1998, "Growth, Economies of Scale, and Targeting in Japan (1955 - 1990)," *Review of Economics and Statistics*, 78 (2).

姜达洋，2016，《现代产业政策理论新进展及发展中国家产业政策再评价》，经济日报出版社。

Smith T. B., 1973, "The Policy Implementation Process," *Policy Sciences*, 4 (2).

Hausmann, Rodrik., 2006, "Doomed to Choose: Industrial Policyas Pre-dicament,"

Blue Sky Seminar.

　　路爱国，2006，《国外产业政策研究若干新进展》，《经济学动态》，第 10 期。

　　姜达洋，2010，《现代产业政策理论新进展及发展中国家产业政策再评价》，中国人民大学。

　　夏申，1995，《论战略性贸易政策（上）》，《国际贸易问题》，第 8 期。

　　张谦、吴一心，1998，《战略性贸易政策理论的产生及其体系》，《上海经济研究》，第 2 期。

　　温太璞，2001，《发达国家战略性产业政策和贸易政策的理论思考和启示》，《商业研究》，第 10 期。

　　武巧珍、吕春成，2002，《战略性贸易政策的本质在于创造竞争优势》，《财贸经济》，第 6 期。

　　张建新，2003，《美国的战略性贸易政策》，《美国研究》，第 1 期。

　　刘力，1996，《日美贸易摩擦与战略贸易论》，《世界经济研究》，第 2 期。

　　李俊，1999，《战略性贸易政策及其局限性》，《国际贸易问题》，第 4 期。

　　唐永红，1999，《战略性贸易政策理论在我国的适用性问题》，《国际贸易问题》，第 6 期。

　　胡昭玲，2002，《论战略性贸易政策在中国相关产业的适用性问题》，《经济评论》，第 4 期。

　　李寿生，2000，《关于 21 世纪前 10 年产业政策若干问题的思考》，《管理世界》，第 4 期。

　　王允贵，2002，《产业政策的中长期主题：发展中技术产业》，《管理世界》，第 4 期。

　　王平、钱学锋，2007，《从贸易条件改善看技术进步的产业政策导向》，《中国工业经济》，第 3 期。

　　何德旭、姚战琪，2008，《中国产业结构调整的效应、优化升级目标和政策措施》，《中国工业经济》，第 5 期。

　　杨轶，2008，《试论创新驱动型产业政策》，《改革与战略》，第 2 期。

　　刘涛雄、罗贞礼，2016，《从传统产业政策迈向竞争与创新政策——新常态下中国产业政策转型的逻辑与对策》，《理论学刊》，第 2 期。

　　Lall S., 1994, "Industrial Policy: The Role of Government in Promoting Industrial and Technological Development," *Unctad Review.*

　　林毅夫，2012，《新结构经济学》，北京大学出版社。

　　石奇、孔群喜，2012，《实施基于比较优势要素和比较优势环节的新式产业政策》，《中国工业经济》，第 12 期。

　　余明桂、范蕊、钟慧洁，2016，《中国产业政策与企业技术创新》，《中国工业经济》，第 12 期。

　　黎文靖、郑曼妮，2016，《实质性创新还是策略性创新？——宏观产业政策对微观企业创新的影响》,《经济研究》,第 4 期。

江飞涛、李晓萍,2015,《当前中国产业政策转型的基本逻辑》,《南京大学学报》,第 3 期。

顾昕,2017,《协作治理与发展主义:产业政策中的国家、市场与社会》,《学习与探索》,第 10 期。

孙彦红,2012,《欧盟产业政策研究》,社会科学文献出版社。

江飞涛、李晓萍,2018,《产业政策中的市场与政府——从林毅夫与张维迎产业政策之争说起》,《财经问题研究》,第 1 期。

石俊华,2008,《日本产业政策与竞争政策的关系及其对中国的启示》,《华东经济管理》,第 10 期。

刘桂清,2010,《反垄断法中的产业政策与竞争政策》,北京大学出版社。

朱凯,2010,《论产业政策与竞争法的冲突与协调》,《菏泽学院学报》,第 1 期。

李晓萍、罗俊,2017,《欧盟产业政策的发展与启示》,《学习与探索》,第 10 期。

黄阳华,2018,《从美国学派看后全球金融危机时代的美国产业政策》,《学习与探索》,第 10 期。

田国强,2016,《林毅夫、张维迎之争的对与错:兼谈有思想的学术与有学术的思想》,《比较》,第 6 期。

顾昕,2016,《重建产业政策的经济理论》,《比较》,第 6 期。

江小涓,1996,《产业政策实际效果的初步评价》,《社会科学辑刊》,第 1 期。

江小涓,1999,《利用外资对产业发展的促进作用——以发展中国家为背景的理论分析》,《中国工业经济》,第 2 期。

宋凌云、王贤彬,2013,《重点产业政策、资源重置与产业生产率》,《管理世界》,第 12 期。

黎文靖、李耀淘,2014,《产业政策激励了公司投资吗》,《中国工业经济》,第 5 期。

侯方宇、杨瑞龙,2018,《新型政商关系、产业政策与投资"潮涌现象"治理》,《中国工业经济》,第 5 期。

陈钊、熊瑞祥。2015,《比较优势与产业政策效果——来自出口加工区准实验的证据》,《管理世界》,第 8 期。

孙早、席建成,2015,《中国式产业政策的实施效果:产业升级还是短期经济增长》,《中国工业经济》,第 7 期。

张莉、朱光顺、李夏洋等,2017,《重点产业政策与地方政府的资源配置》,《中国工业经济》,第 8 期。

韩永辉、黄亮雄、王贤彬,2017,《产业政策推动地方产业结构升级了吗?——基于发展型地方政府的理论解释与实证检验》,《经济研究》,第 8 期。

第十一章　产业组织理论

产业组织理论是关于市场经济中企业行为和组织制度的学科，是西方产业经济学的核心理论。产业组织理论发展成为一门比较成熟的学科，经历了两个发展阶段，先后形成了哈佛学派的 SCP 范式、芝加哥学派的产业组织理论与新产业组织理论等。20 世纪 80 年代以来，西方产业组织理论被引入中国，中国学者将其应用到对中国产业经济问题的研究分析中。产业组织理论的引进和应用，主要分为以下三个阶段：20 世纪 80 年代初至 90 年代，主要是引进和学习西方产业组织理论和实践，并开始尝试运用相关理论对我国的产业组织问题进行研究分析；20 世纪 90 年代至 21 世纪初，切实地将西方产业组织理论运用到对中国产业组织问题的分析中来，初步形成了中国特色产业组织理论体系；2001 年至今，引入博弈论等新的分析工具，进一步将产业组织理论用于我国具体情况的研究，补充、拓展了产业组织理论。

第一节　产业组织理论的引入与传播（1980 ~1990年）

改革开放之前，由于我国实现高度集中的计划经济，缺乏产业组织理论的研究对象，我国未建立产业组织理论体系。但是，在我国经济发展过程中会遇到一些与产业组织相关的问题，主要是在中央集权与地方分权背景下规模经济与工业托拉斯优越性的分析，但这些都是在传统的计划经济范式下进行的，并没有涉及产业组织理论的核心问题。改革开放后，我国开始建立社会主义市场经济体制，并引进产业组织理论，为此，我国产业组织理论研究范式开始转换。20 世纪 80 年代中期前后，西方产业组织理论被较为系统地引入我国，并开始尝试对我国社会主义市场经济中的一些产业组织问题予以解释和分析。

最早被介绍到我国的产业组织著作是 1980 年易家祥翻译的美国学者威廉·格·谢佩德的《市场势力与经济福利导论》，但并未能引起国内学界的关注。1985 年，世界银行经济发展学院和清华大学经济管理学院联合编印了《产业组织经济学》。该书比较系统地介绍了国外的产业组织理论。此后许多西方经济学中产业组织理论的教材和经典性作品陆续被引入我国。1988 年，我国翻译出版了日本学者植草益所著的《产业组织论》一书。之后，我国又陆续翻译出版了几本西方产业组织理论的著作，如克拉克森、米勒的《产业组织：理论、证据和公共政策》、施蒂格勒的《产业组织和政府管制》。这些著作中文版的出版，对我国产业组织研究范式的转变起到了重要的推动作用。

国内最早对产业组织问题进行系统性介绍的是杨治所著的《产业经济学》一书，这是国内首次以"产业经济学"为名的著作。该书的出版对我国的产业组织理论研究产生了较深远的影响。1990 年，陈小洪和金忠义出版著作《企业市场关系分析——产业组织理论及其应用》，详细介绍了西方产业组织理论基本的分析框架。

从 80 年代中期开始，国外产业组织理论的研究范式开始被运用到我国经济研究中。杨伟民和刘吉丰（1988：41～47）对我国产业组织问题进行分析，指出现行产业组织模式存在两大弊端——非经济垄断和非效率竞争，缺乏兼并机制是我国产业组织发展中的最大障碍，并提出要构建产业机制来深化改革。丁敬平（1988：55～60）针对我国企业规模小、企业间分工不合理等问题，基于规模经济理论，提出我国应建立大企业以优化产业组织。随着我国开放和市场化水平的提高，垄断和竞争问题日益凸显，一些学者根据我国的国情，对西方产业组织理论中的垄断与竞争问题进行了研究。胡汝银（1988）的《竞争与垄断：社会主义微观经济分析》一书，是第一部系统地研究社会主义经济中竞争与垄断问题的著作。该书运用马克思"制度—行为—结果"的分析框架，深入分析了社会主义竞争和垄断的各个方面的现状及存在的一些问题。陆德明（1988：64～69）认为深化改革的关键在市场，市场化的前提是组织，从而提出我国必须改革产业组织，建立垄断竞争市场。邹东涛和杨秋宝（1989：183～226）依然在马克思的分析框架下，进一步系统论证了我国经济的竞争模式及其规律，充分肯定了竞争对我国经济发展的巨大推动作用，但必须划定竞争界限以免扰乱非经济领域的正常秩序。同时，产业组织理论还被尝试运用到具体的产业中。贺德龙等（1989：39～41）基于我国机械工业的生产集中度低、规模经济生产少，存在大量不正当竞争等问题，分析总结了机械工业产业组织演进的规律，探讨我国机械工业产业组织不尽合理的原因，提出必须控制发展速度，强调宏观管理和市场机制相结合，采用必要的硬约束和适当组建全国性的跨地区实体性企业集团的产业组织政策。石向欣（1989：160～167）指出产业组织结构失调加剧了轻工业的资源短缺、供求失衡，需要通过优化调整产业组织结构，实现生产要素的优化组合与资源的合理配置，进而增加轻工产品的有效供给。

第二节　产业组织理论在中国的应用与发展（1991～2000年）

随着改革开放的深入，我国的社会主义市场经济体制不断完善，西方产业组织理论中垄断与竞争、竞争与效率等问题在我国的经济发展中日益凸显，我国的产业组织理论研究有了更为丰富的素材，通过将西方产业组织理论运用到对中国产业组织问题的分析中来，产业组织理论不断充实，形成了具有中国特色的产业组织理论体系。这一时期，产业运行绩效、产业集中度、反垄断与管制政策、西方产业组织理论适用性等问题是我国学者研究的重点，大量分析较为规范的研究成果得以涌现。

产业组织的运行绩效是产业组织理论关注的重点问题。王慧炯（1991）的著作分析了改革开放前后的市场结构、市场主体行为、市场绩效的演变及现状，探讨了建立有效的竞争机制问题。1994年，夏大慰撰写了《产业组织学》。1995年，王俊豪编写了《市场结构与有效竞争》一书。该书采取规范分析和实证分析相结合的方法，把市场结构和有效竞争作为统一体进行研究，并形成了完整的理论体系。毛林根（1996）在《结构·行为·效果——中国工业产业组织研究》一书中，通过详实的实证研究和计量分析，基于产业组织理论沿革和中国工业产业的历史与现状分析，深入探索了"如何使中国产业组织形成有效竞争态势，实现令人满意的市场效果"这一基本问题，并提出中国产业组织改革与创新的思路。

产业集中度和反垄断与管制政策的问题在 20 世纪末受到了国内学者的广泛关注。余晖（1994：50~54，1997：29~32）对我国的政府管制活动开展了专题研究。他基于我国政府在对市场干预中出现的一些问题如职责不明、管理混乱等，试图通过法律条文梳理中国政府管制制度，进行政府职能划分，构建合理的政府管制程序。王俊豪（1997：36~42）吸取英国在基础设施领域政府管制体制改革中的一些经验教训，对我国政府管制提供改进思路。戚聿东（1997：23~29）认为传统及现代垄断理论是基于完全竞争这样苛刻的假设的，以完全竞争为参照系来判断垄断优劣的做法也就失去了科学性，并指出垄断是社会化大生产和科技进步过程中资本积聚和资本集中的必然产物，且假设在资源优化配置过程中形成的垄断并没有排斥和妨碍竞争机制的作用发挥，那么在这一过程中必然伴随着资源配置效率的提高。因此他基于垄断结构与垄断行为讨论了垄断与竞争的关系，得出垄断行为阻碍竞争，但垄断结构并不会阻碍竞争反而起到促进竞争的作用，因此我国在制定反垄断法时应注意不要限制垄断结构。张维迎和盛洪（1998：66~75）较早对我国反垄断问题进行了分析，明确指出中国反垄断的首要任务是反政府部门的垄断行为。吴汉洪（1998：114~153）从经济学的角度结合西方理论和经验对我国市场竞争立法进行系统讨论。张亚芸和潘建亭（1999：59~62）基于我国企业的市场集中度低、企业规模小、计划经济体制遗留下来的行政垄断问题突出等，结合股份化、市场化对反垄断法提出的新要求，提出我国在制定反垄断法时，不能完全照搬成熟市场经济国家反垄断法的做法，而是在考虑我国国情的基础上，借鉴其他国家反垄断法规制公司合并的经验。随着我国经济体制改革的进一步深化和《反垄断法》的出台，产业集中度问题越来越受到政府、产业界和经济学者的关注。马建堂

（1993：125～130）以现代产业组织理论为基础，对我国主要行业的市场结构、进入壁垒、市场绩效进行了详细研究，填补了我国在产业组织领域的"基础数据"空白，也使其研究分析有了坚实的基础，结论更可靠。

西方产业组织理论的适用性问题也引起了国内学者的思考。针对部分行业乃至全行业的产能过剩、企业数量多质量差等问题，国内学者开始反思用西方产业组织理论的基本框架来分析中国问题是否对我国的产业组织具有指导意义。刘世锦和江小涓（1996：121～130）实证分析了我国在企业制度、市场结构和政府行为的变化方面都具有典型性代表的电冰箱行业产业的组织演变过程，指出我国社会主义市场经济体制尚未完善且我国消费者数量庞大但消费者之间的收入差距较小等原因，致使产业集中度下降，但这并不意味着西方产业组织理论认为的——在经济高速扩张阶段，产业集中度下降代表着产业组织结构恶化，所以西方产业组织理论不能被照搬到我国经济研究中来，要结合我国的具体情况予以分析。马建堂（1993：125～130）着重考察了我国行业集中度、集中度与行业绩效的关系，在此基础上检验了 SCP 分析在我国的适用性问题，认为产业组织理论所持的集中度与利润率的正相关关系存在的条件——市场经济下自主的企业行为在我国还不具备，因此造成了行业集中度和行业利润率正相关理论在我国的失效。

第三节 中国产业组织问题研究的发展（2001年至今）

1997 年，泰勒尔的《产业组织理论》、丹尼斯·卡尔顿和杰弗里·佩洛夫的《现代产业组织》被翻译出版，这两本著作将博弈论和信息经济学方法用于分析产业组织问题，为中国产业组织理论的研究带来了新的分析方法。20世纪 90 年代以来，博弈论等新的分析工具在产业组织理论中的广泛运用，使产业组织问题的研究越来越具体、深入，并对中国经济转型升级中的产业组织问题进行了实证检验，如金融、保险、证券、国际贸易等产业领域。

SCP（结构—行为—绩效）分析框架仍然是中国学者研究产业组织时主要使用的研究工具。胡晓鹏（2007：63～70）针对学术界就传统产业组织理论的内涵、特征与分析框架提出的质疑和评判给出了不同意见。他认为传统产业组织理论的 SCP 分析范式面对新的产业形态并没有出现致命的缺陷，并通过对以价值链理论和模块化理论为基础的产业微观层面的剖析，建构了一个能够解释并适应于不同微观经济基础特征的产业组织理论范式。

王聪和段西军（2002：39~47）采用 SCP 框架，分析了我国证券市场结构与佣金制度，发现我国证券行业除了存在市场进入限制外，符合经济学低集中的完全竞争性市场描述。在经纪业务竞争行为上，证券公司经常采用返佣等不正当竞争手段来吸引客户、排挤竞争对手。在固定佣金制度下，证券行业超额垄断利润使整个社会福利下降，证券市场淘汰机制弱化，抑制证券行业的技术进步和交易方式的创新，降低了我国证券市场的国际吸引力，还会产生寻租行为。同时，交易成本的下调并不会引发我国证券市场的过度投机行为，不会对证券市场的稳定性造成冲击。因此，应设定佣金下限，在下限之上自由协商，逐步建立有限度管制的浮动佣金制度，同时降低印花税以支持佣金制度改革，实行佣金水平与客户委托一起向交易所申报的制度。

潘克西、濮津等（2002：77~88）运用时间序列个案研究的方法，计算美国 1965~2001 年和中国 1990~2001 年的煤炭市场集中度指标数值，并通过中美煤炭市场集中度及其影响因素的比较，对中国煤炭市场结构特征进行客观的分析和评价，指出中国煤炭产业的市场进程，特别是以大型国有煤矿为中心的企业制度的改革和创新等问题迫切需要将产业组织理论应用到中国煤炭行业中。

邵全权等（2010：118~132）基于新产业组织理论，利用 12 家寿险公司和 16 家财险公司近 10 年的面板数据，实证研究了保险保障基金提取额对保险业产业组织的影响，研究表明：寿险业和财险业普遍存在过度竞争，竞争侵蚀绩效；无论是财险业还是寿险业，保险保障基金提取额对竞争活动的积极程度和市场份额都具有正向影响，而与保险公司的经营绩效负相关；保险保障基金制度从隐性制度转变为显性制度有利于抑制道德风险，使大多数保险公司规范自身竞争行为、扩张市场份额并提高绩效水平。

参考文献

威廉·格·谢佩德，1980，《市场势力与经济福利导论》，商务印书馆。

植草益，1988，《产业组织论》，中国人民大学出版社。

肯尼斯·W. 克拉克森、罗杰·勒鲁瓦·米勒，1989，《产业组织：理论、证据和公共政策》，上海三联书店。

乔治·J. 施蒂格勒，1989，《产业组织和政府管制》，三联书店。

杨治，1985，《产业经济学导论》，中国人民大学出版社。

陈小洪、金忠义，1990，《企业市场关系分析——产业组织理论及其应用》，科学技术文献出版社。

杨伟民、刘吉丰，1988，《产业组织模式及其选择》，《数量经济技术经济研究》，第7期。

丁敬平，1988，《以大企业为主体再造我国产业组织结构》，《中国工业经济》，第4期。

胡汝银，1988，《竞争与垄断：社会主义微观经济分析》，上海三联书店。

陆德明，1988，《改造产业组织 建立垄断竞争市场》，《经济研究》，第10期。

邹东涛、杨秋宝，1989，《经济竞争论》，四川人民出版社。

贺德龙、张秉充、鲍去病等，1989，《论我国机械工业产业组织政策》，《中国工业经济》，第6期。

石向欣，1989，《论轻工业产业组织结构及调整》，《管理世界》，第3期。

王慧炯，1991，《产业组织及有效竞争：中国产业组织的初步研究》，中国经济出版社。

夏大慰，1994，《产业组织学》，复旦大学出版社。

王俊豪，1995，《市场结构与有效竞争》，人民出版社。

毛林根，1996，《结构·行为·效果——中国工业产业组织研究》，上海人民出版社。

余晖，1994，《管制的经济理论与过程分析》，《经济研究》，第5期。

余晖，1997，《政府管制与行政改革》，《中国工业经济》，第5期。

王俊豪，1997，《中国基础设施产业政府管制体制改革的若干思考——以英国政府管制体制改革为鉴》，《经济研究》，第10期。

戚聿东，1997，《资源优化配置的垄断机制：兼论我国反垄断立法的指向》，《经济研究》，第2期。

张维迎、盛洪，1998，《从电信业看中国的反垄断问题》，《改革》，第2期。

吴汉洪，1998，《西方寡头市场理论与中国市场竞争立法》，经济科学出版社。

张亚芸、潘建亭，1999，《对公司并购的反垄断规制：兼论我国的反垄断立法》，《中国工业经济》，第 10 期。

马建堂，1993，《结构与行为：中国产业组织研究》，中国人民大学出版社。

刘世锦、江小涓，1996，《竞争性行业如何实现生产集中——对中国冰箱行业发展的实证分析》，《管理世界》，第 1 期。

马建堂，1993，《中国行业集中度与行业效绩》，《管理世界》，第 1 期。

泰勒尔，1997，《产业组织理论》，中国人民大学出版社。

丹尼斯·W. 卡尔顿、杰弗里·M. 佩洛夫，2009，《现代产业组织》，中国人民大学出版社。

胡晓鹏，2007，《模块时代的产业结构：基于 SCP 范式的研究》，《中国工业经济》，第 4 期。

王聪、段西军，2002，《中国证券市场佣金制度研究——关于中国证券市场的 SCP 分析框架》，《经济研究》，第 5 期。

潘克西、濮津等，2002，《中国煤炭市场集中度研究——中美煤炭市场集中度比较分析》，《管理世界》，第 12 期。

邵全权、解强、陈月，2010，《保险保障基金对中国保险业产业组织的影响》，《数量经济技术经济研究》，第 2 期。

第十二章　新一轮科技革命
与工业发展理论

第一节　新工业革命的趋势及影响

以大数据、云计算、物联网、人工智能、3D 打印等新一代高新信息技术的广泛应用为特征的新工业革命，推动了传统生产方式的变革和全球产业价值链的重构，给世界经济带来了新的机遇和挑战。2008 年国际金融危机以来，为了实现经济复兴，推动本国产业发展，各国政府都推出一系列旨在通过发展先进制造技术进而复兴或加强制造业的战略和政策安排。中国已经进入工业化后期阶段，随着经济进入新常态和新工业革命的到来，我国的工业转型发展也面临着更严峻的挑战。国内学者就新工业革命和我国工业化道路展开了深入研究，分析新工业革命带来的机遇和挑战，为我国工业化道路发展提供政策建议。

一　对于新工业革命内涵和特征的研究

对于工业革命的划分并没有统一和公认的标准，引发了国内学者对新工业革命的内涵与特征的大讨论。徐梦周和贺俊（2012：46～47）认为，新工业革命是一场可重构制造系统的大规模定制生产，其技术发展具有以下特点：一是新材料复合化、纳米化，二是生产制造快速成型，三是生产系统数字化、智能化。得益于关键技术的突破，本次工业革命的生产方式也会出现相应的重大转变，既突破福特模式下低成本的大规模生产，也区别于高成本的个性化定制，而是强调生产企业在差异化产品和生产成本之间寻求有效的平衡。黄群慧和贺俊（2013：5～18）提出突破传统的工业革命的三大标准①，从工业生产所依赖的主导性制造系统的技术经济特征的角度，认为新工业革命即"第三次工业革命"的兴起是以人工智能、数字制造和工业机器人等为代表的新工业技术的成熟和经济成本已经能够达到由制造业企业进行大规模应用和推广的水平，当工业各个领域的新技术、新工艺被广泛应用时，新的工业革命便爆发。金碚（2014：51～64）在对工业的使命和价值的论述中提出，工业在本质上是科技进步的物质实现形式，也是信息关系的演化。他高度赞扬了信息化对工业文明本质的全面展现作用，让人类社会进入以人工智能和生命科学为标志的新工业革命时代，工业化与信息化的深度融合将使工业文明达到新的境界。纪建强和翟晓鸣（2015：127～129）在总结各种观点的基础上，认为第三次工业革命具有如下特征。第一，能源使用的主体为可再生能源，利用方式为能源互联网。互联网技术和传统电网技术的融合形成能源互联网，可以满足新能源的特点，方便地实现能源的使用、存储与共享，大幅度提高能源利用效率。第二，社会生产方式为大规模定制、可重构制造系统和社会化生产。工业化和信息化的深度融合，突破了范围经济对现有经济生产方式的限制，经济活动对自然条件依赖程度下降，人类生产活动的空间和广度都进一步拓展。第三，新材料、新物种是劳动对象的重要来源，第三次工业革命能极大拓展人类劳动对象的来源。贾根良（2016：87～106）批判了19世纪美国学派的"资本的能量生产率"理论，借助马克思的机器大工业和科技革命理论，提出第三次工业革命的核心是以人工智能系统替代人类的脑力劳动，以智能制造为核心的工业智能化是工业化的新类型及高级阶段，"资本的智能生产率"已经成为国际竞争的战略制高点。张其仔（2018：96～104）对新工业革命究竟是属于第三次还是第四次工业革命进行了探讨，认为第四次工业革命是一次由网络化、数字化、智

---

① 工业革命的界定至少应当符合以下三个方面的概念要求：一是对不同阶段的划分应当遵循相同的标准，从而能够逻辑一致地刻画工业发展的脉络；二是所指的工业革命应当以"重大的"技术范式转变为基础，这种突破性的转变能够带来巨大的技术机会和广泛的应用前景；三是工业革命应能够对产业结构和产业竞争格局产生深远的影响。

能化与绿色化等多种趋势融合发展的革命，其创新的特点是由串联式创新向并联式创新转化、由采摘果实类创新向重组式创新转化。

二　围绕新工业革命对工业发展影响展开的研究

黄群慧和贺俊（2013：5～18）对"第三次工业革命"的影响进行了深入探究，指出随着"第三次工业革命"下先进制造技术、制造系统和制造范式的出现，不仅仅会带来制造技术的发展，还将带来新的人力资本的投入、企业战略方向和投资结构的调整，以及新的产业组织形态的产生。因此，"第三次工业革命"将实现由技术进步带来的技术、管理、制度和政策的全面协同变革，会对工业组织结构、产业竞争范式和全球工业竞争格局带来重大的影响，具体表现在：制造技术进步与技术经济范式的转变，改变企业核心竞争力所依赖的资源基础从而重构全球产业竞争格局。

黄群慧（2013：5～11，2014：5～19）进一步将"第三次工业革命"这种世界工业化进程中的新趋势对中国工业化进程可能形成的冲击和挑战归纳为以下三个方面。第一，中国的要素成本优势进一步弱化。随着我国经济发展、人均收入水平提高，我国在世界上的劳动力成本优势不断下降，而以智能化、高新科技为导向的"第三次工业革命"使制造过程数字化、智能化，对劳动力的需求下降，从而导致劳动力成本在整个生产成本中的比例随之下降，我国的要素成本优势被进一步削弱，对传统的廉价劳动力导向性产业带来巨大的冲击。第二，抑制中国产业升级和产业结构升级。"第三次工业革命"是以现代制造技术为制高点的一场革命，现代制造技术的应用提升了产业价值链中制造环节的价值创造能力，重构了原来的产业价值链。过去描述价值链各环节价值创造能力差异的"微笑曲线"有可能变成"沉默曲线"甚至"悲伤曲线"。发达国家在发展现代制造技术上具有技术、资本、人才和市场的优势，有利于实现制造业重塑和实体经济振兴，制造业重心再次回到发达国家中去，颠覆后发国家实现赶超的"雁阵理论"，进一步拉大我国和发达国家之间的差距。第三，进一步恶化我国的收入分配结构。"第三次工业革命"促使产业数字化、智能化，而我国劳动力素质差异较大，不能实现素质迅速、大幅提升的劳动力就会面临失业或者被锁定在低附加值的简单劳动环节中，致使我国贫富差距进一步加大、收入分配结构恶化。这些冲击和挑战会加大我国实施新型工业化战略的难度，但同时也使我们更加深刻地认识到了加快产业结构调整的必要性和紧迫性，倒逼我国推进产业结构转型升级。

三 围绕如何应对新工业革命带来的挑战而展开的研究

黄群慧和贺俊（2013：5～18）在分析"第三次工业革命"对我国工业化带来的机遇和挑战的基础上，提出中国作为工业化后发国家，可以在"第三次工业革命"不断试错和学习、逐步演进的过程中，充分利用完备的工业体系和庞大的制造基础的后发优势，不断吸收现代制造技术从而形成动态比较优势。同时强调了"第三次工业革命"不能狭隘地局限于前沿制造技术的发展，要通过配套相应的国家发展战略和产业政策调整使这次变革深入技术经济社会系统，实现多维度的变革：发展现代制造技术的同时，加强互补性能力的培育和提升，将现代制造技术转化为现实的产品、企业和产业竞争力。

贾根良（2013：13～22）通过对我国光伏产业和机器人产业的案例研究，认为我国光伏产业和机器人产业的发展模式无法承担起迎接第三次工业革命的历史重任，其根本原因就在于我国在战略性新兴产业上仍然试图通过"第一种机会窗口"即继续沿袭劳动力成本低廉的比较优势来应对新工业革命。为了抓住第三次工业革命的"第二种机会窗口"，我国战略性新兴产业的发展模式亟须进行重大变革。

王家庭和孙哲（2014：168～175）在把握第三次工业革命新内涵——低碳概念驱动产业创新、需求因素引导新兴产业、"再工业化"支撑产业体系和扁平化组织形成产业网络的基础上，对工业革命进程中教育与经济转型的关系进行理论分析，指出我国要顺利实现经济转型，就必须充分发挥教育的作用。通过借鉴发达国家应对第三次工业革命的教育战略，从教育的内部作用和外溢作用两方面促进我国经济转型：第一，要发挥教育的内部作用，人才结构方面有针对性地实现多样化；第二，积极发挥教育的外溢作用，实行意识教育和教育方式变革。

黄阳华（2015：1～10）系统研究了德国在制造业领域推行的"工业4.0"计划的实施背景、主要内容和重点工作，比较了该计划与其他版本的"第三次工业革命"的异同，提出了德国经验对我国产业发展和产业政策的若干启示，包括重新认识工业和工业化的意义、产业政策向创新政策转变、拓展新型工业化道路的内涵及调整中小企业政策思路等。

第二节　新一轮科技革命与中国的产业发展

20世纪70年代以来，陆续出现的以微电子技术、生物工程技术、新材料、新能源、海洋技术、光导技术等一系列新科技为主导的新的科技革命浪潮席卷全球。新科技革命正在深刻地改变着人类的生活方式，同时也影响着世界各国特别是大国之间的实力对比，重塑以国家竞争力为核心的世界政治格局。多数国家已推出振兴制造业的战略或计划，中国也积极行动，试图牢牢抓住这次新技术革命带来的机遇，积极应对新一轮技术革命。中国学术界对新一轮科技革命及其对产业带来的影响进行了较为深入的研究，研究主要围绕以下几个方面展开。

一　新科技革命内涵和特征

2013～2017年，习近平主席多次提及"新一轮科技革命"或"新科技革命"，但是对于新科技革命的"新"在何处，学界对此并没有形成统一的标准和观点。牟红（2013a：39～42）认为人类历史上经历了三次科技革命，第一次科技革命（18世纪60年代至19世纪40年代）发端于英国，以蒸汽机的发明和大量运用为标志。第二次科技革命（19世纪60年代至20世纪40年代）始于美国和德国，电力的广泛运用是这一时期的主要特征。第三次科技革命分为两个阶段，第一阶段是从20世纪40年代中期至60年代末期。这一时期，在原子能、计算机、航天技术等领域取得了重大突破，人类社会进入信息化时代。第二阶段是从 20 世纪 70 年代初期到现在，也称新技术革命阶段，对信息技术、生物技术、新型材料技术、空间技术、海洋开发技术的研究和应用是这一阶段的主要标志。我们正处于第三次科技革命的第二个阶段，即新技术革命阶段。而冯朝奎（2017：4~21）通过对历史上数次科技革命的梳理和研究提出"四次科技革命论"。曾祥基（2000：1~3）具体阐述了新科技革命具有知识更新率加快、科技领域不断延伸、综合交叉发展、与人文社会科学紧密结合、经济发展的"第一生产力"以及全球科技进步推动下的一体化等特点，为把握当前新科技革命的特点、抓住新科技革命带来的发展机遇提供了重要参考。

二　新科技革命对制造业发展的影响

牟红（2013b：125~128）基于产业经济发展的历史经验，将科技革命对产业结构的影响归纳为创立新的产业及产业部门、改造传统产业、传导产业间的关联、满足需求结构等，并指出今后的 10~20 年，本次新科技革命很有可能引发一场以绿色、智能和可持续为特征的新的科技革命和产业革命，主要包括新能源、新材料、新一代信息技术、生物技术和低碳技术等领域和一些新技术与新技术的交叉而产生新的技术领域，会带来一系列新产业的发展，促进产业结构的深化。

黄群慧（2016：5~23）提出伴随着新一轮科技革命，工业化和信息化加快深度融合，为我国工业化进程与制造业强国建设带来一次重大的历史性机遇。第三次工业革命催生了大量新技术、新产业、新业态、新模式，为我国制造业向中高端发展提供了重要的技术基础。中国应通过供给侧结构性改革提升企业的技术能力与创新能力、培育新的发展动能、加快新旧动能的转换，这是我国产业调整的迫切需要。

三　中国如何应对新科技革命带来的机遇和挑战

牟红（2013b：125~128）根据新一轮科技革命可能带来的影响，结合我国科技研发水平、产业发展基础和资源环境情况，提出要通过突破关键领域的核心技术；大力发展战略性新兴产业；加速对传统产业的技术改造和升级，提供有力的保障条件将科技创新不断转化为先进生产力和转化为支持科学发展的新知识、新技术和新动力，进而推动我国产业结构的优化升级。

王庭东（2013：3～8）指出新科技革命下，发达国家实施"再工业化"导致高级稀缺要素从全球市场向母国的再集聚。这对我国改革开放以来长期实施的以低端要素吸引高端要素，以承接发达国家外包、接受FDI为主的要素集聚模式带来了巨大冲击，但同时也为我国对外投资和兼并活动创造了机遇。因此我国应实施吸引外商直接投资与对外直接投资"并重"的投资战略，有效应对新兴科技革命与发达国家制造业回归战略所带来的挑战。

黄群慧（2016：5～23）指出在新一轮科技革命和产业变革孕育突破的形势下，而我国人口红利趋于消失、企业制造成本不断上升、资本边际回报率逐步下降，我国必须完善产业技术创新生态，提高产业技术能力与创新能力；完善制度环境，加大5G网络等新型基础设施投资；构建科学的政策制定实施机制，大力落实制造强国战略。

王向军等（2018：56～58）对我国高端装备制造业进行分析，指出我国高端装备制造业实力与发达国家差距仍然巨大，尤其是在医疗、教育行业。新一轮世界科技革命和产业变革推动生产组织形式和新兴业态产生，为高端装备制造业转型升级提供了重要的战略机遇。中国必须紧紧抓住这一机遇，坚持以市场为导向的供给侧结构性改革，把发展的着力点放在实体经济上，实施创新驱动战略，培育装备龙头企业，发挥国有企业引领作用，优化人才培育机制，营造良好政策环境，培育有全球竞争力的企业集群，重拾全球价值链阵地，在世界中高端装备制造市场中形成较强的国际竞争力，并逐步迈向制造强国的行列。

第三节　中国制造强国理论及相关研究

制造业是立国之本、强国之基，制造技术与装备每一次的重大突破，都深刻影响着世界各国的竞争格局。经过改革开放40多年的发展，我国已经成为当之无愧的制造大国，并建成了较为完整的现代工业体系。

但是这个制造大国是以损耗资源、环境为代价的，是利用廉价劳动力发展加工贸易换来的，技术含量低、品牌和知识产权薄弱、位于全球产业链的底端。随着我国劳动力价格的上升、世界加工重心向中南亚国家转移、美国等发达国家的再工业运动、中国在对外经济中的摩擦增加、人口红利消失、我国经济增速放缓、经济增长动力转变且进入新常态，推进制造业的升级是我国经济转型的关键。2015年5月19日，我国正式发布"中国制造2025"，这是具有中国特色的制造强国战略，通过政府引导、整合资源，实施国家制造业创新中心建设、智能制造、工业强基、绿色制造、高端装备创新等重大工程，突破长期制约制造业发展的关键共性技术瓶颈，提升我国制造业的整体竞争力。对此，我国学者对我国制造业的发展现状与制造强国战略的实施路径和政策体系进行了大量的研究，以期推动我国从制造大国向制造强国迈进。

一 对中国制造业发展现状的思考

路甬祥（2003：4~14）通过详实的数据具体分析了制造业对于我国现代化建设的重要作用，指出我国已经建立了一个具有相当规模和水平的制造体系，已经成为世界瞩目的制造大国，主要表现在：提供重大装备的能力不断提高、制造业总体生产规模位列世界第四、各具特色的制造业聚集地逐渐形成等。但通过与制造强国的特征相比，我国制造业的自主开发能力和技术创新能力仍比较薄弱。李金华和李苍舒（2010：32~36）指出我国制造业升级面临巨大压力，源自世界制造强国的高技术优势、国际产业转移态势和新国际贸易保护主义，并进一步比较世界制造强国与我国的相关指标，提出我国制造业与发达国家相比在高技术等方面还存在较大差距，国际制造业的水平和发展势头是我国制造业升级的主要压力来源。郭朝先和王宏霞（2015：3~13）通过对比我国和发达国家的制造业数据指出，我国已经是世界第一制造业大国，许多工业品产量位居世界前列，但我国制造业"大而不强"，还存在技术落后、产能过剩、资源利用效率低、劳动力工资快速上涨、利润持续走低、处于国际价值链的低附加值环节等诸多问题。因此，"从大到强"是我国制造业未来30年发展的主要任务。

"中国制造2025"是我国从制造业大国到制造业强国转变的第一个专门规划，不少学者对"中国制造2025"的具体目标进行了阐述，并与国外制造强国战略进行了对比。贺正楚和潘红玉（2015：103～110）对中国制造业存在的问题和实施"中国制造2025"的迫切性进行了分析，根据德国的工业4.0战略，对我国的"中国制造2025"如何实现提出了措施和对策。纪成君和陈迪（2016：50～55）基于德国工业4.0和美国工业互联网的启示，认为新一轮工业革命的核心是信息化与工业化的深度融合发展，不断增强企业、行业和国家的整体竞争力。因此，"中国制造2025"要将"智能制造"作为主攻方向，依靠互联网与工业之间的紧密协同与深度融合，在新一轮产业革命中紧抓未来制造业革新的先机。也有学者对此提出了不同意见。贾易衔和石伟（2017：202）认为"中国制造2025"和德国工业4.0在运行机制上明显不同。德国提出的战略是为了由生产自动化进一步向网络信息化迈进，也是由3.0向4.0的发展。而中国提出的战略是为了缩小或消除地区之间、行业之间、企业之间的制造业水平的差距。此外，"中国制造2025"以开源平台和众包平台进行全球技术的聚集和智慧的释放，且以信息化、服务化、智能化、绿色化为发展方向，因此其运行机制更加复杂，对"中国制造2025"的行动路径研究要从中国制造业的具体现状和中国国情出发，科学真实地分析研究方向和发展重点，找准定位，促进中国制造产业结构的重整和转型，实现"由大变强"的战略目标。

二　对中国制造强国战略行动路径和政策体系的研究

针对我国的制造强国行动路径，国内学者纷纷从不同的角度展开研究，主要包括制造业人才培养、创新品牌的建设、制造技术的突破与创新、创新与产业的融合、制造业生产资源分布不均等，也有学者对我国实施制造强国的政策体系提出了要求。

对于中国如何建成制造业强国，黄群慧和贺俊（2015：7～19）首先详细分析了未来中国制造业发展所面临的深层次困境和挑战；接下来通过跨国比较揭示任何制造强国都具有不易模仿的核心技术能力以及与此相匹配的制度安排。他们进一步指出中国应充分利用中国市场与制造优势，不断提升复杂装备的构架创新和集成能力，逐渐形成中国制造业的核心能力。他们还指出，"中国制造2025"本质上是力度更大的传统型产业政策，并没有从根本上回答中国成为制造业强国应选择的路径与战略。

黄群慧（2017：5~24）指出中国步入工业化后期阶段，面临着巨大经济下行压力，对技术创新驱动产业带动产业结构转型升级提出了新要求。为此，我国要紧紧抓住新科技革命的机遇，推进制造强国战略实施，着重从以下几方面着手：完善技术创新生态，提高技术创新能力；构建科学的政策机制，坚持功能性产业政策主导，避免强选择性产业政策；加强制度创新和人力资本培育；以智能制造为先导积极构建现代产业新体系。孙泗泉和叶琪（2015：34~37）指出先进制造业作为经济发展的支柱性产业和战略性产业，是"中国制造"在新一轮国际竞争中抢占经济制高点的重要战略部署，要通过先进制造业创新推动中国由制造大国向制造强国转变。

但也有学者指出，仅仅依靠技术进步和自主创新能力体系建设是不够的，要构建创新和产业融合的能力体系。张杰（2017：5~22）在总结发达国家既有的经验和教训后得出，如果仅仅依靠创新能力提升，忽略或者无法将创新转化为产业发展能力，特别是将创新转化为制造业部门的可持续发展能力，则很有可能会带来经济增长动力弱化以及经济发展停滞。因此创新和产业融合发展是全球产业和经济发展的制高点，也是我国建设制造强国的必由之路。

人才是建设制造强国的根本前提。于志晶等（2015：10~24）提出技术技能人才队伍是支撑制造业发展的主体力量，长期以来，国家大力推进技术技能人才培养体系建设，基本具备了大规模培养技术技能人才的能力，走出了一条中国特色技术技能人才培养道路。但是与发达国家和建设制造强国的要求相比，我国的技术技能人才培养工作仍存在较大差距：一是规模和结构仍不适应，二是行业企业参与不充分，三是人才培养通道不畅通，四是办学基础能力仍很薄弱，五是发展环境亟待改善。于志晶等在分析主要发达国家和发展中国家技术技能人才发展战略特点的基础上，提出了加强技术技能人才培养工作的主要思路和任务。周民良（2017：68～73）也从工匠精神的角度出发，研究了工匠精神对提升我国制造业国际竞争力和持续推动制造强国建设的作用。通过追踪国内外对工匠精神的论述，阐述工业化、企业管理与工匠精神的关系，在比较我国与发达国家在制造业上表现的工匠精神的差距基础上，提出了我国在建设制造强国中弘扬工匠精神的具体建议。

郭政等（2015：62～63）提出品牌建设是制造强国的重要标志。中国已然成为世界制造大国，但不是制造强国，缺乏品牌是中国制造大而不强的显著标志之一。因此，实现"中国产品"向"中国品牌"的转变是中国制造转型升级的必然道路。郭政等通过文献研究、专家访谈、问卷调查、企业研讨、案例分析等多种研究手段分析了中国制造品牌的总体状况与问题，从宏观发展因素、企业经营因素、产品和服务质量因素及舆论宣传因素等方面剖析了问题产生的原因，并针对政府和企业在中国制造品牌建设中的不同定位和作用提出相应的建议措施。

李金华（2018：7～21）将中国制造强国建设行动路径问题归纳为两大类：系统性约束和结构性矛盾。系统性约束体现为先进制造技术和顶级制造品牌的缺乏；结构性矛盾体现为经济增长的需求与制造业生产资源分布的严重不均衡。他认为我国学者大多只强调了系统性约束，而忽视了结构性矛盾，要建设制造强国，必须下大力气破解系统性约束和结构性矛盾。要依靠制度建设，重塑全民价值观；要借优顺势，实现重点领域突破；要培育冠军企业，建设中小企业集群区，以此缩短追赶制造强国的时间，加快建设制造强国的进程。

此外，还有学者认为调整产业政策模式是我国实施制造强国战略的当务之急，江飞涛（2015：49～53）提出要以功能性产业为主构筑实施中国制造强国战略的政策体系。在这个政策体系中，市场居于主导地位，政府的作用是增进市场机能，扩展市场作用范围，并在公共领域补充市场的不足，让市场机制充分发挥其决定性作用。具体而言，实施制造强国战略需要政府在深化体制改革、完善制造业技术创新体系等方面积极作为。

参考文献

徐梦周、贺俊，2012，《第三次工业革命的特征及影响》，《政策瞭望》，第 10 期。

黄群慧、贺俊，2013，《"第三次工业革命"与中国经济发展战略调整——技术经济范式转变的视角》，《中国工业经济》，第 1 期。

金碚，2014，《工业的使命和价值——中国产业转型升级的理论逻辑》，《中国工业经济》，第 9 期。

纪建强、翟晓鸣，2015，《第三次工业革命：特征、影响及应对战略》，《管理现代化》，第 1 期。

贾根良，2016，《第三次工业革命与工业智能化》，《中国社会科学》，第 6 期。

张其仔，2018，《第四次工业革命与产业政策的转型》，《天津社会科学》，第 1 期。

黄群慧，2013，《中国的工业化进程：阶段、特征与前景》，《经济与管理》，第 7 期。

黄群慧，2014，《"新常态"、工业化后期与工业增长新动力》，《中国工业经济》，第 10 期。

贾根良，2013，《迎接第三次工业革命的关键在于发展模式的革命——我国光伏产业和机器人产业的案例研究与反思》，《经济理论与经济管理》，第 5 期。

王家庭、孙哲，2014，《第三次工业革命视角下的教育与经济转型》，《经济社会体制比较》，第 1 期。

黄阳华，2015，《德国"工业 4.0"计划及其对我国产业创新的启示》，《经济社会体制比较》，第 2 期。

牟红，2013a，《积极应对新一轮科技革命助推产业结构优化升级》，《求知》，第 5 期。

冯朝奎，2017，《科技革命发生了几次——学习习近平主席关于"新一轮科技革命"的论述》，《世界经济与政治》，第 2 期。

曾祥基，2000，《新科技革命的特点与经济全球化趋势》，《成都大学学报》（社会科学版），第 3 期。

牟红，2013b，《科技革命对产业结构的影响分析》，《理论与现代化》，第 4 期。

黄群慧，2016，《论中国工业的供给侧结构性改革》，《中国工业经济》，第 9 期。

王庭东，2013，《新科技革命、美欧"再工业化"与中国要素集聚模式嬗变》，《世界经济研究》，第 6 期。

王向军、杨漾、吴艳强，2018，《抓住新一轮科技革命战略机遇　加快高端装备制造业战略转型》，《经济研究导刊》，第 17 期。

路甬祥，2003，《制造业的创新与竞争力》，《中国制造业信息化》（学术版），第 3 期。

李金华、李苍舒，2010，《我国制造业升级的路径与行动框架》，《经济经纬》，第 3 期。

郭朝先、王宏霞，2015，《中国制造业发展与"中国制造 2025"规划》，《经济研究参考》，第 31 期。

贺正楚、潘红玉，2015，《德国"工业 4.0"与"中国制造 2025"》，《长沙理工大学学报》（社会科学版），第 3 期。

纪成君、陈迪，2016，《"中国制造 2025"深入推进的路径设计研究——基于德国工业 4.0 和美国工业互联网的启示》，《当代经济管理》，第 2 期。

贾易衔、石伟，2017，《对"中国制造 2025"研究的几点思考》，《现代国企研究》，第 14 期。

黄群慧、贺俊，2015，《中国制造业的核心能力、功能定位与发展战略——兼评〈中国制造 2025〉》，《中国工业经济》，第 6 期。

黄群慧，2017，《论新时期中国实体经济的发展》，《中国工业经济》，第 9 期。

孙泗泉、叶琪，2015，《我国先进制造业的创新演绎与突破》，《当代经济》，第 13 期。

中国人民大学宏观经济分析与预测课题组、张杰，2017，《进入创新和产业融合发展关键期的中国经济》，《经济理论与经济管理》，第 12 期。

于志晶、刘海、岳金凤等，2015，《中国制造 2025 与技术技能人才培养》，《职业技术教育》，第 21 期。

周民良，2017，《建设制造强国应重视弘扬工匠精神》，《经济纵横》，第 1 期。

郭政、林忠钦、邓绩等，2015，《中国制造品牌发展的问题、原因与提升研究》，《中国工程科学》，第 7 期。

李金华，2018，《中国建设制造强国的系统性约束与地域结构矛盾》，《经济理论与经济管理》，第 4 期。

江飞涛，2015，《实施中国制造强国战略的政策体系研究》，《中国工程科学》，第 7 期。

第四篇
区域发展理论

中国区域经济学在经济地理学和生产力布局学的基础上逐渐发展成为一门独立的经济学学科，并迈向一个新的学术高度。当前中国区域经济研究中遇到的"短板"主要包括：如何正确认识区域经济与宏观经济的关系及其在区域发展中的作用，如何正确认识区域差异、城乡差异产生的基本机理，如何正确认识要素聚集与分散的变化规律，如何正确认识区域创新对比较优势的挑战。

第十三章　区域经济学的发展历程与中国区域经济发展格局演变

第一节　区域经济学学科发展历程

国外区域经济学研究起源于区位论的提出，可以追溯到1826年提出的农业区位论、1909年韦伯提出的工业区位论、1940年廖什提出的市场区位论。这些理论的提出为区域经济学研究的萌芽和发展奠定了理论基础。20世纪30年代以后，克里斯塔勒、胡佛等学者扩展了区位论的范围，纳入城市等级、生产市场区和贸易流量与运输网络中的服务区位问题，标志着近代区位理论的发展。第二次世界大战以后，区域经济学才开始形成。从区位理论向区域经济学的飞跃，发生在20世纪50年代以后。艾萨德对区位论的研究内容进行了总结，著有《区域科学导论》一书，标志着区域经济学正式形成。

在国际上，区域经济学的研究已有较长历史，而最近40多年来，基本上围绕三个方面展开：区域经济学的学科体系构建，代表性成果主要有艾萨德的《区域科学导论》和胡佛的《区域经济学导论》等；地区发展和区域规划问题，代表性成果主要有弗里德曼的《区域政策》、汉森的《区域开发中的增长极核》、劳埃德等的《空间区位》和理查森的《区域增长理论》等；区域经济研究方法，比较有代表性的成果有布鲁若的《区域—国家经济模型》、英蒂盖特的《经济模型技术与应用》等。区域经济学的最新研究成果是在新经济地理学（空间经济学）领域取得的。克鲁格曼认为，国家之间的贸易是根据规模收益递增原理的发展专业化的结果。首先，在规模经济和收益递增的驱动下，产出规模扩大带来生产成本下降。各国通过发展专业化和贸易,提高收益。其次,在不完全竞争的条件下,生产要素的需求,取决于微观尺度上的生产技术条件。生产技术条件的变化,可以影响生产要素的需求结果和收益结构,从而影响相似要素条件下的贸易。最后,不完全竞争和收益递增的存在,为国家和区域通过采取战略性贸易政策而形成竞争优势提供了可能。

20世纪50年代以后,区域经济学逐渐发展为一门独立的学科。国外区域经济学的兴起和发展,主要是为了解释区域和城乡问题,包括区域与城乡的发展、关系,并探索解决问题的途径。伴随着发展经济学的兴起,区域经济学在发展中融入了大量的发展经济学和产业经济学的内容,为解决区域和城市发展中的一些问题提供了有利的工具。中国的区域经济学是基于经济地理学以及生产力布局学而发展起来的。改革开放之后,在大量引进区位论和区域经济理论的基础上,区域经济学逐渐发展成为一门独立的经济学学科。

第二节　中国区域经济发展格局演变及阶段划分

新中国成立以来,特别是改革开放以来我国经济发生了翻天覆地的变化。同时,随着我国经济规模扩大,区域间差距拉大的问题显现。因此,区域经济协调发展显得尤为重要,回顾我国区域经济发展的路径,经历了"均衡—非均衡—协调"三个阶段。2015年李克强总理在政府工作报告中提出,扩展区域发展新空间,统筹实施"四大板块"和"三大支撑带"的战略组合,这一组合涵盖我国所有区域,并且从以往的单独区域到现在的支撑带连接,这意味着我国的区域经济发展战略的整体性和全局性增强,基于三大支撑带,我国各个板块的对外开放进一步深入。

一　1949~1978年: 区域均衡发展战略阶段

这一时期均衡发展战略贯穿始终,根据区域发展阶段制定的历史背景和实施空间分布差别,这一时期又可分为四个阶段。

（一）1949~1957年："156项"布局阶段

在遭到全球绝大多数资本主义国家的封锁、禁运的环境下，中国通过等价交换的外贸方式，接受了苏联、东欧国家的资金、技术和设备援助，建设了以"156项"为中心的近千个工业项目，使重工业在现代化道路上迈进了一大步。以前70%的工业设施都集中在沿海一带，有限的内地工业也主要集中在少数几个城市，而占国土面积1/3的大西北，1949年工业总产值占比不足全国的2%，这不仅不利于资源的合理配置，而且对国家的安全也极为不利，为改变这一状况，"156项"中大部分项目都布局于内地，这种布局初步改变了工业布局不合理的状况，促进了区域经济平衡发展。这一时期的地区布局重点已从沿海转向内地。"156项"重点工程中，实际施工的有150项，其中内地为118项，沿海仅32项，在基本建设投资总额中，沿海和内地分别占46.7%和53.3%。

（二）1958~1964年："大跃进"独立体系阶段

此阶段在经济发展布局上提出各大协作区建立起各自独立、完整的工业体系，1958年将全国划分为七大经济协作区，要求各个协作区建立起自己的工业骨干和经济中心，形成若干农、轻、重协调发展的工业体系。伴随这种强调自成体系、各自为战的自给自足的地方经济体系，我国经济发展布局"大而全"的封闭式区域发展模式逐渐形成。

（三）1965~1971年："三线"转移阶段

该时期依然是区域经济平衡发展战略时期，即把生产力落后的内地作为经济建设的重点，通过生产力的平衡布局，缩小沿海与内地之间的差距。1964年，毛泽东在讨论"三五"计划的中央工作会议上提出，在原子弹时期，没有后方不行，在全国按照一、二、三线战略布局，下决心搞"三线"建设。"三线"建设是这一时期我国的区域经济政策，向"大三线"进行战略转移。这一时期投资重点是作为大后方的"大三线"地区。这一时期内地的投资额和沿海地区差距较大，"三五"时期内地的投资额为611.5亿元，而沿海地区的投资额为282.9亿元，为此在西部建立一些具有深远影响的项目，如攀枝花的钢铁，第二汽车制造厂，川黔、成昆、贵昆等几条重要的交通线。

（四）1972～1978年：大型项目东移阶段

这一时期的区域政策特征是进一步加快了"三线"建设，但是与上一阶段不同的是，在继续进行西南、西北建设的同时，"三线"建设的重点转向"三西"，即在豫西、鄂西、湘西地区布置了一批重点项目，并把全国分为十个经济协作区。后期国际形势发生变化，我国对外关系开始改善，1972年国家提出加快沿海地区发展，沿海地区建设与"三线"建设并重，1973年大规模引进成套设备，大部分项目布局在沿海和长江地带，1975年沿海地区在全国基本建设投资中所占比重上升到41.5%，投资重点逐步向沿海地区转移。

实施区域均衡发展战略取得的主要成就：建成了几条铁路干线、几座新型工业化城市，改变了我国经济布局极不平衡的状况，促进了全国经济网络形成，也改善了落后地区的面貌，加强了民族团结，增强了国防实力。但是该战略没有考虑现实状况，西部地区基础设施和自然环境较差，投资回报率明显低于沿海地区，不顾东、西部的客观差异而人为地推动区域均衡发展，虽然在一定程度上缩小了区域之间的差距，但是影响了我国整体发展速度。

二 1979～1991年：非均衡发展阶段

该时期生产力总体布局演变的重要特征是，国家纠正了均衡发展战略下忽视东部地区的比较优势的错误，一方面发挥东部沿海地区的经济、自然地理优势，另一方面有步骤地开发中西部地区的资源。邓小平在1978年中央工作会议上的讲话《解放思想，实事求是，团结一致向前看》中提出了"先富"与"共富"理论，是对区域发展战略内涵的重新概括，标志着我国区域经济发展战略从平衡发展到非均衡发展的转变。

该时期在"先富""共富""两个大局"理论的指导下，先后建立了深圳、珠海、汕头、厦门四大经济特区，在总结经验的基础上把海南开辟为我国最大的经济特区。经济特区作为我国对外开放的"试验田"，充分发挥了技术、管理、知识和对外政策"四个窗口"的作用，为我国的沿海开放构建了先行开放的发展模式。在经济特区成功实践的基础上，1984年邓小平提出开放大连、天津、上海、广州等14个沿海城市，并且在一些城市设立经济技术开发区、国家级经济开发区等。1985年设立了长江三角洲、珠江三角洲和厦漳泉沿海开发区，1990年开放了浦东新区。此时期在区域的划分方面，从内陆和沿海首次调整为东部、中部、西部，并且在开发次序上遵循先东部再中部后西部，加速了东部沿海地带的发展，同时把中部的重点放在了能源、原材料建设，积极做好进一步开发西部地区的准备。

关于"先富"带动"后富"，邓小平也作了很多的设想。1978年他就指出："在西北、西南和其他一些地区，那里的生产和群众生活还很困难，国家应该从各个方面予以帮助，特别要从物质上给以有力的支持。"国家加快推进扶贫工作，切实支援落后地区的发展，并且加大对少数民族地区的支撑力度，实行财政补贴制度。从1979年起，国家组织部分经济发达省市对口支援少数民族地区，这在很大程度上发挥了"先富"带动"后富"的示范作用。

总体来讲，以经济效率为前提，根据各个区域的比较优势而提出的非均衡区域发展战略很大程度上改变了之前高投入、低产出的状况。非均衡区域发展战略通过培育增长极和经济核心区加速了我国的经济增长，提高了人民的生活水平，东部地区通过发挥自己的比较优势而实现了快速发展，并且通过示范效应，在一定程度上也促进了中西部地区的发展。在非均衡发展战略的影响下，我国逐渐形成了"经济特区—沿海开放城市—沿海经济开放区—沿江经济开放区—内地中心城市—铁路沿线和沿江地带"的全方位开放格局。非均衡区域发展战略容易使中西部地区陷入"比较利益陷阱"，并且加大了区域之间的差距，1984年东部地区的人均GDP分别是中部地区和西部地区的14.5倍和9.7倍，到1994年上升到18.7倍和22.7倍。

三　1992～1995年：非均衡区域协调发展阶段

20世纪90年代，伴随着我国经济体制逐步从计划经济体制向市场经济体制转变，我国对区域经济发展战略的讨论进入了新的阶段。国家相继提出了沿海地区、内陆地区、少数民族地区和贫困地区的区域发展战略，促进了全国各地经济的发展，国家在进一步巩固沿海地区对外开放成果的基础上，逐步加快了中西部地区对外开放步伐，相继开放了一批沿边城市、长江沿岸城市和内陆省会城市，形成了沿海、沿江、沿边和内陆省市相继开放的多层次、多渠道、全方位的对外开放格局。

国家在这一时期实行的非均衡区域协调发展战略取得了巨大的成就，但也存在区域经济发展差距拉大、区域发展不协调等问题。

四　1996年至今：统筹区域协调发展阶段

随着我国与世界经济的联系日益紧密，东部地区抓住发展机遇，利用全球产业转移的机会，发挥比较优势，迅速发展经济，但是中西部地区由于自然地理的劣势，对外开放程度较低，经济发展滞后，与东部地区的经济差距进一步拉大。1995年东部地区与西部地区的人均GDP之比为2.3∶1，为了缩小日益扩大的区域差距，我国开始实施"区域经济协调发展战略"。

按照四大板块的划分，根据各个板块的定位与发展重点，实施相应政策，"十五"时期明确提出"实施西部大开发战略、加快东北地区发展、促进中部地区崛起，合理调整地区经济布局，促进地区经济协调发展"，差别化的区域政策取得了相应的成效。为了形成更加协调的国土空间开发格局，我国实行了主体功能区战略，根据不同区域的资源环境承载能力、现有开发密度和发展潜力，统筹谋划未来人口分布、经济布局、国土利用和城镇化格局，将国土空间划分为优化开发、重点开发、限制开发和禁止开发四类，确定主体功能定位，明确开发方向，控制开发强度，规范开发秩序，完善开发政策，逐步形成人口、经济、资源环境相协调的空间开发格局。

西部大开发以来，西部与东部地区的差距逐渐缩小，2000～2009年西部地区GDP年均增长11.9%，高于全国同期增速，基础设施建设取得突破性进展。青藏铁路、西气东输、西电东送、国道主干线西部路段和大型水利枢纽等一批重点工程相继建成，完成了送电到乡、油路到县等建设任务。特别是大规模的交通基础设施建设，改变了西部闭塞的状况，使物流更为通畅、人员出行更为便捷。2006 年实施中部崛起战略以来，中部地区成为产业转移的重点，国家在中部地区相继批准了安徽皖江城市带、重庆沿江、湖南湘南、湖北荆州等四个国家级承接产业转移示范区，中部地区发展速度加快，一改以往"不东不西"的局面，在全国经济版图中的地位日益重要，2013 年中部六省 GDP 达到 12.73 万亿元，占全国 GDP 的比重达到 22.38%。2003 年实施振兴东北老工业基地战略以来，东北地区经济社会发展迅速，与东部的区域差距逐渐缩小，东北地区率先实行了免除农业税的惠农政策，粮食生产连年创新高，以国有企业改组改制为主的体制机制创新也取得了很大的进展，国有企业逐渐转亏为盈，资源型城市转型试点稳步推进，基础设施不断完善，环境保护取得积极成效。

参考文献

李成勋，1986，《对我国若干地区发展战略指导思想的比较研究》，《经济社会体制比较》，第 3 期。

蒋年云、陈克，1987，《城市扩散与乡村集中——对中国城市化道路的思考》，《经济社会体制比较》，第 2 期。

张文合，1989，《我国区域经济发展战略的转变与选择》，《经济研究》，第 10 期。

杨开中，1989，《中国区域经济系统性研究（上）——区域经济理论、应用与政策》，《中国工业经济》，第 3 期。

杨开中，1989，《中国区域经济系统性研究（中）——区域经济理论、应用与政策》，《中国工业经济》，第 4 期。

杨开中，1989，《中国区域经济系统性研究（下）——区域经济理论、应用与政策》，《中国工业经济》，第 5 期。

陈栋生，1989，《我的工业布局和区域经济》，《中国工业经济》，第 6 期。

饶会林，1989，《试论城市规模效益》，《中国社会科学》，第 4 期。

王一鸣、邓亚平，1989，《区域经济发展战略中的几个理论问题》，《经济社会体制比较》，第 6 期。

区域经济政策课题组，1990，《我国 90 年代的区域经济政策》，《中国工业经济》，第 6 期。

魏后凯，1990，《我国宏观区域发展理论评价》，《中国工业经济》，第 1 期。

塞风、朱明春，1990，《试论区域产业结构趋同问题》，《中国工业经济》，第 4 期。

丁家新，1990，《中国城乡经济关系合理化问题探讨》，《经济研究》，第 3 期。

高珮义，1990，《世界城市化的一般规律与中国的城市化》，《中国社会科学》，第 5 期。

朱通华，1990，《小城镇建设与中国城市化道路》，《经济社会体制比较》，第 2 期。

李克强，1991，《论我国经济的三元结构》，《中国社会科学》，第 3 期。

杨伟民，1992，《地区间收入差距变动的实证分析》，《经济研究》，第 1 期。

张平，1992，《中国农村区域间居民的收入分配》，《经济研究》，第 1 期。

魏后凯，1992，《论我国际收入差异的变动格局》，《经济研究》，第 4 期。

张可云，1992，《中国区域经济运行问题研究》，《经济研究》，第 6 期。

李桂树，1992，《我国三线生产布局的基本特征》，《中国工业经济》，第 3 期。

张曙光，1993，《关于地区经济差异变动的另一种解释》，《经济研究》，第 9 期。

陈耀，1993，《加强对开发区问题的深入研究》，《经济研究》，第 5 期。

李京文、樊明太，1993，《改革开放前后中国经济发展区域结构的比较》，《中国工业经济》，第 5 期。

杨开忠，1993，《沿海与内地经济协调发展的战略选择》，《中国工业经济》，第 1 期。

邹清於、曾菊新，1992，《我国区域开发中如何注重效率、兼顾公平》，《中国工业经济》，第 3 期。

李迎生，1993，《我国城乡二元社会格局的动态考察》，《中国社会科学》，第 2 期。

费孝通，1993，《中国城乡发展的道路——我一生的研究课题》，《中国社会科学》，第 1 期。

辜胜阻、朱农，1993，《中国城镇化的发展研究》，《中国社会科学》，第 5 期。

国家统计局农调总队课题组，1994，《城乡居民收入差距研究》，《经济研究》，第 12 期。

费洪平，1994，《企业组织类型与区域经济发展》，《经济研究》，第 8 期。

夏永祥，1994，《我国区域发展差距原因的分析》，《中国工业经济》，第 11 期。

韦伟，1994，《区际差异对经济发展影响的考察》，《中国工业经济》，第 11 期。

程必定，1995，《区域的外部性内部化和内部性外部化——缩小我国区域经济发展差距的一种思路》，《经济研究》，第 7 期。

杨大利，1995，《改革以来中国省内地区差异的变迁》，《中国工业经济》，第 1 期。

林汉川，1995，《高新技术开发区建设的理论思考》，《中国社会科学》，第 4 期。

胡乃武、韦伟，1995，《区域经济发展差异与中国宏观经济管理》，《中国社会科学》，第 2 期。

李成勋，1995，《区域经济发展战略的要素和准则——为〈经济社会体制比较〉杂志创刊十周年而作》，《经济社会体制比较》，第 5 期。

魏后凯，1996，《中国地区间居民收入差异及其分解》，《经济研究》，第 11 期。

宋学明，1996，《中国区域经济发展及其收敛性》，《经济研究》，第 9 期。

袁钢明，1996，《地区经济差异与宏观经济波动》，《经济研究》，第 10 期。

杨开忠，1996，《加快中国西北地区经济发展的战略》，《中国工业经济研究》，第 3 期。

张荣、王东，1996，《发挥区域优势振兴东北老工业基地》，《中国工业经济》，第 11 期。

魏后凯，1997，《中国地区经济增长及其收敛性》，《中国工业经济》，第 3 期。

卢现祥，1997，《我国区域经济发展中的四大问题》，《中国工业经济》，第 3 期。

李文，1997，《对区域经济协调发展的有益探索》，《中国社会科学》，第 2 期。

权衡，1997，《中国区域经济发展战略理论研究述评》，《中国社会科学》，第 6 期。

李小放，1997，《加强区域经济联合推动珠江三角区经济的快速发展》，《经济社会体制比较》，第 3 期。

林毅夫、李周，1998，《中国经济转型时期的地区差距分析》，《经济研究》，第 6 期。

万广华，1998，《中国农村区域间居民收入差异及其变化的实证分析》，《经济研究》，第 5 期。

第十四章　区域经济发展研究

区域经济学的理论体系可以分为四个部分：区域经济发展理论、区域关系理论、区域经济应用工具和城市发展。区域经济发展理论以区域的自然和社会经济条件为基础，研究一个区域的内部发展问题；区域关系理论以区域专业化分工与区域贸易为基础，研究一个区域与其他区域之间、若干区域之间的相互关系；区域经济应用工具则为区域发展提供研究途径、规划方案和实施政策；城市发展主要研究城镇化、城乡关系等。

第一节　区域发展战略研究

中国经济学者在中国经济发展不同阶段，抓住历史脉络，紧扣不同历史时期的重点问题，提出了不同的战略构想，从宏观经济战略的必要性、区际协调、战略目的及实际效果多维度展开研究，并提出了符合时代发展需要的区域战略。

一　关于区域发展战略的宏观讨论

早期研究者从中国的国情出发对区域发展战略进行了宏观研究，包括从均衡发展战略到非均衡发展战略，以及兼顾公平和效率前提下的非均衡战略的必要性及可行性。各科研院所结合不同历史时期经济发展的战略任务对区域发展战略进行阶段性且较为清晰的探讨。

张文合（1989：71～76）认为，新中国成立到改革开放之前我国实行的是区域均衡的发展战略，通过生产力均衡配置缩小区域差距，改革开放以后我国实行了区域非均衡的发展战略。从实践情况来看，这种非均衡的发展战略优于均衡的发展战略，主要原因是发展经济要根据区域实际有特点、有重点的发展，而不是平均的使用力量；我国区域经济发展尚处于初级阶段，极化效应大于扩散效应，因此选择非均衡发展战略能充分发挥极化效应。我国区域经济发展战略既不是均衡发展战略，也不是一般的非均衡发展战略，而是兼顾效率与公平的非均衡发展战略。范恒山（2011：1～9）认为区域发展不平衡是我国基本国情。在"十一五"时期乃至更长一段时间内，要与时俱进地把握区域协调发展的内涵，深入实践区域发展总体战略和主体功能区战略，不断缩小地区发展差距，促进国民经济又好又快发展。范恒山（2013：1～10）认为我国正处于全面建成小康社会的关键时期，深化区域合作意义重大。他从区域合作的作用、区域合作的现状、区域合作的形势、区域合作的思路和区域合作的任务五方面阐述了区域合作的重大意义。

　　王一鸣等（1989：59～62）提出区域经济发展战略必须建立在经济体制基础之上，有三种经济体制形式可供选择：一是计划体制，二是市场体制，三是计划与市场相结合的体制。实施区域经济的发展战略时，中央对各区域采取的战略应与建立区域战略所依据的不同体制相适应；应该从纵向发展目标和横向发展目标两方面入手制定一个合适的区域经济发展战略目标。李成勋（1995：57～60）提出在计划经济体制下，战略是制定计划的依据；在市场经济体制下，战略既是宏观经济调控的一种手段，又是微观经济行为的一种导向；政府在不直接管理企业的情况下，制定经济发展战略就成为其一个重要任务。所以，从某种意义上讲，市场经济更需要战略。中国社会科学院工业经济研究所课题组（2000）指出，西部与东、中部地区协调发展是"十五"计划时期我国经济和社会发展的重要战略任务之一。尤为重要的是，"十五"时期将是我国经济和社会发展的区域格局开始发生重大变化的历史转折时期。经过20多年的改革开放和经济建设，东部地区获得了长足的发展。促进中西部地区更快发展特别是西部大开发已经提上了最重要的议事日程。课题组从西部开发与东、中部地区协调发展入手，提出了西部大开发的总体战略、思路和分阶段目标。中国社会科学院西北开发战略研究课题组（2001）通过对西北地区社会经济背景、资源禀赋及发展制约因素进行全面分析,指出西北大开发要实施"大突破"。所谓"大突破",是对传统体制和观念的突破,是对传统开发框架的突破,是对区域界限的突破;突破一般的开发框架;突破区域界限。西北大开发还要"大跨越"。所谓"大跨越",不仅是相对于我国东部沿海地区已经走过的道路而言的跨越,而且是相对于国外发达市场经济国家开发落后地区所走过的道路而言的跨越,还是相对于常规性发展过程而言的跨越。这种跨越,必须是大跨越,而不是小跨越,是对本地区实现了的经济发展水平及增长速度的超越,在增长方式上实现对东部沿海地区的超越。

二 区域经济发展战略的选择

在宏观战略框架下,不同的学者从经济体制、发展阶段、要素禀赋、制约因素等维度对区域经济发展战略的路径选择做了相应研究,对区域经济战略的具体实施途径从中观层面予以充分论证。

杨开忠(1996:57~62)分析了绝对优势论和比较优势论的理论演进过程,对两者进行了比较研究,并在此基础上描述了我国区域经济差异"U"形变动特征,分析了不同于一般国家倒"U"形变动特征的原因:运用转换和分享分析方法论证了随着资本与技术在比较优势中的地位及作用日益强化,自然资源逐渐弱化,中国区域经济之间分工的"资源—技术型"向"资本—技术型"转化的客观趋势,以及在这一过程中发生的区域经济一体化的二元格局和区域经济行为的反市场特征。他提出了梯度推移战略、价格扭曲与双重利润转移论、区域自成体系论三种区域政策主张,并依据"转型"理论,论述了我国政府所面临的四大区域性任务:①协助不发达地区逐渐摆脱分工中资源—技术型的制约,避免不发达地区陷入低水平的循环;②促进区域经济一体化;③消除区域经济行为反市场冲突;④协调产业结构虚高化的矛盾。同时,应遵循以下准则:准自由贸易的原则、区域间产业结构高度化互补原则、投资分配反梯度原则。

邹清於等(1992:76~77)指出,区域开发必然以效率和增长为中心目标,由于中国区域间发展差距极为显著,在提高效率的同时不得不考虑到经济成果区际分享的问题，今后中国区域开发的双重目标仍是效率优先、兼顾公平。

胡乃武等（1995：38～49）认为中国宏观经济管理必须有利于消除区域经济发展不平衡。区际差异是区际竞争与合作的基础，但其过大会导致产业结构断层、收入分配不公、区际贸易受阻、消费过度与不足并存等，并会引发严重的社会问题。在我国，地方政府应列为在中央与企业、个人之间的一级经济主体。单纯依靠市场的力量，不能解决区域经济发展差异问题。国家宏观经济管理的区域政策应当是"中性"的。应以产业倾斜政策取代地区倾斜政策。李文（1997：195～196）通过对我国区域经济发展的实证分析，阐释了一种更为成熟的区域经济发展观——非均衡协调发展思想，探讨了改革开放以来我国区域经济发展的失衡问题以及讨论了如何根据非均衡协调发展的思想，建立一个与社会主义市场经济体制相适应的区域经济发展新格局的问题。

陈佳贵（2000：5～10）指出与东部大发展相比，西部大开发面临体制背景不同、区位优势不同、市场情况不同、国际环境不同等重大变化，由此决定西部大开发要有新思路，即从追求优惠政策转变为主要依靠市场，从以政府行为为主转变为主要运用市场机制，从资源导向型转变为市场导向型，从注重地区比较优势转变为培育企业竞争优势，从数量扩张转变为素质提高，从主要从事资源开采业转变为第一、二、三产业协调发展，从主要依靠国有经济转变为大力发展非国有经济，从主要依靠外部援助转变为激发内部活力为主，从单纯重视经济增长转变为经济社会环境的协调发展。

孙红玲等（2005：27～34）提出将现有经济区以横向集聚性为标准进行划分，搭建以珠三角、环渤海、长三角三大城市群的增长极为龙头，辐射带动中、西部经济的泛珠三角和大环渤海、泛长三角"三大块"新的区域，进而形成促进区域经济协调发展机制，实现统筹区域发展目标。孙久文（2016：5～9）对"十三五"期间京津冀协同发展的目标、任务与实施路径做了兼具学理性和操作性的探讨。他认为在"十三五"期间要完成以下六个方面的重点任务：疏解北京非首都功能、缩小地区发展差距、实现交通运输一体化、实现生态环境保护与治理一体化、实现京津冀产业发展一体化和推进京津冀基本公共服务一体化。

金建国等（2005: 134~137）认为资源型城市向综合性城市的转变需要在城市定位与功能上实现由生产中心向经济中心转变，在经济基础与结构上实现由单一向多元发展的转变，在经济体制与政策上实现由重取轻予向适度援助的转变，在主体意识与行为上实现由工矿社区向现代化城区的转变。

魏后凯（2016: 14~18）从空间优化的角度针对如何推进津京冀的协同发展提出，推动形成多中心网络型空间结构，积极有序疏解北京的非首都功能，优化生产、生活和生态空间格局。孙久文（2017: 26~31）探讨了区域协调发展趋势，通过研究中国区域空间的基本形态、区域空间变化的影响机制以及区域空间格局的演变趋势，提出要通过构建带状联通机制、空间平衡机制以及实现绿色协调一体化来建立更加有效的区域协调发展新机制。

陈惠雄（2006: 5~13）揭示了我国区域发展存在的约束、差异与成因，并在揭示经济发展的终极目标的基础上，力求说服处在不同发展约束条件区域的行为者尤其是决策行为者选择符合区域最大化社会福祉的发展战略而不是盲目的工业化、城市化发展模式。这种基于梯度约束条件下的区域发展战略选择：一是为最广大人民谋幸福而非谋最大化的 GDP 偏好，二是形成国家的和谐社会发展战略格局。

洪俊杰等（2014: 28~40）基于中国工业企业调查整理的面板数据，运用双重差分法系统研究了区域振兴战略如何影响中国区域经济发展。研究表明，基础设施和税收及其他的区域振兴政策对中国工业空间分布有非常显著的影响，东部地区仍然有基础设施及税收等政策优势，工业主要集中在东部地区的格局没有发生根本性变化，2004 年后呈现向中西部地区转移的趋势。中部地区崛起战略主要是承接东部地区劳动密集型产业，西部大开发对促进资源密集型产业的发展有一定效果，而东北振兴战略的效果较弱。中国政府应在税收、基础设施建设方面给予欠发达地区更大的支持。

第二节　开发区发展问题研究

开发区通过借鉴区外发展经验，重点发挥产业集聚与产业创新作用，进而发挥其龙头作用，带动整个区域的经济发展，形成完整且有特点的产业链条。中国开发区的设立体现了较为浓厚的政府意志，市场力量发挥得不够彻底。国内学者对开发区在市场中的定位及其发展模式进行了较为详细的探讨，并对开发区的经济效应进行了实证性分析，对开发区的发展提供了可借鉴的建议。

一　开发区的经济功能及发展模式研究

林汉川（1995：43～53）基于翔实的资料评析了我国高新技术产业开发区初创阶段取得的成就及其所面临的问题。结合发展高新技术产业的国际经验，就如何建设有中国特色的高新技术产业开发区提出了一些新的思路与对策。①正确认识我国创办高新技术产业开发区的深层含义；②因地制宜地建设好高新技术产业开发区所需要的综合支撑结构；③选择多元化的发展模式；④建立市场化的管理体制；⑤实施特殊的优惠政策；⑥扩大资金渠道。刘友金等（2001：33～37）研究了高技术产业群集的区域创新优势，认为主要来源于群集所带来的知识溢出效应、创新资源的可得性、"追赶效应"和"拉拨效应"、吸聚作用及植根性等。他针对我国高新区发展中的产业群集问题提出了对策，认为我国高新区大多没有形成产业群集、区内企业聚集存在脆弱性、缺乏产业群集机制等，政府应当制定引导和鼓励产业群集形成的政策、建立区内相互依存的产业体系、完善区内服务体系、培养区域创新文化以促进高新区发展。

白雪洁等（2008：26～35）从外资与土地的集约利用角度，将国家级开发区的发展划分为四种模式，利用数据包络分析法对我国27个国家级开发区2004～2006年的土地利用效率和外资利用效率进行实证分析，发现形成了外资与土地利用效率双高的集约高效发展模式及外资与土地利用效率

"一高一低"的失衡发展模式的开发区还很少，大量存在的是外资与土地利用效率"双低"的粗放型发展模式，并据此提出了单边突破模式、扬优补劣渐进模式，以及短期积蓄能量实现跨越式发展等提升效率的路径。

杨本建等（2018：78~96）在借鉴现有的空间均衡理论和地方化劳动力市场理论基础上，提出了城区人口密度影响开发区企业生产率的"U"形假说，并运用2003~2007年国家级经济技术开发区的企业面板数据，证实了这一假说。当人口的密度小于8800人/平方公里时，城区与开发区的发展表现出相互竞争关系，城区的人口密度上升对开发区企业生产率产生反向作用；当人口的密度大于8800人/平方公里时，城区与开发区表现出协同发展的关系，城区的人口密度上升对开发区企业生产率有正向作用。进一步研究表明，劳动力市场引发的企业与劳动力之间的匹配和对新企业进入壁垒的影响，是城区的人口密度影响开发区企业生产效率的主要机制；城区与开发区之间的竞争或协同关系仅存在于东部地区、就业人数小于100人的企业、劳动密集型行业中；新进企业需要花费3年的时间成本来适应这种环境，才能获得城区溢出效应。

二 开发区的经济效应实证分析

姜彩楼等（2009：56~64）对1996~2004年52个国家级高新技术开发区的绩效通过DEA的Malmquist指数方法进行测算，研究表明，在促进作用方面，技术进步指数对于国家级高新区TFP的作用大于综合技术效率指数。对外开放条件并不具有全国范围的影响效力，区位条件仍是关键因素，而各地政府不仅需要提高高新区的自主创新能力，而且应采取多样化发展模式促进高新区升级。

王永进等（2016：58~71）首次从"集聚效应"和"选择效应"两个方面对开发区影响生产率的渠道进行了论证，进而运用Combes等（2012：95）的方法定量识别了开发区的"集聚效应"和"选择效应"，研究发现：①"集聚效应"和"选择效应"都显著提高了开发区的生产率。②从平均来看，开发区企业生产率的优势主要来源于"集聚效应"，但"集聚效应"

持续期限很短，在开发区成立 3 年后逐渐消失。开发区生产率长期优势的主要源泉是制度和优惠政策形成的"选择效应"。③低效率的规模较小且年轻的民营企业从"集聚效应"中可获得更大收益。

盛丹等（2017：299~332）第一次基于"集聚效应"和"选择效应"对影响开发区企业成本加成率分布的理论机制及其作用程度进行考证，结果发现：①"集聚效应"和"选择效应"均会对成本加成率分布产生作用，而且"选择效应"的作用占据主导地位，导致区内企业垄断势力较弱，进一步造成较低的成本加成率。②开发区企业的成本加成率分布相较于非开发区企业更加集中，而且资源配置效率更高；年轻、中小规模的民营企业优化资源配置的力度更加明显。除此之外，开发区的"集聚效应"和"选择效应"表现出明显的异质性。

周茂等（2018：62~79）通过结合制造业细分产业的技术复杂度和地区制造业生产结构测度地区的制造业升级水平，构建了可用于政策评估的拟自然实验，引入双重差分法实证评估了 2006 年大规模设立省级开发区对制造业升级的影响及强度，结果表明：开发区的设立通过促进内部产业结构优化有效推动了地区制造业的整体升级，该结论在充分考虑了一系列其他可能干扰估计结果和识别假设条件因素后仍然能够成立；该结构升级效应主要来源于开发区政策引导下，生产要素在同一地区内的制造业内部不同产业之间实现优化再配置。此外，开发区可以通过产业集聚、资本深化、出口学习三个可实现的具体渠道推动地区制造业升级；开发区设立的升级效应因政府效率、要素市场发育程度、地区等级和初始技术水平不同而表现出一定的差异，等级程度越高、政府效率越高、要素市场的发育程度越低、初始技术水平越趋于两端的地区，开发区对制造业升级的正向影响越明显。

李贲等（2018：79~97）使用 2000~2011 年中国工业企业数据库，采用倾向得分匹配基础上的"渐进式"双重差分（PSM－DID）法进行实证检验，结论：总体上，开发区设立促进了该区内企业规模成长；国家级开发区能够有效促进处于各个阶段的企业、所有行业的企业规模成长；省级开发区能促进初创期、成长期企业和劳动密集型、技术密集型行业企业的规模成长；国家级开发区的影响程度大于省级设立的开发区，市级及以下的开发区影响并不显著。

参考文献

张文合，1989，《我国区域经济发展战略的转变与选择》，《经济研究》，第 10 期。

王一鸣、邓亚平，1989，《区域经济发展战略中的几个理论问题》，《地区经济发展比较》，第 6 期。

范恒山，2011，《我国促进区域协调发展的理论与实践》，《经济社会体制比较》，第 6 期。

范恒山，2013，《关于深化区域合作的若干思考》，《经济社会体制比较》，第 4 期。

杨开中，1989，《中国区域经济系统性研究（上）：区域经济理论、应用与政策》，《中国工业经济》，第 3 期。

杨开中，1989，《中国区域经济系统性研究（中）：区域经济理论、应用与政策》，《中国工业经济》，第 4 期。

杨开中，1989，《中国区域经济系统性研究（下）：区域经济理论、应用与政策》，《中国工业经济》，第 5 期。

胡乃武、韦伟，1995，《区域经济发展差异与中国宏观经济管理》，《中国社会科学》，第 2 期。

李文，1997，《对区域经济协调发展的有益探索》，《中国社会科学》，第 2 期。

孙红玲、刘长庚，2005，《论中国经济区的横向划分》，《中国工业经济》，第 10 期。

魏后凯，2016，《推进津京冀协同发展的空间战略选择》，《经济社会体制比较》，第 3 期。

孙久文，2017，《中国区域经济发展的空间特征与演变趋势》，《中国工业经济》，第 7 期。

陈惠雄，2006，《中国区域发展梯度约束与和谐社会战略构局》，《中国工业经济》，第 9 期。

洪俊杰、刘志强、黄薇，2014，《区域振兴战略与中国工业空间结构变动——对中国工业企业调查数据的实证分析》，《经济研究》，第 8 期。

林汉川，1995，《高新技术开发区建设的理论思考》，《中国社会科学》，第 4 期。

白雪洁、姜凯、庞瑞芝，2008，《我国主要国家级开发区的运行效率及提升路径选择——基于外资与土地利用视角》，《中国工业经济》，第 8 期。

杨本建、黄海珊，2008，《城区人口密度、厚劳动力市场与开发区企业生产率》，

《中国工业经济》，第 8 期。

姜彩楼、徐康宁，2009，《区位条件、中央政策与高新区绩效的经验研究》，《世界经济》，第 5 期。

王永进、张国峰，2016，《开发区生产率优势的来源：集聚效应还是选择效应？》，《经济研究》，第 7 期。

盛丹、张国锋，《开发区与企业成本加成率分布》，《经济学》（季刊），第 10 期。

周茂、陆毅、杜艳、姚星，《开发区设立与地区制造业升级》，《中国工业经济》，第 3 期。

李贲、吴利华，2018，《开发区设立与企业成长：异质性与机制研究》，《中国工业经济》，第 4 期。

蔡继明，1998，《中国城乡比较生产力与相对收入差别》，《经济研究》，第 1 期。

张平，1998，《中国农村居民区域间收入不平等与非农就业》，《经济研究》，第 8 期。

蔡昉、都阳，2000，《中国地区经济增长的趋同与差异——对西部开发战略的启示》，《经济研究》，第 10 期。

盖文启、王缉慈，1999，《从硅谷的成功看中国高新区的发展》，《中国工业经济》，第 12 期。

中央党校经济研究中心课题组，2000，《西部大开发的经济学思考》，《经济研究》，第 6 期。

中国社会科学院工业经济研究所课题组，2000，《西部开发与东、中部发展问题研究（上）》，《中国工业经济》，第 4 期。

中国社会科学院工业经济研究所课题组，2000，《西部开发与东、中部发展问题研究（下）》，《中国工业经济》，第 5 期。

杨涛，2000，《城乡收入差距的政治经济学》，《中国社会科学》，第 4 期。

周民良，2000，《经济重心、区域差距与协调发展》，《中国社会科学》，第 2 期。

刘强，2001，《中国经济增长的收敛性分析》，《经济研究》，第 6 期。

中国社会科学院西北开发战略研究课题组，2001，《西北大开发的战略选择（上）》，《中国工业经济》，第 1 期。

中国社会科学院西北开发战略研究课题组，2001，《西北大开发的战略选择（下）》，《中国工业经济》，第 2 期。

陈栋生，2001，《西部地区经济现状与大开发的对策》，《中国工业经济》，第 3 期。

刘友金、黄鲁成，2001，《产业群集的区域创新优势与我国高新区的发展》，《中国工业经济研究》，第 2 期。

蔡昉、都阳，2001，《区域差距、趋同与西部开发》，《中国工业经济》，第 2 期。

冯子标、焦斌龙，2001，《城镇化战略与城市化战略》，《中国工业经济》，第 11 期。

陈耀，2001，《环渤海地区工业发展的新特点与新思考》，《中国工业经济》，第

5 期。

凤兰瑞，2001，《城镇化如何城市化》，《地区经济发展比较》，第 4 期。

陆立军，2001，《区域协调发展的西部大开发思路——兼论浙江区域特色经济的若干启示》，《经济社会体制比较》，第 4 期。

沈坤荣、马俊，2002，《中国经济增长的"俱乐部收敛"特征及其成因研究》，《经济研究》，第 1 期。

魏后凯、吴利学，2002，《中国地区工业竞争力评价》，《中国工业经济》，第 11 期。

王铮、葛昭攀，2002，《中国区域经济发展的多重均衡态与转变前兆》，《中国社会科学》，第 4 期。

王小鲁，2002，《城市化与经济增长》，《地区经济发展比较》，第 1 期。

林毅夫、刘培林，2003，《中国的经济发展战略与地区收入差距》，《经济研究》，第 3 期。

马拴友、于红霞，2003，《转移支付与地区经济收敛》，《经济研究》，第 3 期。

第十五章 区域关系研究

第一节 区域经济发展差距研究

区域经济发展差距按照不同的划分标准可以大致分为大区域之间、城乡之间、不同区域农村之间、不同区域城镇之间的经济增长和收入差距问题。纵向来看，不同历史时期导致区域经济发展差距的主导力量不同，且各要素在区域经济发展差距中扮演的角色不同。国内学者从纵向和横向两个维度，以及通过不同的空间划分对导致区域经济发展差距的因素予以揭示，并给出相应建议，为缩小区域经济差距、促进区域经济平衡发展贡献了力量。

一 分历史阶段对区域经济发展差异的研究

杨伟民（1991：70~74）利用洛伦兹曲线、基尼系数和变异系数考察中国1978~1989年区域收入差距的变动情况，结论显示，区域收入在地区间、人口间趋于平均，以人均 GNP 衡量的中国各地区之间的收入差距逐渐缩小而未出现扩大趋势。研究发现，东部地区内部和中部地区内部收入差距的缩小是区域收入差距缩小的主导因素，非均衡发展战略并没有带来全国及东、中、西地区收入差距拉大；东部地区尚未进入经济成熟期，大规模转移东部地区加工工业的时期还没有到来；人口流动是缩小地区间收入差距的关键。

张平（1992：62~70）利用基尼系数、变异系数等方法考察中国1980~1990年省际农村居民收入差距的变化，研究发现，省际农村居民收入差距随着收入的增加而呈现扩大的趋势，并且最落后省份与最发达省份收入差距呈现扩大趋势。对收入差距扩大的原因进行考察发现，非农产业的发展——从乡镇企业得到的工资性收入是收入差距扩大的主要原因，并且二元经济结构也是拉大农村收入差距的重要原因。

魏后凯（1992：61~65）利用相对差异系数和加权变异系数考察了1952~1990年中国区域收入差距的变动趋势，结果显示，1952~1965年我国东、中、西三大地带收入差距呈现缩小趋势，1965年之后三大地带收入差距急剧拉大，1988年之后才有缩小的趋势；六大区域（华北、东北、华东、中南、西南和西北）在1952~1965年收入差距缩小，1965年之后又有所扩大，1975年之后才出现缩小趋势；省际收入差距在1978年之前呈现扩大趋势，1978年之后才出现缩小趋势；不同发展水平地区间，1952~1965年收入差距呈现缩小趋势，1965年之后出现扩大，直到1975年才出现缩小趋势；民族自治地区和其他地区的收入差距在1982~1988年出现扩大，1988年之后才出现缩小；贫困地区和其他地区的收入差距也出现扩大趋势。他强调国家区域政策是造成区域收入差距的重要原因，这在发挥地区优势的过程中起到了重要作用，但是需要适度倾斜；国家在政策倾斜过程中要处理好新工业区和老工业区之间的关系，不能顾此失彼。魏后凯（1997：31~37）利用新古典增长模型，采用多种指标重新验证了1978~1995年中国省际人均收入的增长及其收敛性。研究结果显示，我国地区经济增长大体可分为三个时期：1952~1965年，工业化由沿海向内地推进，落后地区与高收入地区的人均国民收入差距在一定程度上缩小。1965~1978年，由于指导方针失误，加上"十年动乱"，虽然资金大规模投入"三线"建设，但并未阻止地区间差异扩大的趋势。1978年以来，落后地区与高收入地区的人均GDP差距以约2%的速度缩小。但是，由于改革开放进程不同，加上宏观调控手段及政策不够健全，各地区收入增长表现的不平衡格局进一步强化。

林毅夫等（1998：3~11）基于人均GDP和人均收入两个指标考察了我国1978~1995年区域差距的变化，研究结果显示，20世纪80年代中期人均GDP地区差距虽然扩大，但是变动并不明显，而人均收入地区差距在80年代中期以后出现较为明显的扩大，东、中、西地区的人均GDP差距都表现出了相同的变动趋势，富裕地区人均收入越来越高，贫困地区人均收入与全国平均水平之间的差距越来越大，人均 GDP 的省际差距扩大趋势并不明显，主要表现为区域之间差距扩大，人均收入地区差距扩大不仅表现为省际差距，区域差距也很明显。

陈秀山（2004：117 ~ 128）等通过基尼系数、塞尔指标、变异系数系统描述了区域差距变动；利用区域差距影响因素的四因素分析框架，对不同时期区域差距形成过程中起主导作用的影响因素进行了分析。投入要素的量和质、要素的配置效率、要素的使用效率、空间格局的变动等在不同时期重要性各不相同。管卫华等（2006：117 ~ 125）研究 1953 ~ 2002 年中国区域经济发展差异，从中国区域发展不平衡的趋势来看，区域差距逐步扩大。从 60 年尺度来看，20 世纪 60 年代到 90 年代区域间经济发展水平的差距呈缩小的趋势，而 90 年代以后却逐渐扩大。从 20 年左右尺度来看，区域间经济发展水平的差距自 1984 年以后逐渐扩大，但不显著。

刘雅南等（2009：1281 ~ 1300）借助博弈模型从理论上探讨了区域差异、含两级政府经济中的政府之间的竞争问题，并引入了两种不同的征税体制，综合分析了中央领导下的政府竞争、地区分权下的政府竞争和同时行动的政府竞争模式下的竞争均衡的效率性以及相应的最优征税机制设定问题，并进一步讨论了政府竞争对区域经济差异的影响。分析表明，区域政府竞争可能导致效率的损失，要实现经济的最优状态，中央政府必须设定适当的征税机制以激励地区政府在决择时兼顾对其他地区的影响，适当的财政政策设计可以使竞争兼顾效率与公平。

二　区域间经济发展差异的原因研究

张曙光（1993：19 ~ 26）从另一角度解释了地区收入差距变动的原因，研究发现区域间生产效率差异呈现缩小趋势而收入水平方面的地区差距呈现扩大趋势，仅仅从区域政策角度来解释这一现象还比较片面，国民收入的地区流动和转移是解释这一现象的重要原因。韦伟（1994：51 ~ 61）系统阐述了区际差异对宏观经济主体、区域经济主体、企业经济主体、个人经济主体的影响，进而从宏观方面论述了区际差异对经济增长、经济波动以及通货膨胀的影响。区际经济差异是发展过程中不可避免的现象，但是不能因为其"不可避免"而"不去避免"，过大的区际经济差异将在一定程度上影响政治稳定性。

夏永祥（1994：57～61）围绕中国东部、中部与西部三大区域间的发展差距急剧扩大这一事实，系统性分析了造成这种差距的原因。对三大区域在自然要素、宏观政策、经济结构、城乡关系、人口素质、市场经济发育水平方面的差异进行了较为全面的揭示，并为后来研究者提供了研究方向和思路。

程必定（1995：61～66）认为改革开放以来我国区域经济差距呈现扩大趋势，单纯靠政策扶持来缩小区域差距并没有把缩小区域差距的机制放在重要位置，区域外部性内部化和区域内部性外部化是缩小区域差距的重要机制。区域外部性内部化对欠发达地区而言是融入发达区域的发展，而区域内部性外部化是发达地区对欠发达地区的辐射与带动作用。

魏后凯（1996：66～73）认为已现研究在区域收入差距指标选择上存在一定局限性，选取人均居民收入来衡量区域差距更具有实际意义，"准马太效应"的存在是近年来省际居民收入差距不断扩大的重要原因，并且通过对省际区域收入差距进行分解得出结论：东部地区内部的收入差距逐渐加大，中、西部地区收入差距变动幅度较小。从城乡之间的收入差距来看，在城乡居民收入差距的构成中，城乡收入差距大约占60%，农村地区省际收入差距约占45%，城镇地区省际收入差距对总体收入差距的影响较小。

宋学明（1996：38～44）考察了区域之间的静态差距与动态差距。从静态差距来看，利用最大值与最小值之比、方差系数、基尼系数得出区域差距的静态变化，20世纪80年代以来我国虽然缩小了最富裕省份和最贫困省份之间的人均收入差距，但是人口多的贫困省份与富裕省份之间人均收入的差距扩大。从动态差距来看，新古典理论认为，人均收入低的地区，经济增长率高，反之亦然。他验证了新古典理论在我国区域经济的适用性。

徐现祥等（2004：619～638）尝试实证分析各省区内生的社会基础设施（由制度、政策等构成）的差异在省区经济差距中的作用。具体而言，他们找到了能够反映各省区发展市场经济的软环境历史数据，将其设定为工具变量，把各省区的基础设施内生化，结果发现，内生的社会基础设施的差异可作为各省区经济绩效的差异的稳健因素。

李静等（2006：12～22）指出早期的增长核算文献认为地区收入差距是由包括物质资本积累或人力资本在内的投入要素的差异造成的，而以 Hall 和 Jones（1999：83～116）等为代表的研究认为，投入要素的差距不可能是一个国家（地区）经济落后的根本原因，而只能用全要素生产率（TFP）的巨大差距来解释。研究运用增长核算办法对中国省份的 TFP 进行估计，分析要素投入差异和 TFP 差异对地区发展差距的贡献度。结果表明，TFP 差距是中国地区差距的最主要根源。

王飞等（2006：1067～1090）尝试从区域间劳动力流动的角度探究中国区域经济发展问题，尤其是工资差距和收入差距问题，使用的方法主要是区域连接 CGE 模型，应用该模型进行了比较静态分析（1997 年）和比较动态分析（1997～2010 年）。依据模拟的结果探讨了劳动自由流动的强度、劳动力流动的量、区域间工资或收入差距三者之间的关系，同时也考察了政府加大对西部等特定地区的投资力度所带来的效果。

干春晖等（2010：25～34）参考泰尔熵原理，构造泰尔指数，进而分析中国改革开放以来区域经济发展差距问题，研究表明，中国地区经济差距已经演变为倒"N"形，1990 年和 2003 年是两个拐点。从产业角度看，地区经济差距由产业内差距和产业间差距两部分组成。第二、三产业内差距是地区经济之间差距的主体，各产业之间的差距也有重要的影响，各差距均表现出明显的阶段性特征。产业增长及产业结构调整直接影响着地区经济差距的变化方向，并且这种影响相当复杂，在各个时期明显不同。但从长期角度看，地区经济差距的变化主要来源于产业成长性的不同，产业结构影响较为微弱，产业结构调整只在短期内对地区经济差距有显著的调节作用。

催华泰（2017：33～44）针对我国城乡二元经济复杂性和收入来源多样性的特点，通过对国家统计年鉴等官方数据进行处理，实现全国范围内连续年度基尼系数的测算和分解，得出我国基尼系数的变化规律。通过对模型的反复推导、比较和计算，避免了测算过程中的离散和不可比较的问题，直观刻画了不同收入来源对二元结构下基尼系数的影响程度。同时兼顾收入在城乡二元结构中的差异性，揭示了收入来源与收入差距的关联性，为研究我国收入差距问题提供了一个新视角。

刘修岩等（2017：25~43）从区域城市化发展模式的角度出发，分析了多中心发展对地区之间收入差距的影响路径及机制，并使用 DSMP/OLS 夜间灯光数据，测度了省份内部的空间结构和地区收入差距，进一步实证了多中心发展带来的地区收入差距减小效应。研究发现，多中心空间发展模式的确有利于缩小地区收入差距，且多中心发展的地区收入差距缩减效应主要通过优化区域内中小城市的产业结构和加快区域内的商品流通来实现。

三 城乡之间经济发展差异的研究

王德文（2005：13~21）分析了中国高速经济增长过程中城乡收入差距扩大问题。不断增强的城市偏向政策致使 1990 年代以来的经济增长失去了收入均等化效应，高速的经济增长创造出来的经济福利并没有通过收入传导机制被城乡居民平等地分享。他认为推进公平的发展战略将有利于中国的经济增长。政府干预可以从理顺市场和理顺政策两个方面采取措施，改善收入功能分配和收入规模分配，实现缩小城乡收入差距的目标。

林燕等（2007：119~122）认为农户家庭的收入可以分为工资性收益、财产性收益和公共服务性收益。在现有制度给定的条件下，劳动力采取个人而非家庭的转移方式，是农民追求家庭收益最大化的合理选择。新农村建设的有效推行极大地提高了农村家庭财产性收益和公共服务性收益，同时极大地提高了农户家庭的转移成本，从而延缓剩余劳动力转移，或者深化个人转移与家庭转移的鸿沟，令社会化的推进更不稳定。在托达罗模型的基础上引入制度变量，分析新农村建设与我国城市化之间产生冲突的内在机理。

王少国（2011：56~63）认为改革开放以来，中国虽然经济增长显著，但城乡发展不平衡特征日益加剧，城乡收入差距呈波浪式扩大态势，并成为我国收入分配差距过大的主要原因。因此，缩小我国的城乡收入差距就成为我国改善收入分配机制的主要着力点。为此学者提出了许多政策建议，涉及制度、公共产品供给、产业调整、消除腐败等诸多方面。但就这些政策而言，还存在很多的不足。

第二节　区域经济关系研究

除了在宏观层面依据经济地理特征对国土进行大板块划分并进行战略层面研究外，不少学者从中观层面，以行政单位或市场特征为标线，将不同区域作为经济主体，深入探讨了不同区域市场以及行政力量在资源配置中的作用，并重点研究区域间的冲突与合作，对如何以市场为导向促进区域协同发展给出了政策建议。

一　区域冲突与合作、区域分割研究

张可云（1992：52~58）概括了改革开放以来我国区域经济运行中所存在的区域冲突和合作困难两个方面的问题。区域冲突可以划分为三个阶段：第一个阶段（1979~1984年）为盲目布局及引进阶段，第二阶段（1985~1988年）是原料大战阶段，第三阶段（1989年至今）为市场封锁阶段。研究分析了区域冲突和合作困难的原因，认为体制改革不到位是区域经济运行中存在的问题的根本原因，合理解决这些问题的政策框架包括处理好中央和地方、政府与企业、区域与区域之间的关系，是较早提出区域经济运行中需要处理好区域冲突和合作困难等问题的研究。

徐现祥等（2004：619~638）以长三角的城市群为样本，对地方政府自愿成立协调组织且主动推动市场一体化进程对地区协调发展的影响进行了定量分析，结果表明：1990~2002年，市场分割显著阻碍了长三角地区的协同发展；但随着当地政府成立协调组织，且主动推动市场一体化进程，市场分割对区域协调发展的阻力呈现下行趋势。该研究结果表明市场一体化对区域协调发展有一定正向作用。

邓明（2014：18~30）以"价格法"计算的市场分割指数作为被解释

变量，基于 1992~2010 年的省际面板数据，构建空间面板模型实证检验了中国地方政府在市场分割方面的策略互动行为及影响因素。结果表明，地区间市场分割水平存在显著的空间相关性，财政分权强化了市场分割策略互动行为，而中央转移支付有效弱化了该行为。为避免地区间市场分割走进"囚徒困境"博弈，应对"中国式分权"激励机制进行改革。付强（2017：47~60）将"生产法"和"价格法"有机结合，通过面板系数模型对数据进行处理，研究发现：当产品异质化厂商具有线性的需求函数和线性的成本函数时，进行产量竞争或者价格竞争，基于较高的产业同构水平，市场的分割均都能对区域经济增长产生显著正向促进作用；但是，在产量竞争的情况下，分割不利于总体经济增长，而在价格竞争的情况下，分割能在有限的空间内促进总体经济增长。

白俊红等（2017：109~123）以中国大陆 30 个省级行政区域为研究对象，引入多种空间计量分析技术进行了实证检验。研究发现，科技研发要素区际流动具有明显的空间溢出效应。该溢出效应对经济增长表现出显著的正向作用。研究为促进区域之间研发要素的合理流动，统筹区域创新发展，进而促进中国经济的可持续增长提供了政策启示。

二　空间溢出效应研究

刘生龙等（2011：72~82）在引力方程基础上进一步引入交通变量来验证交通基础设施对区域经济一体化的影响，结果表明：①2008 年省际贸易的边界效应值处于 6~21，比较接近于发达国家之间贸易的边界效应值；②交通基础设施改善对区域贸易产生了显著的正向作用；③交通基础设施越发达，边界效应值越低，说明交通基础设施建设促进了区域贸易量的增加。

白俊红等（2015：174~189）使用 1998~2012 年分省区的面板数据实证了空间关联与协同创新对区域创新的绩效影响，研究发现，协同创新过程中，企业与高校联结、政府的科技资助、企业与科研机构的联结对区域创新绩效有显著正向效应，对金融机构的资助产生负面影响；区域间的创新要素动态流动有利于知识的空间溢出，从而促进区域创新绩效提高。

于斌斌（2014：89～123）用2003～2011年中国285个地级及以上城市数据实证研究了中国城市结构调整与模式选择对劳动生产率影响的空间溢出效应。研究结果显示，随着地理距离加大，城市劳动生产率空间相关强度表现出规律性递减，随着时间的变化，劳动生产率高集聚区由东部地区向中西部地区转移；城市劳动生产率空间溢出效应在0～850公里范围内呈倒"U"形；东部地区产业高级化促进中西部地区的产业承接，有利于提升城市劳动生产率；劳动力的跨行业配置引致的结构失业对城市劳动生产率具有明显负向效应；城市多样化模式比专业化模式更有利于促进城市规模化及劳动生产率的提升。

覃成林等（2017：44～61）构建包含空间外溢的区域经济增长收敛模型，用1999～2013年285个地级及以上市行政区的面板数据，考察先富地区是否带动了其他地区共同富裕。结果表明，先富地区的发展通过经济增长的空间外溢效应带动了附近部分地区共同发展，但是带动作用的有效范围比较有限，而且带动程度也存在一定差异。因此，从实现共同富裕考虑，一方面，需要继续促进先富地区经济发展，同时改善先富地区的空间外溢条件，扩大其带动其他地区共同富裕的空间范围；另一方面，对于先富地区带动作用所不能及的其他地区，则需要依据增长极理论设计新的区域战略及政策，促使其富裕起来。

参考文献

杨伟民，1992，《地区间收入差距变动的实证分析》，《经济研究》，第1期。

张平，1992，《中国农村区域间居民的收入分配》，《经济研究》，第1期。

魏后凯，1992，《论我国区际收入差异的变动格局》，《经济研究》，第14期。

林毅夫、蔡昉、李周，1998，《中国经济转型时期的地区差距分析》，《经济研究》，第6期。

陈秀山、徐瑛，2004，《中国区域差距影响因素的实证研究》，《中国社会科学》，第5期。

管卫华、林振山、顾朝林，2006，《中国区域经济发展差异及其原因的多尺度分析》，《经济研究》，第7期。

刘雅南、邵宜航，2009，《政府竞争与区域经济差异》，《经济学》（季刊），第7期。

张曙光，1993，《关于地区经济差异变动的另一种解释》，《经济研究》，第9期。

韦伟，1994，《区际差异对经济发展影响的考察》，《中国工业经济》，第11期。

夏永祥，1994，《我国区域发展差距原因的分析》，《中国工业经济》，第11期。

程必定，1995，《区域的外部性内部化和内部性外部化——缩小我国区域经济发展差距的一种思路》，《经济研究》，第7期。

魏后凯，1996，《中国地区间居民收入差异及其分解》，《经济研究》，第11期。

宋学明，1996，《中国区域经济发展及其收敛性》，《经济研究》，第9期。

李静、孟令杰、吴福象，2006，《中国地区发展差异的再检验：要素积累抑或TFP》，《世界经济》，第1期。

王飞、郭颂宏、江崎光男，2006，《中国区域经济发展与劳动力流动——使用区域连接CGE模型的数量分析》，《经济学》（季刊），第7期。

干春晖、郑若谷，2010，《中国地区经济差距演变及其产业分解》，《中国工业经济》，第6期。

催华泰，2017，《城乡二元视角下的我国基尼系数变化分析》，《经济社会体制比较》，第3期。

刘修岩、殷醒民，2008，《空间外部性与地区工资差异：基于动态面板数据的实证研究》，《经济学》（季刊），第10期。

王德文，2005，《中国经济增长能消除城乡收入差距吗?》，《经济社会体制比较》，第4期。

王少国，2011，《我国治理城乡收入差距的对策研究评析与补充》，《经济社会体制比较》，第4期。

林燕、张忠根，2007，《新农村建设与城市化的冲突：制度的作用》，《经济社会体制比较》，第6期。

张可云，2016，《北京非首都功能的本质与疏解方向》，《经济社会体制比较》，第3期。

徐现祥、李郇，2005，《市场一体化与区域协调发展》，《经济研究》，第12期。

邓明，2014，《中国地区间市场分割的策略性互动研究》，《中国工业经济》，第2期。

付强，2017，《市场分割促进区域经济增长的实现机制与经验辨识》，《经济研究》，第3期。

白俊红、王钺、蒋伏心、李婧，2017，《研发要素流动、空间知识溢出与经济增长》，《经济研究》，第7期。

刘生龙、王亚华、胡鞍钢，2009，《西部大开发成效与中国区域经济收敛》，《经济研究》，第9期。

白俊红、蒋伏心，2015，《协同创新、空间关联与区域创新绩效》，《经济研究》，第7期。

覃成林、刘迎霞、李超，2012，《空间外溢与区域经济增长趋同——基于长江三角洲的案例分析》，《中国社会科学》，第5期。

蔡昉，2003，《城乡收入差距与制度变革的临界点》，《中国社会科学》，第5期。

李强，2003，《影响中国城乡流动人口的推力与拉力因素分析》，《中国社会科学》，第1期。

李建琴，2003，《构建西部开发中的东西部经济互动区》，《经济社会体制比较》，第1期。

孙津，2003，《区域经济发展的社会机制》，《经济社会体制比较》，第6期。

王小鲁、樊纲，2004，《中国地区差距的变动趋势和影响因素》，《经济研究》，第1期。

刘夏明、魏英琪、李国平，2004，《收敛还是发散？——中国区域经济发展争论的文献综述》，《经济研究》，第7期。

文玫，2004，《中国工业在区域上的重新定位和聚集》，《经济研究》，第2期。

宋洪远、马永良，2004，《使用人类发展指数对中国城乡差距的一种估计》，《经济研究》，第11期。

朱恒鹏，2004，《地区间竞争、财政自给率和公有制企业民营化》，《经济研究》，第10期。

王格玮，2004，《地区间收入差距对农村劳动力迁移的影响——基于第五次全国人口普查数据的研究》，《经济学》（季刊），第10期。

徐现祥、舒元，2004，《中国省区经济增长分布的演进（1978—1998）》，《经济学》（季刊），第3期。

范剑勇，2004，《市场一体化、地区专业化与产业集聚趋势——兼谈对地区差距的影响》，《中国社会科学》，第6期。

陈秀山、徐瑛，2004，《中国区域差距影响因素的实证研究》，《中国社会科学》，第5期。

王咏梅，2004，《东部与中西部经济协调发展的创新策略选择》，《经济社会体制比较》，第3期。

王小鲁、樊纲，2005，《中国收入差距的走势和影响因素分析》，《经济研究》，第10期。

傅勇，2005，《城乡差距、数量悖论与政策偏向》，《经济社会体制比较》，第4期。

罗勇、曹丽莉，2005，《中国制造业集聚程度变动趋势实证研究》，《经济研究》，第8期。

第十六章　城市发展研究

第一节　城乡经济发展关系问题

城乡二元经济结构是中国工业化、城镇化中显著的特征。城乡之间不同的土地制度、劳动力结构，以及户籍制度等客观因素的存在，使城镇化过程中表现出较强的中国特色，劳动力城乡之间的转移，以及两部门产品的交换对城乡经济发展带来了不同的经济影响，破除二元经济结构、实现城乡统筹发展是中国面临的重要战略性问题，一直以来也是经济学者研究的重要领域。

一　城乡分割研究

蒋年云等（1987：48～52）表明城市化属于历史范畴，这一进程在不同社会制度、不同国家中具有历史的差异性，且各自特征表现明显，中国城市化发展道路模式为：借助城市扩散和乡村集中，建立乡村和城市相结合的城乡经济系统，逐渐由二元经济结构经过三元经济结构向城乡一元经济结构发展。

丁家新（1990：64～67）对城乡关系合理化问题进行了探讨，指出城乡经济关系的实质是城市和乡村的相互依赖与支持、城乡经济一体化，并且分析了城乡经济关系不合理的现状是投资结构严重倾斜、财政支出向城市和工业倾斜、工农业产品价格"剪刀差"继续扩大。研究从合理化投资、合理化生产力布局、建立统一的城乡市场化体系和打破城乡壁垒等方面提出了构建合理化城乡关系的战略选择。

李强（2003：125～136）引用推拉理论模型对影响城市农民工的流动

因素进行研究。结果表明，中国的推拉模式与国际上的推拉模式相比存在较大差异，户籍制度是阻碍中国城乡流动最为严重的制度因素，户籍制度不仅对推拉模式产生一般的影响，还使推拉模式在城乡间失去效力。中国的人口流动规律不符合一般的推拉规律。流动农民工在长期户籍制度的影响下心理发生了变化，导致推拉两种力量失去效力。

傅勇（2005：22～27）指出中国转型以来的城乡分化趋势源于渐进式道路中城乡二元体制的留存。通过引入集体行动逻辑的博弈分析，认为这种"落后"制度得以维持的原因是在影响政策偏向的竞争中，与城市部门相比，农村部门存在数量悖论。研究从政府目标、城市化道路和二元体制改革次序等方面讨论了扭转政策偏向的可能动力来源。

吴金群（2010：133～141）认为，市管县体制下的城乡经济关系表现为一种板块式的行政联合治理，无法形成经济社会的城乡一体化发展。省管县体制可以上移公共服务统筹权，实现城乡基本公共服务均等化；下放公共资源配置权，增强县域经济社会发展活力；完善省市县权责配置机制，促进地方政府之间的良性互动；解决县乡财政困难，推动农业农村健康发展。统筹城乡发展中的省管县体制改革，可以从以下几个方面展开：明确改革愿景，大力培育改革共识；采用渐进的方法，推进分类改革；改革行政区划，合理调整省县规模；转变政府职能，实现市县协调发展；实行市县分等，推进干部人事制度改革；完善法律法规，搞好制度配套。

钞小静等（2014：30～43）运用1995～2012年中国省级面板数据，引用最小二乘法对城乡收入的差距、劳动力的质量与经济增长的关系进行实证分析。结果表明，城乡收入差距过大会导致初始财富水平较低的居民无法实施人力资本投资，制约了劳动力质量提升，现代部门与传统部门的生产率差异，制约了低质量劳动力向现代部门的转移，减少了现代部门劳动力数量，城乡收入差距通过劳动力质量影响中国经济增长。

二　城乡经济统筹发展研究

周叔莲（1993：51～56）对城乡经济关系研究的内容、特点、意义进行了全面阐述。对城乡经济关系的各个方面进行了系统化研究，发现了城乡经济关系中存在的政策性问题及体制性问题，并提出了促进城乡经济协调运行和均衡发展对于政策和体制的相关要求，为城乡经济政策的制定及体制改革提供了理论依据。同时，进一步研究城乡经济与经济政策的关系，可以有效的帮助明确政策调整方向和力度；通过研究城乡经济关系与各种体制改革之间的关系，能够更加有效的把握体制改革的方向和路径。

郑梦熊（2011：161~165）认为统筹城乡发展是对城乡分割发展方式的根本否定。若要实现统筹城乡发展，必须建立在尊重农民利益、权利且自主意愿和选择的基础上。必须放弃传统发展道路，走上农民作为经济主体能够主动参与工业化和城镇化的发展新路。统筹城乡发展，改革是关键，解决体制机制问题是核心，只有改革才是推进统筹城乡发展的根本动力。

周江燕等（2014：5~17）采用两步全局主成分分析法对中国不同尺度2000~2001年城乡发展一体化水平面板数据进行了测度。结果表明，21世纪以来中国整体、区域和省际三个层面城乡一体化水平指数均不断提高，主要归因于中国城乡一体化及空间一体化程度的显著提高；城乡一体化水平的差异显著且收敛，表现出"自东向西逐渐降低，东部三省穿插其中"的经济地理特征；城乡一体化差异主要归因于东部地区与西部地区内部差异较大，东、中、西、东北四大地带间的差异较小且呈收敛趋势。

第二节　城镇化和城市群研究

中国的城镇化受到地理、户籍、政策等变量的交互影响，对城镇化过程中的主要障碍与中国城镇化道路和模式的选择，以及由城镇的布局形成的空间经济关系的研究至关重要。城镇化不单指城镇的发展对经济的影响，更重要的是城镇化是人的城镇化，是生产、生活方式的城镇化，是农业文明向工业文明变迁的城镇化。中国从计划经济向市场经济的过渡面临着较多先天障碍，如何有效破除城镇化的历史壁垒，以及如何选择符合中国经济特征的城镇化道路显得尤为重要。

一　二元结构研究研究

李迎生（1993：113～126）对我国城乡二元社会格局的形成、变化与未来发展趋势作了动态考察，指出中国城乡分割的二元社会格局形成主要受到户口制度、用工制度、粮油供应制度等传统社会力量的影响。以上传统力量源自早期计划经济体制，在经济发展史上扮演过积极角色，但同时也带来了严重的社会弊端，导致城乡二元结构的形成和固化，阻碍了现代统一市场经济的形成。改革开放以来，城乡割裂的二元社会格局逐步弱化，但进一步打破城乡割裂尚需一个较长的历史时期才能完成。研究提出了改变城乡二元经济结构所需要的条件与途径。

冯子标等（2001：44～49）认为，城镇化及城市化是中国城市化过程中采取的两种战略，城镇化先于城市化，城镇化达到一定阶段后逐步过渡到城市化。当前，城镇化伴随着工业化，工业化是城镇化的决定性力量，在城镇化与工业化达到一定的临界值时，需要大力采取城市化战略，实现城镇化与城市化两种战略互相推动，进而实现经济的整体跃迁。

简新华（2010：28～39）实证分析了中国的城镇化水平，并且与国外进行比较，总体而言，中国城镇化相对滞后，这种滞后不仅表现在国内经济发展水平、工业化水平及非农化进程，还表现在滞后于国外同等发展水平的国家。研究推测，到2020年中国的城镇化率将达到60%左右。

王国刚（2010：70～81）指出我国经济发展方式转变的推动力是从以工业经济为主向工业经济和城镇经济协同推动，它的内在根据是，在通过工业化解决了"吃、穿、用"之后，要有效解决严重短缺的"住、行、学"等问题，加快发展城镇经济。解决"住、行、学"问题，既是城镇化的主要内容，也是在温饱型小康基础上实现全面小康的主要内容，还是保障中国经济可持续发展的主要动力。

陈云松等（2015：78～95）基于中国社会调查（CSS2011）和相关城市统计资料，分析了城镇化的"不平等"效应以及城镇化中农业户籍流动人口与城镇户籍人口的社会融合问题，研究发现：在收入方面，人口城镇化率的上升对"进城农民"的影响，虽与"城里人"无明显差异，但在社会保险、文化生活、心理接纳及身份认同等方面显著区别于"城里人"。这种"进城农民"与"城里人"之间的不平等会促使原来农村与城市的老二元结构转化为城镇内部户籍居民与流动人口的新二元分割，从而阻滞城镇化进程中的社会融合。

刘瑞明等（2015：107～121）以中国"双重二元结构"特征为出发点，研究了所有制结构对城市化的影响。研究发现，过去城镇企业对农村剩余劳动力有一定的拉力，促进了城市化，而企业的所有制结构及其对剩余劳动力的需求在城市化进程中扮演了重要角色。因此，中国城市化进程的滞后源于所有制结构改革的迟滞。

范毅等（2017：66～73）指出改革开放以来，行政区划调整使得较高等级城市能够通过行政手段动员更多资源，获得优先发展机会。然而，这种做法的负面效应逐步显现，表现为城镇空间过快扩张、中小城市发展活力受到抑制、不同层级城镇差距扩大等。他认为，当前行政区划调整模式的制度红利已充分释放，制度运行成本增大，已具备行政区划调整政策改革的基本条件，亟须通过行政区划改革，减少行政等级对资源配置的影响，建立城乡要素的平等交换机制，推动城市发展转型和管理模式创新。

二 城镇化道路及模式选择

辜胜阻等（1993：45～58）提出了中国发展网络型城镇化和据点型城镇化的二元战略构想，并从改革户籍制度、变革产业结构、推动农业现代化、规范乡镇工业的发展、导入市场机制等方面分析了中国城镇化的实施对策。

费孝通（1993：3～13）经过长期实地调查研究，认为建立在农业发展基础上，推动工业下乡，进而大力发展乡镇工业，使得农、副、工齐头并进，协调发展，是农村能够选择的唯一的工业化道路。但各地条件不同，存在不同的发展模式。基于模式比较分析，只有通过城乡一体化的现代化道路才能使得整个国家富强起来。研究提出了使全国人民生活水平达到小康的

"全国一盘棋"的整体设想，将社会发展研究从生态秩序层次提高到心态秩序层次。

凤兰瑞（2001：6～10）指出从 1949 年到 1957 年"一五"计划结束，这个时期可以说存在一个自发的城市化过程。因为当时决策层考虑的不是农村人口的城市化而是工业化，3000 多万名农民进城是因为国家有计划大规模的工业建设需要劳动力。以发展小城镇为主要内容的城市化道路相对而言成本更很高，且经济及社会效益更低。

余壮雄等（2015：1393～1416）通过构建理论模型刻画城镇化进程，揭示了城市发展优势随着城镇化进程从大城市不断向次之的城市序贯转移的过程，并用中国 2003～2013 年城市自由竞争时期的数据对该假说进行了检验。结果表明，城镇化效率与城市规模关系由早期的"U"形结构不断扁平化，并趋于向倒"U"形结构反转；特大城市城镇化优势正在不断向大城市甚至中大型城市转移，就效率角度而言，新型城镇化发展方向应定位于人口 250 万～700 万的中大型城市与大型城市，以避免特大城市与小城市过度发展带来的效率损失。

王垚等（2017：441～462）以新经济地理学框架下的城市最优规模理论为指导，以中国为例估计出人均产出水平与城市规模之间存在倒"U"形关系：城市偏离最优规模会造成聚集收益的损失，同时，城市最优规模水平随着产业结构的不同而变化，除此之外，城市最优规模水平还受到市场潜力、技术与知识水平、资本积累等因素的影响。高佩义（1990）通过对世界城市化相关资料的分析，探讨了城市化进程的阶段性规律、大城市超先增长规律和城市化与经济发展的双向互促规律。在此基础上，论证了现阶段我国应该采取"多元化、非均衡、逐级递推、综合发展"的城市化发展战略。

陆铭等（2011：3～25）基于区域经济和城市经济学的理论与经验研究指出，中国经济的发展不应该牺牲大城市的集聚与扩散效应，城市体系的调整应该向大城市尤其是东部地区的一些大城市进一步集聚，这条道路从长远来看有利于区域之间、城乡之间人均收入的平衡，从而能够实现经济增长与和谐共赢，然而基于区域和城市经济学的理论和经验，中国经济的发展应该进一步充分发挥大城市的集聚效应及扩散效应，重点发展东部大城市，形成城市体系。这种选择长期来看有助于平衡区域及城乡间的人均收入，进而推动增长与共赢。现行体制下，区域之间及城乡之间的利益冲突是城乡分割及区域分割的主要原因。区域及城乡之间的分割严重阻碍了生产要素的自由流动及合理配置，带来城市发展扭曲，进而导致城市化道路受阻，不利于城乡及区域之间的统一发展。

三　城市群及经济集聚研究

章元等（2008：60~70）基于中国城市的面板数据检验了二者之间的关系，结果发现：OLS回归表明聚集经济对于城市人均GDP增长速度有不显著的负影响，但是使用工具变量方法表明聚集经济是内生的。通过使用单工具变量和多工具变量得到的稳健结果：历史上的铁路基础设施状况能够通过影响聚集经济而对城市人均实际GDP的增长速度产生显著正影响。

余华义（2015：104~118）用1998~2013年中国省级面板数据验证了如下结论，产出大城市化率、城市密度和人口大城市化率提高对地方政府规模有正向推动作用，且人口大城市化对地方政府规模的影响高于单纯的城市化。产出大城市化率变动对地方政府规模的影响呈"U"形。中国大城市化对地方政府规模的影响主要是通过高行政级别城市的膨胀实现，产出大城市化率对地方政府规模的影响受人口大城市化率的影响。

黄彬（2015：100~107）城市群是中国推进新型城镇化的主要形态，但行政区划制约了城市群结构优化，因此探讨如何调整行政区管理体制，对促进城市群的形成与发展具有重要意义。研究以长江三角洲城市群为例，提出通过区域事务分类管理的行政管理体制改革促进城市群城镇体系结构、产业结构、交通及信息网络结构和公共服务体系结构优化。

唐为等（2015：72~85）采用熵平衡法和匹配法分析政府主导的城市空间扩张能否带来人口集聚，研究发现，撤县设区改革显著提高了撤并城市辖区城镇常住人口增长率，这一变化并非来自户籍人口的增加，主要来自本县（区）和外省人口的迁入，同时东部和市场潜力更大的城市获得了更高的人口集聚效应。

原倩（2016：99～123）基于1997～2012年中国地级市面板数据研究城市群对城市经济增长的影响及其作用机制，研究发现，城市集群程度提高对城市经济增长推动作用明显，并且能疏解大城市聚集的不经济、优化城市经济结构，进而促进区域一体化，是集群发挥增长效应的重要渠道。城市集群方面，集群程度较低地区的增长效应高于集群程度较高地区，落后的边缘地区的增长效应明显高于发达的核心地区，中、西部地区的增长效应明显高于东部地区，总体上城市群对各类地区具有一致的正向作用。交通发展是提升集群增长效应的重要手段，强化交通与城市群建设的有机结合对落后地区尤为重要。

张学良等（2017：1563～1582）以长三角城市经济协调会这一政府合作机制作为城市群形成的一项准自然实验，基于江苏、浙江和上海131个县市区1993～2010年的数据，运用倍差法检验其是否提高了城市群经济绩效。结果显示，加入长三角城市经济协调会可以使地区劳动生产率显著提高8.9%，且这种效应随时间推移而增强。进一步研究发现，协调会能够显著弱化地区间的市场分割影响。

郭晔（2010：35～45）借鉴 Combesetal（2007）通过城市与区域集聚效应测量方法，对长三角、珠三角、环渤海三个经济区的城市和区域集聚效应进行了实证对比分析。结果显示，珠三角经济区的城市集聚效应在1990年代最强，但近年出现明显的下降，同时，区域集聚效应表现最弱；长三角经济区在城市和区域集聚效应两方面都表现最为突出；环渤海经济区的城市集聚效应表现最弱，而区域集聚效应表现良好。集聚力与扩散力的"循环累积"决定了三个经济区内集聚效应的强弱。

刘海洋（2015：1073～1092）等证明了两种效应的存在性，进而运用企业微观数据分析发现，中国集群县市的企业：①企业具有生产率优势；②低生产率企业少（左断尾），高生产率企业也少（无右移动）；③企业初建时生产率高、淘汰率高、增长速度慢，因而中国集群地区的生产率优势源于选择效应而不是集聚效应。

周浩等（2015：1393～1416）利用泊松模型考察了1998～2007年可达性和集聚经济对中国制造业新企业选址的影响，主要结论是：①区域间需求的可达性对新进企业具有一定的排斥力，供给的可达性和区域内需求的可达性对新进企业具有一定的吸引力。②区域内需求可达性对出口企业选址的影响并不显著，对非出口企业选址则具有明显的吸引力。③集聚经济是吸引新企业落户的重要因素，其中地方化经济比城市化经济对新企业的吸引力更大。

魏守华等（2015：5～17）从城市体系角度出发，运用Gibrat对数正态分布定律，以2011年为例，检验中国287个地级以上城市实际规模与理论规模偏差，并划分出偏大、合理和偏小三种类型。进一步构建居民效用最大化目标函数，分析市场机制下的集聚效应和政府引导下的公共服务对城市规模偏差的影响。他发现，偏大城市的集聚效应通过提升生产效率、促进多样化就业和提升工资水平等途径推动城市规模过度增长，继而表现出拥挤效应。中等偏小的城市虽表现出一定的集聚效应，但教育、医疗公共支出限制了其规模的合理增长。

参考文献

蒋年云、陈克，1987，《城市扩散与乡村集中——对中国城市化道路的思考》，《地区经济发展比较》，第2期。

傅勇，2005，《城乡差距、数量悖论与政策偏向》，《经济社会体制比较》，第4期。

吴金群，2010《统筹城乡发展中的省管县体制改革》，《经济社会体制比较》，第5期。

钞小静、沈坤荣，2014，《城乡收入差距、劳动质量与中国经济增长》，《经济研究》，第6期。

郑梦熊，2011，《城乡统筹发展问题研究——基于实地调研的若干思考》，《经济社会体制比较》，第6期。

周江燕、白永秀，2015，《中国城乡居民收入差距代际传递变动趋势：2002—2012》，《中国工业经济》，第3期。

李迎生，1993，《我国城乡二元社会格局的动态考察》，《中国社会科学》，第 2 期。

冯子标、焦斌龙，2001，《城镇化战略与城市化战略》，《中国工业经济》，第 11 期。

简新华、黄锟，2010，《中国城镇化水平和速度的实证分析与前景预测》，《经济研究》，第 3 期。

王国刚，2010，《城镇化：中国经济发展方式转变的重心所在》，《经济研究》，第 12 期。

陈云松、张翼，2015，《城镇化的不平等效应与社会融合》，《中国社会科学》，第 6 期。

刘瑞明、石磊，2015，《中国城市化迟滞的所有制基础：理论与经验证据》，《经济研究》，第 4 期。

范毅、冯奎，2017，《行政区划调整与城镇化发展》，《经济社会体制比较》，第 6 期。

辜胜阻、朱农，1993，《中国城镇化的发展研究》，《中国社会科学》，第 5 期。

费孝通，1993，《中国城乡发展的道路——我一生的研究课题》，《中国社会科学》，第 1 期。

凤兰瑞，2001，《城镇化如何城市化》，《地区经济发展比较》，第 4 期。

余壮雄、杨扬，2014，《大城市的生产率优势：集聚与选择》，《世界经济》，第 10 期。

王垚、年猛、王春华，2017，《产业结构、最优规模与中国城市化路径选择》，《经济学》（季刊），第 1 期。

陆铭，2017，《城市、区域和国家发展——空间政治经济学的现在与未来》，《经济学》（季刊），第 7 期。

余华义，2015，《城市化、大城市化与地方中国政府规模的变动》，《经济研究》，第 10 期。

黄彬，2015，《通过行政区管理体制改革促进城市群结构优化——以长江三角洲城市群为例》，《经济社会体制比较》，第 4 期。

唐为、王媛，2015，《行政区划调整与人口城市化——来自撤县设区的经验证据》，《经济研究》，第 9 期。

原倩，2016，《城市群是否能够促进城市发展》，《世界经济》，第 3 期。

张学良、李培鑫、李丽霞，2017，《政府合作、市场整合与城市群经济绩效——基于长三角城市经济协调会的实证检验》，《经济学》（季刊），第 7 期。

郭晔，2010，《我国三大经济区的发展比较——基于城市与区域集聚效应的面板数据分析》，《中国工业经济》，第 6 期。

刘海洋、刘玉海、袁鹏，2015，《集群地区生产率优势的来源识别：集聚效应抑或选择效应？》，《经济学》（季刊），第 4 期。

周浩、余壮雄、杨铮，2015，《可达性、集聚和新建企业选址——来自中国制造业的微观证据》，《经济学》（季刊），第 7 期。

魏守华、周山人、千慧雄，2017，《中国城市规模偏差研究》，《中国工业经济》，第
4 期。

林燕、张忠根，2007，《新农村建设与城市化的冲突：制度的作用》，《经济社会体
制比较》，第 6 期。

吴福象、刘志彪，2008，《城市化群落驱动经济增长的机制研究——来自长三角 16
个城市的经验证据》，《经济研究》，第 11 期。

傅十和、洪俊杰，2008，《企业规模、城市规模与集聚经济——对中国制造业企业
普查数据的实证分析》，《经济研究》，第 11 期。

陈钊、陆铭，2008，《从分割到融合：城乡经济增长与社会和谐的政治经济学》，
《经济研究》，第 1 期。

杨本建、黄海珊，2008，《城区人口密度、厚劳动力市场与开发区企业生产率》，
《中国工业经济》，第 8 期。

于良春、付强，2008，《地区行政垄断与区域产业同构互动关系分析——基于省际
的面板数据》，《中国工业经济》，第 6 期。

任迎伟、胡国平，2008，《城乡统筹中产业互动研究》，《中国工业经济》，第 8 期。

白雪洁、姜凯、庞瑞芝，2008，《我国主要国家级开发区的运行效率及提升路径选
择——基于外资与土地利用视角》，《中国工业经济》，第 8 期。

梁琦、吴俊，2008，《财政转移与产业聚集》，《经济学》（季刊），第 7 期。

刘修岩、殷醒民，2008，《空间外部性与地区工资差异：基于动态面板数据的实证
研究》，《经济学》（季刊），第 4 期。

许召元、李善同，2008，《区域间劳动力迁移对地区差距的影响》，《经济学》（季
刊），第 10 期。

张晓旭、冯宗宪，2008，《中国人均 GDP 的空间相关与地区收敛：1978—2003》，
《经济学》（季刊），第 1 期。

王少平、欧阳志刚，2008，《中国城乡收入差距对实际经济增长的阈值效应》，《中
国社会科学》，第 2 期。

章元、刘修岩，2008，《集聚经济与经济增长》，《世界经济》，第 3 期。

中国经济增长与宏观稳定课题组，2009，《城市化、产业效率与经济增长》，《经济
研究》，第 10 期。

刘生龙、王亚华、胡鞍钢，2009，《西部大开发成效与中国区域经济收敛》，《经济
研究》，第 9 期。

柯善咨，2009，《中国城市与区域经济增长的扩散回流与市场区效应》，《经济研
究》，第 8 期。

第十七章　区域经济理论的最新研究进展

第一节　新经济地理学

新经济地理学诞生以来的20余年时间里，大量的文献利用新经济地理学模型来研究空间经济，为我们研究经济活动的空间集聚提供了很强的理论基础。以往的研究发现，地理本身，特别是区域临近和区域大小对经济活动的布局具有重要影响（Golubchikov，2006：478～495）。经济全球化和国内一体化能够塑造一个国家的内部地理格局，我们借鉴 Brulhart（2001：59～83）的划分方法，把内部地理格局划分为对称地理结构与非对称地理结构。

一　基于对称地理结构

Krugman 和 Elizondo（1996：137～150）在经典的新经济地理学模型的基础上将研究扩展到两国三区域（见图17-1），开创性地把国际贸易纳入新经济地理学模型，在该模型中包括国内两个相同的区域和一个海外市场。不同于城市系统理论，新经济地理学模型把国家划分为几个区域，并且区域的大小和数量都是内生决定的。该模型为外部经济提供了微观理论基础：由于多样化偏好与区域之间贸易成本的存在，消费者倾向布局于生产厂商多的地区（前向联系）；并且生产厂商为了节约贸易成本和固定成本，倾向布局于消费者较多的地区（后向联系）。由于该模型不能获得解析解，最后模拟结果可以得到贸易开放对内部地理的影响机制：在贸易成本较高的情况下，进出口对厂商与消费者的区位选择影响较小，此时前后向联系对他们的区位选择影响较大，偶然的事件都能影响一个区域厂商与消费者的集中；在贸易

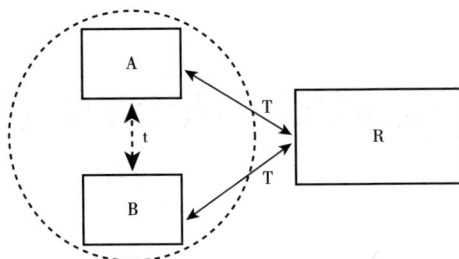

图 17 - 1　对称地理结构下的两国三区域模型

注：图中 A、B 是一国的两个区域，R 是海外市场，T 是国际
贸易成本，t 是一国内部的运输成本。

成本较低的情况下，大部分商品将在海外市场交易，国际贸易对内部地理的
影响较大。Krugman 和 Elizondo（1996：137～150）利用墨西哥的例子来说
明一个封闭的国家导致本国区域间的趋异，一个开放的国家导致本国区域间
的趋同。

该结论与 Behrens（2011：1277～1301）所得到的结论一致，研究发现
贸易开放能够引起一国内部经济活动的分散布局。但是 Behrens 的研究框架
与传统的模型是不同的，其研究引入了 OTT 框架，在此框架下能够得到解
析解。与 Krugman 和 Elizondo（1996：137～150）不同的是，Behrens
（2011：347～368）构建了一个两国四区域模型，该模型中没有把"拥挤成
本"作为分散力，而是提出了两个分散力来源：一个是非熟练劳动力的非
流动性，另一个是"竞争成本"。但是也有一些学者运用相同的方法得到了
相反的结论，Paluzie（2001：67～85）模拟两国三区域模型得到的结论是：
贸易一体化加速了一个国家内部区域的差异。并且，Behrens（2011：1277～
1301）构建了一个两国三区域模型，展示了区域差异与贸易成本（一国内
部的区域贸易成本、国与国之间的贸易成本）之间的复杂关系。

还有一些学者把部门这一尺度纳入模型（Fujita 等，1999）。在模型中
假设存在部门尺度的聚集效应（投入产出之间的联系），部门尺度之间不存
在分散效应，研究发现贸易一体化引起了部门层面的聚集。Brulhart 等

（2004：853～875）、Crozet 和 Koenig（2004：265～279）模拟两国三区域模型得到相同的结果：贸易一体化引起了内部经济活动的聚集。

二 基于非对称地理结构

以往新经济地理学模型强调自我强化机制对经济活动空间集聚的影响，而很少把现实的非对称地理结构纳入新经济地理学模型来解释全球化和国内经济一体化对一国经济地理格局的影响。另外，值得注意的是传统的新经济地理学模型是建立在简单的两个区域的比较的基础上的。正如 Fujita 和 Mori（2005：377～407）所阐述的那样，必须超越简单的两区域模型，使用非对称的贸易和地理格局的模型来获取更多的现实意义。

在新经济地理学框架下首先把非对称地理结构纳入模型中的是 Alonso Villar（1999：371～380），其在 Krugman 和 Elizondo（1996：137～150）模型基础上纳入了三国五区域模型（见图 17－2）。在模型中假设存在两个海外市场 R1、R2，国内市场存在区域 1、区域 2、区域 3 三个区域，这五个区域布局在一条直线上，国内区域 1、区域 3 是"门户区域"，分别靠近海外市场 R1 与 R2，区域 2 是内陆区域，研究发现：经济活动倾向布局于地理位置有优势的区域 1 或者区域 3，而不会聚集于区域 2。

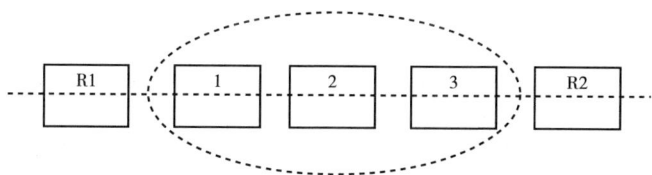

图 17－2 三国五区域模型示意

Alonso Villar（1999：371～380）虽然把非对称地理结构纳入新经济地理学模型，但是没有探讨经济活动空间布局的变动是如何随着贸易成本的变化而变化的。Brulhart 等（2004：853～875）、Crozet 和 Koenig（2004：265～279）构建了一个包含"门户区域"的两国三区域模型（见图 17－3），模拟了经济活动是如何随着贸易成本的变化而变化的。首先，由于海外市场的需求减弱了国内市场需求的力量，经济活动倾向布局于与海外市场联系更为方便的"门户区域"。同时，随着贸易一体化程度不断提高，一些企业为了避开海外企业的竞争，倾向于选择竞争激烈程度较低的"内陆区域"。经济活动的空间选择取决于"门户区域"的聚集效应与竞争效应的比较，如果聚集效应大于竞争效应，企业倾向布局于"门户区域"，反之亦然。

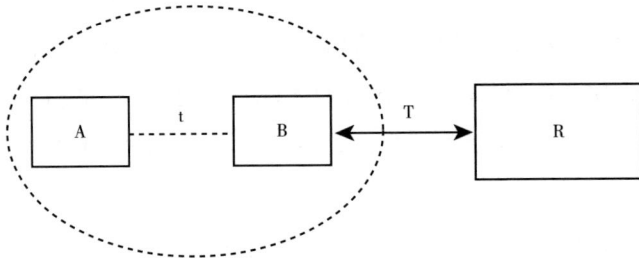

图 17 - 3　非对称地理结构的两国三区域模型（"门户区域"与"内陆区域"）

注：图中 A 代表"内陆区域"，B 代表"门户区域"，R 代表海外市场，t 与 T 同图 17 - 1，A 区域的产品要运输到海外市场必须经过"门户区域"B。

两国三区域模型只考虑国内市场的运输成本而没有考虑海外市场的运输成本，Behrens（2011：347～368）在 OTT 的框架下构建了两国四区域模型（见图 17 - 4），既考虑了"门户区域"，也考虑了海外市场的运输成本，结果受国内市场的运输成本、贸易成本、海外市场的运输成本影响。①当国内市场区域之间的贸易成本较小时，经济活动聚集于门户区域是均衡状态；当国内市场区域之间的贸易成本较大时，经济活动聚集于内陆区域是均衡状态。如果上述两个条件都不满足时，那么存在多个均衡点的情况。②当海外市场的一体化程度较差或者国家之间的贸易成本较小时，国内市场的经济活动聚集于门户区域。其中的原因可能是：当海外市场的区域一体化程度较差时，海外市场的价格竞争较为温和，这增加了国内市场的产品进入海外市场的可能性；同样地，当国家之间的贸易成本较小时，门户区域更容易接近海外市场，即使是海外市场的竞争较为激烈，国内市场的经济活动聚集于门户区域也是为了更容易地接近海外市场。该模型虽然考虑了地理差异的不同、海外市场的运输成本，但是没有考虑更加现实的问题，如区域的大小、区域间的禀赋。

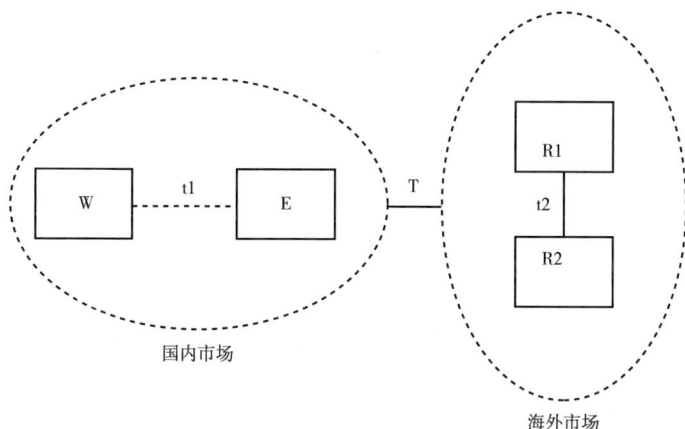

图 17 - 4 非对称地理结构的两国四区域模型（区域地理非对称）

注：图中 E 代表"门户区域"，W 代表"内陆区域"，t1、t2 分别代表国内市场的运输成本、海外市场的运输成本，T 代表贸易成本。

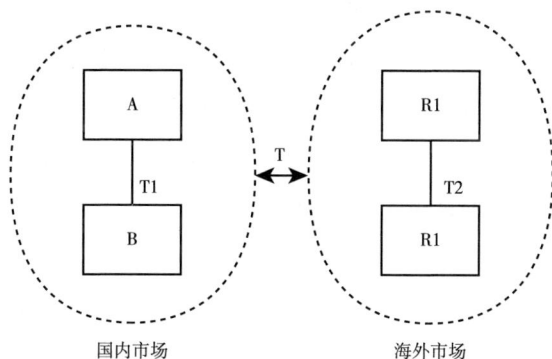

图 17 - 5 非对称地理结构的两国四区域模型（区域大小非对称）

Haaparanta（1998：445～463）把要素禀赋纳入传统的新经济地理学模型，构建了一个两国四区域模型，每个区域有一种生产要素且只生产一种产品。在模型中，随着贸易一体化程度的不断提高，经济活动逐步聚集于具有比较优势的区域。

新经济地理学与传统的贸易理论一样，随着贸易开放程度的不断提高，经济活动聚集还是分散、聚集于内陆区域还是门户区域，均取决于所选取的模型。但是，传统的贸易理论只考虑了经济活动的空间布局，而没有考察区域间的福利差异，没有考虑随着贸易开放程度不断提高，区域差异的变动趋势。新经济地理学不仅考察了经济活动的空间分布状况，而且考察了区域间的福利差异。并且新经济地理学把更现实的状况纳入模型，如地理位置、区域大小、禀赋差异等。

第二节　区域经济研究工具的最新进展：空间经济学

空间计量经济学作为一门学科的诞生，是以 1979 年 Paelinck 和 Klaassen 编写的《空间计量经济学》出版为标志的。在这部著作出版之前，也有多篇（部）空间计量经济学的论文与著作问世。例如，Bartels 和 Ketellapper（1979）的著作《空间数据的探索性和解释性分析》、Bennett（1979）的著作《空间时间序列》以及 Hordijk 发表的论文《计量经济学中空间关系估计的若干问题》等。Paelinck 和 Klaassen 的《空间计量经济学》全面论述了空间计量经济学的研究对象、研究内容与基本模型，标志着一门学科的诞生。Paelinck 认为，空间计量经济学是计量经济学的一个全新的研究领域，"我们应该发展一个系统的计量经济学的分支，为区域和城市计量模型提供方法基础"。

空间计量经济学经过 30 多年的发展，从萌芽逐渐走向成熟，从计量经济学的边缘逐渐成为主流，在这个过程中，研究者提出了很多的模型。空间计量模型可以分为横截面空间计量模型和面板空间计量模型。

一　横截面空间计量模型

1. 广义嵌套式空间模型（GNS 模型）

GNS 模型既考虑了因变量的空间滞后，也考虑了自变量和误差项的空间滞后，形式为：

$$Y = \delta WY + \alpha \tau_N + X\beta + WX\theta + u, u = \lambda Wu + \varepsilon \qquad (17.1)$$

式中，W 代表空间权重矩阵，WY 代表因变量的空间滞后项，WX 代表自变量的空间滞后项，Wu 代表误差项的空间滞后项，τ_N 代表元素为 1 的列向量。

2. 广义空间自回归模型（SAC 模型）

SAC 模型考虑了因变量和误差项的滞后项，表达形式为：

$$Y = \delta WY + \alpha \tau_N + X\beta + u, u = \lambda Wu + \varepsilon \qquad (17.2)$$

3. 空间杜宾模型（SDM 模型）

SDM 模型考虑了自变量和因变量的空间滞后项，表达形式为：

$$Y = \delta WY + \alpha \tau_N + X\beta + WX\theta + u \qquad (17.3)$$

4. 空间杜宾误差模型（SDEM 模型）

SDEM 模型考虑了自变量和误差项的滞后项，表达形式为：

$$Y = \alpha \tau_N + X\beta + WX\theta + u, u = \lambda Wu + \varepsilon \qquad (17.4)$$

5. 空间滞后模型（SAR 模型）①

SAR 模型只考虑了因变量的空间滞后项，表达形式为：

$$Y = \delta WY + \alpha \tau_N + X\beta + u \qquad (17.5)$$

6. 空间误差模型（SEM 模型）

SEM 模型只考虑了误差项的滞后项，表达形式为：

$$Y = \alpha \tau_N + X\beta + u, u = \lambda Wu + \varepsilon \qquad (17.6)$$

空间计量模型在 2007 年之前只存在空间滞后模型和空间误差模型。随着空间计量经济学的蓬勃发展，空间计量模型的形式越来越多。空间计量模

---

① 空间滞后模型又称"空间自相关模型"（Spatial Auto-regressive Model），本文采用"空间滞后模型"，但是英语缩写采用 Lesage & Pace（1999）、J. P Elhorst 引用的 SAR。

型之间可以转换，正如 Elhorst 介绍的那样，从空间计量经济学到传统计量经济学是从"一般"到"特殊"（见图 17-6）。

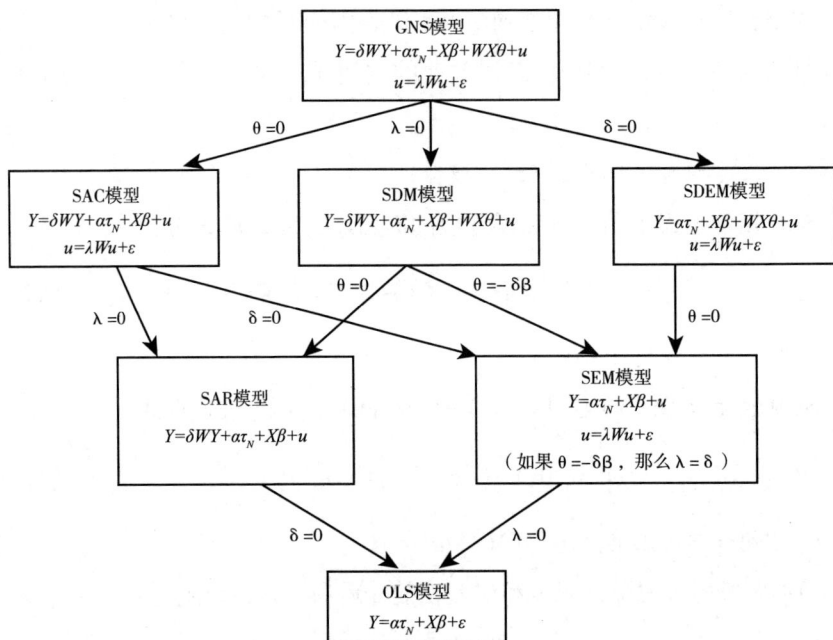

图 17-6　"一般"空间计量模型到"特殊"传统计量模型演变示意

资料来源：Halleck Vega，Elhorst 2013。

二　面板空间计量模型

1. 空间混合模型

类似于普通面板模型，当研究样本不存在个体效应的差异时，空间面板数据模型①采用简单的混合模型形式。

混合效应空间滞后模型：

---

① 与普通面板数据比较可以发现，由于存在空间相关性，空间面板数据模型矩阵形式的排列方式与普通面板数据不同。普通面板数据模型矩阵形式按照先 N 后 T 的排列方式，空间面板数据模型按照先 T 后 N 的排列方式。

$$Y_t = \delta W Y_t + X_t\beta + u_t \qquad (17.7)$$

混合效应空间误差自相关模型：

$$Y_t = X_t\beta + u_t, u_t = \lambda W u_t + \varepsilon_t \qquad (17.8)$$

2. 空间个体效应模型

如果对于不同的截面，模型的截距不同，则应在空间混合模型中加入个体效应项。

个体效应空间滞后模型：

$$Y_t = \gamma Y_{t-1} + \delta W Y_t + X_t\beta + \alpha + u_t \qquad (17.9)$$

个体效应空间误差模型：

$$Y_t = X_t\beta + \alpha + u_t, u_t = \lambda W u_t + \varepsilon_t \qquad (17.10)$$

根据 α 为固定效应或随机效应面板固定，分别设为固定效应空间滞后或空间误差自相关模型，同样随机效应也可以分为这两个模型。

3. 动态空间面板数据模型

动态空间面板数据模型，即在动态面板模型中引入空间效应。

动态面板数据空间滞后模型：

$$Y_t = \gamma Y_{t-1} + \delta W Y_t + X_t\beta + \alpha + u_t \qquad (17.11)$$

动态面板数据空间误差模型：

$$Y_t = \gamma Y_{t-1} + X_t\beta + \alpha + u_t, u_t = \lambda W u_t + \varepsilon_t \qquad (17.12)$$

参考文献

伯特尔·俄林，2013，《区际贸易与国际贸易》，华夏出版社。

陈栋生，2008，《走向协调发展之路——改革开放 30 年的中国区域经济格局巨变》，《珠江经济》，第 11 期。

陈秀山、张可云，2003，《区域经济理论》，商务印书馆。

陈耀，2014，《丝绸之路经济带建设要围绕"向西开放"作文章》，《区域经济评论》，第 2 期。

杜鹰，2012，《扩大向西开放，构筑全方位开放新格局》，《中国产业》，第 9 期。

胡鞍钢等，2014，《"丝绸之路经济带"：战略内涵、定位和实现路径》，《新疆师范大学学报》（哲学社会科学版），第 2 期。

陆大道，2002，《关于"点—轴"空间结构系统的形成机理分析》，《地理科学》，第 1 期。

鲁晓东，2007，《我国对外开放与收入差距：基于地区和行业的考察》，《世界经济研究》，第 8 期。

栾贵勤等，2011，《中国区域经济发展大事典》，吉林人民出版社。

李小北、李禹桥，2013，《国际贸易学学科前沿研究报告》，经济管理出版社。

林毅夫、蔡昉、周勇，1998，《中国经济转型时期的地区差异分析》，《经济研究》，第 6 期。

刘树成、李强、薛天栋，1994，《中国地区经济发展研究》，中国统计出版社。

覃成林，1997，《中国区域经济差异研究》，中国经济出版社。

孙久文、叶裕民，2010，《区域经济学教程》（第二版），中国人民大学出版社。

孙久文，2013，《2012 年中国区域经济发展报告——从不平衡到相对均衡的中国区域经济》，中国人民大学出版社。

孙久文，2014，《2013 年中国区域经济发展报告》，中国人民大学出版社。

孙久文、姚鹏，2014，《基于空间异质性视角下的中国区域经济发展差异研究》，《上海经济研究》，第 5 期。

孙久文，2014，《2014 中国区域经济发展报告——中国区域经济发展趋势与城镇化进程中的问题》，中国人民大学出版社。

沈觉人，1992，《当代中国对外贸易》，当代出版社。

魏后凯、刘楷，1994，《我国地区差异变动趋势分析与预测》，《中国工业经济》，第 4 期。

吴殿廷，2001，《中国三大地带经济增长差异的系统分析》，《地域研究与开发》，第 2 期。

吴玉鸣，2013，《中国省域旅游业弹性系数的空间异质性估计——基于地理加权回归模型的实证》，《旅游学刊》，第 2 期。

许德友、梁琦，2012，《贸易成本与国内产业地理》，《经济学》（季刊），第 2 期。

熊灵、魏伟、杨勇，2012，《贸易开放对中国区域增长的空间效应研究：1987—2009》，《经济学》（季刊），第 2 期。

姚鹏、孙久文，2015，《贸易开放与区域收入空间效应——来自中国的证据》，《财贸经济》，第 1 期。

杨开忠，1994，《中国区域经济差异变动研究》，《经济研究》，第 12 期。

杨恕等，2014，《丝绸之路经济带：战略构想及其挑战》，《兰州大学学报》（社会科学版），第 1 期。

张可云，1998，《中国区域经济格局演变趋势分析》，《理论研究》，第 2 期。

张秀娥，2009，《比较优势理论与中国对外贸易发展战略研究》，中国人民大学出版社。

中国人民大学区域与城市经济研究所课题组，2014，《"十三五"我国区域发展重点和区域协调发展机制研究》，

A. J. Venables，1992，"The Assessment: Trade and Location," *Oxford Review of Economic Policy*，14（2）。

Abreu M.，De Groot H. L. F.，Florax R.，2005，"Space and Growth: A Survey of Empirical Evidence and Methods," *Region Development*，（21）。

Ago, T.，Isono, I. and Tabuchi, T.，2006，"Locational Disadvantage of the Hub," *Annals of Regional Science*，40。

Alonso Villar，1999，"Spatial Distribution of Production and International Trade: A Note," *Regional Science and Urban Economics*，29（3）。

Anderson, J. E. and Van Wincoop, E.，2003，"Gravity with Gravitas: A Solution to the Border Puzzle," *The American Economic Review*，93（1）。

Anselin L.，Bera A.，Florax R.，Yoon M. J.，1996，"Simple Diagnostic Tests for Spatial Dependence," *Regional Science and Urban Economics*，26。

Anselin L.，Le Gallo J.，2006，"Interpolation of Air Quality Measures in Hedonic House Price Models: Spatial Aspects," *Spatial Economic Analysis*，1。

Armstrong, H.，2005，"Convergence among Regions of the European Union, 1950 - 1990," *Papers in Regional Science*，74（2）。

Aroca, P.，Bosch, M.，Maloney, W.，2005，"Spatial Dimension of Trade Liberalization and Economic Convergence: Mexico 1985 - 2002," *World Bank Economic Review*，19（3）。

Azzoni C.，Hewings G.，Magalhaes A.，2005，"Spatial Dependence and Regional Convergence in Brazil," Investigaciones Regionales，6。

Baltagi, B.，Egger, P.，Pfaffermayr, M.，2007，"Estimating Models of Complex FDI: Are There Third Country Effects?" *Journal of Econometrics*，140。

Baltagi, B.，2008，"Econometric Analysis of Panel Data," 4th ed.，Wiley，*New York*.

Behrens, K.，Gaigne, C.，Ottaviano, G. and Thisse, J. - F.，2006，"Is Remoteness a Locational Disadvantage?" *Journal of Economic Geography*，6（3）。

Behrens, K.，Gaigne, C.，Ottaviano, G. and Thisse, J. - F.，2006，"Countries, Regions and Trade: On the Welfare Impacts of Economic Integration," *European Economic Review*，51。

Behrens, K.，2011，"International Integration and Regional Inequalities: How Important is National Infrastructure," *The Manchester School*, 79 (5).

Bernard, A., Redding, S., Schott, P., 2007, "Comparative Advantage and Heterogeneous Firms," *Review of Economic Studies*, 74 (1).

Brakman, S., Garretsen, H., Schramm, M., 2006, "Putting New Economic Geography to the Test: Free-ness of Trade and Agglomeration in the EU Regions," *Regional Science and Urban Economics*, 36.

Brian A'Hearn, Anthony J. Venables, 2011, "Internal Geography and External Trade: Regional Disparities in Italy, 1861 – 2011," *Quaderni di Storia Economica*.

Brulhart, M., Crozet, M., & Koenig, P., 2004, "Enlargement and the EU Periphery: The Impact of Changing Market Potential," *World Economy*, 27 (6).

Brulhart, M., and R. Traeger, 2005, "An Account of Geographic Concentration Patterns in Europe," *Regional Science and Urban Economics*, 35.

Brulhart, M., 2001, "The Spatial Effects of Trade Openness: a Survey," *Review World Economy*.

Calderon C., Fajnzylber P., Loayza N., 2000, "Economic Growth in Latin America and The Caribbean: Stylized Facts, Explanations and Forecasts," *Working Papers Central Bank of Chile 265*, Central Bank of Chile.

Chang R., Kaltani L., Loayza N., 2009, "Openness Can be Good for Growth: The Role of Policy Complementarities," *Journal of Development Economics*.

Chiquiar, D. Globalization, 2004, "Regional Wage Differentials and the Stolper – Samuelson Theorem: Evidence from Mexico," *Journal of International Economics*, 74 (1).

Conley T. G., Ligon E. A., 1998, "Economic Distance, Spillovers, and Cross Country Comparisons," *Journal of Economic Growth*, 7 (2).

Cosar, Kerem and Pablo Fajgelbaum, 2013, "Internal Geography, International Trade, and Regional Specialization," NBER Working Paper No. 19697.

Crozet, Matthieu, Koenig Soubeyran, and Pamina, 2004, "EU Enlargement and the Internal Geography of Countries," *Journal of Comparative Economics*, Elsevier, 32 (2).

De Vreyer P., Spielvogel G., 2009, "Spatial Externalities between Brazilian Municipios and Their Neighbours," In: Klasen S., Nowak – Lehmann F. (eds) Poverty, Inequality, and Policy in Latin America, MIT Press, Cambridge, MA.

Dollar D., Kraay A., 2004, "Trade, Growth and Poverty," *The Economic Journal*, 114.

Elhorst J. P., 2010, "Applied Spatial Econometrics: Raising the Bar," *Spatial Economic Analysis*, (5).

Elhorst J. P., 2014, "Spatial Econometrics," *Springer*.

Ertur C., Koch W., 2007, "Growth, Technological Interdependence and Spatial Externalities: Theory and Evidence," *Journal of Applied Econometrics*, (22).

Fally, T., Paillacar, R. and Terra, C., 2010, "Economic Geography and Wages in Brazil: Evidence from Micro-data," *Journal of Development Economics*, 91.

Fischer M. M., Bartkowska M., Riedl A., Sardadvar S., Kunnert A., 2009, "The Impact of Human Capital on Regional Labor Productivity in Europe," *Letters in Spatial and Resource Science*, (2).

Fu, X. L., 2003, "Limited Linkages from Growth Engines and Regional Disparities in China," *Journal of Comparative Economics*, 32.

Fu X. Exports, 2004, "Technical Progress and Productivity Growth in Chinese Manufacturing Industries," *ESRC* Centre for Business Research Working Papers wp278, ESRC Centre for Business Research.

Fujita, M., Krugman, P., & Venables, A., 1999, "The Spatial Economy: Cities, Regions and International Trade," Cambridge, MA: MIT Press.

Fujita, M., Mori, T., 2005, "Frontiers of the New Economic Geography," *Papers in Regional Science*, 84 (3).

Fujita, M. and Hu, D., 2001, "Regional Disparity in China 1985 – 1994: the Effects of Globalization and Economic Liberalization," *The Annals of Regional Science*, 35.

Gallup, J. L., Sachs, J. D. and Mellinger, A., 1999, "Geography and Economic Development," *International Regional Science Review*, 22.

Garretsen, H. and Martin, R. L., 2010, "Rethinking (New) Economic Geography Models: Taking Geography and History More Seriously," *Spatial Economic Analysis*, 5.

Golubchikov, O., 2006, "Interurban Development and Economic Disparities in a Russian Province," *Eurasian Geography and Economics*, 47 (4).

Haaparanta, P., 1998, "Regional Concentration, Trade, and Welfare," *Regional Science and Urban Economics*, 28 (4).

Hanson, G. H., 1997, "Increasing Returns, Trade and the Regional Structure of Wages," *Economic Journal*, 107 (440).

Hanson, G. H., 1998, "Regional Adjustment to Trade Liberalization," Regional Science and Urban Economics, 28 (4).

Hanson, G., 1998, "North American Economic Integration and Industry Location," *Oxford Review of Economic Policy*, 14 (2).

Helpman, E. and Krugman P., 1985, "Market Structure and Foreign Trade," *Cambridge*: MIT Press.

Henderson, J. V., 1982, "Systems of Cities in Closed and Open Economies," *Regional Science and Urban Economics*, 12 (3).

Henderson, J. V., Kuncoro, A., 1996, "Industrial Centralization in Indonesia," *World Bank Economic Review*, 10 (3).

Henderson, J. V., 1996, "Ways to Think About Urban Concentration: Neoclassical Urban Systems Versus the New Economic Geography," *International Regional Science Review*, 19 (1-2).

Holmes, T. J. and Stevens J., 2004, "Spatial Distribution of Economic Activities in North America," *Handbook of Urban and Regional Economics*, (4).

Jian, T., Sachs, J. D. & Warner A. M., 1996, "Trends in Regional Inequality in China," *China Economic Review*, 6.

Jian Wang and Xiao, Ping Zheng., 2013, "Industrial Agglomeration: Asymmetry of Regions and Trade Costs," *Review of Urban and Regional Development Studies*, 25 (3).

Kanbur, R., Zhang, X., 2005, "Fifty Years of Regional Inequality in China: A Journey through Central Planning, Reform and Openness," *Review of Development Economics*, 9 (1).

Kanbur, R., Zhang X., 1999, "Which Regional Inequality? The Evolution of Rural – Urban and Inland – Coastal Inequality in China from 1983 to 1995," *Journal of Comparative Economics*, 27.

Krautheim S., 2008, "Gravity and information: Heterogenous Firms, Exporter Networks and the Distance Puzzle," *EUI Mimeo*.

Krugman, P. R., 2011, "The New Economic Geography, Now Middle Aged," *RegionalStudies*, 45 (1).

Krugman, P. and Elizondo, L. R., 1996, "Trade Policy and the Third World Metropolis," *Journal of Development Economics*, 49.

Krugman, P., 1991, "Increasing Returns and Economic Geography," *Journal of Political Economy*, 99.

第五篇
对外开放与经济全球化理论

改革开放之前，经济学者更多地是围绕着中国如何发展，以在经济领域实现快速的赶超展开研究，但受苏联模式的高度影响，中国实行的是计划经济，在发展中实施了一些不符合经济规律的政策，一定程度上阻碍了生产力的提高。改革开放之后中国选择了一条对外开放的道路。通过对外开放，中国不仅获得了大量的外资流入，也获得了国外先进的企业管理经验、技术。中国通过加入WTO，进一步融入全球化，与世界各国的经济联系更加紧密，这对于扩大贸易、促进进出口具有重要的推动作用。中国已成为世界经济格局中不可忽视的力量，而作为发展中国家，中国也在积极参与新背景下的国际秩序建设，建设自由贸易区并践行"一带一路"倡议。在对外开放中，中国相关的对外开放研究也取得了长足的进步。

第十八章 改革开放前的调剂余缺论

1949~1978年，中国的对外贸易体系是典型的苏联计划经济模式（余淼杰，2014：267~268），在这一时期，主要实行国家对外贸易管制，并采用保护贸易政策，对进口和出口实行统筹兼顾，较为封闭。但是由于国际局势影响，中国这一时期的国际贸易发展呈现"一边倒"的格局，主要与苏联存在大量对外贸易。这一时期，我国贸易的原则是"互通有无，调剂余缺"。调剂余缺论在我国的国际经济理论中占主要地位。由于在理论上没有解决以商品生产和交换为基础的市场经济与社会主义的关系问题，学术界和政府严重忽视和低估了国际贸易的价值增值作用和对经济增长的促进作用，国际贸易只是被当作一种调剂余缺的辅助手段。换言之，调剂余缺在某种意义上始终服务于计划经济，仅仅用于调节经济，优化国民经济实物构成。这种理论实质上是一种自给自足的自然经济思想，有别于建立在社会化大生产基础上的马克思主义国际分工理论（曲如晓，2016：30~31）。

一 关于调剂余缺论的成因

这一理论的成因主要是由当时国内外环境综合造成的，可以概括为两个方面：一方面，在新中国成立初期，由于美国等西方国家对中国采取敌对的态度，中国向苏联采取了"一边倒"的贸易方针。在经济建设的理论和实践上受到斯大林模式的深刻影响，将自力更生等同于自给自足，忽视了对外贸易的重要作用，一直抵触"国际分工"，在理论上对西方的比较优势理论、成本论进行批判。另一方面，新中国成立后，经济基础薄弱，国内经济发展需要生产大量的产品和设备，可供出口的较少，只需要调剂余缺（马慧敏，2003：152~155）。

二 调剂余缺论对经济发展的影响

调剂余缺论是特定历史条件下的产物,在当时具有一定的道理,在特定时期一定程度上促进了经济发展,但是这种认识又具有片面性,忽视了国际分工对价值增值的作用。但是理论上,任何一个国家都不可能完全生产自己所需的所有产品,特别是对于新中国成立初期而言,经济发展所需要的某些重要物资、设备往往超出了自己的供给能力,需要从国外进口,弥补国内的供给不足。尤其是在传统的计划经济体制下,计划失误难以避免,供求总量缺口在所难免,这也需要通过外贸予以解决。调剂余缺在国际贸易实践中主要是出口长线产品、进口短线产品,这种做法对中国整个国民经济的发展曾起到了一定的促进作用,具体体现如下。

第一,推动技术进步。这一时期,通过对外贸易引进了外国的先进技术,基于对国外大批先进设备的进口和生产经验的积累,进而产生了技术外溢效应。这种"干中学"使我国能够以较低的成本形成后发优势,夯实了中国工业化发展的基础。

第二,促进资本积累。就发展中国家工业化初期而言,调剂余缺理论在一定程度上并未完全否定比较优势理论,通过出口开拓国际市场,为剩余物资寻找出路,通过外汇创收支持进口,从而促进资本的积累。同时,通过进口中国经济发展所缺少的各种物资,对社会主义扩大再生产起到优化和补充作用。

第三,优化经济结构。通过外贸促进了中国比较优势产业的发展,改善了贸易条件,维护了国家经济安全,对战略性幼稚产业进行扶持,从而促进经济结构优化。

1949～1978年,中国对外贸易取得了一定的成效,在原有经济薄弱的基础上与很多国家和地区建立了贸易关系,从1950年的40个国家与地区增加到了1978年的170多个。1978年,中国对外贸易进出口额为206.38亿美元,是1950年的17.2倍。但由于调剂余缺理论的局限和国内外复杂的客观因素,中国的国际市场地位略有下降,外贸出口总额占世界出口总额的比重由 1950 年的 0.91% 下降至 1978 年的 0.75% （曲韵等，2018：57）。

这一期间，中国实际上实行的是"纯粹的进口替代型"战略（康珊，2007：28～30），从中国国际贸易的发展效果看，这段时期中国的对外贸易依存度平均为 8.22%，1955 年达到峰值时也仅为 12.07%，1971 年最低，仅为 4.98%（黄晓玲，2002：142～147）。根据世界贸易组织和国际货币基金组织的数据测算，1960 年全球对外贸易依存度为 25.4%（石碧涛、张艳丽，2009：43～50），可见中国的对外贸易在国民经济中所处的地位大大低于世界平均水平。改革开放前中国对外贸易的波动也较为剧烈，1951～1978 年，中国进出口贸易额年均增速为 12.01%，进口额增速为 14.29%，但 1951 年和 1973 年的增长率均超过了 70%，分别为 72.7% 和 74.2%，与此同时，这一区间内有 9 个年度的进出口贸易额出现了负增长（曲韵等，2018：126～133）。

三 对调剂余缺论的评价

调剂余缺论在特定时期是正确的，也是我国特定历史条件下的产物（袁文祺、王建民，1982：22～28；袁文祺，1986：4～10），在国际分工的基础上，通过对外互通有无或者交流经济技术等，一方面充分实现了我国出口商品的国际使用和国际价值，换取了必要的进口商品；另一方面利用国际分工提高了我国劳动生产率，促进了社会生产能力的提升，使社会主义扩大再生产得以顺利进行（柯阳，1987：26～29）。姚曾荫（1987：4～9）指出，调剂余缺具有一定的科学性，互补性贸易的背后是一种国际分工关系。但这一理论的缺陷也较为明显，在认识上把对外经济仅仅看作国民经济的辅助与补充，限制了对外经济的发展（曲如晓，2016：30～31），"调剂余缺"不符合社会主义商品经济规律，也不符合马克思主义关于国际分工和国际交换的基本观点（袁文祺，1987：4～10），割裂了国际贸易中使用价值和价值的统一性，将计划经济体制下事物运动与价值运动的不对称性机械地照搬到国际商品交换领域，忽视了国内经济与国际市场之间的差异，不注重经济效益和贸易利得（袁文祺，1987：4～10）。

参考文献

黄晓玲，2002，《外贸、外资与工业化——理论分析与中国实证研究》，对外经济贸易大学出版社。

康珊，2007，《我国贸易发展战略文献综述》，《黑龙江对外经贸》，第 2 期。

柯阳，1987，《谈谈对外贸易是否增加价值的问题》，《世界经济》，第 6 期。

马慧敏，2003，《当代中国对外贸易思想研究》，复旦大学博士学位论文。

曲如晓，2016，《中国对外贸易概论》（第四版），机械工业出版社。

曲韵等，2018，《中国对外贸易通史》（第三卷），对外经济贸易大学出版社。

石碧涛、张艳丽，2009，《中国对外贸易依存度研究综述》，《云南财经大学学报》，第 6 期。

姚曾荫，1987，《关于我国对外贸易几个理论问题的探讨》，《国际贸易》，第 7 期。

袁文祺、王建民，1982，《重新认识和评价对外贸易在我国国民经济发展中的作用和地位》，《国际贸易》，第 1 期。

袁文祺，1987，《关于我国对外贸易若干基本理论问题的再探》，《国际贸易》，第 12 期。

袁文祺，1986，《树立外贸新观念》，《人民日报》，12 月 12 日。

第十九章　改革开放理论的深化和发展

经济发展道路的选择决定了新中国成立以来的经济发展方式，而发展道路的选择不仅受到国内因素的影响，更重要的是受到国际环境的影响。新中国成立之初，在严峻的国际环境下被迫选择了闭关锁国、独立自主的发展道路，从根本上避免外国对本国产业的破坏和践踏，有效地促进了本国产业的发展，而后基于国际环境的变化以及国内经济发展的现实需求，对外开放、融入世界经济发展的浪潮成为趋势。1979 年 4 月，邓小平首次提出开办"出口特区"，同年 7 月中共中央、国务院批准广东、福建在对外经济活动中实行"特殊政策、灵活措施"，并决定在深圳、珠海、厦门、汕头试办出口特区（后来称作经济特区），福建省和广东省成为全国最早实行对外开放的省份。这标志着对外开放的开始。初期对外开放还带有实验性和地域性，从建立经济特区、开放沿海城市和沿海省份等入手；至 20 世纪 90 年代，中国为加入世界贸易组织（WTO）做出努力，开启全方位对外开放的新征程。

从理论上看，随着改革开放的深入，比较优势理论是中国对外贸易理论依据的主要来源。大卫·李嘉图认为，国际贸易产生的基础并非各国之间生产成本的绝对差异，而是生产成本的相对差异。他对国际贸易模式的研究通常被认为是比较优势理论的起点。比较优势理论假定世界上只有两个国家，产品的投入只有劳动，生产同一产品。由于每个国家在劳动生产率上有所差异，在工资率给定的情况下，两个国家生产的产品在相对成本上进而在相对价格上必然存在差异。每个国家只要出口本国相对成本较低或者有比较优势的产品，进口相对成本较高或者具有比较劣势的产品就可以使贸易双方获利，从而完全实现专业化分工。这一理论在改革开放初期产生了深远的影响。随着改革开放的深入，罗默的内生化经济增长理论也对中国的贸易发展产生了重要的影响。该理论强调技术作为内生变量在贸易中的作用。技术变动有两种源泉：一种是被动的，边干边学，即具有"干中学"特征；另一种是自己创造出来的。在贸易的过程中，"干中学"式的技术进步大部分由"技术外溢"获得，这也为贸易促进国家技术进步提供了依据，尤其是我国广泛存在的加工贸易，正是体现了"干中学"的特征，成为我国经济发展的重要推动力。

对外开放不仅仅拉开了中国经济腾飞的序幕，对全球经济格局的变化也产生了深远的影响，备受世界各个领域研究者的关注，不少国内学者的研究成果频频发表在国外著名期刊上，具体如表19-1所示。可以看出，对外开放涉及中国经济的方方面面，跨国企业的到来不仅带来了中国发展所需的资金，也带来了先进的技术及管理经验等，这对于本土企业的发展具有重要的示范作用；而中国加入WTO开创了对外开放的新局面，进一步加速了内陆地区的开放，使我国在参与国际分工的过程中享受收益，减弱以美国为代表的发达国家对我国出口份额的限制，提高中国在国际贸易谈判中的主动权。当然，WTO带来收益的同时也不可避免地在短期内产生外汇储备规模降低、外贸顺差格局被逆转等负面影响，尤其是我国企业生产技术薄弱、劳动力素质不高，生产的产品质量可能受到影响，进而致使在开放市场的情况下，我国企业进入国际市场的难度较大。此外，对外开放改变了原有封闭经济的模式，加速了我国进出口的发展，对我国新时期下的国际收支平衡提出了挑战。对以上因素的考察是学者所关注和研究的重点，也将是本部分分析和论述的重点。

表19-1 研究改革开放的重要文献

年份	作者	论文题目	期刊名称
1992	Justin Yifu Lin	Rural reforms and agricultural growth in China	American Economic Review
2005	Cai Hongbin and Daniel Treisman	Does competition for capital discipline governments? Decentralization, globalization, and public policy	American Economic Review

年份	作者	论文题目	期刊名称
2006	Sun Ning and Zaifu Yang	Equilibria and indivisibilities：gross substitutes and complements	Econometrica
2008	Chan Jimmy and Wing Suen	A spatial theory of news consumption and electoral competition	Review of Economics and Studies
2009	Cai Hongbin，Yuyu Chen and Hanming Fang	Observational learning：evidence from a randomized natural field experiment	American Economic Review
2009	Sun Ning and Zaifu Yang	A double－track adjustment process for discrete markets with substitutes and complements	Econometrica
2011	Zheng Song，Kjetil Storesletten and Fabrizio Zilibotti	Growing like China	American Economic Review
2013	Cai Hongbin, Hongbin Li, Albert Park and Lian Zhou	Family ties and organizational design：evidence from Chinese private firms	Review of Economics and Statistics
2013	Feng Shuaizhang and Yingyao Hu	Misclassification errors and the underestimation of the unemployment rate	American Economic Review
2014	Cai Hongbin, Yuyu Chen, Hanming Fang，Lian Zhou	The effect of microinsurance on economic activities：evidence from a randomized field experment	Review of Economics and Statistics
2014	Sun Ning and Zaifu Yang	An efficient and incentive compatible dynamic auction for multiple complements	Journal of Political Economy
2017	Davide Cantoni, Yuyu Chen, David Y. Yang，Noam Yuchtman and Y. Jane Zhang	Curriculum and ideology	Journal of Political Economy
2017	Huang Zhangkai, Lixing Li, Guangrong Ma and Colin Xu	Hayek，local information, and commanding heights：decentralizing state－owned enterprises in China	American Economic Review

第一节　中国的对外开放进程与对外开放意义的讨论

对对外开放和利用外资的讨论焦点如下：第一，选择哪些重点行业领域进行开放，这是讨论的重点；第二，以哪种方式进行对外开放，开放方式的差异将导致最终结果不同；第三，在对外开放过程中，中国经济势必受到更多外部因素的影响，如何应对开放所带来的风险和隐患。

一 关于对外开放的重点地区和行业选择

实施对外开放, 首要问题是关于是否进行行业开放的讨论。丘舜平 (1986: 17~18) 对中国行业开放的可行性进行了讨论, 首先, 区域开放具有一定的局限性, 具体表现为: 一是投资大但是建设周期长; 二是对先进技术的吸收、消化、利用、创新的能力较弱; 三是开放区与非开放区发展差异大。而行业开放相比区域开放更加灵活, 主要优越性体现在: 一是对国民经济中基础比较薄弱的行业, 通过实施更有针对性的政策实现利用外部优势促进自身发展; 二是有利于解决子行业不足的问题; 三是有利于利用外资引进技术项目的选点和均衡分布; 四是有利于增强整个行业活力。其次, 实行行业开放的主要目的是克服国民经济的薄弱环节, 选择开放行业的因素包括: 一是该行业对整个国民经济能产生巨大的促进作用; 二是该行业急需振兴, 但是中国在这一阶段还没有能力满足; 三是该行业有利于提高创汇水平或者技术开发水平; 四是该行业有利于增强国民经济。最后, 结合国内现实情况, 应当优先考虑从机械电子工业、能源原材料工业、轻纺工业中选择若干具体行业进行开放。陈章喜和杨帆 (1991: 29~31) 认为, 部门 (行业) 开放具有正向效应, 一是能够打破区域局限性, 推动产业结构全方位调整; 二是有利于引进技术进行大规模行业性技术改造, 提高整个行业的技术水平; 三是有利于各个开放区域之间对技术、设备、生产线等的重复利用; 四是有利于产业在空间上的合理布局, 使新兴产业、支柱产业和传统产业的社会效益和经济效益充分发挥。因此, 沿海地区要充分利用外资和区域优势, 大力发展外向型经济, 同时国家加强产业政策倾斜, 给予国民经济薄弱环节更多支持, 给予外资一定优惠, 从而推动国民经济的协调发展。

对外开放的重点行业的选择是摆在学者面前的第二个问题, 并对此进行了详细的解读, 通过大量研究对不同行业进行了细化考察。郭显光 (2003: 23~26) 对开放性经济模式进行了对比, 研究选择苏州 "引进来" 模式和温州 "走出去" 模式予以分析。从特点来看, 苏州 "引进来" 模式具有三个特点：一是引进外资增速加快，二是外贸的进口创新水平提高，三是对外开放度提升。温州"走出去"模式的特点包括：一是通过出口推动外贸扩张；二是以境外投资拉动出口；三是不断开拓国际市场。从成因来看，苏州"引进来"模式和温州"走出去"模式形成的主要原因在于区位、制度和资金三个方面。从利弊比较来看，苏州虽然成为中国最具吸引力的外资聚集地，但对外资的依赖度程度越来越高，投资环境的法制化水平还不高；温州产品虽然在国际市场占据一定份额，但面临人员奇缺、产品价低及技术含量低等制约因素。结合两种模式的利弊，未来促进温州模式发展需要将"走出去"和"引进来"结合起来，促进以温州为代表的中国改革开放前沿城市的快速发展。周茂清（2003：29～34）从国家层面比较了以日本为代表的外贸主导型模式和以拉美、东亚为代表的外资主导型模式。外贸主导型模式的特点包括：一是优先发展重工业，实行资本品的进口替代；二是大力振兴出口；三是限制国外直接投资，促进国内储蓄。外资主导型模式的特点包括：一是外资成为经济增长的主要动力；二是外资产生了技术和管理的溢出；三是外资带动了出口产业的增长。同时他认为两种模式都带来了一定的消极后果。外贸主导型模式的主要问题包括：一是政府大规模的财政投入和金融压抑产生"泡沫经济"；二是降低了国内需求。外资主导型模式的主要问题包括：一是使国家产业长期锁定在加工行业，缺乏竞争力；二是出口对进口有强烈依赖性。因此，中国要结合具体的发展条件和发展环境，兼收并蓄的发展外资和出口。对于具体应选择何类行业优先开放，黄海（1998：116～122）对中国贸易领域的开放情况进行了深入的研究，主要以合资零售企业外资进入为例，我国外商投资零售企业规模还很小，数量只占零售企业数量的十万分之三，零售额占全社会消费品零售总额的1.3%，但是存在一定的风险，主要原因在于外商投资零售企业的商品价格更具有竞争力，进一步开放有可能严重挤压国内企业的市场份额。应优先开放带有加工和配送功能的物流中心项目，一方面，由于在中外合资合作的零售市场上，对物流中心建设没有予以足够的重视，影响了服务质量；另一方面，物流是"第三利润源泉"，随着社会专业化分工的不断加强，物流效率成为决定市场竞争成败的关键因素之一，因此我国需要通过建立合资合作物流中心模式提升自身竞争力。林山和王晔（1998：52～55）基于中外零售业的竞争能力比对，说明我国零售业虽然整体力量庞大，但多数是各自为政、大而全、小而全的零售企业。同时，李飞和宋刚（2004：12～15）针对入世后的零售业展开分析，指出入世并没有使外资大量涌入零售业进而造成巨大冲击，而是各个零售企业规模增加、销售额快速增长，应加快制定零售业发展规划并为零售业"走出去"进行尝试。此外，涉及的开放领域还包括农业（房慧玲，1999：47～50；崔大沪，1999：30～34；王锡桐，1999：95～98）、金融（蔡小于，1998：118～121；曹苏峰，2001：41～44）、保险（李加明，1999：3～5）、电信服务（李建国，1999：25～26）、装备工业（王燕梅，2004：40～45）以及汽车产业（马晓河，2005：5～12）。上述研究对我国在后续的开放行业选择方面提供了理论经验，为决策奠定了基础。

二 关于开放方式的研究

基于对开放领域的深入研究，接下来所面临的问题就是开放方式的选择。毋庸置疑，利用外资是实现我国对外开放战略的主要途径，因而受到了很多学者的关注（宋涛，1998：18～20；杨李炼，1998：14～16；魏成龙、沙巍，1998：33～35；史丹，2003：33～36），但除了研究利用外资的作用外，如何将利用外资与贸易结合起来也引起了广泛的讨论。谷克鉴（2005：63～70）对外资在开放中的功能及战略选择做出了系统的评价，指出外资流入对本国开放以及企业竞争力的形成起着重要的作用，而在新形势下，如何使外资活动与贸易开放结合并不断深入，需要重新审视和调整外资，以提高科技含量和促进产业结构升级为中心，多样化利用外资。彭建康（1998：8～80）特别强调以"三资"企业来带动对外开放。加入WTO会影响中国的进一步对外开放，少数学者试图从WTO的视角来研究对外开放（王林生，1999：28～31；李曜，1999：41～45；李原、马志全，2000：217～220）。张小济和隆国强（2000：49～53）特别强调，我国要将开放型经济作为对外开放的总目标，以优化结构与提高效率为中心，发挥比较优势和后发优势，在扩大贸易的同时扩大外资，将深化外贸体制改革与提高利用外资水平相结合，在新形势下进一步对外开放。

针对开放方式的选择的讨论重点还包括整体开放和局部开放的问题。黄建国（1998：34~38）强调实施口岸开放带动地区整体的开放发展，以这种方式进行，张百如（1998：36~38）提出通过发展边境特色贸易来扩大对外开放，从全国宏观总体的大局出发；孔淑红（1998：117~120）探讨了"一国两制"的实施促使汕港经济合作向深层次发展；刘朝明（1999：106~111）对由四川、云南、贵州、西藏、广西和重庆六个省份所构成的大西南地区的开放做了规划。而樊纲（1999：16）对改革与开放之间的关系进行梳理，说明改革与开放之间的一致性，对内的改革是为了更好地顺应国际经济的潮流、符合对外开放的要求，只有加快对内的改革才能使我国在国际市场中占有一席之地。

三　开放过程中出现的潜在风险及其对本国经济产生的冲击研究

如何规避或防范风险以及应对冲击，是我国发展过程中所面临的现实问题。对这一问题的研究大体可以分为两类，一类文献主要关注对外开放所引起的国家经济安全问题（梁勇，1999：11~16；黄瑾，2001：55~57；张其仔，2003：74~80），另一类则更多地关注金融风险（王元龙，1998：33~39；李天德，1998：74~78；王中华，2000：81~84；张立、王学人，2002：49~53；张晓朴，2006：7~10）。对于前者，王燕梅（2004：40~45）通过制造业的对外开放来探析其对国家经济安全的影响，并指出制造业对外开放对国家经济安全的影响究竟是好是坏并不是由单一因素所决定，而是取决于多层次因素的综合作用，其中最为关键的因素便是技术，在不断发展和创新的技术中掌握核心技术，才是最为重要的。而邹照晞（2002：104~106）则从博弈论的角度出发来审视东道国企业与跨国企业在开放中的收益，从而说明国家经济安全问题。通过博弈理论模型的推导最终说明跨国企业在全球分工体系下使发展中国家对发达国家的技术与产业结构产生依赖，并且实现了跨国企业对东道国市场和企业的控制。对于后者，钱小安

（2001：91~95）对开放条件下的金融安全问题予以说明，明确指出当前风险隐患较为严重，原因在于微观基础薄弱、金融机构内部控制能力较差等给予国际游资机会，一旦游资出现大幅度的撤出，将导致价格暴跌，从而出现大面积的金融风险。而路妍（2004：136~137）则针对商业银行在对外开放中所应该采取的对策进行论证，建议加强国有商业银行内部控制和风险管理、降低银行金融风险，同时也要求加强中资银行与外资银行的合作，提高核心竞争力。

第二节　利用外资的研究

1949年中华人民共和国成立，对利用外资有一定的限制，主要废除了帝国主义在中国的特权，声明依法保护外国侨民，凡遵守人民政府发令的外资企业，均受政府保护，使外资企业基本成为单纯经济性的投资主体（魏子初，1951：1~20）。之后抗美援朝战争发生，美国对华采取全面禁运政策以及苏联的背信弃义，使得中国面临的国际经济环境在这一时期（1950~1960年）逐渐恶化，外资企业在中国内地基本消失殆尽（曲韵等，2018：19~27）。改革开放前，在利用外资方面，中国主要处于探索阶段。在国际环境不允许全面开放时，中国利用外资只能争取最有利的一方支援，这是唯一的选择。但是中国必须进行国际贸易，在竞争中解决全面开放的问题。党的十一届三中全会批准了《1979、1980两年经济计划的安排》，提出要积极引进外国先进技术，利用外资，大胆进入国外市场。改革开放以前，党的十一届三中全会对外开放思想取得了重大的进步，从引进技术和设备发展到利用外资为社会主义现代化服务，为后来的对外开放思想提供了坚实的理论基础。党的十一届三中全会指出，在自力更生的基础上积极发展同世界各国平等互利的经济合作，努力采用世界先进技术和设备，使对外开放国策基本确立。我国利用外资取得了巨大的成就，丰富和完善了引进和利用外资的相关政策，积累了丰富而宝贵的经验，促进了中国经济长期实现高质量发展。

一 利用外资的理论基础

西方的利用外资理论较为成熟，比较有代表性的是哈罗德—多马模型和"双缺口"理论。哈罗德—多马模型采用长期动态分析方法，从供需达到平衡的条件——投资等于储蓄出发，阐述外资与本国经济增长之间的关系，分析了投资与储蓄、外资与经济增长之间的理论关系。美国经济学家钱纳里和斯特劳斯于 1966 年提出"双缺口"理论（Chenery and Strout，1966：679 ~ 733）。该理论建立在哈罗德—多马模型的基础上，认为一定时期内，一国的外汇缺口应与储蓄缺口相等。当储蓄小于投资时，存在储蓄缺口，这一情况下需要外汇缺口进行平衡，即要实现进口大于出口。由于投资、储蓄、出口和进口四个变量相互独立，两缺口存在相互依存的关系，外资既可以弥补外汇缺口，又可以填补储蓄缺口，同时对储蓄出口和外汇缺口发挥作用。"双缺口"理论为发展中国家利用外资促进经济发展提供了理论依据。

关于中国利用外资的主要依据来源于马列毛邓关于外资的经典论述和判断。马克思和恩格斯在《共产党宣言》中指出，"各方面的各民族的相互往来代替了过去各地方和各民族的自给自足，也改变了闭关自守的状态"（1995：276）。列宁指出，"社会主义实现的如何，取决于我们苏维埃政权和苏维埃管理结构同资本主义最新的东西的结合。只能充分利用资本主义的成果，而绝对不能对它排斥"（1963：237）。1956 年，毛泽东在《论十大关系》中指出，"我们的方针是，一切民族、一切国家的长处都要学，政治、经济、科学、技术、文学、艺术的一切真正好的东西都要学。但是，必须有分析有批判地学，不能盲目地学，不能一切照抄，机械搬用。他们的短处、缺点，当然不要学"。毛泽东特别强调结合中国的实际，辩证地吸收外国有用的东西。邓小平指出，"三十多年来的经验教训告诉我们，关起门来搞建设是不行的，发展不起来"（1993）。1978 年 9 月 16 日，邓小平发表的题为"高举毛泽东思想旗帜，坚持实事求是的原则"的讲话指出，"毛泽东同志在世的时候，我们也想扩大中外经济技术交流，包括同一些资本主义国家发展经济贸易关系，甚至引进外资、合资经营等等。但是那时候没有条件，人家封锁我们……把我们同世界隔绝了……经过几年的努力，有了今天这样的、比过去好得多的国际条件，使我们能够吸收国际先进技术和经营管理经验，吸收他们的资金"。邓小平的讲话，为我国在当时的情况下敢于利用外资、引进先进技术提供了理论和思想上的支持。

从作用机制来看，现有文献总体认为外商直接投资主要通过技术溢出效应和竞争效应影响国内企业行为，其中，技术溢出效应是正向影响，竞争效应为负向影响，外商直接投资的国内创新效应主要取决于上述效应的相对大小（Lu et al.，2017：221～253）。邓宁（Dunning，1993：1～200）将对外投资的动机分为效率寻求型、资源寻求型和市场寻求型，跨国公司在生产技术、产品专利、品牌、影响渠道等无形资产禀赋方面相比东道国企业更具有优势，正是基于此，东道国企业可以从跨国公司获得技术溢出效应。傅元海等（2010b：75～84）将利用外资的溢出机制分为技术转移与扩散效应、竞争效应和联系效应。唐宜红等（2019：104～120）将引进外资带来的溢出效应产生渠道概括为示范模仿效应、人员流动效应和竞争效应三种。示范模范效应方面，通过外资企业的示范，内资企业可以在管理经验、技术等方面进行模仿，从而提升企业的绩效。人员流动效应方面，外资企业人才可以在国内管制宽松、摩擦性就业或其他因素下流入本土企业，从而通过将先进的技术和管理经验提供给本土企业员工进行技术转移。竞争效应方面，主要有两方面的影响，一方面，迫使本土企业存在危机感，提升自身竞争力，提高创新能力；另一方面，挤压本土企业的市场份额，减少对本土企业的市场需求，挤出本土企业。外资带来的溢出效应取决于三种效应之和，总体上，唐宜红等（2019：104～120）认为，内资企业可以通过 FDI 带来的溢出效应获得新的技术、人才、管理模式等，通过适应市场竞争环境，模仿和学习逐步实现赶超。罗伟和葛顺奇（2015：27～53）将跨国公司进入对中国自主研发的影响概括为直接效应和间接效应。其中，直接效应是指由于跨国公司在东道国设立的子公司自主研发水平低于或者高于东道国企业的平均水平，对东道国的研发水平产生直接影响；间接效应是指跨国公司通过影响东道国的其他企业，进而间接影响东道国的总体自主研发水平。间接效应主要包括竞争效应、水平溢出效应和关联效应，三者对中国自主研发具有显著的影响，但是其大小和方向存在不确定性，具体取决于东道国的经济环境。毛其淋和许家云（2016：12～32）将外资进入对企业成本加成的影响概括为行业内水平溢出效应渠道、行业间垂直溢出效应渠道。行业内水平溢出效应渠道具体包括竞争效应、示范效应和人员流动效应；行业间垂直溢出效应渠道主要包括前向关联和后向关联，其中，前向关联发生在跨国公司与本土下游行业企业之间，主要是跨国公司的进入带来了中间品投入范围的增加，提高了本土企业效率；后向关联发生在跨国公司与上游行业的本土企业之间，由于原材料采购，提高了本土企业的市场定价能力，降低了本土企业的边际成本。毛其淋和许家云（2016：12～32）认为，引进外资后，行业内水平溢出效应渠道对本土企业的成本加成率的影响方向和程度具有不确定性，行业间垂直溢出效应渠道则显著促进了本土企业成本加成率的提升。刘建丽（2019：19～37）将外资对中国经济发展的作用归纳为补缺与启动效应、增长拉动效应、竞争效应、技术溢出与创新促进效应、就业促进效应、制度催化与管理示范效应。其中，竞争效应一方面可以通过竞争强度增大刺激内资企业提升技术水平和商业化经营能力，另一方面外资进入通过产业组织结构优化提升产业效率。王红领等（2006：44～56）、赖明勇等（2005：95～105）、郭熙保和罗知（2009：52～65）、钟昌标（2006：23～29）、邢斐和张建华（2009：94～104）、周云波等（2015：128～142）均对利用外资的溢出效应进行了分析。

综上所述，利用外资对中国经济产生了显著的影响，主要通过技术溢出影响企业行为，一方面可以通过示范效应、人员流动效应、行业间技术溢出效应（前向关联和后向关联）对经济产生正向影响；另一方面通过竞争效应，对本土企业产生挤出效应，减小了本土企业的市场空间，从而对经济产生不利影响，例如，蒋殿春、张宇（2008：26～38）利用中国的数据发现外资进入对中国企业的溢出效应并不明显，甚至显著为负。正是由于存在两类相反的外资技术溢出作用路径，相关的研究未能取得一致的结论，但是毫无疑问的是，利用外资是一把"双刃剑"，尤其是改革开放以来对中国经济的促进作用是不置可否的，其具体效果还与本国环境、地区禀赋、制度等因素密切相关。

二　利用外资的争论

在中国对利用外资的利弊也进行了讨论。中国利用外资政策经历了一个曲折的过程。改革开放前的一段时期，国家对外资的利用理解不深，对于外资姓"资"还是姓"社"问题存在争论（李志翠等，2019：58～67），在外资规模、种类、领域等方面还存在认知局限性，普遍认为大规模利用外资并不可取。黎青平（1989：74～79）把中国长期将利用外资列为禁区的原因概括为三个方面：第一，利用外资不符合自力更生的原则。长期以来认为自力更生就是与国外少联系，甚至不联系，一方面，由于利用外资等同于获取外援，在新中国成立以后的一段时间内引发了争议；另一方面，利用外资需要借款还息，搞合营经济在一段时期内也被禁止。第二，单纯利用外资会加剧中国受到的剥削和侵略。没有看到利用外资已经成为国际经济合作中普遍采用的形式，认为帝国主义进行资本输出的最终目的是剥削和压迫人民，中国一旦接受外资，就等同于成为"帝国主义投资的场所"。第三，将社会主义看成纯而又纯的社会。利用外资必然导致合资经营等国家资本主义形式的出现，经过社会主义改造之后，公有制只包含全民所有制和集体所有制，其他形式的所有制都不被允许，这从根本上否定了利用外资的可能性。陆云彬（1995：28～29）认为利用外资的主要弊端表现在：第一，在某些方面阻碍了国内企业的发展；第二，加大了国内投入差距；第三，生产不必要的产品；第四，依赖外国生产生活习惯的倾向；第五，引进外资，附加条件的存在可能使其对我国趁机巧取豪夺；第六，把外资作为工具，对接受的国家进行政治要挟。曲韵等（2018：116～118）指出，这一时期利用外资在中国成为"禁区"的主要原因包括：第一，在半殖民地半封建社会的旧中国，人民饱受帝国主义掠夺、欺凌之苦；20世纪60年代初，苏联政府撕毁合同，撤回专家，使中国经济面临非常严重的困难。对此中国人民记忆犹新，对"利用外资的风险"保持警惕。第二，新中国成立以后，世界主要的资本主义国家都对中国长期进行经济封锁，在全国人民共同努力之下，中国经济建设取得了很大的成绩。在一段时间内，受"左"倾错误思想的影响，片面强调自力更生。第三，"文化大革命"期间，"四人帮"反革命集团肆意扭曲"独立自主、自力更生"方针，把利用外资诋毁为"崇洋媚外"，束缚了思想，严重影响了外贸工作。

1978 年 9 月 16 日，邓小平发表的题为"高举毛泽东思想旗帜，坚持实事求是的原则"的讲话并指出："毛泽东同志在世的时候，我们也想扩大中外经济技术交流，包括同一些资本主义国家发展经济贸易关系，甚至引进外资、合资经营等等。但是那时候没有条件，人家封锁我们……把我们同世界隔绝了……经过几年的努力，有了今天这样的、比过去好得多的国际条件，使我们能够吸收国际先进技术和经营管理经验，吸收他们的资金"，"世界天天发生变化，新的事物不断出现，新的问题不断出现，我们关起门来不行，不动脑筋永远陷于落后不行"。邓小平的讲话，为利用外资提供了理论和思想上的支持。

黎青平（1989：74~79）认为，新中国成立以来利用外资取得了较大发展。第一，利用外资是长期的战略方针，通过利用外资有利于引进我国现代化所需的资金、技术、管理等。第二，利用外资的形式多种多样，只要是有利的形式都可以接受，例如国外贷款、合作经营、对外加工等。第三，将直接投资作为利用外资的重点，通过举办合营企业弥补国内建设资金的不足。第四，利用外资对象的多面性，不仅利用苏联的外资，也要利用第一、第二、第三世界的外资。陆云彬（1995：28~29）认为引进和利用外资对我国现代化经济建设具有重要意义，一是填补外贸缺口，二是弥补国内投资不足，三是吸收国外先进技术，四是加强社会主义物质基础，五是巩固社会主义经济基础，六是加强工农联盟，七是带来政治好处。朱乃肖（1985：57~61）认同对外开放和引进外资的重要性，当前世界经济出现的国际化给我国带来的启示主要有两个方面：第一，当代的世界是开放的世界，当代世界生产力发展具有必然趋势。第二，开放的世界，为我国参与国际分工提供了良好的客观环境，如果不利用这一环境和契机我国将会坐失良机，处于落后的境地。裴长洪（1996：54～59）认为，引进外资，是我国工业的资本技术从低构成方向向高构成方向的发展，有利于改善劳动密集型产品的出口贸易条件，增进整个社会经济的福利。

关于是否利用外资的争论集中在改革开放前的一段时间，与我国当时的政治、经济、外交等都密切相关，虽然在一定时期内我国禁止了利用外资的政策，但是十一届三中全会以后，外资在我国迅速发展，所有制在形式上除了公有制以外，还出现了公私合营、外商独资等，从引进技术和设备发展到利用外资为社会主义现代化建设服务。这是中国共产党在十一届三中全会前夕对外开放思想的巨大进步（曲韵等，2018：116～118）。十一届三中全会正式确立了我国在自力更生的基础上同世界各国保持互利平等的经济合作。宋士昌（1994：33～36）、张伯里（1996：38～47）、赵秀臣（1997：50～52）、张幼文（2000：4～8）等均对利用外资问题进行了讨论。

三 利用外资的政策措施与效果

改革开放以后，中国利用外资取得了显著的成效，对经济发展、产业升级、技术创新、人才引进都做出了很大的贡献（江小涓，2002：31～38；傅元海等，2009a：75～84；蒋殿春和张宇，2008：26～38；包群和赖明勇，2002：63～66；代谦和别朝霞，2006：15～27；唐宜红、俞峰、李兵，2019：104～120）。曲韵等（2018：296～300）将利用外资对中国经济发展的效果概括为四个方面：第一，促进了中国经济的发展。一是为中国带来了生产要素的补充。首先，利用外资为中国改革开放后，尤其是20世纪八九十年代的经济发展带来了必要的、有益的资金补充；其次，利用外资为中国带来和培养了更多人才；再次，利用外资为中国经济建设引进了技术并促进了技术创新；最后，利用外资为中国经济发展带来了先进的管理经验。二是促进了经济总量增长和产业结构调整。首先，外商投资企业为中国税收做出重要贡献；其次，外商投资企业占国民经济的比重不低，2014年达到14.28%；最后，外商投资企业促进了中国产业结构调整，客观上促进了中国第二产业和第三产业的规模扩大和产业结构调整优化。第二，利用外资带动了中国对外贸易的发展。一是促进对外贸易规模增长；二是促进中国高新技术产品出口；三是带动加工贸易发展。第三，利用外资解决了中国部分就业问题。第四，利用外资加剧了中国环境污染问题。田夫（1998：25～28）认为外资对我国经济存在一定的负面影响，主要表现为：一是外资企业挤占内资企业的市场份额；二是外资企业挤垮我国的品牌产品，抢占市场份额；三是外资企业阻碍我国优化消费结构和收入结构；四是外资流入与我国的引资目标不匹配；五是外资利用偏数量，而规模效益不高；六是外资带来投资风险和环境污染项目；七是外资企业存在抽逃税现象。

从新中国成立以来70多年的历程来看，中国在利用外资方面积累了一定的经验，很多学者对中国利用外资的政策成效、问题等进行了总结。刘建丽（2019：19～37）指出，开放促进发展，封闭导致落后，要在理论突破的前提下，合理利用外资，具体经验包括：第一，渐进式开放和"先试点再推广"的做法将引进外资的风险总体上进行了控制；第二，涉外经济政策始终保持相对稳定，加之改革的不断深化，使利用外资保持平稳；第三，关于外资制度的构建和开放层次的循序渐进过程，离不开顶层设计和基层探索的互动；第四，外资政策的调整综合考虑了政策目标、产能匹配和不同阶段的需求；第五，为了保障外资的合法权益，不断完善引资法律体系。马宇和魏丹琪（2019：108～115）将利用外资政策的积极作用概括为三个方面：第一，利用外资政策促进了就业，创造了更多的就业岗位；第二，利用外资政策拉动了进出口贸易，促进了对外贸易的发展；第三，利用外资政策带动了产业结构升级。林欣和李春顶（2019：4～10）对中国利用外资70多年的历程进行了回顾，并将其分为市场萌芽阶段（1949～1977年）、探索开放阶段（1978～1991年）、快速发展阶段（1992～2000年）、高质量增长阶段（2001～2012年）和全面发展阶段（2013年至今）。中国利用外资的现状可以概括为四个方面：一是外资来源渠道增多，二是利用外资日趋多样化，三是区域布局和产业结构合理化，四是外资政策不断完善。林欣和李春顶（2019：4～10）认为中国利用外资面临着新的机遇，具体包括：第一，自由贸易试验区成为吸引外资的重要引擎；第二，《外商投资法》营造了良好的外商投资环境；第三，"一带一路"倡议的推进和中非合作的不断加深成为利用外资的新平台；第四，人民币国际化不断吸引外资。同时，新常态下中国利用外资也面临着一系列挑战。第一，国际贸易摩擦和严峻的国际投资形势为利用外资增添了不确定性；第二，外资成本存在新一轮提高的风险；第三，国际投资规则为双向投资带来了困难。李志翠等（2019：58～67）将我国利用外资的经验归纳为四个方面：第一，利用外资成为我国对外开放的重要组成部分，并对政策和理论进行与时俱进的创新；第二，不断提升利用外资效益，与国家发展规划有机结合；第三，利用外资激发市场活力；第四，通过优化营商环境和壮大国民经济吸引外资。同时，我国利用外资还存在一些问题，具体表现在：第一，对利用外资与独立自主存在认识上的误区；第二，利用外资在产业、区域布局和资金来源结构方面存在不合理之处；第三，利用外资存在低水平的重复建设问题；第四，对外资的管理存在服务不到位、管理滞后等问题。

改革开放以后，中国利用外资取得了很大的进展，很多学者探讨了利用外资对中国经济发展的影响，主要包括：第一，利用外资促进了中国经济发展，带来了人才、技术、设备和资金，促进了产业结构调整（赵伟等，2006：53～60；傅元海等，2010a：92～104；王志鹏和李子奈，2004：23～33；萧政和沈艳，2002：11～16；王冲和李雪松，2019：41～50）。傅元海等（2010a：92～104）基于1999～2007年中国27个制造业行业的面板数据实证检验利用外资对中国经济绩效的影响。研究发现，外资参与度通过溢出效应能够显著提升经济增长绩效，技术引进对经济的影响程度要显著优于模仿学习。沈坤荣和耿强（2001：82～93）基于中国1987～1998年的省级面板数据实证检验外商直接投资（FDI）对中国经济增长的影响，研究发现，外资引入显著促进了中国经济增长，并在地区分布上呈现显著的不平衡性。姚树洁等（2006：35～46）发现，技术进步对中国经济增长的平均贡献率达到3.5%～4.3%，而FDI在技术进步中的贡献高达30%。陈继勇和盛杨怿（2008：39～49）基于中国1992～2006年29个省份的面板数据，实证检验了FDI的知识溢出效应对中国区域经济增长的影响，研究发现，FDI引致的国际知识溢出效应并没有对地区的经济和生产经营情况产生较大影响，这主要归因于 FDI 国际知识溢出效应与地区自身的经济、科技发展等因素密切相关。第二，利用外资带动了中国对外贸易的发展和产业转型升级（Yu，2015：221～253）。毛其淋和许家云（2016：48～68）基于中国工业企业数据，研究 FDI 对中国本土企业成本加成的影响，研究发现 FDI 进入总体上提升了本土企业的成本加成，水平溢出渠道的影响显著为负，而前向关联和后向关联代表的垂直溢出渠道的影响显著为正。罗伟和葛顺奇（2015：29～53）利用微观企业数据系统研究了跨国公司对中国制造业自主研发的影响，研究发现，跨国公司进入降低了中国制造业的研发水平，一方面通过抑制效应影响自主研发，另一方面对自主研发通过负向的间接抑制效应发挥作用。邢斐和张建华（2009：94～104）根据中国 1999～2004 年的 36 个行业面板数据，对 FDI 对中国自主研发的影响进行实证检验，研究发现，FDI 在短期对资助研发表现出显著的促进和抑制效应，但是在长期并没有显著影响，而 FDI 的技术溢出效应在短期和长期均没有影响。江小涓和李蕊（2002：5～16）实证检验了 FDI 对中国工业增长和技术进步的贡献，研究发现，外资企业的投资/产出效率明显高于工业部门的整体水平，以 1/10 的资产创造出 1/4 的产值和销售收入、1/5 的增值税和 1/3 的利润。第三，解决了中国的部分就业问题，外商直接投资吸纳的就业人数大幅提高（蔡昉、王德文，2004：1～14）。罗伟、刘晨、葛顺奇（2018：147～172）基于 1998～2007 年中国工业企业数据库，实证检验 FDI 对企业工资的总体溢出和关联效应，研究发现，FDI 对制造业工资具有显著的负向影响，原因在于 FDI 产生的竞争效应远大于对上下游企业工资的关联效应，导致总体影响为负。周云波、陈岑、田柳（2015：128～142）利用中国工业企业数据库测算了 FDI 对中国企业间工资差距的影响程度和变化趋势，研究发现，FDI 对企业间工资差距的影响显著，贡献率高于 10%，仅低于资本劳动比的贡献，排名第二位。蔡昉和王德文（2004：1～14）构建了一个 FDI 与就业的人力资本分析框架，研究发现，FDI 对中国经济增长和就业具有显著的影响，通过对设备和管理经验、先进技术的引进，推动了产品结构、产业结构和技术结构的转型，增加了就业和促进了人力资本积累。王燕飞和曾国平（2006：51～57）的研究发现，FDI 有利于促进第二产业的就业和人口非农化，但是对第三产业的影响不足。第四，利用外资一定程度上影响了中国环境，引进外商直接投资较多的地方，环境污染可能存在"污染避难所"假说（苏振东、周玮庆，2010：63～67）。朱平芳、张征宇、姜国麟（2011：133～145）基于中国 2003～2008 年 277 个地级市的面板数据，对 FDI 与环境规制的关系进行实证检验，研究发现，地方政府为吸引 FDI 导致地方政府政策博弈的影响显著，随着 FDI 水平的提升，环境规制的"逐底效应"强烈。邓柏盛和宋德勇（2008：101～108）发现，我国环境污染与人均 GDP 呈"U"形关系，验证了"污染避难所"假说。但也有文献并不支持这一假说。许和连和邓玉萍（2012：30～43）利用 2000～2009 年中国省级层面数据，运用空间计量方法实证检验 FDI 是否导致了中国的环境污染，结果发现，FDI 在空间集群上有利于我国环境问题的改善，并且对 FDI 的不同来源地影响程度存在显著的差异，总体上不支持"污染避难所"假说。

由于发展现实的需求，中国进行改革开放以吸引国外资本，以此解决本国资金匮乏的问题。事实也已经证明，外来资本的流入对中国经济奇迹的产生具有重要的推动作用，与此同时，外商直接投资在带来经济红利的同时势必对本国国际收支产生相应的影响（赵晋平，2001：27～30；姚枝仲、何帆，2004：37～46；王跃生、潘素昆，2006：112～120；刘渝琳、周靖祥，2007：65～78）。赵晋平（2001：27～30）从外资利用的角度分析了外来资本流入对本国国际收支表的影响与作用，并据此明确宏观经济调控的目标和制定相应的发展战略，分别从国际收支所包含的经常账户、资本账户以及相应的汇率和金融管制等方面对外资进行深入的分析，经验推断结果表明：经常账户贷方对外资资本贷方的边际弹性是 1.4394，即外资流入每增加 1 个单位，经常账户贷方由于外资的带动将增加 1.4394 个单位；同时，国外资本的流入每增加 1 亿美元，资本账户贷方将增加 1.022 亿美元，GDP 指数每上升 1 个百分点，资本账户贷方将增加 48.369 个单位（百万美元）。王跃生、潘素昆（2006：112～120）从一国金融稳定的角度出发来重新审视外来资本的影响及作用，首先对已有关于外商直接投资的理论进行总结并评述，并对新的观点进行诠释，随后又以东南亚金融危机为契机、以马来西亚为案例来说明该国出现金融动荡的原因，具体包括危机前马来西亚的国际收支巨额赤字、产业结构落后及出口部门由外资掌控、马币疲软、劳工短缺以及危机出现后的外资造成的国际收支逆差。此外，刘渝琳、周靖祥（2007：65～78）运用协整检验和 VAR 模型来量化研究 FDI 对经常项目及金融与资本项目影响，试图在理论分析的基础上使用 1982～2006 年统计数据来予以更加准确地描述彼此之间的数量关系，研究发现：FDI 流入与经常项目及金融与资本项目之间存在长期均衡关系，国际直接投资的影响较为复杂，直接效应与间接效应并存；VAR 模型说明 FDI 流入与经常项目收支之间存在倒"U"形关系，而 FDI 流入对资本金融项目的响应明显存在时滞。

第三节　企业"走出去"与跨国公司理论的中国化发展

随着全球化不断推进，跨国公司对世界经济的影响日益深入，其社会和经济地位不断提高。蓬勃发展的跨国公司自然也成为学术界研究的热点。跨国公司相关理论从 20 世纪 60 年代开始出现。随着跨国公司的形式和规模不断发展，跨国公司理论不断丰富。其中以国际生产折衷理论、垄断优势理论、产品生命周期理论等最具有代表性。

实施企业"走出去"战略是中国对外开放新阶段的重大举措，标志着中国对外开放战略的新阶段和对外直接投资的跨越式发展。"走出去"战略的实施使国内学者逐渐关注跨国公司理论，跨国企业的出现改变了一国国内生产的传统流程，尤其是对发展中国家具有强大的冲击力（齐观义，1998：3～5），当然，在跨国企业的发展过程中，外商直接投资发挥着举足轻重的作用（余海丰，2000：49～51；朱志刚，2001：17～21；杨汝岱，2016：163～175）。与国内企业相比，跨国企业具有较强的资源获取能力，在更大区域内获取资源和整合资源（葛京、席酉民，2000：74～77），在价格策略中具有较强的优势（杨遐，2001：46～49），并且能够有效促进当地前后关联供应商的发展（彭敬，2004：26～28）。我国对跨国企业的培养是一个漫长的历程，所面临的企业人力资本风险是不可避免的（杨申燕、姚艳虹，2000：54～56），而对国企资产进行重组是培养跨国企业的捷径（高寒松，1999：201～202）。正是由于跨国公司在中国的快速发展使该研究在过去30年中始终是国际经济领域的重点议题，并由此产生了大量的成果。但通过对已有成果的梳理总结，发现中国学者基本是基于跨国公司的主流研究脉络进行分析求证的，与上述三种理论流派完全切合，当然，更多的是将上述理论用于解释中国引资现实并予以相应的拓展。

改革开放以来，中国迎来了大量的跨国企业纷纷落户，对于这一崭新的经济现象，学者开始关注并研究跨国公司的垄断优势以及由此所带来的并购问题（滕维藻、郑伟民，1982：47～64；裴长洪，1995：54～59；促进跨国公司对华投资政策课题组，2001：55～63；江小涓，2002a：5～16；江小涓，2002b：27～34；李俊江、马颋，2004：28～32）。跨国公司为什么能够形成强有力的垄断优势呢？对于该问题的回答有利于深化对跨国企业的出现的认识。跨国企业有着本国企业自身所不曾拥有的优势，相比之下，本国企业将被迫处于不平等地位。同时，跨国企业对东道国产业的控制来自其自身的垄断优势，主要途径分为以下四种：股权控制、技术控制、成本控制及品牌控制（王允贵，1998：114～120）。进一步地，王允贵（1998：114～120）以我国电子及通信设备制造业为考察对象来分析跨国企业对该行业的投资与控制，结果表明跨国公司对我国电子产业的控制，依据不同行业的技术特点、市场特点而在四种控制方式上各有侧重，并据此提出跨国公司对我国电子产业将产生产业压制的深刻影响，具体包括技术压制和厂商压制。正是由于跨国公司具有垄断优势，本国企业在与其的竞争中往往处于劣势地位，长期竞争的结果将可能更多的是被收购或兼并，基于此，20世纪90年代中期以后，全球并购发展迅速，其中跨国收购与兼并已经成为全球跨国投资的主要方式。

随着跨国企业的不断扩张及其在经济发展中的积极作用，对跨国企业的研究逐渐发生变化，更多地集中在解释跨国公司在华的投资行为、应对市场变化所采取的策略行为，以及对中国跨国企业行为的分析（曹和平，2007：32～45；马捷、岳阳、段颀，2012：106～119；王凤彬、杨阳，2010：120～129；徐宏玲、马长海、李双海，2010：86～96；魏江、王诗翔、杨洋，2016：134～149）。结合中国发展的现实，地方政府往往为了吸引外资的流入而更多地进行政策竞争，鉴于此，马捷、岳阳、段颀（2012：106～119）从实际出发，基于两国拥有不同的市场规模、跨国公司生产两种水平差别化产品的理论模型进行分析，结果表明均衡时跨国企业的FDI选择取决于市场规模效应、两种产品间的利润侵蚀效应和两国FDI补贴政策的共同作用，并进一步证明两国福利可能因参与FDI竞争而获得帕累托改进，或者发生帕累托损失。同时，全球化进程推动了跨国企业本土化进程以及由此所带来的全球社会网络延伸，而在此过程中，"中国供应链"概念越来越清晰并受到世人关注。通过分析跨国企业全球生产网络构成发现跨国企业全球本地化的非市场化影响因素与"低成本制造—选择核心服务伙伴—完善供应链"演进路径及其政治、公众及社会责任等非市场策略机理，提出了跨国企业市场—非市场策略模型，为中国供应链整合提供了一个崭新的实践视角（徐宏玲、马长海、李双海，2010：86～90）。当然，以上的分析只是针对外来企业到本国过程中的抉择及其公司治理等问题，而跨国企业的寻租行为与规制途径几乎被学者所忽略，正是基于此，曹和平（2007：32～45）对跨国企业的成长阶段进行划分，并把以上针对跨国企业的分析称为"初级成长阶段"，而从市场建网——跨国企业集群在中国"二次成长阶段"的观察事实、信息寻租——跨国企业集群市场建网背后的利润动机、寻租推演——跨国企业集群良性信息寻租向恶性信息寻租转化的行为机理、寻租行为规制——跨国企业经济与中国经济未来等方面讨论了跨国企业集群进入中国后在"二次成长阶段"的行为特征与规制途径。当然，随着我国经济的崛起以及对跨国公司研究的深入，学者逐渐将研究重点从外来资本的"引进来"转向本国企业逐渐"走出去"以及"走到哪里去"（王凤彬、杨阳，2010：120～129；魏江、王诗翔、杨洋，2016：134～149），对于这些问题的探讨和研究表明我国在吸引外资方面迈向一个崭新的阶段，从以往仅仅局限于引进外资开始转向外资"引进来"和本国"走出去"并重的新局面。王凤彬、杨阳（2010：120～129）对于中国企业如何"走出去"给予明确回答，即"差异化的同时并进"FDI模式，提倡跨国企业可以"两条腿走路"——同时向欠发达国家和发达国家进行直接投资，但是对不同投资地或东道国的选择要因应不同的投资动机（如寻求自然资源、市场或效率还是寻求战略性资产），以便在有差别的跨国发展中兼具利用型FDI与探索型FDI的优势。

以上是国内学者关于跨国企业起因、垄断优势、发展阶段以及中国该如何使本土企业逐渐"走出去"等问题的主流研究，当然跨国公司对一国的经济产生方方面面的影响，为了更加全面地评估跨国公司对我国经济各方面的影响，不少学者也从中国引资实践出发，进一步研究制度对跨国公司的影响（李雪灵、万妮娜，2016：184～185）、儒家文化对跨国公司的作用（谢孟军、汪同三、崔日明，2017：167～188），以及外资流入对我国产业结构升级（江小涓，1999a：10～59；王洛林、江小涓，2000：5～18）、经济增长方式转变（江小涓，1999b：7～15）等因素的作用。李雪灵、万妮娜（2016：184～185）从制度角度说明跨国情境下制度的差异性为企业带来的机遇与挑战，研究从制度距离的视角出发，分别就跨国情境下正式制度距离与非正式制度距离对企业内外部合法性门槛产生的影响进行了深入的研究与探讨，结果表明制度距离对跨国企业的海外发展具有重要作用，制度距离带来了不同程度的内外部合法性获取障碍，提高了跨国企业合法性获取的门槛，制度距离越大，跨国企业获取内外部合法性的难度就越大。除了制度因素以外，文化差异对于跨国企业的发展是否也会产生影响，这是一个值得探讨的话题，然而由于文化因素的难以捕捉和量化，一直被研究者所忽略。随着政策评估的推广和普及，以"准自然实验"为核心的研究逐渐盛行，该话题重新被学者所关注。谢孟军、汪同三、崔日明（2017：167～188）以中国推行的"孔子学院"作为我国文化输出的代理变量，采用倍差法来评估这一文化输出是否带来本国的资本输出，研究表明中国的文化输出显著推动了对外直接投资，文化输出的投资推动作用具有明显的国家类别差异，在发展中国家建立孔子学院的投资推动作用大于发达国家，文化输出的投资推动作用具有显著的洲际差异，孔子学院在亚洲和非洲的投资推动作用相对较强，而在经济较为发达的美洲和大洋洲则相对较弱；文化输出的投资推动作用具有时滞性；中国的文化"走出去"不仅增加了对外直接投资的强度，而且提高了向建立孔子学院的未投资国家（地区）投资的概率。考察制度与文化因素对跨国企业的影响有助于推动中国本土企业更好地"走出去"，然而引进的跨国企业将对本国经济发展过程中的技术进步、产业结构、贸易结构以及增长方式等产生重要影响。当然，作为发展中国家，中国要更好地利用跨国企业来获得全球分工体系的益处，以此促进本国出口和提升出口产品质量、改善进口商品结构，并且以外资来促进产业结构的调整以及经济发展方式转变（江小涓，1999a：10~59；江小涓，1999b：7~15；王洛林、江小涓，2000：5~18）。

第四节　加入世界贸易组织的影响

加入世界贸易组织对于中国的经济发展、深化改革开放具有重要的推动作用，并且影响着国内经济的方方面面，而学者针对 WTO 的研究具有明显的阶段性，从早期关注的入世规制及影响到以前沿计量的方法来重现审视加入 WTO 这一外生事件冲击对经济长期发展、企业行为、贸易方式等方面的作用，部分研究成果如表 19－2 所示。而从国内现有对 WTO 的研究来看，可将其分为以下三大主流研究。

表 19－2　研究中国加入 WTO 的重要文献

年份	作者	论文题目	期刊名称
2011	Han Jun，Runjuan Liu，Junsen Zhang	Globalization and wage inequality：Evidence from urban China	Journal of International Economics
2015	Lu，Yi，Linhui Yu	Trade liberalization and markup dispersion：Evidence from China's WTO accession	American Economic Journal Applied Economics

续表

年份	作者	论文题目	期刊名称
2016	Bai xue，Kala Krishna and Hong Ma	How you export matters：Export mode，learning and productivity in China	Journal of International Economics
2016	Han Jun，Runjuan Liu，Beyza Ural Marchand and Junsen Zhang	Market structure，imperfect tariff pass-through，and household welfare in urban China	Journal of International Economics
2017	Feng Ling，Zhiyuan Li and Deborah Swenson	Trade policy uncertainty and exports：evidence from China's WTO accession	Journal of International Economics
2017	Loren Brandt，Johannes Van Biesebroeck，Luhang Wang and Yifan Zhang	WTO accession and performance of Chinese manufacturing firms	American Economic Review
2018	Fan Haichao，Yao Amber Li and Stephen Yeaple	On the relationship between quality and productivity：evidence from China's accession to the WTO	Journal of International Economics

加入 WTO 最为明显的影响就是本国的出口贸易，故而研究 WTO 如何影响我国贸易出口产品的质量（余淼杰、李乐融，2016：101~102）和产品的分布（汪亚楠、周梦天，2017：127~142）、企业出口行为的决策（郭克莎，2002：2~10；田巍、余淼杰，2013：28~44）、贸易成本（余淼杰、袁东，2016：33~43）。田巍、余淼杰（2013：28~44）试图回答进口中间品的贸易自由化会怎样影响企业内销与出口的决定这一重要命题。他们基于我国规模以上制造业企业和海关全样本的海量微观面板数据进行求证，发现企业面临的中间品关税下降显著提高了企业的出口强度，即出口额占销售总额的比例。这主要是因为更低的关税使企业可以使用更多品种的进口中间品。这一行为一方面提高了企业的利润，降低了企业进入出口市场的门槛，另一方面生产出口品的部门能够更有效率地使用进口投入品，其进口成本下降，从而促进了生产出口品部门的规模扩张。而毛其淋、盛斌（2013：48~68）基于异质性企业贸易理论的分析框架，使用中国工业企业微观数据全面深入地考察了贸易自由化对中国制造业企业出口行为的影响。贸易自由化

通过竞争效应与成本效应两个不同渠道促进了企业出口参与，其中成本效应对企业出口参与的影响程度相对更大；中国加入世界贸易组织显著地推动了企业的出口参与，其中对本土企业的推动作用更大，并且入世主要是通过集约边际的途径影响企业的出口行为。汪亚楠、周梦天（2017：127～142）考察了中国加入 WTO 后，关税减免对于企业出口产品分布的影响。研究基于异质性企业模型，使用 2000～2006 年工业企业数据库和海关数据库的匹配数据并以双重差分法来进行计量检验。研究发现，WTO 的政策效应在 2004 年开始显现，关税减免对于出口产品分布的作用显著，关税减免扩大了企业的出口产品范围，降低了出口产品偏度，贸易政策不确定性提高了出口产品分布对于关税减免的变化弹性。

贸易自由化既会对企业出口决策产生影响，也会对出口产品质量产生影响。余淼杰、李乐融（2016：101～102）对加入 WTO 后贸易自由化所带来产品质量的变化进行考察，研究表明产品异质性程度越高、质量梯度越长，质量与价格的对应越明显——质量越高，价格越低。但在质量梯度越短、产品同质性程度越高时，价格并不是质量的很好度量指标。由于中间品质量的提升可能受到最终产品关税减免的影响，研究利用中国进口中间品关税豁免的数据，创新性地运用倍差法，选择受到关税免除保护的加工贸易为对照组。研究发现，相对于加工贸易，贸易自由化显著提升了一般贸易中进口中间品质量。

贸易自由化对产品成本加成的影响也受到了学者的关注。余淼杰、袁东（2016：33～43）研究了贸易自由化对企业成本加成的影响，并着重探讨了加工贸易在其中所起的作用。通过将我国制造业企业与海关数据进行合并，构建了三种企业层面的关税指标以较全面地衡量贸易自由化，包括外国关税、本国最终品关税和投入品关税。在控制加工贸易自选择效应以及潜在的关税内生性问题后，研究发现外国关税和投入品关税的下降会带来企业成本加成的上升，而本国最终品关税的下降会促使企业成本加成降低，但关税带来的成本加成效应随着加工贸易份额的提升而减弱。平均来说，2000～2006 年，三种关税的下降促进我国制造业贸易企业成本加成上升了约 2.14%。

WTO 对微观企业的影响也是学者关注的热点议题，这方面的研究集中探讨 WTO 对企业生产率的影响（余淼杰、2010：97～110；余淼杰，2011：125～128；简泽、张涛、伏玉林，2014：120～132；余淼杰、李晋，2015：85～97）、对利润率的影响（余淼杰、智琨，2016：57～71）以及对企业研发行为的影响（田巍、余淼杰，2014：90～112）。余淼杰（2010：97～110）选取 2000～2006 年我国外贸产品的海关数据和规模以上制造业企业生产方面的大型微观数据，构建了各企业所面临的关税税率，并精确计算出企业的全要素生产率。基准回归结果显示，关税每下降 10%，企业生产率会上升 3%～6%。他认为，最终产品的进口关税减免强化了企业间在本土市场的竞争，从而有助于提高生产率；企业参与加工贸易能得到额外的贸易所得，从而促进企业生产率的增长。进一步地，余淼杰、李晋（2015：85～97）考虑到进口类型和行业差异化程度对企业生产率的影响，研究发现中间投入品进口与最终产品进口对于企业生产率提升的促进作用，进口仅对于同质性行业的企业生产率提升有显著的促进作用。引入市场集中度指标的回归结果表明，进口竞争效应对于同质性行业更为重要，而进口技术外溢效应对于差异化程度较大的行业更为重要。差异化程度较大的行业从技术外溢中获益数值较小的原因可能是阶段性企业科技研发投入不足。简泽、张涛、伏玉林（2014：120～132）以中国加入 WTO 作为一次准自然实验来分析进口自由化对本土企业全要素生产率的影响，研究发现，进口竞争促进了本土企业平均全要素生产率的增长；进口竞争对效率不同的企业产生了不同的影响，阻碍了低效率企业全要素生产率的增长，促进了高效率企业全要素生产率的增长；进口竞争对本土企业全要素生产率的影响是激励效应和规模效应综合作用的结果。对于低效率企业，进口竞争负向作用的规模效应超过了正向作用的激励效应，因而阻碍了其全要素生产率增长；相反，对于高效率企业，进口竞争正向作用的激励效应超过了负向作用的规模效应，甚至获得了正的规模效应，因而促进了其全要素生产率的增长。除了对企业生产率的讨论以外，余淼杰、智琨（2016：57～71）对贸易自由化对本地企业利润率的影响进行了研究，探讨最终品进口自由化对本国纯内销企业利润率的影响。短期均衡时，最终品进口自由化使得更多外国企业向本国市场出口，加剧了本国产品市场的竞争，降低了本国纯内销企业的利润率。而在长期，由于企业能够充分进入和退出市场，一部分本国企业会退出市场，均衡时留下来的企业的利润率升高。田巍、余淼杰（2014：90～112）分析了贸易自由化对企业研发行为的影响，中间品关税的下降提高了企业的研发水平。中间品关税的下降增加了企业利润，扩大了研发空间，促进了企业对已有技术的模拟和吸收。研究发现，中间品贸易自由化对中国企业研发的影响主要体现为对生产过程的研发影响。

少数学者从国家整体宏观层面出发研究加入 WTO 对中国劳动收入份额和就业的影响（余淼杰、梁中华，2014：22～31），同时，毛其淋、许家云（2016：3～25）以制造业为考察对象来分析贸易自由化对就业的影响。余淼杰、梁中华基于 1995 年以来我国劳动收入占国民总收入的比例不断下降、该时期贸易自由化正在深化的事实，使用 1998～2007 年中国制造业贸易企业微观面板数据，以 2002 年中国加入 WTO 后关税的迅速下调作为准自然实验，用双差法来研究贸易自由化对企业层面劳动收入份额的影响。实证结果显示，在劳动力成本不断上升的背景下，中国的贸易自由化过程通过降低资本品成本、中间投入品价格和技术引进成本，显著降低了企业层面的劳动收入份额。企业面临的关税水平下降幅度越大，其劳动收入减少幅度越大。在整体研究的基础上，毛其淋、许家云（2016：3～25）基于同样的准自然实验，并以制造业为考察研究对象，以倍差法研究中间品贸易自由化对中国制造业就业变动的影响效应，结果发现：中间品贸易自由化通过"提高就业创造"与"降低就业破坏"两个渠道显著促进了企业的就业净增长；同时，中间品贸易自由化对不同生产率企业的就业变动具有异质性影响，促进了高生产率企业的就业创造，但会强化低生产率企业的就业破坏，同时提高低生产率企业退出市场的概率；良好的地区制度环境有利于强化中间品贸易自由化对制造业就业集约边际变动与广延边际变动的影响；就业再配置效率的改善是中间品贸易自由化促进制造业生产率增长的重要渠道。

除以上主要研究脉络以外，由于加入 WTO 所产生的影响涉及国内的各行各业，对行业的研究也成为早期学者关注的重点。从对金融行业的研究来看（夏漾焱，2000：201~203；刘恒保，1999：106~111；饶勇，2000：203~206；冯世建，2000：177~185；何文全，2000：242~244；洪志先，2000：225~228），聚焦加入世贸对我国金融管制、法规以及风险规避等的影响。此外，根据世贸规则对农业的优惠条件，"三农"的研究也是学者关注的重点（蒋珠燕，1999：48~51；阮小莉，2000：236~241；李燕君、宋庆，2000：229~232）。同时，医药行业（吴立广等，1999：17~19）、工业（曾治文，2000：67~69）、纺织业（林略，2000：23~25）、房地产（赵泽辉、张永便，1999：60~61）等也是研究的核心，通过对行业的分析可以看出，加入WTO彻底改变了中国以往的发展模式，对很多方面产生了深远的影响，不仅如此，还影响着国内的国企改革（林凌，2000：4~12）、对外经贸关系（贾继锋，1998：8~12）以及整体经济的转型进程（刘志阳，2000：76~77）。

第五节　国际收支理论的新进展

20世纪80年代后，一些学者通过引入时间偏好、理性预期、跨时动态模拟等条件对国际收支理论进行修正和拓展。20世纪80年代，阿盖和莫里提出了相关冲销可行性理论。对国际收支理论的拓展，包括国际收支与一国财富积累、国际收支的形成等。中国的学者结合改革开放的实际情况，基于上述国际收支理论分别从不同的方面和角度来解释中国乃至世界国际收支变动的原因及其影响，主要集中在以下几个方面。

第一，汇率波动也会导致国际收支发生变化（陈平、王曦，2002：23~31；曲昭光，2006：62~70；刘荣茂、何亚峰、黄烁，2007：30~40；赵振全、刘柏，2007：48~53）。对于汇率所带来的国际收支影响，金中夏（2000：19~24）在现有的人民币汇率理论模型的基础上考虑到利率和套利因素，运用向量自回归模型考察了1981~1999年中国汇率、利率和国际收支的互动关系，对其基本的动态变化进行预测，并与实际结果进行比较以检验模型的有效性。他们发现，人民币名义汇率尚未偏离均衡位置太远，如果我国在东南亚金融危机中采取任凭人民币名义汇率浮动的政策，那么即使主要贸易伙伴币值不回升、通货膨胀率不回落，人民币名义汇率合理的贬值幅度也可能在6%左右；如果考虑到贸易伙伴币值回升和通货膨胀率回落的因素，则人民币名义汇率贬值的幅度可能在4%左右。刘荣茂、何亚峰、黄烁（2007：30~40）考虑到人民币汇率的波动是否能够有效地调节我国长期存在的巨额收支顺差。他们基于经典的 M-F 模型并结合我国发展的实际情况对基础模型予以扩展，用以分析 1985~2005 年度汇率波动对国际收支的Johansen 协整检验。他们发现，在长期时间序列中，除了通过人民币升值外，还可以通过减少政府支出和控制外商直接投资流入量来调节国际收支的巨额顺差，并且该调节效果将强于人民币汇率波动的调节作用。当然除了实证检验以外，我国市场经济起步较晚，在汇率制度、市场经济建设等方面均具有自身的特点，故而特殊性的存在也是学者重点考虑的对象之一。陈平、王曦（2002：23~31）从目前我国所实施的汇率制度入手，并从汇率市场经济主体的微观行为出发，通过分析外汇的供给与需求说明市场的均衡与非均衡现象，并进一步讨论人民币汇率稳定运行态势背后的微观行为原因。经过分析发现，人民币汇率的非均衡是必然的和经常的，并不能形成市场均衡汇率，同时在此背景下形成的现实汇率势必会造成扭曲现象，并导致外汇资源配置的扭曲以及相应其余现实资源配置错配；在汇率的稳定和调节机制上，我国的汇率制度类似于"可调整的盯住汇率制"，因此我国汇率具有固定汇率制的一系列特征，但不具备固定汇率制的汇率稳定机制，即稳定的汇率预期；国际收支的调节无法直接依靠汇率管制，使现行的汇率政策其实具有一定的限制，导致货币政策不具有独立性，从而加剧了宏观经济波动。

　　第二，货币的供给、货币的贬值以及货币体系也将影响国际收支（彭兴韵，1997：15~20；陈学彬，1998：12~21；王道平、范小云，2011：52~72）。彭兴韵（1997：15~20）认为，一国的国际收支顺差或逆差是否会带来国内货币供给量的增加或减少，该问题的关键在于回答国际收支状况的变化是否会引起中央银行的外汇储备变动或者商业银行准备金的变动，而这两者不仅依存于汇率制度的选择，而且依赖于一国外汇管理体制的安排。即使在浮动汇率制度下，如果一国采取次优的外汇管理体制，国内货币供给仍然会按照某种方式随国际收支的变动而变动。同时，他们也回答了我国国际收支经常影响货币供给的三个重要途径，分别为收回贷款、动用超额准备金以及向中央银行贷款，并将使得货币供应总量有一个多倍的扩张。

除货币供给以外，货币贬值也将对国际收支产生直接或间接效应，陈学彬（1998：12~21）详细地考察国际收支平衡与货币贬值效应间的博弈关系，在完全信息假设前提下，通过数理模型的分析推导对平衡国际收支赤字的货币政策行为及其效应问题进行了初步讨论。结果表明，在不考虑资本项目的情况下，当经常项目出现赤字时，相机选择的货币政策具有贬值倾向；但在完全信息条件下，公众准确地预测到政府的行为，因而本币贬值只会加剧国内通胀而不会改善国际收支状况。当然，上述研究也仅仅是局限于一国内部的效应分析，并没有在全球视角下来分析该国际收支的影响，因此王道平、范小云（2011：52~72）将研究视角扩展到国际货币体系与全球经济失衡以及频繁发生的金融危机之间的内在联系上，以回答现有的国际货币体系是否会引起国际收支的失衡，以及是否导致全球危机的广泛传播，研究所得到的结论是，国际货币体系不仅是全球经济失衡的重要原因，而且是过去30年间全球金融危机频频发生的重要原因之一，现有货币制度安排下，汇率调整很难解决储备货币发行国的国际收支赤字和全球失衡问题；无论储备货币国选择国际收支盈余、赤字还是平衡的政策，都难免地会引发全球金融危机和不稳定，故而对现有货币体制的改革是缓解国际收支失衡、防范金融危机频繁发生的重要措施。

第三，从宏观经济视角出发，系统地阐述中国国际收支长期存在的"双顺差"现象，并对形成动因、调整方向以及政策建议等问题给予回答（杨柳勇，2002：11~18；王月溪，2003：26~32；卢锋，2006：3~10；石永栓、肖继五、高士亮，2012：34~40）。长期以来，由于中国特殊的发展历程与历史轨迹，本国的国际收支具有特殊的结构特征：一是经常账户和资本与金融账户持续双顺差，从而国际收支整体保持了顺差；二是资本与金融账户总规模扩大,其持续存在的顺差成为国际收支整体顺差的最主要影响因素;三是贸易账户下货物的持续顺差,形成经常账户持续顺差的主要来源。以上为大量文献中经常所描述的"双顺差"现象(杨柳勇,2002:11~18;王月溪,2003:26~32)提出了解决的途径,包括经常账户顺差和资本与金融账户逆差、经常账户逆差和资本与金融账户顺差。可以看出,上述研究均是从我国外贸发展阶段来进行甄别,而石永栓、肖继五、高士亮(2012:34~40)则将研究重点放在本国内部的产业结构失衡上,据此来证明"双顺差"格局的持续存在,具体的内在机制在于产业结构失衡会造成收入分配结构、消费投资及外贸结构的失衡,从而造就"双顺差"的出现;同时,收入分配结构、消费投资及外贸结构的不合理,可强化国际收支的"双顺差"格局。

第六节 对外贸易与新贸易理论研究

20 世纪 80 年代,以保罗·克鲁格曼(Paul Krugman)为代表的一批经济学家提出了以规模经济和不完全竞争市场为核心的新贸易理论。这一理论克服了传统贸易理论无法用实证检验国际贸易的弊端。在此基础上,国内对于新贸易理论的研究并没有集中在其非完全竞争市场的讨论上,而是从规模经济着手来解释现有现象并与已有理论进行对比。

对于新贸易理论的出现,国内学者更多的是对于规模经济的研究,盛斌、王岚(2009:74~83)系统地回顾和评述了保罗·克鲁格曼的研究进程、脉络、特点及影响,并进一步对新贸易理论和新经济地理理论进行对比分析,说明两者间存在共同的技术观念(内部规模经济、多样性偏好、"冰山"运输成本)。他们指出,在新贸易理论出现之前,贸易理论和经济地理理论分属经济研究中两个不同的领域,而克鲁格曼通过强调一些基本因素在决定国际要素禀赋下国家分工模式(贸易理论)的同时,也决定了国家间要素长期的流量和分布趋势(经济地理),正是基于对传统贸易理论与经济地理理论的融合,才诞生了新贸易理论。作为一个崭新的贸易理论体系,其最基本的理论基石不外乎是以下三个核心概念和假设，分别为：消费者拥有多样性的偏好、规模经济以及运输成本。需要说明的是，克鲁格曼通过引进距离因素对运输成本函数进行了修正，使其具有以下特征：随运输距离的增加，产品的市场价格将以递增的比例增加；运输产品价格与离岸市场价格成正比例变化；产品的运输费用率与运输产品的数量无关。通过上述三个核心概念和假设，更好地拓展了新贸易理论，并且能够很好地解释经济现实。例如，贺灿飞、魏后凯（2004：27～38）基于新贸易理论的分析，采用1995年外商微观企业的数据来解释外商制造业企业出口决策的问题，研究表明企业规模、产业以及区位特征都是影响外资企业出口决策的重要因素，该结论支持强调内部和外部规模经济对出口的重要性的新贸易理论。

除了少许的经验研究以外，新贸易理论在中国的发展并没有掀起实证研究的热潮，而恰恰相反，学者更多的是从理论发展（杨小凯、张永生，2001：19～44；杨小凯、张永生，2002：251～256；林发勤、崔凡，2008：79～83）、观点对比（雷达、刘元春，2005：62～74；董志勇，2006：715～732；尹栾玉，2007：28～32；吕连菊、阚大学，2011：27～30）、研究述评（王小军，1995：65～68；李群，2002：65～71；郭其友、李宝良，2008：1～10）、政策主张（易定红，1999：63～67）等视角说明新贸易理论的发展历程、基本观点以及政策导向。

为什么新贸易理论会出现？为了更好地回答这个问题，亟须考察新贸易理论出现以前的贸易理论格局。在此之前，国际贸易理论的主流应该归结为李嘉图比较优势理论与赫克歇尔和俄林（HO）模型，前者将两国贸易的产生归咎于技术差异而后者解释为要素禀赋的差异，其本质还是比较优势，只不过比较优势的基础是要素禀赋差异而非技术差异。正是由于比较优势的差异，发达国家与发展中国家之间的贸易将有可能进行，这是比较优势理论所突出的解释，二战后的经济现实情况却与该理论存在巨大的反差，即更多地贸易出现在发达国家之间，而并不是存在要素禀赋差异较大的发达国家与发展中国家之间，并且更多地贸易出现在同行业和同类产品之间。因此，对于传统理论无法解释已有现实的情况下，新贸易理论应运而生（杨小凯、张永生，2001：19~44；杨小凯、张永生，2002：251~256）。

新贸易理论希望规模经济和不完全竞争市场的分析成为贸易理论的核心部分，而不再是外围部分，正是基于这种理念，克鲁格曼尝试以市场的不完全竞争代替完全竞争的假设、用厂商生产的规模报酬递增代替规模报酬不变的假设、用产品的差异性代替同质性假设，并最终取得成功，使该理论更加符合现实情况，具有很强的生命力。克鲁格曼所提出的新贸易理论最大的贡献是提高了理论解释现实的能力，克服了传统贸易理论所遇到的困境。新贸易理论能够解释产业内的国际分工，符合现实中的贸易模式。同时，新贸易理论也说明了许多新兴产业和贸易模式的形成似乎更是一种偶然的机遇（林发勤、崔凡，2008：79~83）。对于这些现象的解释将势必改变人们对传统理论的认识，促进经济学不同领域的交互研究。

不可否认的是，尽管新贸易理论在20世纪90年代名噪一时，被认为是经济学领域的重大突破，但该理论仍然存在一些重大缺陷和弱点，具体包括：理论模型中所有的企业具有同质性，并不考虑异质性的存在，对贸易开展之后企业间的"竞争淘汰"效应和"规模变化"效应缺乏很好的解释，所以没有办法解释为什么有的企业规模会扩大有的企业会被淘汰，也没有办法解释贸易开放后企业优胜劣汰导致生产效率提高的好处（林发勤、崔凡，2008：79~83）。同时，新贸易理论之所以产生的根本原因之一就是贸易在美国经济中的地位和美国在世界经济中的地位已经发生改变，该理论主要是基于美国的经济学家研究得出的结论，而没有从发展中国家的视角去解释贸易现象（李群，2002：65~71）。正是这些缺陷和不足的存在，才使得后续的"新新贸易理论"在新贸易理论基础上得以产生和发展。

参考文献

包群、赖明勇，2002，《中国外商直接投资与技术进步的实证研究》，《经济评论》，第6期。

蔡昉、王德文，2004，《外商直接投资与就业——一个人力资本分析框架》，《财经论丛》，第 1 期。

蔡小于，1998，《中国金融市场的对外开放》，《经济体制改革》，第 3 期。

曹和平，2007，《"二次成长阶段"跨国企业集群的行为特征与规制途径》，《中国社会科学》（英文版），第 2 期。

曹苏峰，2001，《论国内金融自由化与对外开放金融服务贸易》，《南开经济研究》，第 6 期。

曾治文，2000，《加入 WTO 对县域工业经济的影响及对策》，《经济体制改革》，第 6 期。

陈继勇、盛杨怿，2008，《外商直接投资的知识溢出与中国区域经济增长》，《经济研究》，第 12 期。

陈平、王曦，2002，《人民币汇率的非均衡分析与汇率制度的宏观效率》，《经济研究》，第 6 期。

陈学彬，1998，《国际收支平衡与货币贬值效应博弈分析》，《经济研究》，第 5 期。

陈章喜、杨帆，1991，《论我国对外开放模式的选择》，《开发研究》，第 2 期。

促进跨国公司对华投资政策课题组，2001，《高新技术产业利用外资的意义、现状与政策建议》，《中国工业经济》，第 2 期。

崔大沪，1999，《中国农业对外开放的国际环境及措施》，《世界经济研究》，第 4 期。

代谦、别朝霞，2006，《FDI、人力资本积累与经济增长》，《经济研究》，第 4 期。

邓柏盛、宋德勇，2008，《我国对外贸易、FDI 与环境污染之间关系的研究：1995～2005》，《国际贸易问题》，第 4 期。

董志勇，2006，《新贸易理论：证据再反思》，《经济学》，第 3 期。

樊纲，1999，《改革与开放的"一致性"》，《经济研究参考》，第 5 期。

房慧玲，1999，《农业对外开放的机遇和对策——以广东省为例》，《农业经济问题》，第 6 期。

冯世建，2000，《加入 WTO 与建设银行改革发展战略——兼论我国商业银行与国外商业银行经营业绩对比分析与对策》，《财经科学》，第 S2 期。

傅元海、唐未兵、王展祥，2010a，《FDI 溢出机制、技术进步路径与经济增长绩效》，《经济研究》，第 6 期。

傅元海、张丹、孙爱军，2010b，《FDI 技术溢出影响经济增长方式的理论研究》，《当代财经》，第 6 期。

高寒松，1999，《国有企业进行资产重组是培养我国跨国企业的捷径》，《管理世界》，第 6 期。

葛京、席酉民，2000，《企业集团跨国经营中的资源获取、转移与整合》，《中国软科学》，第 12 期。

谷克鉴，2005，《中国利用外资实践的功能评价与战略选择——基于经济与管理学视角的实证描述》，《财贸经济》，第 3 期。

郭克莎，2002，《加入 WTO 对中国工业的综合性影响分析》，《经济研究》，第 11 期。

郭其友、李宝良，2008，《新贸易理论与新地理经济学的发展与融合——2008 年度诺贝尔经济学奖得主的主要经济理论贡献述评》，《外国经济与管理》，第 11 期。

郭熙保、罗知，2009，《外资特征对中国经济增长的影响》，《经济研究》，第 5 期。

郭显光，2003，《开放型经济模式的比较》，《数量经济技术经济研究》，第 5 期。

何文全，2000，《加入 WTO 中国银行业面临的挑战及对策》，《财经科学》，第 S2 期。

贺灿飞、魏后凯，2004，《新贸易理论与外商在华制造企业的出口决定》，《管理世界》，第 1 期。

洪志先，2000，《中国银行应对 WTO 的策略》，《财经科学》，第 S2 期。

黄海、郭国荣，1998，《中国国内贸易对外开放问题研究》，《中国软科学》，第 11 期。

黄海，1998，《中国国内贸易领域的对外开放研究》，《管理世界》，第 6 期。

黄建国，1998，《实施口岸治州战略　以大开放促进大发展》，《经济问题探索》，第 9 期。

黄瑾，2001，《开放市场与保护民族工业的辩证分析》，《经济评论》，第 5 期。

贾继锋，1998，《加入 WTO 与中国的对外经贸关系》，《世界经济研究》，第 6 期。

简泽、张涛、伏玉林，2014，《进口自由化、竞争与本土企业的全要素生产率——基于中国加入 WTO 的一个自然实验》，《经济研究》，第 8 期。

江小涓、李蕊，2002，《FDI 对中国工业增长和技术进步的贡献》，《中国工业经济》，第 7 期。

江小涓，2002a，《2001 年外商对华投资分析及 2002 年前景展望》，《管理世界》，第 1 期。

江小涓，2002b，《跨国投资、市场结构与外商投资企业的竞争行为》，《经济研究》，第 9 期。

江小涓，1999a，《利用外资对产业发展的促进作用——以发展中国家为背景的理论分析》，《中国工业经济》，第 2 期。

江小涓，1999b，《利用外资与经济增长方式的转变》，《管理世界》，第 2 期。

蒋殿春、张宇，2008，《经济转型与外商直接投资技术溢出效应》，《经济研究》，第 7 期。

蒋珠燕，1999，《加入 WTO 对中国农业的影响与对策》，《农业经济问题》，第 10 期。

金中夏，2000，《中国汇率、利率和国际收支的互动关系：1981～1999》，《世界经济》，第 9 期。

孔淑红，1998，《"一国两制"的实施促使汕港经济合作向深层次发展》，《经济评论》，第 6 期。

赖明勇、包群、彭水军、张新，2005，《外商直接投资与技术外溢：基于吸收能力的研究》，《经济研究》，第 8 期。

雷达、刘元春，2005，《新贸易理论与自由主义：冲突与融合中的发展》，《世界经济》，第 5 期。

黎青平，1989，《对党和国家利用外资政策的历史考察》，《中共党史研究》，第 2 期。

李飞、宋刚，2004，《零售业对外开放：现状分析及对策建议》，《国际经济合作》，第 2 期。

李加明，1999，《论我国保险市场的对外开放》，《中国经济问题》，第 5 期。

李建国，1999，《论我国电信服务市场的对外开放》，《经济问题探索》，第 11 期。

李俊江、马颈，2004，《地区聚集和合作优势：以信息产业跨国投资为例》，《世界经济》，第 9 期。

李群，2002，《新贸易理论文献回顾和述评》，《产业经济研究》，第 1 期。

李天德，1998，《我国对外金融开放的现状、问题与对策》，《经济体制改革》，第 2 期。

李雪灵、万妮娜，2016，《跨国企业的合法性门槛：制度距离的视角》，《管理世界》，第 5 期。

李燕君、宋庆，2000，《加入 WTO 与中国农村信用社的发展》，《财经科学》，第 S2 期。

李曜，1999，《服务贸易总协定与中国证券市场的对外开放》，《中国经济问题》，第 5 期。

李原、马志全，2000，《WTO 与中国银行业的对外开放战略》，《财经科学》，第 s2 期。

李志翠、马雪梅、陈颖，2019，《改革开放以来中国利用外资的实践、成效、经验及对策》，《国际贸易》，第 12 期。

梁勇，1999，《对外开放与维护我国的国家经济安全》，《学术月刊》，第 7 期。

林发勤、崔凡，2008，《克鲁格曼新贸易理论及其发展评析》，《经济学动态》，第 12 期。

林凌，2000，《中国加入 WTO 与国企改革》，《经济体制改革》，第 6 期。

林略，2000，《我国纺织品如何应对 WTO》，《经济体制改革》，第 S1 期。

林山，1998，《有序开放与适度保护——关于中国零售业对外开放的思考》，《经济问题》，第 6 期。

林欣、李春顶，2019，《中国利用外资 70 年：回顾、现状及展望》，《国际贸易》，第 10 期。

刘朝明，1999，《大西南对外开放战略的总体构想》，《中国软科学》，第 10 期。

刘恒保，1999，《加入 WTO 后，中国国有商业银行面临的挑战》，《改革》，第 6 期。

刘建丽，2019，《新中国利用外资 70 年：历程、效应与主要经验》，《管理世界》，第 11 期。

刘荣茂、何亚峰、黄烁，2007，《人民币汇率波动对我国国际收支调节的有效性分析》，《金融研究》，第 4 期。

刘渝琳、周靖祥，2007，《FDI 作用于资本金融项目与经常项目波动的实证研究：1982～2006》，《金融研究》，第 12 期。

刘志阳，2000，《中国加入 WTO 与澳门经济转型》，《南方经济》，第 1 期。

卢锋，2006，《中国国际收支双顺差现象研究：对中国外汇储备突破万亿美元的理论思考》，《世界经济》，第 11 期。

陆云彬，1995，《关于利用外资问题研究综述》，《中共山西省委党校学报》，第 12 期。

路妍，2004，《我国商业银行对外开放与国际化的对策抉择》，《管理世界》，第 6 期。

罗伟、葛顺奇，2015，《跨国公司进入与中国的自主研发：来自制造业企业的证据》，《世界经济》，第 12 期。

罗伟、刘晨、葛顺奇，2018，《外商直接投资的工资溢出和关联效应研究》，《世界经济》，第 5 期。

罗伟、吕越，2019，《外商直接投资对中国参与全球价值链分工的影响》，《世界经济》，第 5 期。

吕连菊、阚大学，2011，《新新贸易理论、新贸易理论和传统贸易理论的比较研究》，《经济论坛》，第 9 期。

马捷、岳阳、段颀，2012，《市场规模、利润侵蚀和争取多产品跨国企业的政策竞争》，《经济研究》，第 2 期。

马晓河，2005，《中国汽车产业的对外开放与发展》，《改革》，第 9 期。

马宇、魏丹琪，2019，《新中国 70 年利用外资政策之演进研究》，《山东社会科学》，第 10 期。

毛其淋、许家云，2016，《跨国公司进入与中国本土企业成本加成：基于水平溢出与产业关联的实证研究》，《管理世界》，第 9 期。

裴长洪，1996，《外商直接投资与中国工业发展模式》，《中国工业经济》，第 3 期。

裴长洪，1995，《当代外国直接投资理论的发展》，《中国工业经济》，第 6 期。

彭建康，1998，《发展三资企业的模式选择》，《财经科学》，第 5 期。

彭敬，2004，《促进后向联系：跨国企业与当地供应商的发展》，《国际经贸探索》，第 1 期。

彭兴韵，1997，《国际收支与货币供给》，《金融研究》，第 3 期。

齐观义，1998，《国际直接投资理论的新发展——几种支持发展中国家对外直接投资的理论》，《国际经贸探索》，第 6 期。

钱小安，2001，《金融开放条件下的金融安全问题》，《管理世界》，第 6 期。

丘舜平，1986，《浅议行业性开放的可行性》，《福建论坛》（经济社会版），第 1 期。

曲如晓，2018，《中国对外贸易概论》（第 4 版），机械工业出版社。

曲昭光，2006，《人民币资本账户可兑换的前提条件：基于国际收支结构可维持性的分析》，《世界经济》，第 2 期。

饶勇，2000，《加入 WTO 与加快国有商业银行体制改革》，《财经科学》，第 S2 期。

阮小莉，2000，《加入 WTO 后我国农村合作金融的体制创新》，《财经科学》，第 S2 期。

沈坤荣、耿强，2001，《外国直接投资、技术外溢与内生经济增长——中国数据的计量检验与实证分析》，《中国社会科学》，第 5 期。

盛斌、景光正，2019，《金融结构、契约环境与全球价值链地位》，《世界经济》，第 4 期。

盛斌、王岚，2009，《多样性偏好、规模经济和运输成本：保罗·克鲁格曼的世界——新贸易理论与新经济地理学评述》，《经济科学》，第 3 期。

史丹，2003，《影响我国对外开放的政策因素和市场因素——以能源工业为例》，《经济管理》，第 23 期。

宋士昌，1994，《正确认识有中国特色社会主义与当代资本主义的关系》，《科学社会主义》，第 4 期。

宋涛，1998，《从东南亚金融危机谈合理利用外资》，《经济学家》，第 6 期。

苏振东、周玮庆，2010，《外商直接投资对中国环境的影响与区域差异——基于省际面板数据和动态面板数据模型的异质性分析》，《世界经济研究》，第 6 期。

唐宜红、俞峰、李兵，2019，《外商直接投资对中国企业创新的影响——基于中国工业企业数据与企业专利数据的实证检验》，《武汉大学学报》（哲学社会科学版），第 1 期。

唐宜红、张鹏杨、梅冬州，2018，《全球价值链嵌入与国际经济周期联动：基于增加值贸易视角》，《世界经济》，第 11 期。

滕维藻、郑伟民，1982，《资本国际化与现代国际垄断组织》，《中国社会科学》，第 2 期。

田夫，1998，《我国利用外资进展综述》，《对外经贸实务》，第 3 期。

田巍、余淼杰，2013，《企业出口强度与进口中间品贸易自由化：来自中国企业的实证研究》，《管理世界》，第 1 期。

田巍、余淼杰，2014，《中间品贸易自由化和企业研发：基于中国数据的经验分析》，《世界经济》，第 6 期。

汪亚楠、周梦天，2017，《贸易政策不确定性、关税减免与出口产品分布》，《数量经济技术经济研究》，第 12 期。

王冲、李雪松，2019，《金融发展、FDI 溢出与经济增长效率——基于长江经济带的实证研究》，《首都经济贸易大学学报》，第 2 期。

王道平、范小云，2011，《现行的国际货币体系是否是全球经济失衡和金融危机的原因》，《世界经济》，第 1 期。

王凤彬、杨阳，2010，《我国企业 FDI 路径选择与"差异化的同时并进"模式》，《中国工业经济》，第 2 期。

王红领、李稻葵、冯俊新，2006，《FDI 与自主研发：基于行业数据的经验研究》，《经济研究》，第 2 期。

王林生，1999，《WTO 与我国金融业的对外开放》，《金融研究》，第 6 期。

王洛林、江小涓，2000，《大型跨国公司投资对中国产业结构、技术进步和经济国际化的影响（下）——以全球 500 强在华投资项目为主的分析》，《中国工业经济》，第 5 期。

王锡桐，1999，《我国农业利用外资的问题及对策》，《经济体制改革》，第 5 期。

王小军，1995，《新贸易理论述评》，《经济学动态》，第 12 期。

王燕飞、曾国平，2006，《FDI、就业结构及产业结构变迁》，《世界经济研究》，第 7 期。

王燕梅，2004a，《我国制造业的对外开放与国家经济安全》，《中国工业经济》，第 12 期。

王燕梅，2004b，《中国装备工业对外开放对国家经济安全的影响》，《经济纵横》，第 3 期。

王元龙，1998，《我国对外开放中的金融安全问题研究》，《国际金融研究》，第 5 期。

王月溪，2003，《解读中国国际收支平衡表：结构特征、形成动因、调整方向及政策建议》，《管理世界》，第 4 期。

王跃生、潘素昆，2006，《FDI 对国际收支和金融稳定的影响：理论与经验分析》，《经济科学》，第 2 期。

王允贵，1998，《跨国公司的垄断优势及其对东道国的产业控制：跨国公司对我国电子及通信设备》，《管理世界》，第 2 期。

王志鹏、李子奈，2004，《外商直接投资、外溢效应与内生经济增长》，《世界经济文汇》，第 3 期。

王中华，2000，《金融市场开放过程中的几个问题》，《经济问题探索》，第 12 期。

魏成龙，1998，《对外开放：如何保持利用外资的健康发展》，《经济学动态》，第 6 期。

魏江、王诗翔、杨洋，2016，《向谁同构？中国跨国企业海外子公司对制度双元的响应》，《管理世界》，第 10 期。

吴立广、张伟，1999，《加入 WTO 对广东医药业的影响及其对策》，《国际经贸探索》，第 6 期。

夏潆焱，2000，《WTO 与我国证券市场发展——对 B 股市场发展取向的思考》，《财经科学》，第 S2 期。

萧政、沈艳，2002，《外国直接投资与经济增长的关系及影响》，《经济理论与经济管理》，第 1 期。

谢孟军、汪同三、崔日明，2017，《中国的文化输出能推动对外直接投资吗？——基于孔子学院发展的实证检验》，《经济学》（季刊），第 3 期。

邢斐、张建华，2009，《外商技术转移对我国自主研发的影响》，《经济研究》，第 6 期。

徐宏玲、马长海、李双海，2010，《跨国企业本地化与非市场策略——兼论中国供应链本质》，《中国工业经济》，第 3 期。

杨李炼，1998，《当前提高利用外资水平需要解决的几个问题》，《经济问题》，第 5 期。

杨柳勇，2002，《中国国际收支的超前结构：特征、形成原因、变动趋势和调整方向》，《世界经济》，第 11 期。

杨汝岱，2016，《移民网络与企业出口边界动态演变》，《经济研究》，第 3 期。

杨申燕、姚艳虹，2000，《跨国企业人力资本投资的人为风险及其管理》，《国际贸易问题》，第 10 期。

杨遝，2001，《我国跨国企业实施转移定价策略分析》，《国际贸易问题》，第 1 期。

杨小凯、张永生，2002，《新贸易理论及内生与外生比较利益理论的新发展：回应》，《经济学》（季刊），第 4 期。

杨小凯、张永生，2001，《新贸易理论、比较利益理论及其经验研究的新成果：文献综述》，《经济学》（季刊），第 1 期。

姚树洁、冯根福、韦开蕾，2006，《外商直接投资和经济增长的关系研究》，《经济研究》，第 12 期。

姚枝仲、何帆，2004，《外国直接投资是否会带来国际收支危机？》，《经济研究》，第 11 期。

易定红，1999，《新贸易理论政策主张述评》，《经济学动态》，第 3 期。

尹栾玉，2007，《马克思国际贸易理论与克鲁格曼新贸易理论之比较》，《马克思主义研究》，第 5 期。

余海丰，2000，《论中国企业境外直接投资的竞争优势》，《亚太经济》，第 2 期。

余淼杰、李晋，2015，《进口类型、行业差异化程度与企业生产率提升》，《经济研究》，第 8 期。

余森杰、李乐融，2016，《贸易自由化与进口中间品质量升级——来自中国海关产品层面的证据》，《经济学》（季刊），第 2 期。

余森杰、梁中华，2014，《贸易自由化与中国劳动收入份额——基于制造业贸易企业数据的实证分析》，《管理世界》，第 7 期。

余森杰、袁东，2016，《贸易自由化、加工贸易与成本加成——来自我国制造业企业的证据》，《管理世界》，第 9 期。

余森杰、智琨，2016，《进口自由化与企业利润率》，《经济研究》，第 8 期。

余森杰，2013，《国际贸易学理论、政策与实证》，北京大学出版社。

余森杰，2011，《加工贸易、企业生产率和关税减免——来自中国产品面的证据》，《经济学》（季刊），第 4 期。

余森杰，2010，《中国的贸易自由化与制造业企业生产率》，《经济研究》，第 12 期。

张百如，1998，《发展边境特色贸易扩大边境对外开放》，《经济问题探索》，第 10 期。

张伯里，1996，《世界经济趋势与我国对外开放》，《毛泽东邓小平理论研究》，第 4 期。

张立、王学人，2002，《我国产业对外开放中的风险与控制》，《人文杂志》，第 5 期。

张其仔，2003，《开放条件下我国制造业的国际竞争力》，《管理世界》，第 8 期。

张小济、隆国强，2000，《加入 WTO 和对外开放战略》，《管理世界》，第 6 期。

张晓朴，2006，《如何应对中国银行业对外开放面临的挑战》，《国际经济评论》，第 4 期。

张幼文，2000，《"入世"与中国全球化发展战略》，《世界经济研究》，第 5 期。

赵晋平，2001a，《利用外资的国际经验及其新特点》，《中国外资》，第 1 期。

赵晋平，2001b，《利用外资与国际收支平衡》，《管理世界》，第 3 期。

赵伟、古广东、何元庆，2006，《外向 FDI 与中国技术进步：机理分析与常识性实证》，《管理世界》，第 7 期。

赵秀臣，1997，《"海纳百川 有容乃大"——应答有关利用外资的一些争论》，《国际贸易》，第 5 期。

赵泽辉、张永便，1999，《加入 WTO 对我国房地产业的影响》，《中央财经大学学报》，第 10 期。

赵振全、刘柏，2007，《基于政策性国际收支变动的有管理离散浮动汇率制度的探讨》，《管理世界》，第 11 期。

钟昌标，2006，《外商直接投资的横向和纵向溢出：对中国电子行业的分析》，《世界经济》，第 11 期。

周茂清，2003，《不同类型国家对外开放政策的比较》，《中国工业经济》，第 10 期。

周云波、陈岑、田柳，2015，《外商直接投资对东道国企业间工资差距的影响》，

《经济研究》，第 12 期。

朱乃肖，1985，《世界经济发展趋势与我国对外开放》，《经济问题探索》，第 8 期。

朱平芳、张征宇、姜国麟，2011，《FDI 与环境规制：基于地方分权视角的实证研究》，《经济研究》，第 6 期。

朱志刚，2001，《中小跨国企业对外直接投资分析及启示》，《南开管理评论》，第 2 期。

邹照晞，2002，《对外开放与国家经济安全的博弈分析》，《数量经济技术经济研究》，第 5 期。

Bai X. , Krishna K. , Ma H. , 2017, "How You Export Matters: Export Mode, Learning and Productivity in China," *Journal of International Economics*, （104）.

Brandt L. , Van Biesebroeck J. , Wang L. , et al. , 2017, "WTO Accession and Performance of Chinese Manufacturing Firms," *American Economic Review*, 107 （9）.

Cai H. , Chen Y. , Fang H. , et al. , 2015, "The Effect of Microinsurance on Economic Activities: Evidence from A Randomized Field Experiment," *Review of Economics and Statistics*, 97 （2）.

Cai H. , Chen Y. , Fang H. , 2009, "Observational Learning: Evidence from a Randomized Natural Field Experiment," *American Economic Review*, 99 （3）.

Cai H. , Li H. , Park A. , et al. , 2013, "Family Ties and Organizational Design: Evidence fromChinese Private Firms," *Review of Economics and Statistics*, 95 （3）.

Cai H. , Treisman D. , 2005, "Does Competition for Capital Discipline Governments? Decentralization, Globalization, and Public Policy," *American Economic Review*, 95 （3）.

Cai X. , Lu Y. , Wu M. , et al. , 2016, "Does Environmental Regulation Drive away inbound Foreign Direct Investment? Evidence from A Quasi – Natural Experiment in China," *Journal of Development Economics*, （123）.

Chan J. , Suen W. , 2008, "A Spatial Theory of News Consumption and Electoral Competition," *Review of Economic Studies*, 75 （3）.

Chenery H. , Strout A. , 1996, "Foreign Assistance and Economic Development," *American Economic Review*, 56 （4）.

Dunning J. H. , 1993, "Multinational Enterprises and the Global Economy," Wokingham, *UK: Addison – Wesley.*

Fan H. , Li Y. A. , Yeaple S. R. , 2018, "On the Relationship between Quality and Productivity: Evidence from China's Accession to the WTO," *Journal of International Economics*, （110）.

Feng L. , Li Z. , Swenson D. L. , 2017, "Trade Policy Uncertainty and Exports: Evidence from China's WTO Accession," *Journal of International Economics*, （106）.

Han J. , Liu R. , Marchand B. U. , et al. , 2016, "Market Structure, Imperfect Tariff

Pass-through, and Household Welfare in Urban China," *Journal of International Economics*, (100) .

Han J. , Liu R. , Zhang J. , 2012, "Globalization and Wage Inequality: Evidence from Urban China," *Journal of International Economics*, 87 (2) .

Huang Z. , Li L. , Ma G. , et al. , 2017, "Hayek, Local Information, and Commanding Heights: Decentralizing State-owned Enterprises in China," *American Economic Review*, 107 (8) .

Lin J. Y. , 1992, "Rural Reforms and Agricultural Growth in China," *American Economic Review*, 82 (1) .

Lu Y. , Yu L. , 2015, "Trade Liberalization and Markup Dispersion: Evidence from China's WTO Accession," *American Economic Journal: Applied Economics*, 7 (4) .

Sun N. , Yang Z. , 2009, "A Double – Track Adjustment Process for Discrete Markets With Substitutes and Complements," *Econometrica*, 77 (3) .

Sun N. , Yang Z. , 2014, "An Efficient and Incentive Compatible Dynamic Auction for Multiple Complements," *Journal of Political Economy*, 122 (2) .

Sun N. , Yang Z. , 2006, "Equilibria and Indivisibilities: Gross Substitutes and Complements," *Econometrica*, 74 (5) .

Zheng M. S. , Storesletten K. , Zilibotti F. , 2011, "Growing Like China," *American Economic Review*, 101 (1) .

第二十章　参与全球化产业分工研究

随着全球化的不断推进，产业间分工深化并日趋成熟，表现为不同产品的分工、零部件专业化分工和工艺化分工等形式。全球产业的分工导致传统贸易理论的解释力备受质疑，对已有理论的诠释是一种新的挑战，迫使学术界为新经济现象提出新的理论而不懈努力。全球化进程是当前学者关注的重点议题，并涌现出不同研究视角下的理论，如"依附理论""后殖民理论""世界体系理论""第三条道路理论"等，试图以此来阐述全球化的出现。而随着贸易收益分配差距的扩大，逆全球化现象也因经济波动而频频出现。在新时期下，如何应对来自外部的逆全球化呼声，将是一个不得不考虑和研究的问题，引起了各个领域学者的兴趣和关注。除了地区宏观层面的探讨，企业层面理论的突破给予全球化产业间分工新的解释，与传统贸易理论从产业或者同一产业内部之间的差异角度来解释国际贸易问题不同，新新贸易理论从企业的异质性角度对国际贸易进行重新阐释，得到了更为丰富的结论，这也是新新贸易理论的生命力所在。除此之外，经济地理理论和全球价值链理论的出现更加丰富了全球化产业分工的研究，这些都引起了国内学者的关注和热议，并涌现出了大量的研究成果，下面将主要围绕上述观点逐一进行论述。

第一节　对经济全球化的认识和发展

全球化是当代社会生活最重要的特征之一。对于全球化的讨论是世界范围内最引人注目的，经济全球化的研究始于 20 世纪 80 年代，如"依附理论""后殖民理论""世界体系理论""第三条道路理论"等。国内学术界对全球化问题的讨论开展得略晚一些，进入 20 世纪 90 年代以后，国内学者从各行各业的角度掀起了讨论全球化的热潮，在全球化的成因、阶段划分以及本质方面取得了较多的研究成果。全球化涉及经济生活的方方面面，国内学者对其的研究范围很广，但最为重要的研究则倾向于分析全球化给中国经济所带来的影响。

全球化概念一经提出便成为学术界的研究重点，对于国内学者更是如此，引来大批学者的关注（杨美景，1998：43 ~ 47；黄范章，1998：27 ~ 33；冯文光，1998：29 ~ 33；黄高晓，1998：6 ~ 8；罗曼洁，1998：11 ~ 13；刘桂斌、刘勤，1998：1 ~ 7；刘克逸，1999：19 ~ 22；杜朝晖，2000：10 ~ 12）。而从研究的内容可以看出，学者对于全球化这一经济现象的分析早期主要围绕着两个问题展开，一是全球化给中国带来了什么（朱行巧，1998：10 ~ 13；伍贻康、黄烨菁，1998：5 ~ 9；裴元伦，1999：3 ~ 13；傅钧文，2000：63 ~ 67；邱泉、邱蓉，2000：26 ~ 30；鲁志强，2000：9 ~ 12）。二是在全球化进程中，中国该如何更好地面对和顺应该趋势（李本和，2000：11 ~ 15；唐任伍，2000：66 ~ 68；李京文，2000：22 ~ 29）。对于前者的分析，研究者主要说明全球化使得中国拥有全球化发展战略（张幼文，2000：126）、迫使金融产品进行创新（张燕玲，1998：65 ~ 67），同时也将影响中国的国际竞争力（任勤，1998：36 ~ 40）以及人口迁移（佟新，2000：53 ~ 58）。而对于后者，在全球化的浪潮下，为了更好地适应该历史趋势，经济全球化将促进中国的跨国企业（段元萍，1999：28 ~ 30）以及中小企业的发展（王琦，2000：192 ~ 193），更为重要的是，孙维炎（1999：43 ~ 46）从区域的角度出发，强调以珠澳经济合作来加快经济全球化进程。

谈及经济全球化这一热点话题时，将不得不提及其所包含的服务全球化。服务全球化是指服务的生产、消费和相关生产要素的配置跨越国家或地区边界，形成一体化的国际网络，各国服务业相互渗透、融合和依存，国际化的服务供给和消费不断增加（江小涓，2008：4 ~ 18）。江小涓（2008：4 ~ 18）首先从定义入手，对服务全球化的发展概况、趋势作了详细的梳理，并从理论角度说明推动服务全球化的主要因素，研究表明服务全球化在较长时间内得到了快速的发展，且极大地推动了世界经济的增长与福利的增进，而对于中国而言，可以更好地通过服务全球化的际遇来实现自身的发展。当然服务全球化之所以发展得这般迅速，主要归功于以下四个方面：各国的要素禀赋之间存在明显的差异，使参与方通过合作的方式来从中获益；各国经济增长所带来的收入普遍提高以及服务业快速增长为服务全球化所需的产业和需求奠定了基础；服务全球化的分工成本被信息技术的发展和贸易、投资的自由化所降低；服务外包为"内部服务外移"和跨境服务提供了新载体。基于以上对全球服务业的分析，对服务业全球化可有整体的了解，但事实上，尚并不清楚在服务全球化背景下中国服务业的发展状况（袁志刚、饶璨，2014：10~30）。全球化除了影响一国的服务业以外，还会对本国经济其他方面产生不可忽视的影响。唐东波（2011：13~22）使用中国经济普查数据来分析全球化是否会影响就业结构，研究发现进出口贸易的扩张并没有带来中国高技能工人就业比例的增长，该结论与 H－O 模型所获得的结果相一致；进一步将进出口贸易分为进口贸易和出口贸易来甄别各自对就业结构的效应，可以看出二者对国内的就业结构均表现为不利影响，但两者之间的原因有所差异，前者更多地表现为中间品进口对高技能劳动力的替代效应，而后者则主要发生在劳动密集型行业，并且这种负面影响被资本技术密集型行业、外资企业及沿海地区的 FDI 强化。可以看出，全球化的出现不仅打破了传统的生产交换体系，并对地区内的经济因素产生新的影响，当然除了积极作用以外，负面作用也将随着全球化的出现而被无限放大，如通货膨胀。张成思（2012：33~45）对 1995 年以来中国通货膨胀进行实证研究后发现，通胀预期与通胀惯性对通胀率具有同等程度的影响，并且全球化因素显著超越了国内产出缺口对通货膨胀的影响，即过去十几年国内通货膨胀的动态走势与全球经济走势紧密相关，国外供给与需求因素通过国际市场对国内通货膨胀形成系统性驱动效应。

全球化的出现在改变世界经济格局的同时，也改变了传统的文化、观念、国家认同等非经济因素，而这些因素的改变势必将对未来全球经济的增长以及全球化进程产生重要的影响。作为全球化最为明显的特征之一，全球化缩短了地区之间的文化距离，逐渐弱化了国与国之间的界限，这种趋势带来了一个令人担忧且热议的话题，即全球化过程中的国家认同问题（周光辉、刘向东，2013：40~54；王卓君、何华玲，2013：16~27；金太军、姚虎，2014：4~23）。谈及国家认同，首要问题是该如何理解国家认同，即国家认同是什么？学者对此从社会学、心理学、政治学等角度来予以定义。学者普遍认为国家认同作为一种心理活动，一般包括对自己身份的认同、国家与自身的互动、对国家政治的参与三个阶段。基于此，王卓君和何华玲（2013：16~27）将国家认同界定为制度认同、利益认同、文化认同以及非国家共同体认同的"四位一体"。可以看出，国家认同不仅涉及宏观层面还涉及微观层面，是一个非常宽泛的表达。因此，中国在全球化过程中所面临的国家认同问题不能只关注国家认同的变迁与再建构的宏观研究层面以及停留在公民认同、民族认同、政治认同等领域中具体形态的微观研究层面，而更多的应该是加强宏观与微观之间的中观层面考察（金太军、姚虎，2014：4~23）。那么，针对全球化背景下国家认同所出现的危机，究其根源是什么？对于该问题的回答有利于探寻走出危机的具体路径。而对于危机出现的解释，周光辉和刘向东（2013：40~54）认为，全球化背景下之所以出现国家认同的危机，主要原因在于：社会认同的需求不足、社会转型降低了国家治理能力、全球化进程削弱了国家的自主性。当然，对于危机产生的原因还存在其他的解释，也正是因为这个原因将导致应对危机的对策存在差异，周光辉和刘向东（2013：40~54）认为可以通过以下途径来强化国家认同，以培育公民人格实现身份认同、以树立宪法权威实现权威认同、以完善社会保障体系实现保障认同、以构建民主协商机制实现程序认同。而王卓君和何华玲（2013：16~27）基于其提出的国家认同"四位一体"概念，指出强化国家认同的路径应为：推动政治体制改革，探索治理民主模式，构建国家认同的制度性前提、促进经济发展，维护公平正义，构建国家认同的利益性保障、发展民族文化，加强价值整合，丰富国家认同的文化内涵、正视不同层次共同体的发展，促进国家认同的共同体整合。除了国家认同这一重大话题以外，发展理念的改变也值得深思，中国坚持推行"一带一路"建设。经济全球化3.0时代下，中国提出的"一带一路"将使更多国家和地区之间形成"互联互通"的格局，深层次打破地理距离的界限，是所有参与"一带一路"的国家和地区共同认同伙伴互惠、主客便利、抉择相容的观念，从而推动全球化迈向一个新的阶段（金碚，2016：5~20）。同时，文化在全球化的过程中扮演着重要的角色，是研究者关心和探讨的主要议题。古志辉（2015：113~123）在全球化情境下考察儒家伦理与代理成本的问题，儒家伦理可以降低代理成本，提高代理效率，但是公司参与国际市场竞争削弱了儒家伦理的边际贡献。

第二节　逆全球化的出现及其影响

2008年国际金融危机爆发后，经济全球化发展遭遇阻力，在一些西方国家开始出现逆全球化思潮。逆全球化思潮的涌现阻碍了全球化的进程，是世界经济开始出现不确定性的体现。在全球治理格局深刻调整的背景下，理性认识西方国家逆全球化思潮有助于正确思考经济全球化进程中的利弊得失。从发展态势看，当前逆全球化思潮有多种表现：一是贸易保护主义蔓延，在一些国家，自由贸易和海外投资遭到部分民众的反对；二是保守化倾向加重，一些西方国家参与国际合作的意愿减弱，在移民、投资、市场监管、社会政策等方面国家主义倾向增强；三是民族主义抬头，西方国家一些民众要求实行有利于本民族和排外的经济社会政策。此外，针对逆全球化的经济效益分析也是学者考察的重点（胡建雄，2017：19~26；苏立君，2017：96~104；董琴，2018：91~98；丛晓男、宫同瑶，2018：92~101），其中包括逆全球化的政治经济学分析（佟家栋、刘程，2018：19~26；葛浩阳，2018：11~18）、逆全球化下中国资本对外投资（王建秀、邵利敏、任建辉，2018：117~128）、人民币国际化（马德功、曹文婷，2018：101~113）以及对金砖国家气候治理（王学东、韩旭，2017：68~73）和经济增长（徐秀军，2017：88~93）的影响。

　　针对国际环境的巨大变化以及国外学者对全球化的声讨，国内学者在外部形势变化以及国内经济下行的背景下，开始反思全球化以及逆全球化的出现，并试图在讨论与反思过程中为中国经济的发展探寻一条新的道路以及对经济发展中存在的问题给予解答。栾文莲（2018：89～97）首先从2008年金融危机爆发后资本主义国家因经济复苏缓慢、长期停滞不前而提出的反全球化和逆全球化的现象出发，基于资本主义社会矛盾来探析该现象出现的原因，研究发现反全球化和逆全球化是资本主义社会矛盾、阶级矛盾激化下的产物，也是当前资本主义大国政府转移矛盾的主要手段。同时，反全球化和逆全球化的出现暴露了资本主义国家的治理危机，以及国际金融垄断资本所主导的金融化发展模式的危机，显示了资本主义道路衰败的趋势。在分析了该现象后，研究进一步指出反全球化和逆全球化阻挡不了经济全球化进程，其必然使西方大国发展迟滞，并逐步失去在经济全球化中的主导地位。为了更好的发展，各国政府应该顺应经济全球化发展的时代潮流，努力推进新型全球化。上述观点主要是基于马克思经济学的基本原理对反全球化和逆全球化进行阐释并提出相应的对策建议。而戴翔、张二震（2018：70～78）则认为当前逆全球化思潮出现的主要原因是全球化红利在国家间和国家内分配失衡以及全球治理失序，并且该影响被世界经济周期作用放大。而当前面对世界经济衰退，中国该如何在艰难的夹缝中更好地获取生存的机遇呢？他们明确指出中国面临着从以往全面摘取全球产业技术"低垂果实"向全面摘取"高悬果实"的重要机遇，新一轮产业革命和技术革命正处于孕育阶段，融入全球创新链中无疑有助于推动开拓性技术进步；但不幸的是，上述战略机遇正面临着被逆全球化浪潮吞噬的风险，为有效应对可能的风险和挑战，中国需坚持"全球增长共赢链"开放发展理念，走出一条与世界互利共赢、和谐发展的新道路。

　　从上述研究可以看出，国内学者针对逆全球化的起因展开研究的出发点，并探讨中国在整个逆全球化过程中该如何应对，以便寻求新的发展机遇。这只是考虑到全球经济发展新局势下中国如何选择发展道路的问题。事实上，除了宏观经济道路的选择以外，逆全球化的出现对中国实体经济转型升级的影响也是当前受到关注的重要话题之一。那么，在逆全球化的背景下，如何推进新型全球化进程将对中国实体经济转型、世界经济的复苏具有重要的现实意义，据此，谢丹阳和程坤（2017：13~19）从全球化和逆全球化的起因、发展现状出发来探析包容性全球化，并明确指出利用科技进步提升全球化的包容性，使全球化进程得以持续推进，在资本主义制度中引入福利社会的元素，在社会主义制度中引入市场竞争的机制，只要全球化能够让世界经济更加繁荣，那么人类一定能够通过推动包容性增长来解决分配的问题。而包容性增长的关键在于平台建设、开放发展以及超前转型，其中，平台建设具体包括基础设施投融资平台、商业平台和中小企业融资平台、职业转型平台、人才和资源平台建设。黄群慧（2017：26~30）着重探讨了中国工业化进程对全球化的影响，强调中国实现的是中国特色的新型工业化，是符合"四化"同步发展要求的、与信息化深度融合的工业化。而随着工业化的不断深化，生产方式的变革还会导致本国生产的市场边界不断扩大并走向国际化，加速产品贸易以及资本、技术、劳动力等要素的国际流动，在全球市场竞争中逐步形成新的国际分工格局，最终表现为对全球化进程的推进作用。而在新形势新背景下，全球化与逆全球化两种呼声不断高涨，作为世界经济发展大国，中国应该有所作为，主动引领经济全球化、使各国共享全球化所带来的红利。基于此，李向阳（2017：30~35）则充分论证逆全球化背景下中国引领经济全球化的成本与收益，研究发现在此过程中中国的收益主要是经济可持续增长、跨越"中等收入陷阱"以及和平崛起，而面临的成本为引领者需要承担提供公共产品的成本、引领新型全球化的成本、反全球化所引发的额外成本。当然，这种成本收益的分析仅仅是理论层面的探讨，并不涉及量化分析，更不可能对收益与成本进行比较，但是可以明确回答的是，中国引领全球化的成本比当初美国主导全球化的成本更高，如何有效地降低成本是中国成功引领全球化的关键所在。此外，金碚（2016：5~20）针对全球化新时期下中国产业应如何进行转型升级指出，坚持以技术创新推进产业转型升级和拓展工业化空间；并实现就业结构变革与人力资源国际配置。同时，在全球化新时代需要创新思维的企业家，即企业家的素质提升；而制度与政策环境的改善将对产业转型升级过程中的企业或企业家"耐心"具有重要影响。

第三节 新新贸易理论与中国的企业异质性研究

2003 年，美国哈佛大学梅里兹（Melitz）在 *Econometrica* 杂志上发表了《贸易对行业内重新配置和总行业生产率的影响》一文，提出了异质企业贸易模型，形成了以企业层面研究国际贸易的新理论，这一理论也被国际经济学界称为"新新贸易理论"。新新贸易理论从企业异质性角度解释出口贸易问题，强调了出口企业能够承担出口的固定成本，因此相对于非出口企业而言，具有更高的生产率。新新贸易理论更多的是从企业层面来解释国际贸易和国际投资现象，以此为基础的文献十分丰富且发表于国外期刊，如表 20 –1 所示。

表 20 – 1 研究中国贸易的重要文献

年份	作者	论文题目	期刊名称
2010	Lu jiangyong, Yi Lu and Zhigang Tao	Exporting behavior of foreign affiliates: theory and evidence China	Journal of International Economics
2013	Lu Yi and Travis Ng	Importing competition and skill content in U. S. manufacturing industries	Review of Economics and Statistics
2015	Fan Haichao, Edwin Lai and Yao Amber Li	Credit constraints, quality and export prices: theory and evidence from China	Journal of Comparative Economics
2015	Che Yi, Julan Du, Yi Lu and Zhigang Tao	Once an enemy, forever an enemy? The long-run impact of the japanese invasion of China from 1937 to 1945 on trade and investment	Journal of International Economics
2015	Fan Haichao, Yao Amber Li and Stephen Yeaple	Trade liberalization, quality, and export prices	Review of Economics and Statistics
2016	Chen Zhao, Sandra Poncet and Ruixiang Xiong	Inter – industry relatedness and industrial-policy efficiency: Evidence from China's export processing zones	Journal of Comparative Economics

续表

年份	作者	论文题目	期刊名称
2016	Feng Ling, Zhiyuan Li and Deborah Swenson	The connection between imported intermediate inputs and exports: evidence from Chinese firms	Journal of International Economics
2016	Cai Xiqian, Yi Lu, Mingqin Wu and Linyu Hui	Does environmental regulation drive away inbound foreign direct investment? evidence from a quasi-natural experiment in China	Journal of Development Economics
2017	Fan Haichao and Xiang Gao	Domestic greditor rights and external private debt	Economic Journal
2018	Ding haoyuan, Haichao Fan and Shu Lin	Connect to trade	Journal of International Economics
2018	Fan Haichao, Xiang Gao, Yao Amber Li and Tuan Anh Luong	Trade liberalization and markups: micro evidence from China	Journal of Comparative Economics
2018	Fan Haichao, Lixin Tang and Faqin Lin	Minimum wage and outward FDI from China	Journal of Development Economics

正是由于新新贸易理论拓展了传统的贸易理论分析视角，着重从产业内部的企业异质性角度来解释国际投资和国际贸易现象，国内学者纷纷将该理论引入中国贸易理论研究，并做了大量的实证研究来说明该理论的现实性及其强大的解释力。国内学者对于新新贸易理论的研究更多的是以此来分析中国的国际贸易、区域贸易、贸易成本以及产品质量提升等问题。钱学锋（2008：48~56）从企业异质性贸易模型出发，使用微观企业的调查数据，对中国出口总量增长进行二元测算，具体分为集约的贸易边际与扩展的贸易边际，并在此基础上模拟贸易成本和出口固定成本对二元边际的影响。进一步地，毛其淋、盛斌（2013：48~68）基于企业异质性来考察贸易自由化对企业出口的动态性影响，分别以产品关税减让与投入品关税减让来衡量贸易自由化程度。研究结果发现，贸易自由化在显著促进企业出口决策的同时，更是提高了已经出口企业的出口强度，并且对后者的影响力要远胜于前者；而贸易自由化更多的是通过集约的贸易边际来作用于中国的出口增长；而产品关税减让对企业退出或进入出口市场的时间并没有显著影响，而投入

品关税减让则显著阻碍了企业退出出口市场、缩短了进入出口市场的时间以及增加了企业出口的持续时间；贸易自由化对企业出口动态作用在企业所有制方面存在明显差异，投入品关税减让对本土企业的影响明显大于外资企业。此外，企业出口动态对行业全要素生产率增长具有重要的促进作用。而黄玖立、冼国明（2012：3~22）通过企业异质性模型来考察中国企业市场进入以及区域间贸易，研究结果发现企业进入国内区域市场的概率将随着企业生产率的提高而增加。可以看出，企业生产率的提高部分得益于出口的增加，而企业本身生产率的提高也势必会促进出口增加。胡宗彪（2014：68~84）从企业异质性的内生技术选择视角考察服务贸易成本对服务业生产率的影响，结果发现，对于全球整体贸易来说更低的贸易成本与更高的生产率及更快的生产率增长相联系，而对于中国样本，贸易成本的下降并没有带来服务业生产率及其增长率的提升，此现象称为"中国对外服务贸易成本的生产率效应悖论"。那么，为什么对中国经验分析所得结论完全不同于对全球贸易整体分析所得结论呢？他给出了三种潜在的影响因素：一是由于国内服务部门的开放程度还没有达到应有的程度，由规制等壁垒引起的服务贸易成本仍然较高，贸易成本的下降幅度不够（根据贸易成本测度发现中国与各经济体的服务贸易成本下降幅度小于商品贸易成本），还未达到发挥效应的贸易成本门槛水平。二是服务部门的生产率及其增长滞后于商品部门，即服务部门相对较难取得生产率增长，那么相同的贸易成本下降对商品部门生产率的提升作用会更大一些，所以中国与各经济体的双边商品贸易成本下降对商品部门生产率仍存在显著为正的影响，而服务部门则没有。三是由于服务贸易成本是两国间的几何平均值，其水平及下降幅度不仅受中国的影响，而且受到贸易伙伴的影响。当然，出口贸易不仅仅是企业出口决策以及出口的数量，更多的是出口产品的质量，如何提高出口产品的质量不仅仅关系到企业自身的收益，同时对一个国家提升产品竞争力也具有重要的推动作用。而针对出口产品质量的研究，殷德生、唐海燕、黄腾飞（2011：136~146）构建产品质量与企业异质性的理论模型，并在分析过程中充分考虑到贸易成本、规模经济以及技术溢出等因素，试图在理论层面回答出口产品质量升级的途径以及解释产品质量为何随着贸易开放而提高的现象。经过严密的理论推导后可知，贸易开放一方面通过降低贸易成本来提高出口产品质量，另一方面给中间产品部门带来了显著的技术溢出效应和规模经济，进而激励着发展中国家的模仿活动和发达国家的创新活动。在此过程中，发展中国家的产品质量升级具有资本品偏向的特征，发达国家的产品质量升级具有创新偏向的特征。

相较于从企业异质性角度来研究贸易问题，对外商直接投资的研究显得凤毛麟角，仅有的研究也是从企业异质性角度分析外资对国有企业生存的影响（邓子梁、陈岩，2013：53~69）、全球价值链的嵌入（吕越、罗伟、刘斌，2015：29~55）以及解释中国企业对外投资的现象（蒋冠宏，2015：81~96）。邓子梁、陈岩（2013：53~69）在考虑到外资带来的竞争效应和溢出效应的基础上研究外商直接投资对国有企业生存的影响，通过引进外资背景下的企业异质性生存模型，并使用生存模型和中国制造业数据对理论分析进行检验，结果表明外资的引入致使国企遭受到更多的竞争而面临着生存风险；但这种风险仍然存在明显的差异，即对于那些生产率较高、规模很大、有外资股份参与的国有企业而言能够充分利用外资的正面外溢效应、有效降低生存风险，并且这尤其适用于来自非港澳台地区的外资。在理解外商直接投资对本国企业所带来的影响后，更多的学者开始关注中国企业该如何"走出去"，中国企业的国际化进程引起了全世界的关注。鉴于此，蒋冠宏（2015：81~96）基于微观企业来检验中国企业对外投资的行为特征，研究结果发现：并不是生产率较高的企业倾向于投资高收入国家；效率高的企业并不一定从事商贸服务、当地生产和矿产开发，而是更多地进行技术研发类的投资；对外投资的国有企业并不一定比其他类型对外投资的企业更有效率。同时，如果目的国是中低收入国家，企业投资的国家越多，其生产率不一定越高。上述研究的种种结论充分说明中国企业对外投资具有各方面的差异，与已有的理论存在出入，这可能更多地取决于中国经济发展的现实情况。随着全球经济的一体化以及信息科技的快速发展催生了国际生产分割、全球采购、外包、公司内贸易等新型的生产和贸易模式，促使全球价值链在各国之间不断延展细化，并逐步塑造了国际分工与贸易的新体系。尽管中国经济在过去几十年高速增长，但由于自身的发展，中国企业的生产长期以来被锁定在全球价值链的低端，难以实现从低端向高端的突破。因此，吕越、罗伟、刘斌（2015：29～55）从效率和融资的视角研究企业异质性与全球价值链嵌入之间的关系，分别用不同的方法来测算企业在全球价值链的嵌入程度，研究结果发现：效率较高的企业更倾向于嵌入全球价值链，而融资约束会对其形成阻碍；动态检验说明融资约束对企业参与全球价值链的负面作用仅体现在企业是否参与全球价值链的决策上，而效率对企业全球价值链参与程度也存在显著影响。此外，研究还发现效率与全球价值链的嵌入程度呈现"U"形关系。

第四节　新经济地理理论的继承和发展

新经济地理理论是 20 世纪 90 年代由保罗·克鲁格曼等开创。新经济地理理论是将运输成本纳入理论分析框架，因为运输成本的减少会引发聚集经济、外部性、规模经济等问题，把这些要素融入企业区位选择、区域经济增长及其收敛与发散性问题，就会得出不同于传统区域经济理论的观点。所以，克鲁格曼提出，新经济地理理论是继"新产业组织理论""新贸易理论""新增长理论"之后经济理论的前沿。

尽管新经济地理理论出现较晚，但在国内也掀起了一场学术研究的高潮，学者纷纷将新经济地理理论与中国经济的发展实践相结合，为解释已有现象和进一步拓展贸易的增长空间奠定了理论基础，从现有的研究结果来看，可分为以下两类。

第一类沿袭国外主流研究的分析框架，将新经济地理理论与中国贸易相结合，以分析当前贸易量的变化（施炳展、冼国明、逯建，2012：22～41）、本国与贸易国之间的竞争关系（王奔，1998：155～164；颜银根、安虎森，2011：114～123；吴福象、段巍，2017：44～64）、贸易成本（许德友、梁琦，2012：113～136）等问题。施炳展、冼国明、逯建（2012：

22~41）从传统的引力模型出发考察地理距离是如何减少贸易流量的，将贸易总量分解为广度、数量和价格，实证求解地理距离对贸易总量以及三元分解的回归系数，研究结果表明从世界整体贸易来看，地理距离对贸易流量的作用中50%~70%可归为广度、数量占50%~20%，价格的贡献可以忽略；但就中国而言，地理距离主要是通过数量途径来减少贸易量的、广度与价格受地理距离的影响相对较小。上述研究是对中国以往的历史贸易量的解读和分析，当然在贸易过程中，国与国之间的竞争关系不仅会涉及双方收益的分配还会影响两国在贸易中的地位，出于这种考虑，贸易中的竞争关系始终是学术界谈论的重要议题。王奔（1998：155~164）从地理结构出发来探究国与国之间在贸易中的竞争关系，以中国香港和新加坡作为考察对象，探究地理结构如何作用于两国的竞争关系，研究发现中国香港和新加坡在贸易出口上有三种不同的地区：第一种是基于地缘关系而形成的某种天然垄断关系；第二种是单向输出入的非竞争关系；第三种是自由竞争或垄断竞争关系。这是早期学者从地理视角来探究贸易中的竞争关系，而随着新经济地理理论的普及，学者开始从全新的角度来解释贸易。颜银根、安虎森（2011：114~123）基于新经济地理贸易自由化的研究，主要分析中国—东盟自由贸易区建立后FDI流入能否代替进口贸易，即两者之间是否存在替代关系或互补关系，研究发现贸易区建立后FDI流入能否取代进口贸易主要取决于地区贸易自由化水平，并且存在明显的两阶段，即区域间贸易自由度水平较低时，贸易自由化强化了FDI流入对进口贸易的互补作用；只有在区域间贸易自由化水平突破某个"门槛值"时，FDI流入与进口贸易才是替代关系。

第二类文献研究扩展及深化，学者以新经济地理理论为基石，重点分析产业集聚的出现以及由此带来的一系列影响（金煜、陈钊、陆铭，2006：79~89；胡洁、陈彦煌，2011：40~50；韩峰、柯善咨，2012：55~70），包括技术外溢效应（符淼，2009：1549~1566）、劳动力的转移（张杰飞、李国平、柳思维，2009：82~95）、产业政策（吴意云、朱希伟，2015：140~166）等。之所以能够从新经济地理理论出发来对已有经济现象给予新的解释，关键在于新经济地理理论从地理因素出发，以运输成本作为着力点来说明由此引发的聚集经济、外部性、规模经济等论断，借此重新论证企业区位选择等传统命题，给予崭新且有力的诠释。金煜、陈钊、陆铭（2006：79~89）基于新经济地理理论来考察经济地理与经济政策因素对中国工业集聚的影响，并将1987~2001年的省级数据予以量化检验，研究发现经济开放促进了工业集聚，而经济开放又与地理和历史的因素有关。同时，沿海地区具有工业集聚的地理优势，除了经济地理的作用以外，政策也是导致工业集聚的重要因素。而胡洁、陈彦煌（2011：40~50）从新经济地理角度在产业集聚中考虑贸易自由化与失业因素，整合了Harris和Todaro（1970）有关城市失业的观点与Krugman（1991）的新经济地理理论，通过一个两国两部门的新经济地理失业模型来探究贸易自由化对产业结构、资本流动与失业的影响，研究发现存在失业的地区在贸易自由化过程中随着资本外移会出现"产业空洞化"趋势，并且随着运输成本降到一定程度，制造业最终可能完全聚集于外国。此外，随着贸易自由化的发展，存在失业的地区的资本外流、制造业萎缩以及农业部门扩张，劳动力密集的农业部门除了吸纳制造业释放出的资本与劳动外，吸纳部分城市失业劳动力，从而导致城市失业率下降。

第五节　参与全球价值链分工的讨论

由于全球化生产的存在，一个产品可能在一个国家设计，在另外几个国家生产、组装、销售和维修，因此关于全球价值链（Global Value Chain）的研究开始受到关注。联合国工业发展组织的定义最有代表性：全球价值链是指为实现商品或服务价值而连接生产、销售、回收处理等过程的全球性跨企业网络组织，涉及从原料采购和运输、半成品和成品的生产和分销至最终消费和回收处理的整个过程，包括所有参与者和生产、销售等活动的组织及其价值、利润分配，当前散布于全球的处于价值链上的企业进行着从设计、产品开发、生产制造、营销、交货、消费、售后服务至循环利用等各种增值活动。全球价值链的概念自被提出以来，便在国内外学术界引发了热议，讨论涉及诸多方面，学者分别从不同的角度来分析全球价值链及其在中国的具体实践。为了更为清晰地展示国内学者对全球价值链的研究，在此对其进行梳理，主要集中在以下三个方面。

一　全球价值链测度方法

Hummels 等（2001：75～96）最早提出基于投入产出表对贸易增加值的宏观估算方法，简称 HIY 法。郑昭阳和孟猛（2011：3～15）、张海燕（2013：65～76）等也采用了此方法计算中国出口的增加值。Koopman 等（2012：178～189）进一步建立了中国的非竞争性投入产出模型，以 HIY 法为基础来区分加工出口和非加工出口生产，并利用海关贸易数据计算了中国的贸易增加值。Ma 等（2015：3～18）使用 Koopman 等的方法将微观企业的调查数据与海关的进出口贸易数据进行匹配，通过进一步区分贸易模式和出口企业的所有权来计算中国出口的国内增加值。由于单一国家模型的缺陷，无法详细描述进口产品的真实来源和出口产品的真实目的地，许多学者使用多国或全球模型来研究全球价值链。例如，李昕和徐滇庆（2013：29～55）从全球生产链的角度衡量中国与其贸易伙伴之间的增值贸易。Koopman 等（2014：459～494）将一个国家的出口分解为：被外国吸收的增值、返回该国的增值、海外增值和纯粹重复计算的中间贸易商品部分。然而，这种方法只能分解一个国家的出口总额，不能扩展至部门、双边或双边部门层面的贸易流量分解。Wang 等（2013：1～92）扩展了 Koopman 等（2014：459～494）的 KWW 方法，基于前向和后向行业关联分解出口贸易流，并建立了一套从正式贸易总值统计到贸易增加值统计的核算方法。王直等（2015：108～127）对该方法进行了解释。倪红福（2016：111～126）在全球投入产出模型的框架下提出了一种新的测算工业部门的广义增值平均转移补偿方法，并从强度和长度两个维度全面分析了海外增值贡献率与地位的关系，以及检验工业部门层面是否存在"微笑曲线"。

Wang 等（2013：1～92）提出的 WWZ 法对全球生产分块化背景下的国际贸易流动进行增加值衡量。假定在包括 G 个国家或区域、n 个部门所构建的多区域投入产出模型中，可将双边贸易流增加值核算如下。首先，根据贸易理论，s 国向 r 国的出口额 E^{sr} 等于 s 国向 r 国的最终产品出口 Y^{sr} 和中间品出口 $A^{sr}X^r$（如公式20.1），其中 A^{sr} 表示 s 国生产产品中所直接消耗 r 国产品的直接消耗系数矩阵，X^r 为 r 国各部门总产出。其次，根据任一单位的最终品产出都可以被完整地分解为所有国家和所有部门的增加值，这也是按价值来源方向并根据产业间后向联系分解最终品的方法，即可得公式（20.2）。该公式中 V^s 表示 s 国各部门单位总产出所带来的增加值量，即增加值率；B^{ss} 为在全球范围内 s 国消耗国内中间品的完全消耗系数矩阵；B^{sr} 为在全球范围内 s 国消耗 r 国中间品的完全消耗系数矩阵，进而有公式（20.3）和（20.4）。最后，根据以上公式，进一步可将出口贸易流分解为四个部分：被国外吸收的国内增加值（DVA）、返回并被本国吸收的国内增加值（RDV）、国外增加值（FVA）和纯重复计算部分（PDC）。并且，该贸易流的分解能适用于任何层面的总贸易统计数据，包括国家/部门层面、国家汇总层面、双边/部门层面、双边汇总层面。其中，L^{ss} 为在 s 国消耗国内中间品的完全消耗系数矩阵，#为矩阵点乘（在这里主要是体现各变量的维度到部门层面），上标 T 表示对矩阵的转置。同时，DVA 和 RDV 是基于产业部门间的后向联系计算的。

$$E^{sr} = Y^{sr} + A^{sr}X^r \tag{20.1}$$

$$V^s B^{ss} + V^r B^{sr} + \sum_{t \neq s,r}^{G} V^t B^{ts} = (1,1,\cdots,1) \tag{20.2}$$

$$Y^{sr} = (V^s B^{ss})^T \# Y^{sr} + (V^r B^{sr})^T \# Y^{sr} + (\sum_{t \neq s,r}^{G} V^t B^{ts})^T \# Y^{sr} \tag{20.3}$$

$$
\begin{aligned}
A^{sr}X^r &= (V^s B^{ss})^T \#(A^{sr}X^r) + (V^r B^{sr})^T \#(A^{sr}X^r) + (\sum_{t \neq s,r}^{G} V^t B^{ts})^T \#(A^{sr}X^r) \\
&= (V^s L^{ss})^T \#(A^{sr}X^r) + (V^s B^{ss} - V^s L^{ss})^T \#(A^{sr}X^r) \\
&\quad + (V^r B^{sr})^T \#(A^{sr}X^r) + (\sum_{t \neq s,r}^{G} V^t B^{ts})^T \#(A^{sr}X^r)
\end{aligned}
\tag{20.4}
$$

与此同时，为了克服 VAX 原有的缺陷并给决策者提供贸易总值中增加值结构的详细信息，Wang 等（2013：1～92）突破了里昂惕夫经典方法仅能估计增加值出口的局限，对官方贸易统计数据中的被国外吸收的国内增加值（DVA）及其结构进行分析，分别定义了三种增加值出口。VAX_F^{sr} 和 VAX_H^{sr} 分别是基于产业前向关联和基于产业后向关联测算的 s 国向 r 国的增加值出口（该向量为列向量，分部门）。DVA_H^{sr} 是根据总出口分解公式，s 国向 r 国出口中隐含的被国外吸收的国内增加值（该向量为列向量，分部门）。

$$VAX\_F^{sr} = \hat{V}^s B^{ss} Y^{sr} + \hat{V}^s B^{sr} Y^{rr} + \hat{V}^s \sum_{t\neq s,r}^{G} B^{st} Y^{tr} \tag{20.5}$$

$$VAX\_H^{sr} = (V^s B^{ss})^T \# Y^{sr} + (V^s L^{ss})^T \# (A^{sr} B^{rr} Y^{rr}) + (V^s L^{ss}) T \# (A^{sr} \sum_{t\neq s,r}^{G} B^{rt} Y^{tu})$$
$$+ (V^s L^{ss})^T \# (A^{sr} B^{rr} \sum_{t\neq s,r}^{G} Y^{rt}) + (V^s L^{ss})^T \# (A^{sr} \sum_{t\neq s,r}^{G} \sum_{u\neq s,t}^{G} B^{rt} Y^{tu}) \tag{20.6}$$

$$DVA\_H^{sr} = (V^s B^{ss})^T \# Y^{sr} + (V^s L^{ss})^T \# (A^{sr} B^{rr} Y^{rr})$$
$$+ (V^s L^{ss})^T \# [A^{sr} \sum_{t\neq s,r}^{G} B^{rt} Y^{tt} + A^{sr} B^{rr} \sum_{t\neq s,r}^{G} Y^{rt} + A^{sr} \sum_{t\neq s,r}^{G} \sum_{u\neq s,t}^{G} B^{rt} Y^{tu}] \tag{20.7}$$

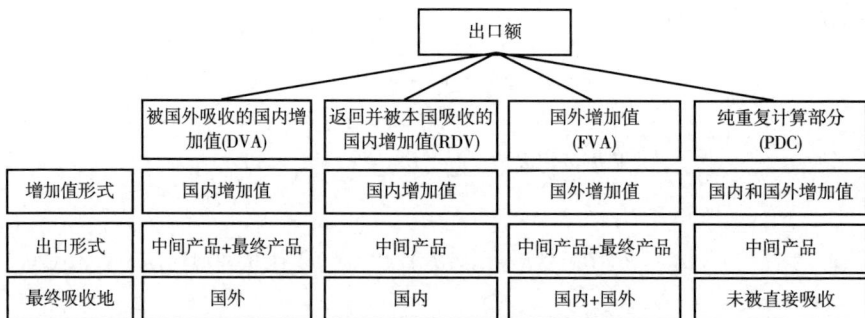

	出口额			
	被国外吸收的国内增加值(DVA)	返回并被本国吸收的国内增加值(RDV)	国外增加值(FVA)	纯重复计算部分(PDC)
增加值形式	国内增加值	国内增加值	国外增加值	国内和国外增加值
出口形式	中间产品+最终产品	中间产品	中间产品+最终产品	中间产品
最终吸收地	国外	国内	国内+国外	未被直接吸收

图 20-1　Wang 等（2013：1～92）增加值分解示意

更具体的，根据 Wang 等（2013：1～92）进一步将 E^{sr} 分解为 16 项增加值：

$$E^{sr} = Y^{sr} + Z^{sr} = Y^{sr} + A^{sr}X^r = \underbrace{\frac{(V^sB^{ss})^T \# Y^{sr}}{T1}} + \underbrace{\frac{(V^sL^{ss})^T \# (A^{sr}B^{rr}Y^{rr})}{T2}}$$

$$+ \underbrace{\frac{(V^sL^{ss})^T \# (A^{sr}B^{rt}Y^{tt})}{T3}} + \underbrace{\frac{(V^sL^{ss})^T \# (A^{sr}B^{rr}Y^{rt})}{T4}} + \underbrace{\frac{(V^sL^{ss})^T \# (A^{sr}B^{rt}Y^{tr})}{T5}}$$

$$+ \underbrace{\frac{(V^sL^{ss})^T \# (A^{sr}B^{rr}Y^{rs})}{T6}} + \underbrace{\frac{(V^sL^{ss})^T \# (A^{sr}B^{rt}Y^{ts})}{T7}} + \underbrace{\frac{(V^sL^{ss})^T \# (A^{sr}B^{sr}Y^{ss})}{T8}}$$

$$+ \underbrace{\frac{(V^sL^{ss})^T \# [A^{sr}B^{sr}(Y^{sr} + Y^{st})]}{T9}} + \underbrace{\frac{[V^s(B^{ss} - L^{ss})]^T \# (A^{sr}X^r)}{T10}} \tag{20.8}$$

$$+ \underbrace{\frac{(V^rB^{sr})^T \# (Y^{sr})}{T11}} + \underbrace{\frac{(V^rB^{sr})^T \# (A^{sr}L^{rr}Y^{rr})}{T12}} + \underbrace{\frac{(V^rB^{sr})^T \# (A^{sr}L^{rr}E^{r*})}{T13}}$$

$$+ \underbrace{\frac{(V^tB^{ts})^T \# (Y^{sr})}{T14}} + \underbrace{\frac{(V^tB^{ts})^T \# (A^{sr}L^{rr}Y^{rr})}{T15}} + \underbrace{\frac{(V^tB^{ts})^T \# (A^{sr}L^{rr}E^{r*})}{T16}}$$

假设有国家 r，s，t。从国家 s 到国家 r 的出口 E^{sr} 可以分解为两部分：最终产品出口 Y^{sr} 和中间产品出口 Z^{sr}，可以用 Leontief 模型表示为直接投入产出系数 A^{sr} 乘以国家 r 的产出。WWZ（2013）如公式（20.8）所示 E^{sr} 完全分解为 16 个项目，其中 V 表示直接增值系数向量，B 表示总 IO 系数，Y 表示最终需求，T 表示矩阵转置运算，#表示逐元素矩阵乘法运算，L 表示本地 Leontief 逆，E^{r*} 表示 r 国的总出口。对于每个术语，#之前的部分表示从中添加的值，#之后的部分表示从中吸收的添加值。表 20 - 2 描述了公式中 16 个术语的定义。将 T1、T2、T3、T4、T5 相加得出被国外吸收的国内增加值（*DVA*），将 T6、T7 和 T8 相加得出返回并被本国吸收的国内增加值（*RDV*），将 T11、T12、T14 和 T15 累加起来得出国外增加值（*FVA*），将 T9、T10、T13 和 T16 相加得出纯重复计算部分（*PDC*）。

表 20 - 2　Wang 等（2013：1～92）各项增加值的含义

名称	解释
T1	*DVA* 出口中最终产品部分
T2	直接进口国中间出口产品中的 *DVA*
T3	直接进口国为生产第三国国内使用的最终产品而生产的中间出口产品中的 *DVA*
T4	直接进口国向第三国生产最终出口产品所使用的中间出口产品中的 *DVA*
T5	直接进口国向第三国出口中间产品时使用的中间产品中的 *DVA*

名称	解释
T6	从直接进口国进口的最终货物中返回的 *DVA*
T7	最终货物进口中通过第三国返回的 *DVA*
T8	中间投入中返回的 *DVA*
T9	用于生产最终产品出口的双重计算的增值税
T10	用于生产中间出口产品的双重计算数字增值税
T11	直接进口国在来源国最终产品出口中的 *VA*
T12	来源国中间产品出口中的直接进口国 *VA*
T13	直接进口商的 *VA* 在出口生产中重复计算
T14	第三国在最终产品出口中的 *VA*
T15	第三国中间产品出口中的 *VA*
T16	第三国的 *VA* 在出口生产中重复计算

二 全球价值链影响因素

全球价值链的提出对于国家重新审视贸易地位及收益给予了普遍标尺，以此明确本国在全球贸易中的位置以及如何进一步提升在全球价值链中所处地位。鉴于此，国内大量学者积极考察全球价值链的影响因素，并分析全球价值链攀升的可行路径。王孝松、吕越、赵春明（2017：108~124）发现外国反倾销措施对中国参与全球价值链及其地位的提升产生了重大的负面影响。尚涛（2015：91~100）研究表明生产分割程度很高的电子和服装产业是我国最大的增加值贸易部门，但在增加值分解上存在差异：在生产者驱动型的电子产业价值链中，增加值与总值贸易的背离更为显著，链条的境外成分与国内回流成分更高。马述忠、张洪胜、王笑笑（2017：121~143）指出融资约束小、生产率高的企业更容易提高其在价值链中的地位，二者可以相互促进，推动公司定位于更高的全球价值链。吕越、罗伟、刘斌（2015：29~55）认为融资约束对企业参与全球价值链的负面影响只体现在企业是否参与全球价值链的决策上，效率对企业参与全球价值链的程度也有显著影响。潘文卿、李跟强（2018：19~24）发现劳动密集型、资本密集型和知识密集型产业在"上游"产出和"下游"投入方面有明显倾向。唐东波

（2012：13～22）发现"二元"关税政策在促进中国加工贸易迅速扩张的同时，也在一定程度上抑制了国内相关产业的发展。自由贸易以及消除加工贸易与一般贸易之间的关税差异，不仅有助于降低中间品使用成本，进而促进下游产业发展，而且上下游产业之间的"需求关联"效应也能带来上游产业的持续扩张。何宇等（2020：24～43）利用世界16个主要经济体的数据对模型进行参数标定和数值模拟分析。在产业链的上游，低技术和低劳动要素成本的国家倾向于专注全球价值链的下游。周琢和祝坤福（2020：118～135）发现2000～2013年外商投资加工出口企业中，我国所有制要素出口增加值占领土出口增加值的平均比重为65.85%，两者的平均偏离度为34.15%。刘斌和顾聪（2019：98～116）发现通过降低贸易成本、缩短交货时间和延长生产步骤，互联网已成为两国之间价值链连接的重要驱动力。苏丹妮等（2019：143～168）发现基于国内价值链的分工网络，中国的经济增长具有显著的溢出效应。产品价值链和要素市场渐进式改革的原因是新产品价值链上游环节垄断分割和下游环节竞争开放的不对称结构。马丹等（2019：117～135）指出中间产品的内在化通过出口增值率和出口依存关系的影响，从质量和数量上影响出口国内增值份额的变化。陈旭等（2019：72～96）发现多中心结构对中国全球价值链地位的影响具有"先抑制再提升"的"U"形特征。在区分了城市规模、产业要素密度和生产规模的差异之后，这个结论仍然是稳定的。罗伟和吕越（2019：49～73）发现外国投资凭借其与跨国公司全球价值链网络的天然联系，增强了中国融入全球价值链的深度和复杂性。同时，基于加工贸易的发展趋势，中国制造业在整合过程中向全球价值链的下游转移。盛斌和景光正（2019：29～52）提出金融市场对全球价值链提升的促进作用呈现出不断增强的趋势，但金融危机会削弱其积极作用。魏悦羚和张洪胜（2019：24～42）发现降低进口关税，特别是中间和原材料关税，将大大有助于增加出口国内增加值率。毛其淋和许家云（2019：3～25）指出贸易自由化大大提高了企业出口的国内增值率，但其随着加工贸易程度的增加而降低。诸竹君等（2018：116～134）认为在静态条件下，进口中间产品的质量与企业出口国内增加值率负相关。通过自主创新，它产生"加成率效应"和"相对价格效应"，从而动态地提高了企业出口国内增加值率。刘斌等（2018：103～128）发现贸易便利化促进了附加值的增加，这主要是由于服务产品价格的下降。毛其淋和许家云（2018：1453～1488）研究发现，外资进入渠道影响了本土企业的出口国内增加值率，而本土企业的出口国内增加值率则通过前后相关渠道而增加。彭支伟和张伯伟（2018：62～80）指出外商投资普遍促进了当地企业的出口升级。国内外分工收入主要来源于一般贸易，2003年以前我国一半以上的收入来自加工贸易，但2004年该比例下降到50%以下。吕越等（2018：5～23）发现市场分割对国内出口增值率有很大的负面影响。尽管市场分割政策是地方政府的主导策略，但它将限制企业的规模经济效益，并严重损害中国企业创造贸易附加值的能力。刘奕等（2017：24～42）证明了生产者服务集聚，特别是配套服务集聚与制造业升级之间的内部关系。戴翔等（2017：27～50）指出发展中国家国内市场的扩大，将诱发价值链高端生产环节的梯度转移，影响我国制造业的全球价值链攀升。许和连等（2017：62～80）发现我国制造业和服务业投入与企业出口国内增加值率呈"U"形关系。葛顺奇和罗伟（2015：34～48）发现跨国公司的进入不仅影响到生产效率、产出构成等传统变量，而且直接影响到全球价值链参与。刘斌等（2016）发现制造业服务化不仅提高了我国企业价值链的参与度，而且显著改善了我国价值链体系中的分工。

三 全球价值链的影响

一些学者研究了全球价值链对区域贸易协定、企业生产率、贸易摩擦、创业、工资差距等方面的影响。卢晓菲、章韬（2020：46～59）发现全球价值链贸易强度的提高将显著增加区域贸易协定签署的概率和深度，在代入潜在的内生性和替代经验模型后，结论仍然非常稳健。苏丹妮等（2020：143～168）认为GVC的劳动分工程度越高，企业的生产率就越高。但是，通过阻止资源交换和容量模仿的"双重障碍"实现的战略隔离削弱了局部集聚经济对企业生产率提高的积极溢出效应。洪俊杰、商辉（2018：33～

42）提出了中国开放型经济的"共轭环流轮"。他们指出，发达国家和发展中国家形成了价值链"共轭环流"，相互之间紧密联系，中国日益处在环流的枢纽位置。唐宜红等（2018：49～73）发现 GVC 嵌入是促进经济周期联动的重要因素。余振等（2018：24～42）发现中国与贸易伙伴在一个行业的全球价值链中的分工越近，中国与贸易伙伴之间贸易摩擦发生的频率就越高，并且相关行业中的贸易摩擦的数量就越多。田毕飞和陈紫若（2016：136～154）发现创业显著有利于提升全球价值链的地位，提升全球价值链的地位也为创业提供了更多的机会和帮助。邵朝对和苏丹妮（2017：94～114）发现全球价值链对生产力提高产生了区域内和区域间的溢出效应，这种空间溢出效应主要是通过改善邻近地区的资源再分配结构来实现的。吕越等（2017：29～55）发现参与全球价值链可以有效提高中国企业的生产效率，全球价值链嵌入与企业生产效率的提高有着倒"U"形关系。李磊等（2017：27～37）发现企业参与全球价值链对劳动就业具有显著的正向影响。高运胜等（2017：38～54）发现随着制造业和服务业参与国际垂直专业化程度的提高，我国熟练劳动力和非熟练劳动力的工资差距进一步缩小，且服务业中出现的该现象比制造业更为显著，但在 2003 年前后两者出现了分化。马述忠等（2016：121～143）发现出口企业价值链地位的提高会对就业产生负面影响。刘维林等（2014：83～95）发现中国制造业通过参与全球价值链的划分而获得的外国中间投资增加了出口技术的复杂性，而与原材料、零件和其他产品的投入相比，服务投资对技术改进的贡献更大。

参考文献

陈旭、邱斌、刘修岩、李松林，2019，《多中心结构与全球价值链地位攀升：来自中国企业的证据》，《世界经济》，第 8 期。

丛晓男、宫同瑶，2018，《逆全球化背景下中国—加拿大 FTA 经济影响评估及谈判前瞻》，《经济问题探索》，第 12 期。

戴翔、张二震，2018，《逆全球化与中国开放发展道路再思考》，《经济学家》，第 1 期。

戴翔、刘梦、张为付，2017，《本土市场规模扩张如何引领价值链攀升》，《世界经济》，第9期。

戴翔、徐柳、张为付，2018，《集聚优势与价值链攀升：阻力还是助力》，《财贸研究》，第11期。

邓子梁、陈岩，2013，《外商直接投资对国有企业生存的影响：基于企业异质性的研究》，《世界经济》，第12期。

董琴，2018，《"逆全球化"及其新发展对国际经贸的影响与中国策略研究》，《经济学家》，第12期。

杜朝晖，2000，《经济全球化与各国竞争政策的协调》，《世界经济文汇》，第6期。

段元萍，1999，《经济全球化与我国跨国经营的动因》，《世界经济研究》，第5期。

冯文光，1998，《关于全球化的经济哲学思考》，《东南学术》，第6期。

符森，2009，《地理距离和技术外溢效应——对技术和经济集聚现象的空间计量学解释》，《经济学》（季刊），第3期。

傅钧文，2000，《"全球化之谜"与开放中的金融抑制》，《世界经济研究》，第6期。

高运胜、王云飞、蒙英华，2017，《融入全球价值链扩大了发展中国家的工资差距吗?》，《数量经济技术经济研究》，第8期。

葛浩阳，2018，《经济全球化真的逆转了吗——基于马克思主义经济全球化理论的探析》，《经济学家》，第4期。

葛顺奇、罗伟，2015，《跨国公司进入与中国制造业产业结构——基于全球价值链视角的研究》，《经济研究》，第11期。

古志辉，2015，《全球化情境中的儒家伦理与代理成本》，《管理世界》，第3期。

韩峰、柯善咨，2012，《追踪我国制造业集聚的空间来源：基于马歇尔外部性与新经济地理的综合视角》，《管理世界》，第10期。

何宇、张建华、陈珍珍，2020，《贸易冲突与合作：基于全球价值链的解释》，《中国工业经济》，第3期。

胡建雄，2017，《本轮逆全球化和贸易保护主义兴起的经济逻辑研究》，《经济体制改革》，第6期。

胡洁、陈彦煌，2011，《贸易自由化、产业聚集与失业：新经济地理观》，《世界经济》，第3期。

胡宗彪，2014，《企业异质性、贸易成本与服务业生产率》，《数量经济技术经济研究》，第7期。

黄范章，1998，《经济全球化，东亚模式，金融风险》，《金融研究》，第10期。

黄高晓，1998，《全球化与社会主义中国的命运》，《社会主义研究》，第5期。

黄玖立、冼国明，2012，《企业异质性与区域间贸易：中国企业市场进入的微观证据》，《世界经济》，第4期。

江小涓，2008，《服务全球化的发展趋势和理论分析》，《经济研究》，第 2 期。

蒋冠宏，2015，《企业异质性和对外直接投资——基于中国企业的检验证据》，《金融研究》，第 12 期。

金碚，2016，《论经济全球化 3.0 时代——兼论"一带一路"的互通观念》，《中国工业经济》，第 1 期。

金太军、姚虎，2014，《国家认同：全球化视野下的结构性分析》，《中国社会科学》，第 6 期。

金煜、陈钊、陆铭，2006，《中国的地区工业集聚：经济地理、新经济地理与经济政策》，《经济研究》，第 4 期。

李本和，2000，《全球化的多重影响与我国应采取的对策》，《世界经济与政治》，第 10 期。

李京文，2000，《经济全球化影响与挑战》，《经济学家》，第 6 期。

刘斌、顾聪，2019，《互联网是否驱动了双边价值链关联》，《中国工业经济》，第 11 期。

刘斌、王乃嘉、屠新泉，2018，《贸易便利化是否提高了出口中的返回增加值》，《世界经济》，第 8 期。

刘桂斌、刘勤，1998，《世界经济全球化的利用及其若干理论问题的审视——东南亚金融危机的启示》，《亚太经济》，第 11 期。

刘克逸，1999，《世界经济全球化趋势与我国经济发展的战略对策》，《世界经济文汇》，第 5 期。

刘放仁、黄建忠，2015，《异质出口倾向、学习效应与"低加成率陷阱"》，《经济研究》，第 12 期。

刘维林、李兰冰、刘玉海，2014，《全球价值链嵌入对中国出口技术复杂度的影响》，《中国工业经济》，第 6 期。

刘奕、夏杰长、李垚，2017，《生产性服务业集聚与制造业升级》，《中国工业经济》，第 7 期。

卢晓菲、章韬，2020，《全球价值链贸易对区域贸易协定发展的影响研究》，《世界经济研究》，第 4 期。

鲁志强，2000，《经济全球化与中国》，《管理世界》，第 6 期。

栾文莲，2018，《对当前西方国家反全球化与逆全球化的分析评判》，《马克思主义研究》，第 4 期。

罗曼洁，1998，《跨国公司 R&D 全球化趋势初探——兼论我利用外资、引进技术新取向》，《国际经贸探索》，第 6 期。

罗伟、吕越，2019，《外商直接投资对中国参与全球价值链分工的影响》，《世界经济》，第 5 期。

吕越、罗伟、刘斌，2015，《异质性企业与全球价值链嵌入：基于效率和融资的视角》，《世界经济》，第 8 期。

吕越、盛斌、吕云龙，2018，《中国的市场分割会导致企业出口国内附加值率下降吗》，《中国工业经济》，第 5 期。

马丹、何雅兴、张婧怡，2019，《技术差距、中间产品内向化与出口国内增加值份额变动》，《中国工业经济》，第 9 期。

马德功、曹文婷，2018，《逆全球化背景下人民币国际化对中国贸易竞争力的影响研究》，《上海经济研究》，第 11 期。

马述忠、王笑笑、张洪胜，2016，《出口贸易转型升级能否缓解人口红利下降的压力》，《世界经济》，第 7 期。

马述忠、张洪胜、王笑笑，2017，《融资约束与全球价值链地位提升——来自中国加工贸易企业的理论与证据》，《中国社会科学》，第 1 期。

毛其淋、盛斌，2013，《贸易自由化、企业异质性与出口动态——来自中国微观企业数据的证据》，《管理世界》，第 3 期。

毛其淋、许家云，2019，《贸易自由化与中国企业出口的国内附加值》，《世界经济》，第 3 期。

毛其淋、许家云，2018，《外资进入如何影响了本土企业出口国内附加值?》，《经济学》（季刊），第 4 期。

倪红福，2016，《全球价值链中产业"微笑曲线"存在吗？——基于增加值平均传递步长方法》，《数量经济技术经济研究》，第 11 期。

潘文卿、李跟强，2018，《中国制造业国家价值链存在"微笑曲线"吗？——基于供给与需求双重视角》，《管理评论》，第 5 期。

彭支伟、张伯伟，2018，《中国国际分工收益的演变及其决定因素分解》，《中国工业经济》，第 6 期。

钱学锋，2008，《企业异质性、贸易成本与中国出口增长的二元边际》，《管理世界》，第 9 期。

邱泉、邱蓉，2000，《金融全球化的机遇与挑战》，《财经科学》，第 s2 期。

裴元伦，1999，《经济全球化与中国国家利益》，《世界经济》，第 12 期。

任勤，1998，《经济全球化与中国的国际竞争力》，《马克思主义与现实》，第 5 期。

尚涛，2015，《全球价值链与我国制造业国际分工地位研究——基于增加值贸易与Koopman 分工地位指数的比较分析》，《经济学家》，第 4 期。

邵朝对、苏丹妮，2017，《全球价值链生产率效应的空间溢出》，《中国工业经济》，第 4 期。

盛斌、景光正，2019，《金融结构、契约环境与全球价值链地位》，《世界经济》，第 4 期。

施炳展、冼国明、逯建，2012，《地理距离通过何种途径减少了贸易流量》，《世界经济》，第 7 期。

苏丹妮、盛斌、邵朝对，2019，《国内价值链、市场化程度与经济增长的溢出效应》，《世界经济》，第 10 期。

苏立君，2017，《逆全球化与美国"再工业化"的不可能性研究》，《经济学家》，第 6 期。

孙维炎，1999，《经济全球化进程中的珠澳经济合作》，《世界经济》，第 12 期。

唐东波，2012，《贸易政策与产业发展：基于全球价值链视角的分析》，《管理世界》，第 12 期。

唐东波，2011，《全球化与劳动收入占比：基于劳资议价能力的分析》，《管理世界》，第 8 期。

唐任伍，2000，《经济全球化的实质与中国的对策》，《世界经济》，第 10 期。

唐宜红、张鹏杨、梅冬州，2018，《全球价值链嵌入与国际经济周期联动：基于增加值贸易视角》，《世界经济》，第 11 期。

田毕飞、陈紫若，2017，《创业与全球价值链分工地位：效应与机理》，《中国工业经济》，第 6 期。

佟家栋、谢丹阳、包群等，2017，《"逆全球化"与实体经济转型升级笔谈："逆全球化"浪潮的源起及其走向：基于历史比较的视角》，《中国工业经济》，第 6 期。

佟家栋、刘程，2018，《"逆全球化"的政治经济学分析》，《经济学动态》，第 7 期。

佟新，2000，《全球化下的国际人口迁移》，《中国人口科学》，第 5 期。

王奔，1998，《从地理结构看香港和新加坡国际贸易的竞争关系》，《管理世界》，第 5 期。

王琦，2000，《经济全球化条件下我国中小企业的发展对策》，《管理世界》，第 6 期。

王孝松、吕越、赵春明，2017，《贸易壁垒与全球价值链嵌入——以中国遭遇反倾销为例》，《中国社会科学》，第 1 期。

王学东、韩旭，2017，《逆全球化态势下金砖国家参与全球气候治理的制度性解释》，《亚太经济》，第 3 期。

王直、魏尚进、祝坤福，2015，《总贸易核算法：官方贸易统计与全球价值链的度量》，《中国社会科学》，第 9 期。

王卓君、何华玲，2013，《全球化时代的国家认同：危机与重构》，《中国社会科学》，第 9 期。

刘斌、魏倩、吕越、祝坤福，2016，《制造业服务化与价值链升级》，《经济研究》，第 3 期。

魏悦羚、张洪胜，2019，《进口自由化会提升中国出口国内增加值率吗——基于总出口核算框架的重新估计》，《中国工业经济》，第 3 期。

吴福象、段巍，2017，《国际产能合作与重塑中国经济地理》，《中国社会科学文摘》，第 5 期。

吴意云、朱希伟，2015，《中国为何过早进入再分散：产业政策与经济地理》，《世界经济》，第 2 期。

伍贻康、黄烨菁，1998，《经济全球化和世界多极化》，《世界经济与政治》，第 12 期。

徐秀军，2017，《逆全球化挑战下金砖国家经济合作的增长点》，《亚太经济》，第 3 期。

许德友、梁琦，2012，《贸易成本与国内产业地理》，《经济学》（季刊），第 2 期。

许和连、成丽红、孙天阳，2017，《制造业投入服务化对企业出口国内增加值的提升效应——基于中国制造业微观企业的经验研究》，《中国工业经济》，第 10 期。

许明、李逸飞，2018，《中国出口低加成率之谜：竞争效应还是选择效应》，《世界经济》，第 8 期。

许明、邓敏，2016，《产品质量与中国出口企业加成率——来自中国制造业企业的证据》，《国际贸易问题》，第 10 期。

颜银根、安虎森，2011，《中国—东盟自由贸易区建立后 FDI 流入能替代进口贸易吗？——基于新经济地理贸易自由化的研究》，《经济评论》，第 4 期。

杨美景，1998，《经济全球化与发展中国家的贸易政策选择》，《中国经济问题》，第 6 期。

殷德生、唐海燕、黄腾飞，2011，《国际贸易、企业异质性与产品质量升级》，《经济研究》，第 s2 期。

余振、周冰惠、谢旭斌、王梓楠，2018，《参与全球价值链重构与中美贸易摩擦》，《中国工业经济》，第 7 期。

袁志刚、饶璨，2014，《全球化与中国生产服务业发展——基于全球投入产出模型的研究》，《管理世界》，第 3 期。

张成思，2012，《全球化与中国通货膨胀动态机制模型》，《经济研究》，第 6 期。

张海燕，2013，《基于附加值贸易测算法对中国出口地位的重新分析》，《国际贸易问题》，第 10 期。

张杰飞、李国平、柳思维，2009，《中国农业剩余劳动力转移理论模型及政策分析：Harris - Todaro 与新经济地理模型的综合》，《世界经济》，第 3 期。

张燕玲，1998，《金融全球化与金融产品创新》，《国际金融研究》，第 12 期。

赵永亮、朱英杰，2011，《企业异质性、贸易理论与经验研究：综述》，《经济学家》，第 9 期。

郑昭阳、孟猛，2011，《基于投入产出法对中国出口中价值含量的分析》，《南开经济研究》，第 2 期。

周光辉、刘向东，2013，《全球化时代发展中国家的国家认同危机及治理》，《中国社会科学》，第 9 期。

周琢、祝坤福，2020，《外资企业的要素属权结构与出口增加值的收益归属》，《中国工业经济》，第 1 期。

朱行巧，1998，《经济全球化：中国何去何从?》，《世界经济与政治》，第 12 期。

诸竹君、黄先海、余骁，2018，《进口中间品质量、自主创新与企业出口国内增加值率》，《中国工业经济》，第 8 期。

Cai X., Lu Y., Wu M., et al., 2016, "Does Environmental Regulation Drive away Inbound Foreign Direct Investment? Evidence from a Quasi-natural Experiment in China," *Journal of Development Economics*, (123).

Che Y., Du J., Lu Y., et al., 2015, "Once an Enemy, Forever An Enemy? The Long-Run Impact of the Japanese Invasion of China from 1937 to 1945 on Trade and Investment," *Journal of International Economics*, 96 (1).

Ding H., Fan H., Lin S., 2018, "Connect to Trade," *Journal of International Economics*, (110).

Fan H., Gao X., Li Y. A., et al., 2018, "Trade Liberalization and Markups: Micro Evidence from China," *Journal of Comparative Economics*, 46 (1).

Fan H., Gao X., 2017, "Domestic Creditor Rights and External Private Debt", *The Economic Journal*, 127 (606).

Fan H., Lai E. L. C., Li Y. A., 2015, "Credit Constraints, Quality, and Export Prices: Theory and Evidence from China," *Journal of Comparative Economics*, 43 (2).

Fan H., Li Y. A., Yeaple S. R., 2018, "On the Relationship between Quality and Productivity: Evidence from China's Accession to the WTO," *Journal of International Economics*, (110).

Fan H., Li Y. A., Yeaple S. R., 2015, "Trade Liberalization, Quality, and Export Prices," *Review of Economics and Statistics*, 97 (5).

Fan H., Lin F., Tang L., 2018, "Minimum Wage and Outward FDI from China," *Journal of Development Economics*, (135).

Feng L., Li Z., Swenson D. L., 2016, "The Connection between Imported Intermediate Inputs and Exports: Evidence from Chinese Firms," J*ournal of International Economics*, (101).

Hummels D., Ishii J., Yi K. M., 2001, "The Nature and Growth of Vertical Specialization in World Trade," *Journal of International Economics*, 54 (1).

Johnson R. C., Noguera G., 2012, "Accounting for Intermediates: Production Sharing and Trade in Value Added," *Journal of International Economics*, 86 (2).

Koopman R., Wang Z., Wei S. J., 2008, "How Much of Chinese Exports is Really Made in China? Assessing Domestic Value-added When Processing Trade is Pervasive," NBER Working Paper.

Koopman R. , Wang Z. , Wei S. J. , 2012, "Estimating Domestic Content in Exports When Processing Trade is Pervasive," *Journal of Development Economics*, 99 (1) .

Koopman R. , Wang Z. , Wei S J. , 2014, "Tracing Value-added and Double Counting in Gross Exports," *The American Economic Review*, 104 (2) .

Lu J. , Lu Y. , Tao Z. , 2010, "Exporting Behavior of Foreign Affiliates: Theory and Evidence," *Journal of International Economics*, 81 (2) .

Lu Y. , Ng T. , 2013, "Import Competition and Skill Content in U. S. Manufacturing Industries," *Review of Economics and Statistics*, 95 (4) .

Ma H. , Wang Z. , Zhu K. , 2015, "Domestic Content in China's Exports and Its Distribution by Firm Ownership," *Journal of Comparative Economics*, 43 (1) .

第二十一章　构建国际经济新秩序研究

回首过去风云变化的 70 年，全球化与逆全球化进程相互交织，贸易摩擦与贸易保护频频发生，而大国关系在其中发挥着举足轻重的作用。在这一进程中，毫无疑问以美国为代表的西方国家成为全球化的受益者。从 20 世纪 70 年代开始，为了弥补国内劳动力成本高企和生产力不足的问题，美国将生产线转移至中国、越南等发展中国家，而将设计和销售环节保留在国内，提高了美国的生产效率。在全球经济低迷时期，美国利用国际贸易规则的制定权，频频将贸易问题政治化，并通过贸易保护主义在全球贸易中谋求主动。尤其是 2008 年国际金融危机以后，逆全球化思潮涌现，特朗普上台以后更是将贸易保护主义发挥到了极致，与中国贸易摩擦不断。对于中国而言，在以往的贸易中往往是国际规则和秩序的遵从者，当然，这也是我国经济发展阶段的现实要求，但随着对外开放的深化以及参与国际分工所带来的贸易收益增加，中国在过去 40 年内经济规模持续增大、综合国力不断增强，并成为世界第二大经济体，在全球经济发展中占据主要的位置、拥有较强的话语权。

目前，全球经济低迷的大环境为逆全球化思潮的滋生提供了"土壤"。作为全球两大经济体，中国与美国之间的贸易摩擦难以避免，并已经上升至制度、产品、技术等层面且将长期持续。事实上，逆全球化并不能阻止全球化浪潮，中国既可以寻求多边合作改变格局，也可以为推进区域性自由贸易协定提供空间。互利共赢、积极参与构建国际经济新秩序将是中国未来发展的主基调。

第一节　贸易摩擦问题的起因、争论与发展

纵观世界的发展，贸易摩擦其实是随着国际贸易的产生而产生，并且随着全球商品流动的加快而不断增加的。中国加入 WTO 之后更加积极地融入世界市场，与此同时，贸易摩擦的数量与涉及规模呈现扩大的趋势，而中国也更加主动地利用贸易争端解决机制来化解贸易冲突。从表 21 - 1 可以看出，从中国 2002~2016 年在贸易摩擦中角色变化的角度分析，加入世贸组织的前两年，中国涉及贸易摩擦多数是以第三方参与国的身份参与贸易诉讼，作为贸易摩擦主要参与国的贸易摩擦案件数量在加入世贸组织初期较少。数据显示，自 2004 年中国受到首起被起诉贸易争端以来，中国被起诉的贸易争端数量呈现较快速增长的趋势，尤其是 2006~2012 年，中国受到贸易争端起诉总数达 29 起，2012 年中国被起诉贸易争端达 7 起，在这段时期内，中国遭受到的贸易争端数量甚至超过美国和欧盟，这两个经济体在 2006~2012 年受到贸易争端起诉数量分别为 28 起和 8 起。与巴西、墨西哥、阿根廷等发展中国家受到的被诉贸易争端数相比，中国更是远高于其他发展中国家。从涉案产品看，2002~2016 年中国被其他国家起诉的 38 起贸易争端中，近 50% 的贸易争端集中在汽车制造、原材料、金融信息服务、通用设备制造（主要是钢铁紧固件和不锈钢管）、稀土/稀有金属矿产这五个行业。鉴于贸易摩擦的重要性，学者从不同角度出发，探寻贸易摩擦的原因、类型特点及发展趋势、产生原因、经济效应、化解路径等（于铁流、李秉祥，2004：67~72；尹翔硕、李春顶、孙磊，2007：74~85；柳剑平、张兴泉，2009：114~119；李娟，2014：170~171）。当然，已有部分研究从数据经验的角度来考察贸易摩擦（王孝松、谢申祥，2013：86~107；余振、周冰惠、谢旭斌、王梓楠，2018：24~42），具体分析如下。

表21－1　2002～2016年中国涉及贸易争端情况

单位：起

年份	中国作为起诉国	中国作为被起诉国	中国作为第三方	主要参与	合计
2002	1	0	19	1	20
2003	0	0	17	0	17
2004	0	1	9	1	10
2005	0	0	6	0	6
2006	0	3	7	3	10
2007	1	4	2	5	7
2008	1	5	7	6	13
2009	3	4	6	7	13
2010	1	4	7	5	12
2011	1	2	4	3	7
2012	3	7	12	10	22
2013	1	1	11	2	13
2014	0	1	12	1	13
2015	1	3	8	4	12
2016	2	3	7	5	12

资料来源：冯帆等：《自由贸易协定如何缓解贸易摩擦中的规则之争》，《中国工业经济》2018年第10期。

由于贸易摩擦的普遍存在，学者最早是对其形成的原因和类型进行甄别。类型的划分依据研究对象和研究内容有所差异，例如，尹翔硕（2006：74～85）根据贸易摩擦的不同性质将其划分为比较优势领域摩擦和比较劣势领域摩擦两个方面；王雪峰、王平利（2005：49～53）将贸易摩擦分为显性贸易摩擦和隐性贸易摩擦两种类型。而尹翔硕、李春顶、孙磊（2007：74～85）基于大量文献已有的研究成果，将国际贸易摩擦的发生原因归结于三类：贸易摩擦不可避免、贸易保护引致摩擦、利益集团和企业的政治经济行为导致贸易摩擦，并进一步对三种原因做了细致讨论。就以上三类贸易摩擦原因中，第一类原因没有必要受到过多重视，因为没有多大实践价值。而政府的保护动机无论在过去、现在还是将来，都会是研究重点，现有的文献较多的是利用理论模型来做推导，而可计量的经验分析还不是很多，所以给出经验证明以及确定一套测度保护程度的方法和指标等都需要进一步的研究。政治经济和企业行为引起的摩擦在某种意义上也可以并入保护动机的行列，其既是研究重点所在，也存在很大的研究空间。随着经济全球化的推进，跨国公司的投资行为会更多的引起产品的跨国流动，贸易摩擦就更多的表现为企业的行为，该类型的研究无论是从理论还是从经验研究来看都需要进一步的完善和扩展。而在众多的贸易摩擦中，中美贸易摩擦可谓此起彼伏、从未间断，对两国之间贸易摩擦的研究也呈现不同的结论。于铁流、李秉祥（2004：67～72）以中美之间的贸易摩擦为研究对象，发现中美贸易摩擦的根本原因是中国对美国的巨额贸易逆差，而这种逆差又是由意识形态和政治制度不同而造成的不信任，以及由这种不信任而造成的美国对中国高技术产品出口的管制。研究进一步指出，从发展的角度来说，由于这种摩擦的存在与升级，美国政府不得不对从中国的进口进行限制或制裁，这种限制或制裁对中国的经济增长、就业及社会稳定将会产生比较严重的负效应。除了宏观角度的分析以外，柳剑平、张兴泉（2009：114～119）将研究进一步细化，通过对中美产业内贸易以及贸易摩擦产业分布状况的分析发现：中美贸易摩擦主要发生在产业内贸易水平较低的行业中，而在产业内贸易水平较高的行业中则不存在贸易摩擦问题。之所以产生这样的效应，其原因在于在产业内贸易水平较低的行业中，贸易结构调整的成本较高，可以大幅降低相关利益集团的利益所得，容易引发贸易摩擦。

除了以上理论层面的分析以外，随着现代计量方法的普及，学者开始从数据经验的角度来考察贸易摩擦出现的原因，王孝松、谢申祥（2013：86～107）从发展中大国间贸易摩擦出发，以印度对华反倾销为案例来说明贸易摩擦所形成的微观机制，具体的研究过程是以 Grossman 和 Helpman 的"保护待售"模型为理论基础，并使用 1999～2009 年案件层面的数据，定量分析印度对华反倾销税裁定的影响因素，揭示中印经济冲突的微观形成机制。而余振、周冰惠、谢旭斌、王梓楠（2018：24～42）则结合全球价值链理论来说明贸易摩擦的出现，通过三国模型从行业收益角度分析了全球价值链地位以及参与度的提升对贸易摩擦的影响，研究发现中国参与全球价值链重构对其自身遭遇的贸易摩擦有"催化剂效应"和"润滑剂效应"。随后，研究基于 2000～2014 年 TTBD 与 WIOD 匹配的制造业数据进行实证检验，结果显示：中国与贸易伙伴在某行业全球价值链分工中地位越接近，中国与该贸易伙伴发生贸易摩擦的频率越高，体现为相关行业的贸易摩擦数量越多；中国某行业的相对全球价值链参与度越高，该行业的相关贸易摩擦越容易得到解决，体现为贸易摩擦的持续时间越短。将该研究结论应用于中美贸易摩擦，指出随着中国制造业在全球价值链中的赶超与攀升，中国与美国贸易摩擦的加剧有着内在的必然性，并且这个摩擦将呈现常态化、长期化、复杂化的趋势。对于中国而言，要积极适应全球化分工，通过重塑全球价值链地位，积极参与国际经济规则的制定，建立和完善政府的应对机制，构建国际贸易摩擦的企业应对体系，积极主动地应对国际贸易摩擦。

而随着经济的快速崛起，贸易总量不断增长，中国在世界经济舞台上拥有了强大的影响力和绝对的话语权。正是由于经济贸易的发展，中国所遭受的贸易摩擦事件越来越多，这一经济现实问题也成为学者关注的重点，而在所有的贸易摩擦中，中美贸易摩擦是最为典型的，其拥有着规模大、持续时间长、影响面广等特点。为此，学者将中美贸易摩擦作为研究的核心，而从具体的研究内容来看，可以进一步分为以下三类：首先，针对中美贸易摩擦产生的原因进行分析（张震和王建斌，2018：116～122），焦慧莹（2018：86～93）从制度的视角来说明中美贸易产生的根源，杨飞等（2018：99～117）从技术赶超的角度来说明中美贸易产生的原因。其次，在分析了贸易摩擦产生的原因之后，对中美贸易摩擦所引发的经济后果进行评估（吴红蕾，2018：96～102；李春顶等，2018：137～155；崔连标等，2018：4～17），樊海潮和张丽娜（2018：41～59）从中间品贸易的角度来说明中美贸易所带来的福利效应，而张志明和岳帅（2019：87～92）从全球价值链的视角来考察中美贸易摩擦给两国贸易所带来的非对称影响。最后，在完全理解贸易摩擦产生的原因及其后续影响后，如何解决中美贸易摩擦是学者所面临的主要问题，故而对于缓冲或解决中美贸易摩擦的方式予以分析，黄鹏等（2018：156～174）从经济全球化的角度来探寻缓解中美贸易摩擦的方式，而冯帆等（2018：118～136）则试图从自由贸易协定的角度来缓解贸易摩擦中所出现的规则之争。

第二节 关于自由贸易区建设的思路和认识

中国自由贸易区的建设起步较晚，2013年9月27日，国务院批复成立中国（上海）自由贸易试验区，这是中国第一个自由贸易区，标志着我国建立自由贸易区的开始。随后2015年4月20日，国务院批复成立中国（广东）自由贸易试验区、中国（天津）自由贸易试验区、中国（福建）自由贸易试验区3个自贸区，并扩展中国（上海）自由贸易试验区实施范围。2017年3月31日，国务院批复成立中国（辽宁）自由贸易试验区、中国（浙江）自由贸易试验区、中国（河南）自由贸易试验区、中国（湖北）自由贸易试验区、中国（重庆）自由贸易试验区、中国（四川）自由贸易试验区、中国（陕西）自由贸易试验区7个自贸区。2019年批复中国（山东）自由贸易试验区、中国（云南）自由贸易试验区、中国（黑龙江）自由贸易试验区、中国（广西）自由贸易试验区、中国（江苏）自由贸易试验区、中国（河北）自由贸易试验区。至此，我国已经形成"1+3+7+6"共计17个自贸区的格局。自由贸易区的建设是中国进一步深化开放的初步尝试，这对于新时期新背景下探索贸易增长新模式、经济增长新动力具有重要的推动作用，研究文献的时序分布如图21-1所示，可以看出，对自由贸易区的研究并不是据此开始的，早期的文献较多的是讨论欧盟等地区的自由贸易区建设，而自由贸易区在国内的研究更多地集中于以下两个方面。

第一，由于自由贸易区对于中国来说仍然比较陌生，作为一种初步尝试，如何更好地结合我国的发展实际来顺利建设自由贸易区便是学者研究的重点（岳文、陈飞翔，2014：40～47；陈爱贞、刘志彪，2014：20～28；毕玉江、唐海燕、殷德生，2014：8～12；陈林，2016：104～115）。岳文、陈飞翔（2014：40～47）分别从贸易效应、福利效应、产业效应、投资效应、货币效应、引导效应等六个维度对我国未来推进自贸区建设的经济效应进行

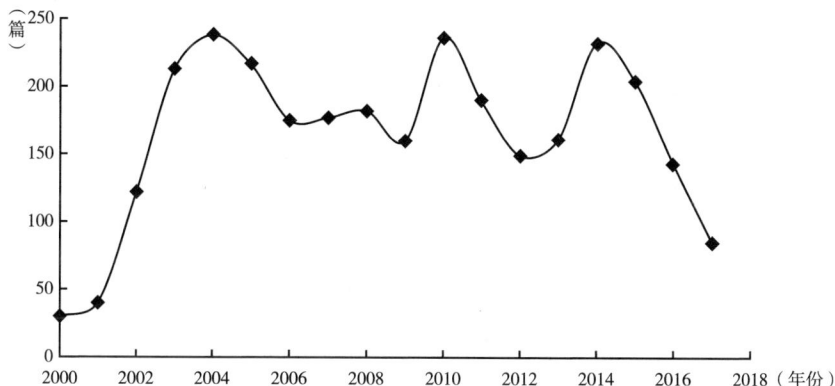

图 21 - 1　自由贸易区相关研究文献的时序分布

科学评估，基于全球产业链的演变趋势来全面展开我国今后一个时期自贸区建设全球布局。同时，研究指出我国自贸区建设全球布局的基本目标：一是为国内经济发展转型提供有效的空间。要让自贸区建设在优化进出口贸易结构、优化引进外资和对外投资的结构、深化市场制度的创新、以更高层次的经济国际化加快国内产业升级的步伐等方面发挥出明显的作用。二是在全球市场中形成和保持必要的竞争优势。现实生活中自贸区的发展客观上体现出一种区域经济竞争的特征，美国等大力倡导成立 TPP，并积极与欧盟进行自贸区谈判，其目的在于强化自身对全球的影响力，客观上给中国等国家造成了压力。对于该问题的回答有利于明确我国建设自贸区的定位，在方向上进行把握，而陈爱贞、刘志彪（2014：20～28）则将自贸区建设视为中国开放型经济"第二季"并指出上海自贸区有助于实现中国开放型经济的三个转变：一是国际经济从"多边开放"和"双边开放"转向"单边开放"，实现从产品市场开放走向要素市场开放；二是政府管理从"正面清单"转向"负面清单"，实现从内部"分权"改革走向"减权"改革；三是从参与制造业产品内国际分工转向攀升全球价值链高端，实现从制造业全球化走向服务业全球化。毕玉江、唐海燕、殷德生（2014：8～12）以上海自贸区为例，指出当前制约自贸区发展的主要因素包括：金融体制改革滞后制约

"四个中心"建设步伐、服务业发展滞后影响上海竞争力的提高、管理创新滞后限制开放型经济发展的空间。并且进一步指出针对阻碍的转变方向，以自主的新型开放战略指导贸易转型发展方向；以全球生产网络与价值链提升为指引，提高我国在国际分工中的地位；以服务贸易为核心突破领域，推动我国整体贸易转型升级。在自贸区建设开启两年后，陈林（2016：104~115）则针对自由贸易区战略推进中面临的来自思想认识、学术理论、实践工作三个维度的阻力，通过理论与案例分析，归纳自由贸易区建设中"认识、理论与实践误区"：①误以为自由贸易区的负面清单制度是新生事物，是洋为中用的产物；②学术研究只知自由贸易区的贸易自由，而不知投资自由；③地方政府将自由贸易区看作为新一轮的开发区，唯GDP论成败。

第二，随着自贸区建设的不断深入，学者的关注点和研究方向逐渐由起初的自贸区建设转变为自贸区建设对经济发展所产生的一系列影响，具体包括自贸区建设所带来的经济增长（赵亮、陈淑梅，2015：92~102；石敏俊、美丽古丽、黄文、李娜等，2018：3~12）、区位政策红利（陈林、罗莉娅，2014：104~115；任再萍、田思婷、施楠，2016：175~183）、自贸区对资本流动的作用（项后军、何康，2016：3~15；项后军、何康、于洋，2016：48~63；宋潇、柳明，2016：46~56）。赵亮、陈淑梅（2015：92~102）以我国周边的中韩自贸区、中日韩自贸区与区域全面经济伙伴关系（RCEP）谈判为研究对象，从贸易效应、经济效应和福利效应三个方面分析了三大自贸区建成后对各经济体尤其是我国经济增长的影响。研究发现，三大自贸区会驱动各成员的经济增长，同时对非成员会产生外部不经济；对我国来讲，每个自贸区驱动我国经济增长的情况不一，但都能有效驱动我国对外贸易、经济总量及福利水平的增长，并且成员越多、市场规模越大的自贸区对我国经济增长的驱动作用就越大，贸易效应、经济效应和福利效应越明显。而石敏俊、美丽古丽、黄文、李娜等（2018：3~12）基于GTAP模型和情景模拟方法分析了上海合作组织相关国家贸易自由化的经济效应，以及对中国和"丝绸之路经济带"沿线国家之间贸易关系的影响。

研究结果发现，上海合作组织相关国家贸易自由化，可以有效应对俄—白—哈关税同盟对中国和相关国家经济和贸易带来的冲击，有助于促进中国和"丝绸之路经济带"沿线国家的经济和各国间的贸易合作，从而推进"一带一路"倡议的实施。并且，随着自由贸易区范围从上海合作组织成员国扩大到上海合作组织相关的所有国家，中国以及"丝绸之路经济带"沿线国家的经济更为受益。任再萍、田思婷、施楠（2016：175～183）基于Dendrinos-Sonis模型考察了自贸区成立对其区位优势与协同互补性的影响，结果发现上海自贸区与津、粤、闽三大自贸区的协同发展是以上海自贸区为主导的、相互之间高度协同互补发展的关系，这种协同互补发展不仅释放了单一自贸区的地理限制，更能扩大自贸区溢出效应。与以上研究相比，自贸区建设对资本流动的影响更受学者关注，项后军、何康（2016：3～15）与项后军、何康、于洋（2016：48～63）等均利用"准自然实验"的方法来对自贸区建设对资本流动的因果关系予以推断，在分别使用双重差分法和断点回归法后发现自贸区设立对上海地区资本流动有显著的正向影响，并且在多次稳健性检验后该结论依旧成立。宋潇、柳明（2016：46～56）建立了一个可以改变资本项目开放程度的动态一般均衡模型，用于分析自贸区模式和全开放模式下海外资本市场冲击对本国经济的影响。研究结果显示，长期来看，当海外资本市场波动较小时，资本项目开放更有利于经济体的稳定，而当海外资本市场波动较大时，盲目开放则会加剧经济波动；短期来看，无论海外资本市场是否稳定，资本项目的开放都会增加经济体遭受海外冲击的风险。相较于全开放，自贸区所设定的局部开放模式能够有效地缓解海外资本市场波动对于本国投资和产出的短期负向冲击。

第三节　"一带一路"倡议的提出和影响研究

"一带一路"倡议的提出对当前中国的经济发展以及全球经济格局产生重大影响，尤其是在后金融危机时代，通过"一带一路"建设，中国既实现自身经济的发展又可以促进周边发展中国家发展，有利于世界经济长期稳定发展。对"一带一路"倡议的讨论和研究早已涉及地缘政治、文化、经济、环境、安全等各个领域。而就国内学者对"一带一路"倡议的研究内容来看，更多的是集中研究"一带一路"倡议的定位（储殷、高远，2015：90～99；张其仔，2018：53）、地缘政治（李晓、李俊久，2015：30～59；曾向红，2016：46～71），以及沿线国家对"一带一路"的对接（张骥、陈志敏，2015：36～52）、认知（林民旺，2015：42～57；马建英，2015：104～132）等问题。除此之外，少数学者开始在仅有的样本时期内以现代计量方法来考察"一带一路"建设所带来的经济效益（裴长洪、于燕，2015：4～17；杨广青、杜海鹏，2015：43～50；林乐芬、王少楠，2015：72～90；杨玲，2016：3～20；孙楚仁、张楠、刘雅莹，2017：83～96）。

储殷、高远（2015：90～99）讨论了"一带一路"建设中三个值得研究的主要问题，具体包括："一带一路"是全球战略还是区域战略？"一带一路"应以多重双边伙伴关系为基础还是应以跨区域整合为基础？"一带一路"倡议应以西北方向为优先还是应以东南方向为优先？他们认为，对这三个问题的诠释对于"一带一路"建设的推进有着极为重要的意义。他们认为，"一带一路"建设虽然表现出了一定的全球战略特征，但在本质上还是区域性的；必须以多重双边伙伴关系为基础。此外，"一带一路"建设不仅涉及中国，而且需要更多国家的参与，正是由于涉及太多的地域和国家，这将不得不涉及地缘政治问题，对此的研究也是汗牛充栋。李晓、李俊久（2015：30～59）从大历史、近代史和现代史的三重视角探讨了"一带一路"倡议提出的历史背景，并从大国崛起与发展的困境入手，阐述了其多重现实背景。为确保"一带一路"的顺利推进，中国需遵循的地缘政治经济战略重构逻辑：一是界定新时期中国的核心国家利益，二是识别威胁中国核心国家利益的关键要素，三是决定如何恰当地运用国家的综合实力去维护核心国家利益。具体到操作层面，必须诠释或者处理好八个关键问题：界定中国在当今国际体系中的国家定位和核心利益；厘清"一带一路"与当今世界秩序的关系；评估"一带一路"倡议面临的优劣势、机遇和挑战；诠释"一带一路"框架下的区域经济合作；理顺"一带一路"建设与国内体制改革的关系；处理好"一带一路"建设中全面推进与重点突破的关系；重构中国与"一带一路"沿线国家的新型国际关系；构建一个可支撑中国长期可持续发展的国际体系。相反，曾向红（2016：46～71）将"一带一路"所引起的地缘政治想象称为太极式想象，它不仅在空间想象上契合中国的太极图式，其合作理念也符合太极图式对于世界万物的理解。太极式的地缘政治想象有助于克服传统地缘政治想象中存在的不足与盲点，该构想有可能为"天下制度"奠定物质基础、超越传统"中心—边缘"的思维模式、具有克服海权—陆权两分法的潜力。除了提供一种认识世界地理空间的新颖想象，"一带一路"构想蕴含的太极式地缘政治想象还能为中国加强与"一带一路"沿线国家或地区的合作提供诸多启示。张骥、陈志敏（2015：36～52）更多地关注的"一带一路"沿线国家与中国的对接，并以欧盟为例，指出中欧"一带一路"合作经历了从模糊处理到局部对接，再到整体、全面对接，从与部分成员国单层对接到与欧盟机构双层对接的进程，并推动中欧形成了更紧密的双边合作关系。基于欧盟对外政策体系的双层特征，"一带一路"倡议所涉及的合作领域分属欧盟对外政策中的不同权能类别，欧盟层面的对接和成员国层面的对接呈现不同特性，并形成复杂的互动关系。中国需要根据欧盟对外政策的双层特性推进对应的"一带一路"双层对接战略，在不同的政策领域采取差异化方式，针对不同对象确定各自的对接重点，并通过四个途径促进形成中欧双层对接的良性互动机制：横向扩散，通过与部分成员国的引领性合作示范促使其他成员国采取政策模仿行动；向上投射，借助成员国塑造欧盟政策的影响力推动欧盟与中国的积极合作对接；向下传导，通过在欧盟层面形成有利的政策、法律和舆论环境促进和成员国的合作；对外溢出，通过中欧双层对接拓展在"一带一路"沿线其他地区乃至全球的中欧合作。除以上研究外，其他国家对我国所提倡的"一带一路"的看法也应引起学者的关注。为此，下文选取印度和美国两个国家作为代表来说明国外如何看待"一带一路"倡议。马建英（2015：104～132）通过对美国媒体、学界、智库等的考察发现，美国虽然也不乏一些理性、客观的声音，但是总体上对中国的意图存在较大疑虑，认为"一带一路"倡议是中国拓展国际影响力的战略工具，将给中美之间带来广泛的竞争，并会威胁到美国在欧亚大陆的利益和领导地位。美国官方则对"一带一路"倡议采取了选择性回应：一方面，从整体上对该倡议进行"冷处理"，官员较少公开提及甚至有意淡化其积极意义；另一方面，在需要借助于中国的特定领域，则表达了谨慎的欢迎与合作态度。除了上述在理论上进行探讨分析外，不少学者也开始对"一带一路"倡议所带来的经济效益予以计量考察，试图分析"一带一路"建设带来的经济等方面的影响。杨广青、杜海鹏（2015：43～50）利用"一带一路"沿线79个国家和地区的面板数据来考察人民币汇率变动对我国出口贸易的影响。此外，林乐芬、王少楠（2015：72～90）更多地关注"一带一路"倡议与人民币国际化，发现"一带一路"倡议的实施促使人民币国际化程度不断加深。因此，经济规模、对外直接投资、贸易规模、经济自由度等因素显著影响货币国际化水平。研究结合"一带一路"建设提出了"对外投资与贸易——经济互动效应——资本项目有序开放——人民币国际化"的实现路径。杨玲（2016：3～20）在经济新常态下，结合"一带一路"倡议来考察生产性服务进口复杂度及其对制造业增加值率的影响，研究以"一带一路"18个省份作为分析的起点并进行异质性比较，结果表明生产性服务进口复杂度对"一带一路"18个省份制造业增加值率提升有区域异质性特征。沿海5省处于要素驱动、资本驱动过后第二波创新驱动过渡期。西北6省制造业尚处于第一波增长期。东北3省和重庆效应尚不显著。避免"一带一路"倡议下"运动式"增长，优先发展地区特色、优势制造产业，升级效果将更显著。孙楚仁、张楠、刘雅莹（2017：83～96）利用1996～2014年的中国海关数据库并结合世界发展指标数据库，对中国对"一带一路"沿线国家出口增长情况进行了考察。实证发现"一带一路"倡议的提出显著地促进了中国对"一带一路"沿线国家的出口增长，且对出口数量增长的影响要大于对价格上升的影响，对异质性产品出口增长的影响要大于对同质性产品出口增长的影响，且对非邻国的出口促进效应大于对邻国的出口促进效应，对"一路"国家出口的促进作用大于对"一带"国家出口的促进作用。

（一）"一带一路"相关国家贸易竞争力研究

从已有的文献来看，贸易竞争力通常也被称为国际竞争力，是贸易竞争与互补关系的总体体现。世界经济论坛（1985）首次提出了国际竞争力的概念，并将其定义为"一国企业能够提供比国内外竞争对手更优质量和更低成本的产品与服务的能力"。在借鉴马克思关于出口贸易竞争力比较生产力视角的基础上，中国社会科学院工业经济研究所课题组在《中国工业国际竞争力报告》中指出，国际竞争力是在国际间自由贸易条件下或排除贸易壁垒因素的假设条件下，一国某特定产业的出口品所具有的开拓市场、占据市场并以此获得利润的能力。研究某个国家在某种特定产业方面的贸易竞争力，是一种综合了贸易竞争与互补关系的研究。一个国家贸易竞争与互补关系的情况，最终都会通过贸易竞争力体现出来。一个国家与其他国家贸易竞争与互补关系的格局，最终都会集中通过产业竞争力的变化体现出来。

1. 贸易竞争力的理论研究

关于贸易竞争力的理论研究较为成熟，成果大多为经典的或者被广泛认可的贸易理论。最早可以追溯到亚当·斯密（1776）的绝对优势理论。之后李嘉图（1817）在绝对优势理论的基础上，提出了比较优势理论，强调生产技术的相对差别（而非绝对差别），以及由此产生的相对成本差别，之后其他一些新古典贸易理论，如哈伯勒的替代成本论，艾奇沃斯、马歇尔的一般均衡和相互需求论等都在不同程度上支持并完善了比较优势理论。后来赫克歇尔（1919）和俄林（1933）又提出了要素禀赋理论，认为资源禀赋（如自然资源、劳动力和资本等要素）决定着一国比较优势和竞争优势，各国应该出口密集使用本国较为充裕生产要素生产的商品。在这之后技术差距理论（1961）、产品生命周期理论（1966）、新贸易理论等都在不同角度进一步充实和完善了比较优势理论，其中以赫尔普曼（1984）和克鲁格曼（1985）为代表的新贸易理论经济学家认为使一个国家能够专业化生产某种产品而与别国进行贸易往来的原因在于资源差异和规模经济，其中资源差异主要针对完全竞争和规模经济不变的情形，所涉及的是产业间贸易，而规模经济则是针对不完全竞争和规模收益递增的情形，主要是指产业内贸易。直到 1990 年，美国哈佛大学商学院教授迈克尔·波特在《国家竞争优势》一书中提出了"国家竞争优势"理论，研究才实现了从比较优势到竞争优势的飞跃。该理论将决定一个国家某种产业竞争力的因素归结为四类：生产要素、需求条件、相关产业和支持产业、企业的战略和竞争对手的表现，在四大因素之外还有无法控制的机会变量和不可忽视的政府政策变量，其更加强调某个国家的动态竞争优势，认为一国的优势会随着时间的推移和知识的积累而增加，而不断创造的要素比自然资源、劳动力等静态要素更能持久。以上这些经典理论都可以为一国贸易竞争力的判断提供依据。

2. 贸易竞争力测度方法研究

除了经典理论的逐步完善外，贸易竞争力相关研究的发展则更多地体现在贸易竞争力测度方法的不断改进上，通常可将传统的贸易竞争力测度方法分为以决定因素为导向和以结果为导向两类。其中以决定因素为导向的研究通过寻找影响产业国际竞争力的决定因素，并比较不同国家的决定因素之间的差异，如自然资源、劳动力成本、生产投入、金融和技术支持等，衡量产业国际竞争力的差异；以结果为导向的研究则将这些因素对国际竞争力的影响转化为国际竞争的结果，而这种结果更多地可以以一些专业化指数来衡量（郑义等，2015：145～155）。

在以决定因素为导向的研究中，最常见的测度方法是波特的钻石模型，如 Mehrotra 和 Kant（2010：1～56）基于钻石模型，通过设计生产要素、技术、需求条件、政府政策、相关产业和支持产业的表现、企业战略、管理系统七个二级指标，计算了美国、中国等国的软木材行业和木质纸浆行业的国际竞争力。陈虹、章国荣（2010：13～23）利用钻石模型测度了中国服务贸易的国际竞争力，研究结果显示中国服务贸易在劳动密集型行业和资源密集型行业具备一定的竞争力，而多数资本/技术密集型行业的服务贸易的国际竞争力较弱。还有专业机构使用的 WEF 方法（WEF，1986）、IMD 国际竞争力评价体系（IMD，1989）、UNIDO 工业竞争力评价体系（UNIDO，

2002）等，这些方法大都通过对世界主要国家产业的统计、分析和评价，形成包括国际竞争力研究的理论、原则、评估方法和指标等在内的相对完整的体系。其中 UNIDO 评价体系由人均制造业增加值、人均制成品出口额、制造业增加值的中高技术产品比重和制成品出口的中高技术产品比重等指标构成，测度结果涵盖了 87 个国家和地区。

在以结果为导向的研究中，最主要的是各种贸易竞争力指数的构建和改进，并不断应用到某个国家或某个产业的国际竞争力测度中，如国际市场占有率（MS）、贸易竞争力指数（TC）、显示性比较优势指数（RCA）、相对贸易指数（RTA）及净出口竞争力指数（TSC）等。

（1）国际市场占有率

国际市场占有率是指一国某一产业或某种商品的出口额占世界某一产业或某种商品出口总额的比重，可以反映一国该产品的国际竞争力，计算公式为：

$$MS_{ij} = X_{ij}/X_{wj} \qquad (21.1)$$

其中，MS_{ij} 是指第 i 国 j 产品的国际市场占有率，X_{ij} 是指第 i 国 j 产品的出口额，X_{wj} 是指世界 j 产品的出口总额。MS_{ij} 值越高，表明 i 国 j 产品的国际竞争力越强。

（2）贸易竞争力指数

贸易竞争力指数是指一个国家某一产业或某种商品的净出口（出口与进口的差额）与该类商品贸易总额（进出口总额）的比值，计算公式为：

$$TC_{ij} = (X_{ij} - M_{ij})/(X_{ij} + M_{ij}) \qquad (21.2)$$

其中，TC_{ij} 表示贸易竞争力指数，X_{ij} 是指第 i 国 j 产品的出口额，M_{ij} 是指第 i 国 j 产品的进口额。该指标作为与贸易总额的相对值，考虑了经济膨胀、通货膨胀等宏观因素方面波动的影响，即无论进出口的绝对量如何，该指标值都在 $-1 \sim 1$。若该值大于 0，表明第 i 国 j 产品具有较强的国际竞争力，越接近于 1，表明产品的国际竞争力越强；若该值小于 0，表明第 i 国 j 产品国际竞争力较弱，越接近于 -1，竞争力越弱。

（3）显示性比较优势指数

显示性比较优势指数由 Balassa（1965：99～123）提出，是衡量某地的产品或产业的国际市场竞争力最为权威的指标，是指一个国家某种商品出口额占其出口总值的份额与世界出口总额中该类商品出口额所占份额的比值，计算公式为：

$$RCA_{ij} = (X_{ij}/X_{it})/(X_{wj}/X_{wt}) \tag{21.3}$$

其中，RCA_{ij}表示显示性比较优势指数，X_{ij}是指第 i 国 j 产品的出口额，X_{it}是指第 i 国所有产品的出口额，X_{wj}是指世界 j 产品的出口额，X_{wt}是指世界所有产品的出口额。如果 $RCA_{ij} > 2.5$，表明该地区的该类产品出口具有极强的国际竞争力，如果 $2.5 \geq RCA_{ij} \geq 1.25$，表明该地区该类产品出口具有较强的国际竞争力，如果 $1.25 \geq RCA_{ij} \geq 0.8$，表明该地区该类产品出口具有中度的国际竞争力，如果 $RCA_{ij} < 0.8$，则表明该地区该类产品的国际竞争力弱。

在某个国家或某产业的国际竞争力测度中，学者通常都会同时利用三种方法来进行测度，如王国安和赵新泉（2013：158～167）运用三种指数测度了中美两国影视产业的国际竞争力状况，聂聆等（2013：111～122）也同样利用三种指数测度了金砖四国创意产品的国际竞争力状况。

（4）相对贸易指数

显示性比较优势指数（RCA）广泛应用于贸易竞争力测算方面，但是该指数仅考虑出口，巴拉萨进一步发展了该指数，提出考虑进口和出口的相对贸易指数（RTA）。RTA 在考虑出口优势的同时引入进口因素，更能体现一国国内外资源的利用情况（龙海雯、施本植，2016：78～84），计算公式为：

$$RTA_{ij} = \frac{X_{ij}/X_{rj}}{X_{in}/X_{rn}} - \frac{M_{ij}/M_{rj}}{M_{in}/M_{rn}} \tag{21.4}$$

其中，X_{ij}和M_{ij}分别表示第 i 国出口和进口 j 产品的价值；X_{rj}和M_{rj}分别表示除 i 国外其他国家出口和进口 j 产品的价值；X_{in}和M_{in}分别表示第 i 国出口和进口所有其他产品的价值；X_{rn}和M_{rn}分别表示除 i 国外其他国家出口和进口所有其他产品的价值。以 -1、0、1 三个值为界，将优势情况分为劣势产品、弱劣势产品、弱优势产品和强优势产品四个区间。

3. "一带一路" 相关国家贸易竞争力研究

随着东盟自由贸易区的建成和 "一带一路" 倡议的提出，很多学者应用上述方法对 "一带一路" 相关国家的贸易竞争力进行了测度。比如，黄晓茜（2011：31～36）利用 "钻石模型"，从生产要素、企业规模与技术创新、产业集群、国际需求、政府政策和机遇等方面分析了新加坡生物医药产业的竞争力状况；旷乾、汤金丽（2012：82～86）用显示性比较优势指数、贸易竞争力指数分析了中国和泰国农产品贸易的竞争性；姚海棠、方晓丽（2013：100～110）以金砖五国为研究对象，计算了五国服务贸易相对竞争力指标、竞争结构和服务贸易多样性指标，并构建综合评价体系，研究金砖五国的服务贸易总体竞争力和部门竞争力；李伊（2015：102～104）通过对贸易竞争力指数的计算，分析了广西和越南的贸易竞争性和互补性，结果表明广西具有竞争优势的产品是工业制成品，而越南具有竞争优势的产品为自然资源密集型产品，双方贸易表现为互补性；龙海雯、施本植（2016：78～84）利用相对贸易指数测算了中国和中东欧国家的相对贸易优势，计算结果表明中国在食品、活畜、制成品、机械运输设备和杂项制品等方面有一定的竞争优势，而在饮料、烟草、非食用原料、矿物燃料、动植物油脂等方面则中东欧国家更具有优势；王莉莉、肖雯雯（2016：113～119）借助显性比较优势指数分析了 2004～2014 年中国各类出口商品在 "一带一路" 沿线国家或地区市场的竞争力，研究发现中国的初级产品在 "一带一路" 沿线国家和地区市场的竞争力不断减弱甚至完全丧失，工业制成品在 "一带一路" 沿线国家和地区市场竞争力较强。

（二）贸易竞争与互补关系的定量测度方法研究

从方法上看，传统的贸易竞争力测度方法有定性分析和定量分析两类。最常见的定性分析方法就是钻石模型，常被用来全面衡量国别之间贸易的综合竞争力关系（黄晓茜，2011：31～36）。这种方法的特点是以影响贸易关系的因素为导向，侧重于原因的抽象分析，20 世纪 90 年代前后使用较为普遍，近五年已经淡出国际贸易关系研究的主流方法，并且用来测算本课题的贸易竞争与互补关系不太适用，不过这种方法论对当前的国际贸易研究仍然具有指导意义。21 世纪以来，国际贸易关系的定量分析方法得到了学术界的青睐，被广泛应用于国别贸易关系的研究。结合课题的要求，表 21 - 2 中列出了当前研究贸易竞争与互补关系、国际竞争力的主要定量分析方法及其代表性文献。

表 21 - 2 测算贸易竞争与互补关系的常用指数、计算公式和代表性文献

方法	计算公式	代表性文献
国际市场占有率 MS	$MS_{ij} = X_{ij}/X_{wj}$ 其中，MS_{ij}是指第 i 国 j 产品的国际市场占有率，X_{ij}是指第 i 国 j 产品的出口额，X_{wj}是指世界 j 产品的出口总额	陈虹,2010;刘哲等,2013
贸易竞争指数 CS	$CS = 1 - \dfrac{1}{2}\sum_k \mid a_{it}^k - a_{jt}^k \mid$ 其中，a_{it}^k是 k 产品在 t 时间段内占 i 国家出口总量的比重，i 和 j 代表国家	杜秀红,2016;桑百川等,2015;周金城等,2012;王慧,2015
一致化指数 CC	$CC = \dfrac{\sum_n a_{it}^n a_{jt}^n}{\sqrt{\sum_n (a_{it}^n)^2 \sum (a_{jt}^n)^2}}$ 其中，a_{it}^n表示国家 i 的产品 n 在 t 时间段内占其出口总量的比重	桑百川等,2015
出口相似度指数 ESI	$ESI_{ab} = \left\{ \sum_{i=0}^n \left[\left(\dfrac{x_{ak}^i/x_{ak} + x_{bk}^i/x_{bk}}{2} \right)\left(1 - \left\mid \dfrac{x_{ak}^i/x_{ak} - x_{bk}^i/x_{bk}}{x_{ak}^i/x_{ak} + x_{bk}^i/x_{bk}} \right\mid \right) \right] \right\}$ $\times 100$ $ESI_{ab} = \left\{ \sum_{i=0}^n \left[\left(\dfrac{X_{ak}^i/X_{ak} + X_{bk}^i/X_{bk}}{2} \right)\left(1 - \left\mid \dfrac{X_{ak}^i/X_{ak} - X_{bk}^i/X_{bk}}{X_{ak}^i/X_{ak} + X_{bk}^i/X_{bk}} \right\mid \right) \right] \right\}$ $\times 100$ $ESI_{ab} \in ESI_{ab} =$ $\left\{ \sum_{i=0}^n \left[\left(\dfrac{X_{ak}^i/X_{ak} + X_{bk}^i/X_{bk}}{2} \right)\left(1 - \left\mid \dfrac{X_{ak}^i/X_{ak} - X_{bk}^i/X_{bk}}{X_{ak}^i/X_{ak} + X_{bk}^i/X_{bk}} \right\mid \right) \right] \right\} \times 100,$ $ESI_{ab} \in (0,100)$ 其中，X_{ak}^i/X_{ak}代表 a 国出口到 k 市场的第 i 种商品总额占 a 国出口到 k 市场的这类商品集合总额的比重	丁锋,2005;杨汝岱等,2008;阮氏秋江,2009;张新民,2009;燕春蓉等,2010;周金城等,2012;孙致陆等,2013;韩永辉等,2015;李迎旭,2016;龙海雯等,2016

方法	计算公式	代表性文献
相对贸易指数 RTA	$RTA_{ij} = \dfrac{X_{ij}/X_{rj}}{X_{in}/X_{rn}} - \dfrac{M_{ij}/M_{rj}}{M_{in}/M_{rn}}$ 其中，X_{ij} 和 M_{ij} 分别表示第 i 国出口和进口 j 产品的价值；X_{rj} 和 M_{rj} 分别表示除 i 国外其他国家出口和进口 j 产品的价值；X_{in} 和 M_{in} 分别表示第 i 国出口和进口所有其他产品的价值；X_{rn} 和 M_{rn} 分别表示除 i 国外其他国家出口和进口所有其他产品的价值	龙海雯等，2016
贸易竞争力指数 TC	$TC_{ij} = (X_{ij} - M_{ij})/(X_{ij} + M_{ij})$ 其中，X_{ij} 是指第 i 国 j 产品的出口额，M_{ij} 是指第 i 国 j 产品的进口额	旷乾等，2012；伍琳，2015
贸易结合度指数 TII	$TII_{ij} = \dfrac{X_{ij}/X_i}{M_j/M_w - M_i}$ 其中，X_{ij} 表示 i 国对 j 国出口某产品贸易额，X_i 代表 i 国某产品的出口总额，M_j 表示 j 国某产品进口总额，$(M_w - M_i)$ 表示世界除 i 国外某产品进口总额	阮氏秋江，2009；韩永辉，2015；陈建军等 2004；韩永辉等，2015；李迎旭，2016；姚海华，2006；李婷等，2011；梁丹辉等，2014；龙海雯等，2016
贸易互补指数 TCI	$TCI_i = \left[\sum\limits_{k=1}^{K} X_k M_{ik} \right] \left[\sum\limits_{k=1}^{K} X_k^2 \sum\limits_{k=1}^{K} M_{ik}^2 \right]^{-1/2}$ 其中，i 是贸易伙伴国，K 是商品类别，X_k 是商品 k 占本国出口份额，M_{ik} 是商品 k 占 i 国进口的份额	姚海华，2006；燕春蓉等，2010；布娟鹡·阿布拉等，2011；何莎，2012ab；周金城等，2012；旷乾等，2012；杨立卓，2015；王慧，2015；杜秀红，2016；李迎旭，2016；郑玮坤，2016
双边贸易综合互补指数 OBC	$OBC_{ij} = \dfrac{\mathrm{COV}(RTA_i, RTA_j)}{\sqrt{VAR(RTA_i)} \ \sqrt{VAR(RTA_j)}}$ 其中，RTA_i 表示 i 国相对贸易指数	龙海雯等，2016
显示性比较优势指数 RCA	$RCA_{ij} = (X_{ij}/X_{it})/(X_{wj}/X_{wt})$ 其中，X_{ij} 是指第 i 国 j 产品的出口额，X_{it} 是指第 i 国所有产品的出口额，X_{wj} 是指世界 j 产品的出口额，X_{wt} 是指世界所有产品的出口额	韩永辉等，2015；王兴立，2007；杨汝岱等，2008；阮氏秋江，2009；旷乾等，2012；伍琳，2015；郑玮坤，2016；姚海华，2006；李婷等，2011；梁丹辉等，2014；龙海雯等，2016；谷秋锋等，2011；布娟鹡·阿布拉等，2011；周金城等，2012；孙致陆等，2013；王慧，2015；孙石磊等，2015

方法	计算公式	代表性文献
格鲁贝尔－劳埃德产业内贸易指数 G－L	$GL_i = 1 - \mid X_i - M_i \mid / (X_i + M_i)$ 其中，X_i 代表 i 商品出口额，M_i 代表 i 类商品进口额	丁锋，2005；张新民，2009；杨立卓，2015；韩永辉等，2015
布雷哈特边际产业内贸易指数 BL	$BL_i = 1 - \mid \Delta X_i - \Delta M_i \mid / (\mid \Delta X_i \mid + \mid \Delta M_i \mid)$ 其中，ΔX_i 和 ΔM_i 分别代表两个时期出口和进口的变化量，$BL_i \in (0,1)$	韩永辉等，2015；阮氏秋江，2009；李迎旭，2016
产业间贸易指数 C	$C_{ijk} = \mid CA'_{xik} \mid \times \mid CA'_{mjk} \mid$ $CA'_{xik} = \left\mid \dfrac{X_{ik}/X_{it}}{X_{wk}/X_{wt}} - \dfrac{M_{ik}/M_{it}}{M_{wk}/M_{wt}} \right\mid / \left(\dfrac{X_{ik}/X_{it}}{X_{wk}/X_{wt}} - \dfrac{M_{ik}/M_{it}}{M_{wk}/M_{wt}} \right)$ $CA'_{mjk} = \left\mid \dfrac{X_{jk}/X_{jt}}{X_{wk}/X_{wt}} - \dfrac{M_{jk}/M_{jt}}{M_{wk}/M_{wt}} \right\mid / \left(\dfrac{X_{jk}/X_{jt}}{X_{wk}/X_{wt}} - \dfrac{M_{jk}/M_{jt}}{M_{wk}/M_{wt}} \right)$ 其中，k 代表产品类别，i 和 j 代表国家，w 代表世界市场，t 代表时期，X 代表出口额，M 代表进口额	王兴立，2007；阮氏秋江，2009；张新，2009；陈秀莲，2011；杨立卓，2015；孙石磊等，2015

（三）国家与国家之间总体贸易竞争与互补关系研究

国际贸易通常是发生在两国的某种商品交换关系，那么与本研究主题相关的结论主要分为以国家或地区为导向和以产业或产品为导向两类。根据对以地区为导向进行相关研究（36 篇文献）的不完全统计，得出的主要结论有：中国与中亚国家的农产品存在贸易互补性。中国与南亚国家的贸易互补性远大于贸易竞争性。只有一篇文献认为中国与南亚国家的贸易竞争性将会长久的发挥作用。中国与西亚国家的贸易竞争性较弱、贸易互补性较强。中国与中东国家在有竞争优势的产品和市场上均体现出贸易互补性。中国与东盟国家的贸易互补性越来越明显；且贸易互补性大时，竞争性就小。中俄具有一定的贸易互补性。中国与其他金砖国家具有较强的贸易互补性。以国家为导向的相关研究中，超过90%（35 篇）的文献认为中国与"一带一路"相关国家具有贸易竞争性。超过25%（10 篇）的文献认为中国与"一带一路"相关国家的贸易互补性大于竞争性。极少数（不到10%）的文献认为中国与"一带一路"相关国家的贸易竞争性大于贸易互补性。

在分区域和国别的研究方面，虽然学者对"一带一路"沿线国家的板块划分存在一些争议，但基本上可以按照地理位置的接近程度划分为中亚5国（哈萨克斯坦、吉尔吉斯斯坦、塔吉克斯坦、乌兹别克斯坦和土库曼斯坦），蒙俄（蒙古、俄罗斯），东南亚11国（越南、老挝、柬埔寨、泰国、马来西亚、新加坡、印度尼西亚、文莱、菲律宾、缅甸和东帝汶），南亚8国（印度、巴基斯坦、孟加拉国、阿富汗、尼泊尔、不丹、斯里兰卡和马尔代夫），中东欧19国（波兰、捷克、斯洛伐克、匈牙利、斯洛文尼亚、克罗地亚、罗马尼亚、保加利亚、塞尔维亚、黑山、马其顿、波黑、阿尔巴尼亚、爱沙尼亚、立陶宛、拉脱维亚、乌克兰、白俄罗斯和摩尔多瓦），西亚18国（土耳其、伊朗、叙利亚、伊拉克、阿联酋、沙特阿拉伯、卡塔尔、巴林、科威特、黎巴嫩、阿曼、也门、约旦、以色列、亚美尼亚、巴勒斯坦、希腊、塞浦路斯）。

多数研究认为，中国与"一带一路"沿线国家在产业间和产业内的互补性均强于竞争性，代表性研究有魏龙、王磊（2016：104～115），杜秀红（2016：85～87），桑百川、杨立卓（2015：1～5）等。从地区层面看，中国与东南亚、南欧、中欧、南亚和西欧等地区的出口结构类似，相对而言，贸易竞争性较强；与南亚、东南亚、南欧、中欧、西欧和东欧的贸易互补性较强；与北亚、西亚、中亚、地中海地区的贸易互补性较弱，但合作前景广阔。

（1）中国与中亚地区国家贸易竞争与互补关系研究

中亚地区与中国临近，又是原丝绸之路的重要节点，两地之间的贸易往来不断增加，因而成为学者首要分析的对象。李婷、李豫新（2011：53～62）发现中国与中亚五国（哈萨克斯坦、吉尔吉斯斯坦、塔吉克斯坦、乌兹别克斯坦和土库曼斯坦）的农产品贸易存在互补性，只是双边贸易的规模还较小。杨立卓等（2015：94～103）发现中国与中亚国家（哈萨克斯坦、乌兹别克斯坦、塔吉克斯坦、吉尔吉斯斯坦和阿富汗）的产业间贸易和产业内贸易的互补性都比较强，贸易潜力大。

（2）中国与南亚地区国家贸易竞争与互补关系研究

南亚地区毗邻中国，自然资源较为丰富，发展水平与中国相当，因而两地发展贸易的潜力较大。李迎旭（2016：128~133）发现中国与南亚（印度、巴基斯坦、孟加拉国、阿富汗、尼泊尔、不丹、斯里兰卡和马尔代夫）贸易竞争性由强转弱，两地以产业间贸易为主，互补性不断增强。张良等（2010）发现中国与南亚各国（仅含印度、不丹、尼泊尔、孟加拉国和巴基斯坦）的人均收入水平差距不大，人们的需求偏好是相似的，因而两地间的相似性贸易机制仍会长久地发挥作用。

（3）中国与西亚地区国家贸易竞争与互补关系研究

西亚地区是"一带一路"交汇之处，经贸往来密切。韩永辉等（2015：89~98）采用了五种实证测度指数（出口相似度指数、贸易结合度指数、格鲁贝尔—劳埃德产业内贸易指数、布雷哈特边际产业内贸易指数、显示性比较优势指数）形成了一个分析体系，对中国与西亚（沙特阿拉伯、阿联酋、伊朗、阿曼、伊拉克、科威特、以色列、卡塔尔、也门、约旦、黎巴嫩、巴林、叙利亚和巴勒斯坦）贸易的竞争性与互补性进行全面而深入的剖析，指出：中国与西亚贸易的竞争性比较弱；两地贸易联系更加紧密并呈现产业间贸易特征；中国优势产品以工业制成品为主，西亚则拥有能源资源优势，两地优势产品类目没有重叠，各类产品的竞争优势差距也较大，双方表现出较强的贸易互补性。中国可充分利用与西亚贸易的互补性和"一带一路"建设等有利因素，加强贸易合作。

（4）中国与中东欧地区国家贸易竞争与互补关系研究

中东欧地区是丝绸之路的重要一环，是中国发展对外贸易的主要区域。龙海雯等（2016：78~84）发现中国与中东欧国家（波兰、捷克、斯洛伐克、匈牙利、斯洛文尼亚、克罗地亚、罗马尼亚、保加利亚、塞尔维亚、黑山、马其顿、波黑、阿尔巴尼亚、爱沙尼亚、立陶宛和拉脱维亚）在有竞争优势的产品和市场方面均体现出互补性，而不是竞争性。

（5）中国与东南亚地区国家贸易竞争与互补关系研究

从2001年"中国—东盟自由贸易区"构想的提出到2007年和2011年

两批《中国—东盟自由贸易区服务协议具体承诺的议定书》的签署，中国与东盟国家的经贸合作逐步发展。中国与东盟主要国家（新加坡、马来西亚、泰国、菲律宾和印度尼西亚）的贸易以互补性为主（丁锋，2005：1~65），这种越来越密切的贸易互补关系构成贸易合作的物质基础（陈建军、肖晨明，2004：22~28）。伍琳等（2015）发现中国福建与东盟十国（新加坡、泰国、马来西亚、印尼、菲律宾、越南、柬埔寨、文莱、老挝和缅甸）的产业间贸易具有垂直互补性，而产业内贸易具有水平互补性。王兴立（2007：1~65）对中印两国贸易关系的研究发现，两地的互补性极强且远远大于竞争性。

（6）中国与其他"一带一路"沿线国家贸易竞争与互补关系研究

李自若（2012：84~86）基于贸易互补性分析、贸易结合度分析、出口相似度分析以及产业内贸易指数分析，研究中国与南非两国的贸易竞争性和互补性，得出中国对南非的贸易结合度指数仍较低，两国贸易联系不够紧密，中南两国贸易整体上互补性大于竞争性，两国贸易有很大的发展空间。

从上述研究文献来看，基本结论是中国与"一带一路"相关国家具有较强的贸易互补关系，从总体上看不存在与中国有竞争关系的国家（某些个别产业除外），因此，中国有必要加强与"一带一路"相关国家经贸联系和产能合作。极少量的文献涉及中国与"一带一路"相关国家贸易竞争与互补关系时，将域外其他主要经济体一并纳入进行考虑。比如，Baldwin 和 Lopez-Gonzalez（2013：1~57）的研究发现产品的价值链以美国、德国、日本和中国这四大"巨头"为核心，周边国家主动嵌入这四大"巨头"所在的价值链，并逐渐形成了北美 RVC、欧洲 RVC 和亚洲 RVC。除了这四大"巨头"外，其他国家很难突破 RVC 的限制，跨区域嵌入价值链。中国推进"一带一路"建设正是顺应了这一规律，通过主动寻求与周边国家的合作，巩固和提高自身在 RVC 中的地位。喻海虬（2016：26~27）分析中国、俄罗斯和欧盟三个经济体的贸易关联度时发现，三者出口贸易具有联动机制：中欧对俄罗斯的出口将会带动中国对欧盟的出口，欧盟对中国的出口将会带动俄罗斯对中国的出口，欧盟对俄罗斯的出口将会带动中俄对欧盟的出口，因此贸易合作将会是各地经济新的增长点。

（四）国家之间分产业部门的贸易竞争与互补关系研究

对国家之间贸易竞争与互补关系更进一步的研究是分产业部门来进行的。根据以产品或产业为导向的相关研究（大约25篇）的不完全分析，8篇农产品部门的研究中，有7篇认为农产品贸易总体呈互补性；3篇服务部门的研究，都承认存在贸易互补性，但在服务贸易的不同方面贸易竞争性和互补性关系存在变化；6篇产业间或产业内贸易的研究的主要结论是，产业间或产业内的贸易互补性大于竞争性；8篇进出口贸易的研究的主要观点认为，进出口贸易竞争性和互补性与商品类别有关。基于以产品或产业为导向的相关研究中，64%（16篇）的文献认为中国与"一带一路"相关国家存在贸易互补性；44%（11篇）的文献认为贸易互补性大于贸易竞争性；约28%（7篇）的文献认为中国与"一带一路"相关国家的贸易关系不明确，因产业结构或产品类别的差别而不同。多数研究认为，中国与"一带一路"相关国家既可以在产业间加强经贸合作，也可以在产业内加强分工合作。

中国与"一带一路"相关国家加强产业间经贸合作方面，由于资源禀赋的差异，中泰两国的产品更多地存在互补性（旷乾、汤金丽，2012：82～86）。中越农产品贸易的互补性大于竞争性（阮氏秋江，2009：1～49）。布娲鹣·阿布拉等（2011：1130～1136）发现中国和吉尔吉斯斯坦两国间的主要进出口农产品呈现互补关系。谷秋锋等（2011：220～224）发现中国与伊朗在农产品贸易上总体呈现互补性，但比较弱。姚海华（2006：13～19）认为，中俄的农产品不具有贸易互补性，但科技、能源、轻工业品和劳动力资源具有贸易互补性（温明洋、张义，2015：56～57）。学者对中印贸易互补与竞争关系进行了研究，结果显示：互补性主要体现在制成品、初级产品、资源型产品贸易上，竞争性主要体现在劳动或资源密集型产品上（何莎，2012a：92～93；何莎，2012b：186～188）；中印农产品贸易存在较强的互补性，两国在世界市场的竞争较为激烈（孙致陆、李先德，

2013：68～78）。吴凤娇（2006：32～35）运用贸易结合度指数、显示性比较优势指数和贸易特化系数对中新双边贸易的现状和发展趋势、比较优势和贸易互补性进行了研究，从实证分析的角度，证明中国与新加坡在比较优势上存在较明显差异，进而分析了中新贸易互补关系及其产生原因，得出结论：基于产业内分工、相似需求和外国直接投资的产业内互补成为中新两国贸易关系的主要特征。陈秀莲（2011：101～111）发现，总体上中国与东盟国家开展服务贸易有一定的互补性，并且不管是何种互补类型，其互补性都动态上升。从国家来看，中国与东盟发达国家在技术密集型服务贸易上的产业间互补度最高，在劳动密集型服务贸易上的产业内互补度最高；与东盟新、老成员国互补度最高的都是技术密集型服务贸易，但涉及的服务部门不相同；从服务部门看，在保险、专有权与特许经营部门，中国与东盟国家的服务贸易以产业间互补为主；在运输、旅游、金融等部门的服务贸易以产业内互补为主。范爱军、李丽丽（2006：44～50）考察了影响两国资本和技术密集型产品产业内贸易指数的因素，表明我国的经济发展水平和吸收韩国的直接投资水平与产业内贸易指数有很强的相关关系，并且双边产业内贸易仍是以技术差距导致的垂直型产业内贸易为主要形式。张彬、孙孟（2009：91～96）选取 Aquino 指数对中澳两国产业内贸易状况进行了测度，然后利用 GHM 法将产业内贸易细分为垂直型和水平型，从更深层次研究中澳两国产业内贸易现状和发展趋势，结果发现：中澳两国初级产品产业内贸易整体水平较低，但 Aquino 指数呈现上升趋势，产业内贸易水平有进一步提升的空间。中澳两国制成品产业内贸易整体水平明显高于初级产品，但无论是资本、技术密集型产业还是劳动密集型产业，中国都不具有优势，中国劳动密集型制成品没有表现出预想优势，贸易条件持续恶化，资本或技术密集型制成品与澳大利亚有较大差距，但差距呈现缩小趋势。蔡宏波（2007：95～99）通过对中国和东盟5个主要国家的服务业产业内贸易各种指标的测算，合理判断和比较了两地服务业整体、部门间产业内贸易的发展状况。佟家栋、刘钧霆（2006：3～12）研究发现，中日贸易结构仍然呈现以产业间贸易为主的格局，但制造业产业内贸易比重逐渐上升。中日制造业产业内贸易类型细分呈现出以低质量产业内贸易为主、高质量产业内贸易次之、水平型产业内贸易比重最低的格局。中日制造业低质量产业内贸易呈逐年上升态势，中国在促进产业结构升级、培育人力资本要素方面面临着艰巨的任务。史智宇（2003：37～43）运用 Grubel 和 Lloyd（1975：112～189）产业内贸易指数与修正的 Glick - Rose 出口相似性指数，对东亚区域内自 20 世纪 80 年代中期到 90 年代末期的贸易资料进行了统计和分析，证实了这一地区确实存在产业内贸易比重提高的趋势。研究表明，东亚产业结构由垂直向水平的整体性演进态势与东亚各经济体人均 GDP 的提高是促成这一趋势的主要原因。刘永康（2010：11～13）通过搜集 1997～2006 年中国与东盟制造业贸易统计数据，对中国、东盟制造业产业内贸易水平进行测算，同时运用计量模型对影响我国与东盟制造业产业内贸易的因素进行了实证研究。研究结果显示，中国东盟制造业呈现出明显的垂直型产业内贸易趋势，人均收入水平、我国对东盟直接投资对中国与东盟制造业产业内贸易有正向影响。

表 21 - 3 部分文献的方法与结论

作者	方法	主要结论
李婷等(2011)	显示性比较优势指数 RCA 贸易结合度指数 TII 产业内贸易数 G - L	中国与中亚五国(哈萨克斯坦、吉尔吉斯斯坦、塔吉克斯坦、乌兹别克斯坦和土库曼斯坦)的农产品贸易存在互补性，只是双边贸易的规模还较小
王兴立(2007)	显示性比较优势指数 RCA 产业间贸易指数	中印两国贸易互补性极强且远远大于竞争性
韩永辉等 (2015)	产业内贸易指数 G - L/BL 显示性比较优势指数 RCA 出口相似度指数 ESI 贸易结合度指数 TII	中国与西亚的贸易竞争性较弱；两地贸易联系呈现产业间贸易特征；中国优势产品以工业制成品为主，西亚则有能源资源优势，两地优势产品类目没有重叠，各类产品的竞争优势差距较大，双方表现出较强的贸易互补性
龙海雯等 (2016)	双边贸易综合指数 OBC 出口相似度指数 ESI 相对贸易指数 RTA 贸易结合度指数 TII	除阿尔巴尼亚和马其顿之外，中国与其他中东欧国家之间具有很强的贸易互补性

续表

作者	方法	主要结论
丁锋（2005）	贸易互补指数 C1 产业内贸易指数 G-L 出口相似度指数 ESI	在食品行业,中国与泰国、印尼和菲律宾存在贸易互补关系;在工业原料行业,中国与新加坡、泰国、印尼和菲律宾存在明显互补关系;在工业制成品行业,中国与东盟五国没有贸易互补关系。对于机械及运输设备（SITC7）,除印尼外,中国与其他四国存在较强的贸易互补性。对于矿物燃料、润滑油和有关原料（SITC3）,中国与新加坡、印尼有很强的贸易互补性
周金城（2012）	贸易互补指数 TCI/C 贸易竞争指数 TC/CI 出口相似度指数 SI/S	在运输、其他商业部门,中国与东盟各国出口的贸易互补性强;在通信、金融、计算机与信息、专利与特许费、个人文化娱乐服务部门,中国与东盟各国出口的贸易互补性较弱。在建筑部门,中国与柬埔寨和马来西亚的出口贸易互补性最强,与其他国家都很弱;在保险部门,中国与新加坡和文莱的进口贸易互补性最强,与其他国家都很弱 在运输、旅游、其他商业服务部门,中国与东盟各国的贸易竞争性较强;在其他服务部门,中国与东盟各国的贸易竞争性较弱
温明洋等（2015）		中俄在科技、能源、轻工业品和劳动力资源方面具有贸易互补性
杜秀红（2016）	贸易互补指数 TCI 贸易竞争指数 CS	中国与"一带一路"沿线国家的贸易互补性强于贸易竞争性
桑百川等（2015）	专业化系数 CS 一致性系数 CC	中国与南亚、东南亚、南欧、中欧、西欧和东欧的进口贸易互补性较强,但同时中国与南亚贸易互补性增强,与东南亚、南欧、中欧、西欧和东欧的贸易互补性降低。中国与北亚、西亚、中亚和地中海地区的贸易互补性较弱,但同时与北亚、西亚、中亚贸易互补性增强,与地中海地区的贸易互补性降低
王慧（2015）	贸易互补指数 TCI/C 贸易竞争指数 TC/CI 出口相似度指数 ESI/S	在运输、旅游、其他商务及文化娱乐服务部门,中国对金砖国家的进出口贸易互补性较强;在通信、保险、金融、特许权使用、政府服务部门,中国对金砖国家的进出口贸易互补性较弱;在建筑部门,中国对俄罗斯的出口贸易互补性最强,对巴西的进口贸易互补性最弱
孙致陆等（2013）	贸易互补指数 C 出口相似度指数 ESI 显示性比较优势指数 RCA	中印农产品贸易有较强的互补性,两国在世界市场的竞争较激烈。中印农产品出口市场具有较高相似性,但农产品出口结构存在差异

作者	方法	主要结论
谷秋锋等 （2011）	显示性比较优势指数 RCA 贸易互补性指数 C	中国与伊朗在农产品贸易上总体呈现互补性，但比较弱
陈秀莲（2011）	贸易互补指数 C	从服务部门看，在保险、专有权与特许经营部门，中国与东盟国家的服务贸易以产业间互补为主；在运输、旅游、金融等部门的服务贸易以产业内互补为主
张新民（2009）	贸易互补指数 C 产业内贸易指数 $G-L$ 出口相似度指数 ESI 显示性比较优势指数 RCA	中印贸易互补性以产业间贸易互补为主、产业内贸易互补为辅。中印在劳动密集型商品出口方面，具有巨大的竞争性；在资本或技术密集型商品出口方面，竞争性不强
王莉莉等 （2016）	改进的显示性比较优势指数 $RRCA$	中国的初级产品在"一带一路"沿线国家和地区市场的竞争力不断减弱甚至完全丧失，工业制成品在"一带一路"沿线国家和地区市场竞争力较强

（五）"一带一路"相关国家产能合作研究

国际产能合作是国家间产业互通有无、调剂余缺、优势互补的合作方式，同时可以拓展合作双方产业发展的新空间（夏先良，2015：26～33），其作为一种对外开放新方式，是双向进行的，而并不同于雁行模式、产品生命周期模式、国际生产折衷模式等传统产业转移模式的单向过程（周民良，2015：15～18），也因此更加符合"一带一路"倡议的主旨，成为中国参与共建"一带一路"的重要实现形式。贸易是国际产能合作的先导，也是切入点，"一带一路"的建设需要依靠经贸合作来真正打开区域产能合作的大门。借助贸易合作，中国将逐步与"一带一路"沿线国家形成产业链深度合作，进而推动全球和谐发展（蓝庆新、姜峰，2016：29～34）。随着"一带一路"建设的推进，以贸易为基础的国际产能合作研究也开始从理论层面转入可操作的实践层面。

1．"一带一路"产能合作的重点国家和优先领域研究

选择重点国家和产业是推进"一带一路"建设的关键一步。在系统地对"一带一路"合作进行国别和产业分析方面，黄群慧、韵江、李芳芳（2015：1～636）测度了"一带一路"沿线国家的工业化进程，系统而具体

地分国别、分产业研究了中国与沿线国家的产能合作状况和潜力。研究发现，不同工业化阶段的国家在与中国进行产能合作中均可找到不同的角色定位，共同培育以"互补合作"为主导的产能合作"新雁阵"模式。张其仔、郭朝先、白玫等（2015：1～825）系统地分国别研究了"一带一路"沿线国家与中国产业的互补性和开展产能合作的潜力，探讨了中国西部地区、东北地区各省份对接国家"一带一路"建设的优劣势和战略选择、与相关国家开展产能合作的潜力。郭朝先等（2016：44～47）指出了产能合作的重点国家和重点领域：与自然资源丰富的国家开展原料型产品合作，并衍生出开展按原料分类的制成品合作；与劳动力资源丰富的国家开展劳动密集型产业产能合作；与油气资源丰富的国家开展油气产品合作；与多数工业化水平比中国低的国家开展初级产品生产、机械及运输设备、杂项制品制造产能合作。中国工商银行城市金融研究所课题组（2015：25～29）指出，将与我国装备和产能契合度高、合作愿望强烈、合作条件和基础好的发展中国家作为推进国际产能和装备制造合作的重点国家，并积极开拓发达国家市场，以点带面，逐步扩张。钟飞腾（2015：40～49）根据人均 GDP 差距、年均经济增速、制造能力等指标对相关国家进行了考察。盛斌、黎峰（2016：52～64）则按照人均收入、人类发展指数、全球竞争力指数、营商环境指数、国家信用风险评级等指标对"一带一路"沿线国家进行了排序。田泽、许东梅（2016：84～89）测算了"一带一路"沿线国家的投资效率，并检验了对外开放程度、交通、政治稳定性等因素对投资效率的影响。他们提出要优化投资的区位选择，对南亚和东南亚地区、西亚北非地区和中东欧地区的优先合作产业进行了分析。

在具体区域、具体产业产能合作分析方面，一部分学者认为，中国应该锁定当前对外投资的优势产业，产能合作方向主要应集中于铁路、电力、通信、工程机械以及汽车、飞机、电子等制造业和自然资源的开采方面（李春梅、李晓敏，2016：1～6）。一部分学者认为，基于我国产能过剩现状，应该加强与南亚国家在煤炭、石化产品、钢铁、水泥、光伏等工业品和大型机械、电工电子等产品方面的产能合作，但同时应该控制投资风险，从基础设施建设、贸易促进及投资平台搭建、增强互信、化解风险等方面采取措施，促进我国过剩产能的化解（赵明亮、杨蕙馨，2015：84~92；李迎旭，2016：128~133）。徐长春（2016：341~351）认为，当前钢铁、煤炭、建材、有色、船舶、石化等为产能过剩产业，我国与国际产业链下游经济体在产能过剩产业方面互补性较大，具备互利共赢的产能合作的基本条件，是天然的产能合作伙伴。李春梅、李晓敏（2016：1~6）分析了中国与中亚五国在基础设施建设和能源开发领域的合作空间。余锦（2016：4~7）通过对波兰地理位置和经济水平的分析，认为波兰可以成为国内企业开拓欧洲市场的中转站。李大伟（2015：49~51）通过对中埃经济合作进行实地深入调研，认为中埃合作具有广阔前景，但同时也要注意防范投资风险。包明齐（2016：1~232）认为中蒙经济合作进程中，双边贸易和投资是主要形式。中国在纺织、橡胶及制品、运输设备，以及服装、器具、家具及零件等杂项制品类商品上具有一定的贸易优势，蒙古国在以金属矿砂、金属废料、纺织纤维为主的非食品原料上具有一定的贸易优势，两国的贸易结构互补性较强。李罗莎（2016：67~79）认为中国应该与蒙古国进行矿产资源合作，与俄罗斯开展石油、天然气和森林资源合作，构建西线中蒙俄经济走廊，是解决我国战略资源短缺的重要战略选择。中蒙俄在清洁能源，特别是风能、太阳能开发合作方面有极大潜力。

2. 产能合作模式选择研究

毛汉英（2013：1433~1443）在深入分析中国与俄罗斯及中亚五国开展能源合作的战略背景、现实需要和发展现状的基础上，结合已有的能源合作项目和发展计划，预测至2030年不同时间点的能源合作潜力与规模，还重点推荐了4种合作模式，即贷款换石油模式、产量分成模式、联合经营模式和技术服务模式，认为应妥善解决能源合作中的矛盾与问题，加强能源开发中的生态保护与环境治理，并重视改善能源合作开发区域的民生状况。卓丽洪等（2015：175~179）在比较美国与日本的产能国际转移模式、分析中国产业结构转型升级和向外转移产能的机遇与挑战后，指出中外产能合作的战略思路：以"母子工厂"战略为核心，加强顶层设计，加强统计监测与评估，鼓励中外合作共建园区，加快产能合作的公共服务体系建设，完善配套政策并防范政治风险。高程（2015：35~48）认为改变粗放的传统经济外交模式，以双边关系为节点有序缔结网状多边合作，通过打造周边战略支点国家来推行差异性经济外交政策，以推动"一带一路"建设。而国家引导、地方推动和企业激活将会是实现这一伟大战略的动力机制（柳思思，2014：1~11）。蔡昉（2015：4~6）指出，随着中国新常态的出现，沿海地区不断发展，国际产能模式可以向国内推广，可以将传统国家之间的产业转移转换成国内版的飞雁模式，进一步扩展飞雁模式，甚至转化成飞龙模式，使产业由沿海向内地转移，最后向外转移，形成一个中国区域战略和国际战略相结合的模式。

3. 产能合作风险研究

"一带一路"产能合作存在诸多风险，识别和防范风险非常重要。周民良（2015：15~18）认为，"一带一路"产能合作对中国而言有利有弊，以中国为出发地并以"一带一路"沿线为目标指向的跨国产能合作，就是"中国制造"产能离岸的过程，中国要谨防"飞旋镖效应"的负面影响。张厚明（2015：9~15）指出，我国企业"走出去"面临政治风险、经济风险、法律风险和环境风险等。李晓、李俊久（2015：30~59）认为，"一带一路"沿线国家和地区是世界上地缘关系最复杂、历史文化差异最大、宗教民族冲突最严重、国家和区域局势最动荡、大国关系最纠结的地理区域。在这里，中国企业的海外投资利益极易受到中亚地区的"三股势力"、西亚地区新兴起的"伊斯兰国"（IS）、投资所在国的政局不稳、部分国家的反华排华倾向、美日等西方国家的竞争性渗透等的干扰、破坏和冲击。中国企业也在"一带一路"沿线国家投资，面临文化—宗教种族冲突风险、战争风险、政治稳定性风险、政府效能风险、基础设施风险、法律和监管风险等。夏先良（2015：26~33）分析了我国开展国际产能合作面临的机遇与挑战，阐释了我国与"一带一路"地区产能合作的优劣势，最终提出国际产能合作的体制机制构想。卓丽洪等（2015：175~179）从产能国际转移规律的角度研究了中外产能合作的机遇、风险与战略。郭朝先等（2016：44~47）总结了"一带一路"产能合作的现状，并分析了可能存在的风险，特别指出了相关国家制度环境和技术标准不兼容的问题。张威（2016：89～90）指出沿线国家存在投资环境不佳、政治风险高等对国际产能合作的不利因素。

总之，国内对"一带一路"产能合作的研究已经起步，但有待进一步深入。比如，"一带一路"沿线如此多的国家，选择哪些国家作为中国经贸合作的重点，特别是重点国家的重点合作产业有哪些，仍然不太清楚；尽管意识到"一带一路"产能合作可能存在风险，但具体风险如何、如何防范等相关研究则不够深入；选择何种模式开展产能合作，既能促进两国经贸关系发展，又能有效降低风险，这些方面的研究也很不足。

（六）"一带一路"相关国家的贸易关系转型与优化研究

近年来，中国对外贸易的比较优势迅速弱化，资源告急、环境污染等种种问题迫使中国国际贸易格局逐渐改变，于鹏（2014：15～20）研究了我国对外贸易市场结构优化中的各种问题，"改革红利"成为中国经济发展的重要战略机遇。魏龙、王磊（2016：104～115）提出区域价值链主导权的概念，利用RCA、RGVCA和价值链位置指数等指标，从价值链转换的条件以及转换后的影响这两个角度，探讨"一带一路"建设的可行性。张磊（2014：252～253）指出，中国对外贸易结构应该遵循从比较优势向竞争优势转变的原则进行转型与升级。尽管中国是世界贸易中的大国，但是遇到的贸易壁垒和遭受的贸易歧视依然严重，因此需要加强对外贸易的自主、公平、便利和可持续性。基于"一带一路"建设这一特定背景，中国与"一带一路"相关国家贸易关系转型和优化研究主要涉及贸易成本与贸易便利化、贸易结构优化、贸易合作机制等。

1. 贸易成本与贸易便利化

钱学锋等（2008：53～62）基于改进的引力模型发展了双边贸易成本测算方法，测度了1980～2006年中国与G7国家（美国、加拿大、法国、德国、意大利、英国和日本）的双边贸易成本，研究发现这些与国家关税等价的双边贸易成本已经低于50%，入世后呈现加速下降的趋势。张毓卿（2015：126～132）使用该方法测度了1993～2013年中国与17个主要贸易伙伴（美国、日本、韩国、德国、荷兰、印度、英国、意大利、俄罗斯、法国、澳大利亚、巴西、泰国、西班牙、印度尼西亚、越南和加拿大）的双边贸易成本，得到的结论与钱学锋等的研究结论基本一致。刘洪铎、蔡晓珊（2016：92~100）分析了中国与"一带一路"沿线国家双边贸易成本的发展趋势：从部门来看，农林牧渔业的双边贸易成本最高，制造业最低；各部门的双边贸易成本呈下降趋势；但与部分国家（也门、吉尔吉斯斯坦、阿富汗、黑山和俄罗斯）的双边贸易成本呈上升态势。

孔庆峰、董虹蔚（2015：158~168）测算了69个"一带一路"沿线国家的贸易便利化水平，指出各国间的贸易便利化水平存在较大差异，一般经济越发达的国家，贸易便利化程度越高，总体而言，各国的贸易便利化水平还有待进一步提高。王彦芳（2015：50~56）分析了中国与19个主要贸易伙伴（美国、韩国、日本、英国、德国、荷兰、澳大利亚、俄罗斯、东盟、哈萨克斯坦、吉尔吉斯斯坦、塔吉克斯坦、巴基斯坦、印度、新加坡、马来西亚、泰国、越南和巴西）的贸易便利化水平及其影响因素，发现马来西亚、澳大利亚、新加坡、日本、韩国及欧美等国家或地区贸易便利化水平较高；中国、俄罗斯与哈萨克斯坦等国贸易便利化水平一般；印度及其他中亚和东盟国家贸易便利化水平偏低。孙琳、倪卡卡（2013：139~147）运用泊松伪极大似然估计法（PPML）分析了东盟贸易便利化措施对中国农产品出口贸易的影响。姜雅飞（2012：17~22）分析了中国—东盟自由贸易区贸易便利化现状，提出了贸易便利化对促进双边贸易具有重要作用。此外，还有学者从相关方面研究贸易便利化。比如，李斌等（2014：5~13）运用熵值法测算了2007~2011年109个国家的贸易便利化水平，并指出对于低水平国家而言，贸易便利化对其服务贸易出口的影响更大。

国际上，Johns Wilson等借鉴全球竞争力报告（GCR）和世界竞争力年报（WCR）中的相关研究，将贸易便利化分为海关环境、港口效率、国内政策环境和服务部门的基础设施建设四个方面，并运用贸易引力模型定量分析这四个方面对于贸易增长的贡献率，发现服务部门的基础设施建设对于贸易的贡献率最高，为41%，其次为港口效率、国内政策环境，最后为海关环境。Wilson 等通过研究发现港口效率与区域贸易流量联系紧密，并且单个国家也可以通过其他贸易便利化措施提高贸易流量、改变贸易收支。Francois 运用 CGE 模型模拟交易成本降低对收入的影响，发现贸易交易成本每降低 3%，全球收入每年会增加 1510 亿美元，其中发展中国家获益最大。Felipe、Kumar 运用联合国物流绩效指标（LPI）衡量了贸易便利化措施的质量，发现中亚国家贸易便利化水平的提高能够显著提高贸易量，提高幅度最大可以达到 68%，对区域内贸易而言幅度可达到 100%，其中基础设施的改善对国际贸易的影响最大。此外，Moise 通过分析贸易便利化的指标，探究了贸易便利化对于发展中国家的潜在影响。Jittichai 通过货运代理方的相关贸易便利化指标测算了泰国国际港口的贸易便利化水平。

2. 贸易结构优化

杨汝岱等（2008：112～119）考察了我国对外贸易结构和国际竞争力演变并指出，1978～1985 年是以资源换外汇，1986～1993 年劳动密集型产品的比较优势得以体现，1994～2006 年劳动密集型产品的地位稳中略降，资本与技术密集型产品迅速发展，2008 年至今，劳动密集型产品快速向资本和技术密集型产品过渡（张磊，2014：252～253）。

邹嘉龄等（2015：598～605）研究发现中国与"一带一路"沿线国家的贸易依存度加深，中国的出口贸易向新兴市场国家转移，以中国沿海地区的出口贸易贡献最大。公丕萍等（2015：571～580）在分析中国与"一带一路"沿线国家贸易的进出口商品格局时发现，双方的商品结构与各国出口优势行业基本保持一致。中国向沿线国家主要出口机械设备及纺织服装；从蒙俄、中亚、西亚和中东进口能源，从南亚进口服装，从东南亚及中东欧进口机械设备。此外，还分行业和省域对这一主题进行了分析。樊华等（2013：1428～1433）研究发现，随着全球化的发展，中国对周边国家的商品出口结构日趋复杂，商品出口规模差距显著：主要出口商品地理集中度趋高，区域性呈现以东南北为主，沿地缘通道展开辐射的特点。今后的商品出口空间格局为中国对中等贸易规模国家的商品出口发展迅速、主要商品出口地集中度降低、对东盟国家出口的主要商品份额增大。肖慧等（2016：33～

35）分析了中国、美国和中东的三角贸易现状，发现三者之间生产国（中国）、消费国（美国）、资源国（中东）的贸易格局特色分明。中国在向中东大量出口制造商品的同时，从中东大量进口石油，从美国引进资本、人才和科技。美元、石油和"中国制造"的三角关系不对等，这种贸易格局使我国遭受到美国的外贸剥削变得更加隐秘。同时，我国国内还面临着产能和资本的双重过剩压力，"一带一路"建设为我国的贸易格局变化提供了出路，贸易结构的转型具备了现实的必要性。

3. 贸易合作机制

总体而言，中国与"一带一路"相关国家的贸易便利程度不高，因此贸易合作成为实现"一带一路"互利共赢构想的重要突破口。金瑞庭（2016：32～34）指出，尽管我国与东盟五国（印度尼西亚、泰国、菲律宾、越南和马来西亚）的经贸往来已经取得较大进展，但仍面临贸易不平衡、利益诉求分化、身份认同缺失、域外势力介入以及"信任赤字"普遍存在等问题。应强化与东盟五国的战略合作，进而推动我国与东盟五国关系迈上新台阶。中国与"一带一路"沿线国家的商品贸易结构互补性强、产业结构差异明显，铁路运输线路的建成为双方的贸易往来提供了便利，这也说明中国具备了与这些国家开展贸易合作的潜力（刘薇、李冉，2016：21～23）。与此同时，"一带一路"倡议的实施还应该注重国际贸易规则的重构，减少双边/多边贸易的不确定性；可参照TPP的内容，从货物贸易规则、投资规则、服务贸易规则、电子商务规则、政府采购与竞争规则、相关知识产权规则、劳工规则、环境规则、发展与能力建设规则、加强反腐和国内经贸规则、程序一致性规则、诊断解决机制规则等方面着手（张乃根，2016：93～103）。

（七）以往研究评述

1. 研究方法方面

当前针对"一带一路"互补关系的研究以实证分析为主、理论分析为辅。在实证中主要采用了以下指标：贸易竞争指数、一致化指数、出口相似度指数、相对贸易指数、贸易竞争力指数、贸易结合度指数、贸易互补指数、双边贸易综合互补指数、显示性比较优势指数、格鲁贝尔—劳埃德产业内贸易指数、布雷哈特边际产业内贸易指数、产业间贸易指数等。这些研究方法和指数测算为本研究提供了很好的指导，但也有一定的局限性：一是反映显性贸易竞争与互补关系，不能反映潜在的贸易竞争与互补关系；二是绝大多数指标没有充分考虑产业链分工问题。

2. 研究范围与对象方面

现有文献中，全面系统研究中国与 64 个国家的贸易竞争与互补关系的比较少。在研究"一带一路"相关国家的贸易竞争与互补关系时，一般仅涉及中国与"一带一路"相关国家之间的贸易关系或"一带一路"沿线国家之间的贸易关系，较少涉及外部经济体对中国与"一带一路"相关国家的贸易竞争与互补关系的影响。而在经济全球化的背景下，不考虑其他主要经济体对中国与"一带一路"相关国家贸易竞争与互补关系的影响，不研究"第三方"因素的影响，既不符合"一带一路"倡议中开放包容的理念，也难以准确地分析中国与"一带一路"相关国家贸易竞争与互补关系所提供的贸易拓展与产业合作的机遇；现有贸易竞争与互补关系仅指向贸易领域，而对于如何从贸易领域延伸到产能合作领域，显然研究不足。

3. 研究的理论和理念指导方面

"一带一路"相关国家的贸易竞争与互补关系研究，主要以静态比较优势理论为指导。以静态比较优势理论看待"一带一路"相关国家的贸易关系，并以此作为制定政策的支点，不能保证"一带一路"互利共赢目标的实现，因为以此理论指导经贸发展，很可能使一些经济体掉进比较优势"陷阱"，"固化"两国在全球产业链中的分工和地位。在研究理念上，虽然倡导合作共赢、命运共同体、包容性等，但在具体研究过程中，由于缺乏必要的概念和分析工具支撑，并不能完全予以贯彻。

参考文献

毕玉江、唐海燕、殷德生，2014，《上海自贸区贸易转型面临的制约因素与对策》，

《经济纵横》，第 8 期。

　　蔡昉，2015，《引领新常态才有中高速》，《经济研究》，第 12 期。

　　蔡宏波，2007，《服务业产业内贸易研究：中国和东盟国家的比较》，《财贸经济》，第 7 期。

　　曾向红，2016，《"一带一路"的地缘政治想象与地区合作》，《世界经济与政治》，第 1 期。

　　陈爱贞、刘志彪，2014，《自贸区：中国开放型经济"第二季"》，《学术月刊》，第 1 期。

　　陈林、罗莉娅，2014，《中国外资准入壁垒的政策效应研究——兼议上海自由贸易区改革的政策红利》，《经济研究》，第 4 期。

　　陈林，2016，《自由贸易区建设中的经验、误区与对策》，《经济学家》，第 5 期。

　　储殷、高远，2015，《中国"一带一路"倡议定位的三个问题》，《国际经济评论》，第 2 期。

　　崔连标、朱磊、宋马林、郑海涛，2018，《中美贸易摩擦的国际经济影响评估》，《财经研究》，第 12 期。

　　樊海潮、张丽娜，2018，《中间品贸易与中美贸易摩擦的福利效应：基于理论与量化分析的研究》，《中国工业经济》，第 9 期。

　　冯帆、何萍、韩剑，2018，《自由贸易协定如何缓解贸易摩擦中的规则之争》，《中国工业经济》，第 10 期。

　　公丕萍、宋周莺、刘卫东，2015，《中国与"一带一路"沿线国家贸易的商品格局》，《地理科学进展》，第 5 期。

　　黄鹏、汪建新、孟雪，2018，《经济全球化再平衡与中美贸易摩擦》，《中国工业经济》，第 10 期。

　　黄晓茜，2011，《新加坡生物医药产业竞争力：基于"钻石模型"的分析》，《东南亚纵横》，第 2 期。

　　焦慧莹，2018，《中美贸易摩擦的制度分析》，《宏观经济管理》，第 9 期。

　　金瑞庭，2016，《我国与东盟五国经贸合作现状、问题及对策建议》，《中国物价》，第 7 期。

　　旷乾、汤金丽，2012，《中国与泰国农产品的贸易竞争性与互补性分析》，《理论探讨》，第 9 期。

　　李春顶、何传添、林创伟，2018，《中美贸易摩擦应对政策的效果评估》，《中国工业经济》，第 10 期。

　　李娟，2014，《我国对外贸易摩擦预警机制优化研究》，《管理世界》，第 3 期。

　　李晓、李俊久，2015，《"一带一路"与中国地缘政治经济战略的重构》，《世界经济与政治》，第 10 期。

　　李伊，2015，《广西与越南贸易的竞争性与互补性研究》，《当代经济》，第 14 期。

林乐芬、王少楠，2015，《"一带一路"建设与人民币国际化》，《世界经济与政治》，第 11 期。

林民旺，2015，《印度对"一带一路"的认知及中国的政策选择》，《世界经济与政治》，第 5 期。

柳剑平、张兴泉，2009，《产业内贸易、调整成本与中美贸易摩擦》，《经济评论》，第 4 期。

龙海雯、施本植，2016，《中国与中东欧国家贸易竞争性、互补性及贸易潜力研究——以"一带一路"为背景》，《广西社会科学》，第 2 期。

马建英，2015，《美国对中国"一带一路"倡议的认知与反应》，《世界经济与政治》，第 10 期。

聂聆、薛元，2013，《中国与东盟创意商品贸易的互补性与竞争性研究》，《国际商务研究》，第 4 期。

裴长洪、于燕，2015，《"一带一路"建设与我国扩大开放》，《国际经贸探索》，第 10 期。

钱学锋、梁琦，2008，《测度中国与 G－7 的双边贸易成本——一个改进引力模型方法的应用》，《数量经济技术经济研究》，第 2 期。

任再萍、田思婷、施楠，2016，《自贸区成立对其区位优势与协同互补性的影响研究：基于 Dendrinos－Sonis 模型的实证分析》，《中国软科学》，第 11 期。

石敏俊、美丽古丽、黄文、李娜等，2018，《丝绸之路经济带背景下上海合作组织国家贸易自由化的经济效应——基于 GTAP 模型的政策模拟分析》，《管理评论》，第 2 期。

宋潇、柳明，2016，《自贸区是抵御国际资本市场冲击的有力防线吗》，《统计研究》，第 10 期。

孙楚仁、张楠、刘雅莹，2017，《"一带一路"倡议与中国对沿线国家的贸易增长》，《国际贸易问题》，第 2 期。

佟家栋、刘钧霆，2006，《中国与日韩制造业贸易调整成本的经验研究——基于边际产业内贸易分析》，《南开经济研究》，第 3 期。

王国安、赵新泉，2013，《中美两国影视产业国际竞争力的比较研究——基于全球价值链视角》，《国际贸易问题》，第 1 期。

王孝松、谢申祥，2013，《发展大国间贸易摩擦的微观形成机制——以印度对华反倾销为例》，《中国社会科学》，第 9 期。

王孝松、吕越、赵春明，2017，《贸易壁垒与全球价值链嵌入——以中国遭遇反倾销为例》，《中国社会科学》，第 1 期。

王雪峰、王平利，2005，《反倾销：当代显性贸易摩擦主要表现形式的原因分析》，《财贸经济》，第 8 期。

吴红蕾，2018，《中美贸易摩擦对我国的影响及对策研究》，《经济纵横》，第 12 期。

夏先良，2015，《构筑"一带一路"国际产能合作体制机制与政策体系》，《国际贸易》，第 11 期。

项后军、何康，2016，《自贸区设立、贸易发展与资本流动——基于上海自贸区的研究》，《金融研究》，第 10 期。

项后军、何康、于洋，2016，《自贸区的影响与资本流动——以上海为例的自然实验研究》，《国际贸易问题》，第 8 期。

肖慧、杨乐乐，2016，《"一带一路"背景下中国国际贸易结构变化和发展——以中国、美国、中东的三角贸易为例》，《现代商贸工业》，第 16 期。

杨飞、孙文远、程瑶，2018，《技术赶超是否引发中美贸易摩擦》，《中国工业经济》，第 10 期。

杨广青、杜海鹏，2015，《人民币汇率变动对我国出口贸易的影响——基于"一带一路"沿线 79 个国家和地区面板数据的研究》，《经济学家》，第 11 期。

杨玲，2016，《生产性服务进口复杂度及其对制造业增加值率影响研究——基于"一带一路"18 省份区域异质性比较分析》，《数量经济技术经济研究》，第 2 期。

杨汝岱、朱诗娥，2008，《中国对外贸易结构与竞争力研究：1978—2006》，《财贸经济》，第 2 期。

姚海棠、方晓丽，2013，《金砖五国服务部门竞争力及影响因素实证分析》，《国际贸易问题》，第 2 期。

尹翔硕、李春顶、孙磊，2007，《国际贸易摩擦的类型、原因、效应及化解途径》，《世界经济》，第 7 期。

尹翔硕，2006，《中美贸易摩擦的影响及我们的政策重点》，《世界经济研究》，第 8 期。

于铁流、李秉祥，2004，《中美贸易摩擦的原因及其解决对策》，《管理世界》，第 9 期。

余振、周冰惠、谢旭斌、王梓楠，2018，《参与全球价值链重构与中美贸易摩擦》，《中国工业经济》，第 7 期。

余振、王净宇，2019，《中国对外贸易发展 70 年的回顾与展望》，《南开学报》（哲学社会科学版），第 4 期。

岳文、陈飞翔，2014，《积极加速我国自由贸易区的建设步伐》，《经济学家》，第 1 期。

张骥、陈志敏，2015，《"一带一路"倡议的中欧对接：双层欧盟的视角》，《世界经济与政治》，第 11 期。

张乃根，2016，《"一带一路"倡议下的国际经贸规则之重构》，《法学》，第 5 期。

张其仔，2008，《比较优势的演化与中国产业升级路径的选择》，《中国工业经济》，第 9 期。

张其仔，2018，《充分发挥"一带一路"倡议在推动实体经济质量转型中的作用》，

《中国经贸导刊》，第 6 期。

张其仔，2003，《开放条件下我国制造业的国际竞争力》，《管理世界》，第 8 期。

张新民，2009，《中印贸易竞争性与互补性研究》，首都经济贸易大学硕士学位论文。

张震、王建斌，2018，《中美贸易摩擦：成因、应对措施与启示》，《江苏社会科学》，第 6 期。

赵亮、陈淑梅，2015，《经济增长的"自贸区驱动"——基于中韩自贸区、中日韩自贸区与 RCEP 的比较研究》，《经济评论》，第 1 期。

郑义、戴永务、刘燕娜，2015，《低碳贸易竞争力指数的构建及中国实证》，《国际贸易问题》，第 1 期。

周民良，2015，《"一带一路"跨国产能合作既要注重又要慎重》，《中国发展观察》，第 12 期。

邹嘉龄、刘春腊、尹国庆、唐志鹏，2015，《中国与"一带一路"沿线国家贸易格局及其经济贡献》，《地理科学进展》，第 5 期。

第二十二章　研究展望

　　70 年的艰辛历程凸显了我国学者对中国经济发展的探索、对经济理论的思考，从新中国成立之初的计划经济体制到改革开放后所实施的市场经济体制，经济发展的历程见证了西方经济理论在中国的实践与发展，并在发展过程中予以创新。中国经济 70 年的发展正是基于经济理论在中国不断地发展与本土化的结果，而不可否认，国际经济理论在中国的发展尤为重要。对外开放伟大战略开启了国内学者对国际经济理论的研究与探讨，而加入WTO 进一步开启了国外经济理论与国内经济现实之间的碰撞，为国际经济理论的中国本土化发展提供机会，发展战略的转变与国际环境的变化也为经济的发展构建了良好的外部环境，而在经济发展过程中，中国的地位与作用也发生了明显的变化。从新中国成立初的独立自主发展模式逐渐过渡为主动融入世界发展、积极参与全球分工，而随着经济实力与国际地位和影响力不断提升，中国已经不再只是全球经济的参与者，而更多地应该为全球经济的发展贡献力量。

　　作为一个崛起中的发展中国家，中国正在努力的适应当前发展的潮流、积极应对目前的经济形势，并为建设国际经济新秩序作出努力。改革开放的成功经验正在为许多国家所借鉴，成为经济学者所关注和研究的重点，将其抽象为具体中国特色的发展和转型理论，而随着对外开放的深化，更多地经济现实需要进一步研究，这将赋予研究者新的历史使命。

　　中国就开放发展进行了诸多研究，但仍有很多的课题值得深入研究。

　　一是关于人类命运共同体和"一带一路"倡议的研究。推进"一带一路"建设既是中国扩大和深化对外开放的需要，也是加强和亚欧非及世界各国互利合作的需要。2013 年 9 月和 10 月，中国国家主席习近平在出访中亚和东南亚国家期间，先后提出共建"丝绸之路经济带"和"21世纪海上丝绸之路"的重大倡议，中国国务院总理李克强参加2013年中国—东盟博览会时强调，铺就面向东盟的海上丝绸之路，打造带动腹地发展的战略支点。2015年3月28日，国家发展改革委、外交部、商务部经国务院授权，联合发布《推动共建丝绸之路经济带和21世纪海上丝绸之路的愿景与行动》。《中共中央关于制定国民经济和社会发展第十三个五年规划的建议》提出，要推进"一带一路"建设，推进同有关国家和地区多领域互利共赢的务实合作，打造陆海内外联动、东西双向开放的全面开放新格局。要有效实施"一带一路"倡议，就需要认真研究中国与"一带一路"沿线国家的贸易与产业合作的潜力、拓展的空间等。研究贸易竞争与互补关系看起来，似乎是为实现合作共赢提供支持，但以比较优势为基础开展贸易合作，导致一些发展中国家陷于"比较优势陷阱"的事实表明，国家与国家基于贸易竞争与互补关系拓展贸易关系，其结果未必是合作共赢，究竟结果如何，取决于是基于什么比较优势的合作、在什么理念指导下开展合作。中国倡导的"一带一路"，秉持的是和平合作、开放包容、互学互鉴、互利共赢的理念。所以，本研究的总体问题是，基于合作共赢和基于零和博弈的贸易竞争与互补关系有何差异；如何在合作共赢的基础上、在新产业分工背景下测度国家之间的贸易竞争与互补关系，中国与"一带一路"沿线国家在合作共赢的理念下，拓展贸易与产业合作的潜在空间有多大、优先次序和政策发力点是什么；与"一带一路"相关国家的合作中，引入第三方的合作空间有多大。具体问题如下：

第一，基于合作共赢和基于零和博弈的贸易竞争与互补关系的理论有没有差异？有何差异？这种差异对具体研究"一带一路"相关国家的贸易竞争与互补关系有什么样的影响？

第二，新型产业分工对国家间贸易竞争与互补关系格局有何影响？在新型产业分工背景下应如何测度贸易竞争与互补关系？

第三，中国与"一带一路"相关国家的贸易竞争与互补关系是否完全反映了各自的比较优势？现有贸易竞争与互补关系和在潜在比较优势基础上测度的竞争与互补关系有何差异？现有贸易竞争与互补关系优化发展的空间有多大？对总体贸易增量拓展的潜力有多大？

第四，美国、欧盟、日本等外部经济体的参与对中国与"一带一路"沿线国家的贸易竞争与互补关系有何影响？与中国合作的空间有多大？

第五，与"一带一路"相关国家的产能合作，其贸易影响如何？基于贸易拓展的产能合作的优先领域为何？产能合作模式应如何选择？

国家间的贸易竞争与互补关系研究的实质就是研究各国的比较优势，在充分发挥各国比较优势的基础上，促进产业分工合作，实现贸易发展。就理论而言，比较优势理论可以分为静态比较优势理论和动态比较优势理论。早期的比较优势理论，如李嘉图的比较优势理论等，就属于静态比较优势理论。根据静态比较优势理论，各国既有要素禀赋的不同，形成了不同的比较优势。各国根据自己的比较优势参与国际分工，能够实现自身福利最大化，整个世界也能够实现帕累托最优，然而各国经济发展的现实表明，完全按既有比较优势参与国际分工，推进经济发展，有可能陷入比较优势陷阱，形成一些国家在国际分工处于优势地位、一些国家在国际分工中处于劣势地位的国际分工格局。历史经验表明：以静态比较优势为基础，拓展"一带一路"国家的经贸关系，一些国家面临产业升级困难、陷入比较优势陷阱的风险，难以实现稳定的经济增长。"一带一路"国家之间发展阶段有别，《"一带一路"沿线国家工业化进程报告》（黄群慧等，2015）对包括中国在内的65个国家的工业化水平进行分类发现，这些国家分别处于工业化前期阶段、工业化初期阶段、工业化中期阶段、工业化后期阶段和后工业化阶段等完全不同的发展阶段，按现有比较优势进行分工，拓展贸易关系，可能导致一些发展中国家陷入比较优势陷阱，这显然不符合我国提出的"一带一路"倡议的互利共赢的宗旨。从国家层面而言，每个国家都希望能够通过采取种种措施提升自身在全球的技术能力，发展技术含量高、附加价值高的产业。"一带一路"倡议的互利共赢理念，就是要形成这样一种格局，通过推动各国的产业创新和升级，实现可持续增长。要回答这一问题，就需要回答一个国家的比较优势会发生什么样的变化、如何才能发生变化的问题。对此，静态比较优势理论很显然难以胜任，而只有回到动态比较优势理论才可能找到答案。动态比较优势理论正是要力图回答这些问题。以动态比较优势研究竞争与互补关系是解决如何构建互利共赢的贸易格局的需要。

二是关于全球创新链与产业链的关系研究。中国通过改革开放，充分利用自身比较优势，积极参与全球产业链分工，从而推动了产业结构调整与转型升级，有力地支撑了经济几十年的高速增长，创造了"中国奇迹"。当前，中国的经济发展已经进入了一个新的阶段，党的十九大报告明确指出，"我国经济已由高速增长阶段转向高质量发展阶段"。中国经济要实现高质量发展的目标，参与和引领经济全球化的方式和路径就须进行必要的调整，要从过去利用低成本优势参与全球产业链分工、提升产业竞争力的方式向参与和引领全球创新链的方式转变。新技术革命正在全球范围内兴起，有望从根本上改变现有生产函数结构，扩大新生产可能性边界，推动新产业、新模式、新业态的孕育和发展，此次新技术革命为中国参与和引领全球创新链提供了千载难逢的历史性机遇。

全球正在经历一场深刻的技术革命，这为中国塑造更多依靠创新驱动的能力提供了前所未有的历史性机遇（张其仔，2018：96～104）。社会各界均重视新技术革命的动态演进过程，从不同角度对新技术革命的特征和趋势进行了大量而深入的研究（隆国强，2018：26～27；何传启，2015：1）：一是关于新技术革命的定义和特征的研究。前三次技术革命分别以机械化、电力和运输技术、电子和信息技术为主要标志，本轮新技术革命可能发展在生命科技、信息技术和纳米科技等交叉结合部（何传启，2015：1），对不同经济要素的跨区域流动、空间组织模式和集聚形态产生重要影响（孙志燕，2018：1）。从新技术革命特点上看，信息技术、生物技术等融合式发展成为主流（王虹舟、张志伟，2016：6），智能化、数字化、网络化和绿色化是突破的总体方向（张其仔，2018：96～104）。但也有学者认为，新技术革命总体上仍具有渐进式、渗透性，中国等新兴国家具有产业同发优势（刘志彪，2015：5～14）。二是关于新技术革命未来发展趋势的研究。部分学者认为，新技术革命将会推动生产方式、分工模式和商业组织形式等重大变革（霍鹏、魏修建，2017：23～26；黄群慧、贺俊等，2016：1～352），基于新一代信息技术的智能制造等将会成为潜在增长点（邸晓燕、张赤东，2018：39～48），个性化生产模式将会替代基于规模化生产的流水线模式（王亚玄，2016：173～187）。三是关于新技术革命推动新产业革命发展的研究。新技术革命促进了新产业革命的孕育和发展，但是并未全面改变原有主导产业基本格局，而是推动了制造业和服务业的高度融合（刘志彪，2015：5～14）。与此不同，有的研究认为新技术革命的影响具有颠覆性（张其仔，2018：96～104），基于新生物技术将会催生"仿生再生和生物经济革命"（何传启，2015：1），基于3D打印技术等将会催生一体化生产的快速成型模式（王虹舟、张志伟，2016：6）。

　　Porter（1985：1～120）最早提出了全球价值链的概念雏形，在此基础上结合国际分工碎片化和产业关联跨国化等，逐步形成了具有垂直专业化特征的全球价值链分析范式（Gereffi，2001：1616）。结合本研究，主要涉及以下三个方面内容：一是关于全球价值链的研究。对全球价值链分工和国内增加值率测算进行充分论证（Koopman et al.，2012：178～189；Koopman et al.，2014：459～494），深入研究中国企业参与全球价值链的真实利得、低端锁定、创新行为和生产率变动等（Kee and Tang，2016：1402～1436；吕越等，2018：11～29）。二是基于全球价值链向全球创新链演进的研究。刘志彪（2015：5～14）较早提出了中国要从嵌入全球价值链逐步向嵌入全球创新链转变。全球价值链依据的静态比较优势理论无法支撑中国动力转换和产业升级，只有高水平参与全球创新链才能获取动态比较优势，全球价值链和全球创新链双螺旋演进成为可能的战略选择（林学军等，2018：39～48）。三是关于嵌入全球创新链的理论研究。全球创新链是一条环环相扣的链条。Marshall 和 Vredenburg（1992：205～215）第一次提出了创新链的概念，创新链是由基础研发、技术研发、产业化等形成的集合（吴晓波、吴东，2008：50～53；代明等，2009：157～160），通过海外研发投资（Rottig，2016：2～17；刘启雷等，2018：1058～1069）、借助承接国际研发外包（Ghosh and Roy，2016：171～195）、依托跨国公司在华研发投资

（Chen et al.，2018：42～53）等途径嵌入全球创新链。

综观而论，现有文献对全球创新链的理论发展脉络与创新链、价值链、服务链等的互动关系进行了一定探讨，但仍存在以下不足：一是对新技术革命可能会对全球创新链发生何种影响的研究不足。二是对创新链的调整、变化如何影响全球产业链分工的研究不足，有必要做进一步深化。三是在研究全球创新链的方法上仍不够完善，多采用全球专利的分布情况加以刻画，不足以反映全球创新链的丰富内涵。四是现有研究就中国如何从参与全球产业链转为参与全球创新链提出了一些初步想法，但并未考虑在全球创新链模式发生调整时，中国的应对策略及推进路径。

创新链是从新思想到技术扩散的一系创新活动的组合，全球创新链（Global Innovation Chain）是从新思想到技术扩散等一系列创新活动的全球分工，是一个国家、一个地区、一个企业利用全球知识和创新资源池的一种模式。对于全球创新链，学术界虽然已有所研究，但对于新技术革命背景下全球创新链会出现何种调整，这种调整对全球产业分工格局、全球产业链布局具有何种影响的研究不足。此次新技术革命具有颠覆性，有其特有的技术进步和创新的逻辑，只有深刻分析此次新技术革命创新范式的变化规律，以及由这种创新范式变化引发的全球创新链、产业链、全球产业分工格局的重大变化规律，中国才可能科学有效地利用这次难得的历史机遇，实现两个一百年的奋斗目标。为了参与全球创新链，以下五大问题值得深入研究：第一，在新技术革命背景下创新范式具有何种新特点、全球创新链正在发生何种新变化。第二，建立一套合理的指标体系测算全球创新链，该指标体系具有扎实的理论基础，能够适用于跨国比较，结论具有可复制性。第三，研究全球创新链的重大调整是否会对全球产业分工格局和全球价值链造成重大影响，是否会从根本上改变发达国家位于价值链高端环节、发展中国家位于价值链低端环节的全球价值链分工格局。第四，研究全球创新链的新变化对中国提升创新能力及其参与全球产业分工可能造成的重大影响。第五，研究在全球创新链出现重大变化的情景下，中国嵌入全球创新链的升级路径。

参考文献

邸晓燕、张赤东，2018，《基于产业创新链视角的智能产业技术创新力分析：以大数据产业为例》，《中国软科学》，第 5 期。

何传启，2015，《新科技革命引发新产业革命》，《人民日报》，7 月 5 日。

黄群慧、贺俊等，2016，《新工业革命：理论逻辑与战略视野》，社会科学文献出版社。

黄群慧，2015，《"一带一路"沿线国家工业化进程报告》，社会科学文献出版社。

霍鹏、魏修建，2017，《新产业革命视角下我国产业转型升级的对策思考》，《中州学刊》，第 6 期。

林敏，2018，《知识转移、创新链和创新政策研究》，经济科学出版社。

林学军、梁媛、韩佳旭、肖叶芬，2018，《基于全球创新链与全球价值链双重螺旋模型的产业升级研究——以华为公司为例》，《国际商务研究》，第 5 期。

刘志彪，2015，《从全球价值链转向全球创新链：新常态下中国产业发展新动力》，《学术月刊》，第 2 期。

隆国强，2018，《加速提升中国产业国际竞争力》，《中国发展观察》，第 2 期。

孙志燕，2018，《新科技革命引发新产业革命》，《中国社会科学院》。

王虹舟、张志伟，2016，《新技术革命中的中国制造业》，《商》，第 24 期。

王亚玄，2016，《论新技术革命的实质——基于新熊彼特和马克思理论的综合》，《政治经济学评论》，第 4 期。

张其仔，2018，《第四次工业革命与产业政策的转型》，《天津社会科学》，第 1 期。

Chen X., Liu Z., Zhu Q., 2018, "Performance Evaluation of China's High-tech Innovation Process：Analysis Based on the Innovation Value Chain," *Technovation*, (74).

Dong J. Q., Yang C. H., 2016, "Being Central is a Double-edged Sword：Knowledge Network Centrality and New Product Development in U. S. Pharmaceutical Industry," *Technological Forecasting & Social Change*, 113 (1).

Hansen J., and Birkinshaw J., 2012, "The Innovation Value Chai," *Harvard Business Review*, (7).

Kee H. L., Tang H., 2016, "Domestic Value Added in Exports：Theory and Firm Evidence from China," *American Economic Review*, 106 (6).

Koopman R., Wang Z., Wei S. J., 2012, "Estimating Domestic Content in Exports When Processing Trade Is Pervasive," *Journal of Development Economics*, (99).

Koopman R., Wang Z., Wei S. J., 2014, "Tracing Value-Added and Double Counting in Gross Exports," *American Economic Review*, 104 (2).

Marshall J. J., and Vredenburg H., 1992, "An Empirical Study of Factors Influencing Innovation Implementation in Industrial Sales Organizations," *Journal of the Academy of Marketing Science*, 20 (3).

Roper S., Du J., and Love J. H., 2008, "Modelling the Innovation Value Chain," *Research Policy*, 37 (6－7).

Zheng D. Z., 2017, "Measuring the Effectiveness of the Chinese Innovation System: A Global Value Chain Approach," *International Journal of Innovation Studies*, 1 (1).

第六篇
收入分配与反贫困理论

新中国成立70年来，中国经济发展取得了重要成就，从落后的农业大国转变为现代化工业大国，创造了属于中国的发展奇迹。与此同时，中国经济学不断发展，在理论研究和政策探讨方面涌现出大量优秀成果，逐渐形成了比较完整的学科体系。本篇以新中国成立为起点，沿着中国经济发展的进程，梳理70年来中国发展经济学对经济增长理论的探讨。

第二十三章　收入分配理论研究的深化与收入分配方式调整

第一节　收入分配制度的七十年演进

自 1949 年中华人民共和国成立以来，经过 70 年的建设和发展，我国经历了从计划经济时期高度平均的收入分配制度到按劳分配为主、多种分配方式并存的收入分配制度，逐渐形成了按劳分配与按生产要素分配相结合的收入分配制度，分配原则先后经历了几次大的调整，依次是：①绝对平均；②效率优先；③兼顾效率与公平；④效率优先，兼顾公平；⑤初次分配注重效率，再分配注重公平；⑥初次分配和再分配兼顾效率和公平，再分配更加注重公平。

新中国成立后至改革开放前，我国的收入分配制度是计划经济下的平均主义。这一时期先后经历了单一的生产资料公有制和高度集中的计划分配制度、生产资料高度公有制，以及后期实行统一的收入分配制度。随着计划经济体制的建立，公有制和按劳分配逐渐占据主体地位，剥削制度被消灭，充分体现了平均主义特征，以及计划化、集权化和二元化的分配制度特征，确立了按劳分配的绝对地位，居民收入分配差距总体上呈现缩小的趋势。

1978 年党的十一届三中全会确立了改革开放的战略方针，我国的收入分配制度随之也在不断的改革中发生了巨大变化。改革开放初期，收入分配制度改革是在坚持公有制的前提下进行的，以计划经济为主、市场调节为辅。伴随着党的十二届三中全会的召开，我国明确了商品经济是社会经济发展不可逾越的阶段，社会主义经济是公有制基础上的有计划的商品经济，此后开始在公有制下发展商品经济；随着商品经济不断发展，我国逐步建立了社会主义市场经济体制，形成了以公有制为主体，个体私营经济、外资经济为补充的所有制结构。随后，党的十五大最终确立了以公有制为主体、多种所有制经济共同发展的所有制结构。

2002 年党的十六大首次确立了坚持和完善公有制为主体、多种所有制经济共同发展的基本经济制度，劳动、资本、技术和管理等生产要素按贡献参与分配，完善按劳分配为主体、多种分配方式并存的分配制度。此后，坚持和完善公有制为主体、多种所有制经济共同发展的基本经济制度成为全社会的经济基础，在不断巩固和发展公有制经济的同时，鼓励、支持、引导非公有制经济发展，坚持和完善按劳分配为主体、多种分配方式并存的分配制度，健全劳动、资本、技术、管理等生产要素按贡献参与分配的制度。

2012 年党的十八大报告明确，初次分配机制中劳动、资本、技术等生产要素按贡献参与分配，再分配过程中加快健全以税收、社会保障、转移支付为主要手段的调节机制。随着我国进入新时代，基本上形成了按劳分配与按要素分配相结合的收入分配机制，并且将予以长期坚持和完善；初次分配和再分配要求同时兼顾公平和效率，再分配过程更加注重公平。

任何时期收入分配制度的演进和改革都与经济社会环境紧密相关。收入分配制度是我国经济制度中最基本的组成部分。伴随着经济体制改革，我国社会收入分配制度呈现协同发展的趋势，居民的收入水平实现了巨大的飞跃。当然，需要认识到，在我国收入分配制度改革取得巨大成就的同时，也存在一系列困难和问题，突出表现为城乡居民收入和财富差距不断扩大、代际收入流动性不断下降等。这无疑对高质量发展阶段我国收入分配制度的深化改革提出了新的要求。

因此，有必要在系统梳理新中国成立 70 年来我国收入分配制度演进和改革实践基础上，从收入分配结构调整、收入差距、基本公共服务均等化、反贫困政策和代际收入流动等方面，全面阐述我国收入分配与社会公平领域的学术争鸣与研究进展。

第二节 按劳分配理论的发展

70 年来，我国经济体制经历了从计划经济到社会主义计划经济再到社会主义市场经济的伟大进程，与之伴随的是政府部门和理论界对按劳分配理论的认知逐步深化。在各阶段不同理论的指导下，我国收入分配制度经历了从新中国成立后平均化的单一的按劳分配到改革开放初期打破平均主义，再到坚持在按劳分配为主体的前提下实行多种分配方式，直到目前的按劳分配与按生产要素分配相结合（张亮，2016：4~14）。

新中国成立后至改革开放前夕，理论界对社会主义实现形式的认识还处于早期探索阶段，当时我国社会分配领域长期以绝对平均主义为主，由此形成了"吃大锅饭"的组织分配方式，这在一定程度上阻碍了社会经济的持续发展。1949~1956 年由新民主主义向社会主义过渡时期，公有制经济的主体地位逐渐确立，收入分配制度由多种分配方式并存逐渐转向以按劳分配为主；直至 1956 年"三大改造"完成，我国进入社会主义阶段，在生产资料公有制基础上首次正式建立"按劳分配"制度。但是"三大改造"完成后，我国开始实施高度集中的计划分配制度，在继续实施按劳分配的过程中开始有平均主义倾向，出现了按劳分配与平均主义并存的局面。由此导致的绝对平均的收入分配制度，自然使全社会收入分配差距进一步缩小。据统计，1978 年我国城市基尼系数为 0.16，按照国际通行标准，处于绝对平等水平（杨涛，2000：11~22）。这一历史时期的社会主义建设实践引起学术界对共产主义分配原则的讨论，乌家培、狄文、李云、何伟、汤国钧、骆耕漠等纷纷发表理论观点，主要集中在：按劳分配是不是资产阶级法权以及是否应该坚持按劳分配、供给制和工资制之争、计件工资制是否应该存在、政治挂帅从而以精神鼓励为主还是应该坚持物质利益原则等等（魏众、王琼，2016：4~12）。

我国虽然基本确立按劳分配原则，但在实际中并没有真正实行，多数情况下执行的还是平均主义的收入分配方式。经济体制改革之初，理论界对此前僵化的"按劳分配"原则进行反思。最具代表性的是苏绍智和冯兰瑞合作撰写的《驳姚文元按劳分配产生资产阶级的谬论》，以驳斥"极左"的绝对平均主义分配思想为主。随后，1978 年 5 月 8 日《人民日报》发表的《贯彻执行按劳分配的社会主义原则》一文体现了当时对于按劳分配讨论的主要观点，再次提出按劳分配原则的目的主要是激发劳动者的积极性。文中提出要提高经济管理水平，不仅要考虑如何根据按劳分配原则把"蛋糕"分好，更要考虑如何通过按劳分配激发劳动积极性从而把"蛋糕"做大。《按劳分配的社会主义原则》的执行，为持续数年关于按劳分配的第一次理论争论予以盖棺定论（魏众、王琼，2016：4～12）。为了克服长期平均主义带来的低效率和低生产力，党的十一届三中全会决定以农村为突破口，切实贯彻按劳分配原则，并明确提出"公社各级经济组织"必须认真执行按劳分配的社会主义原则，按照劳动的数量和质量计算报酬，克服平均主义（中共中央文献研究室，1982）。随着经济各领域逐步引入市场调节机制，我国在收入分配方面正式提出了克服平均主义，推进落实按劳分配，逐步确立以按劳分配为主体、其他分配形式为补充的分配制度。

在按劳分配理论指导下，这一时期的改革实践中收入分配制度改革率先从农村地区展开，积极探索实行家庭联产承包责任制。"包产到户"通过调整农村生产关系，调整国家、集体和农民三者之间的关系，将原来的"工分制"调整为"交够国家的、留足集体的、剩下都是自己的"，摒弃了"一大二公""大锅饭"的体制，以农户享有农业剩余索取权的分配方式改革和解放农业生产力，促进农业经济发展（龚建文，2008：229～238）。这一时期农村居民收入迅速提高，特别是 20 世纪 80 年代前期，城乡收入差距和全国整体的收入差距都趋于缩小（王小鲁，2010：8～19）。1984 年党的十二届三中全会后，收入分配制度改革逐渐转向城市，《中共中央关于经济体制改革的决定》要求，企业职工奖金由企业根据经营状况自行决定、职工工资和奖金同企业经济绩效的提高相挂起、企业内部要扩大职工工资差距，充分体现"多劳多得、少劳少得",在企业内部建立以承包为主的多种形式的经济责任制。与此同时,推进国家机关、事业单位工资制度改革,要求工资同本人肩负的责任和劳绩密切联系起来。① 这一时期率先取得理论进展的是对于公平与效率的关系讨论。周为民、卢中原(1986:30~36)提出的效率优先兼顾公平的原则,在国内尚属首次,与此同时,更多的研究者也倾向于效率优先兼顾公平这一分配原则(金碚,1986:78~81)。随后,继党的十二届三中全会对"按劳分配"予以正确诠释后,党的十三大在对收入分配多样化的尝试基础上首次允许其他分配方式的存在,"其他分配方式"从"按劳分配"的补充分配方式逐渐演变成与"按劳分配"这一主体相并存(李子联,2015:38~47)。党的十四大三中全会之后建立了企事业单位和行政机关的工资增长机制,这成为此后一段时期城乡居民收入差距拉大的主因之一。

总之,20世纪80年代农村承包制和城市工资制度改革不断激发了劳动积极性,使农村和城市居民人均收入水平都迅速增长,不过1984年以后城乡收入差距因一系列工资增长机制而持续扩大,基尼系数在1978~1984年处于下降阶段,而80年代中期以后差距持续扩大(王小鲁,2010:8~19)。农村内部居民收入分配的不平等程度在1985年出现了一次跳跃,基尼系数由1985年的0.2267蹿升至1986年的0.3042,提高了34.19%(杨宜勇、池振合,2008:23~26)。

虽然党的十二届三中全会明确提出我国实行的社会主义计划经济是在公有制基础上的有计划的商品经济,但当时全社会对于计划经济和市场经济的争论仍然没有形成统一的定论。随着经济体制改革的深化,我国需要建立同社会主义市场经济体制相适应的收入分配制度。

---

① 企业发行债券筹集资金,就会出现凭债权取得利息;随着股份经济的产生,就会出现股份分红;企业经营者的收入中,包含部分风险补偿;私营企业雇用一定数量劳动力,会给企业主带来部分非劳动收入。以上这些收入,只要是合法的,就应当允许(中共中央文献研究室,1982)。

第三节　按劳分配制度的进一步完善

一　多种分配方式的合理性讨论

党的十四大以后，随着社会主义市场经济体制的逐步确立和完善，我国经济开始进入新的增长周期，此时个体经济和私营经济等非公有制经济飞速发展，同时伴随着"劳动、技术、管理和资本等生产要素参与收入分配"制度的提出，居民收入水平也有了快速的增长。1997 年召开的党的十五大确立了以公有制为主体、多种所有制经济共同发展是我国社会主义初级阶段的一项基本经济制度，要求继续坚持按劳分配为主体、多种分配形式并存的收入分配制度；实践中，把"按劳分配和按生产要素分配结合起来"，"允许和鼓励资本、技术等生产要素参与收益分配"。1999 年宪法修正案提出，"国家在社会主义初级阶段，坚持公有制为主体、多种所有制经济共同发展的基本经济制度，坚持按劳分配为主体、多种分配方式并存的分配制度"，从宪法层面确定了我国社会主义初级阶段将长期实施的收入分配制度。国内理论界关于按生产要素分配的提法最早来自谷书堂、蔡继明（1989：100～108）。尽管分配制度的不断完善很好地适应了社会主义市场经济运行，但是自 20 世纪 90 年代中期开始，收入分配不公的问题逐渐显现，主要表现为因户籍制度约束和城乡公共资源配置失衡所导致的城乡间收入分配不公，因垄断行业和垄断企业相对于竞争性行业更加强势所导致的行业间工资分配不公，因政府部门过度干预经济活动和部分政府官员贪腐行为所导致的社会分配不公（李实，2015：1～6），等等。

进入 21 世纪以来，随着市场化进程的推进，各种经济成分加快资本化运作，包括国有资产资本化。伴随着这一过程，收入分配不公的现象愈发突出。部分群体和个人利用社会转型中制度规则的漏洞，把属于社会和国家的财富以各种隐蔽的方式据为己有（张车伟、程杰，2013：14～23）。因此，只盯住收入差距问题而不着重解决收入分配过程中的不公平现象，即便收入差距得以缩小，收入分配问题也不会从根本上得到解决。这一时期收入方面最明显的变化就是居民收入差距逐渐扩大。农村居民收入不平等程度有所增长，1999 年农村基尼系数为 0.336，2003 年达到 0.370；城镇居民收入分配不平等程度从 1984 年开始不断上升，1999 年城镇基尼系数达到 0.295。城乡之间收入差距同样扩大，城乡收入比由 1978 年的 2.57∶1 增长到 2003 年的 3.23∶1（杨宜勇、池振合，2008：23~26）。因此，2000 年以后的分配政策重点有所调整，在合理收入差距的基础上更加重视收入分配公平问题，政府的再分配政策对收入分配的影响逐渐扩大。2002 年党的十六大再次确立劳动、资本、技术和管理等生产要素按贡献参与分配的原则，完善按劳分配、多种分配方式并存的分配制度，在初次分配中强调效率，再分配过程注重公平，以共同富裕为目标。为了解决部分社会成员之间收入差距过分扩大的问题，我国进一步加大了收入分配调节力度，尤其是加强了对垄断行业收入分配的监管。党的十七大报告进一步提出，初次分配和再分配都要处理好效率与公平的关系，深化收入分配制度改革。到 2020 年，合理有序的收入分配格局基本形成，收入分配差距扩大的趋势逐步被扭转。与以往提出的初次分配注重效率、再分配注重公平相比，党的十七大强调初次分配和再分配都要处理好效率与公平的关系，这是我国分配制度上的重要发展，是从我国收入分配的实际情况出发提出来的、进一步处理好效率与公平关系的重大举措（郑新立，2007：4~7）。

二　新时代按劳分配体制机制的进一步完善

2012 年党的十八大以来，我国经济进入新常态，发展目标从经济总量增长逐步转变为调结构、稳增长。深化收入分配制度改革，更加注重居民收入在国民收入中的占比，进一步完善政府再分配政策的调节机制，实现"两个同步""两个提高"的目标，即努力实现居民收入增长和经济发展同步，劳动报酬增长和劳动生产率提高同步，提高居民收入在国民收入分配中的比重，提高劳动报酬在初次分配中的比重。同时，完善劳动、资本、技术、管理等要素按贡献参与分配的初次分配机制，加快健全以税收、社会保障、转移支付为主要手段的再分配调节机制，初次分配和再分配都要兼顾效率和公平，再分配更加注重公平。党的十八届三中全会进一步提出健全资本、知识、技术、管理等要素市场的报酬机制，要求增加低收入者收入，扩大中等收入者比重，努力缩小城乡、区域、行业收入分配差距，逐步形成橄榄型分配格局。厉以宁等（2013：4～6）认为，现阶段中国推进收入分配制度改革，重点一定要放在初次分配上，因为这是导致社会收入差距持续扩大且难以治理收入差距过大问题的重要原因。党的十九大报告进一步要求，坚持按劳分配原则，完善按要素分配的体制机制，促进收入分配更合理、更有序，以促进社会城乡区域发展和缩小收入分配差距。总的来看，党的十八大以来，中央政府对我国收入分配不公平问题高度重视，坚持经济增长与居民收入同步增长、劳动生产率与劳动报酬同步提高，在坚持提高低收入群体收入、限制高收入群体收入的同时，逐步重视中等收入群体，这说明当前理论界和政策界对中国社会橄榄型分配格局有了更加清楚的认识（张亮，2016：4～14）。可以说，在改革开放前三十年的经济转型过程，我国收入差距持续扩大，这其中既受到不完善的经济体制转变的影响，也有发展战略选择和政府政策变化的原因；而在近十年的经济发展中，一些缩小收入差距的因素更多地显现出来，遏制着收入差距持续扩大的势头，进入了收入差距小幅波动和高位徘徊的阶段（李实、朱梦冰，2018：19～28）。

综观 70 年来我国收入分配制度的演进可以发现，基于早期对"按劳分配"理论和实践的积极探索，逐渐形成了"按劳与按生产要素分配"的制度。在新中国成立至改革开放前的近 30 年时间里，计划经济下的绝对平均主义是社会收入分配的主要方式，按劳分配制度尚处于萌芽状态。改革开放初期，以完全破除"平均主义"为基本的改革着力点，无论农村还是城市都亟须大力发展生产以满足新时期社会经济发展的需要，因此，这一时期注重培养劳动积极性，收入原则将"效率"放在优先位置。随着社会主义市场经济体制的基本确立，在坚持公有制经济为主体的同时，非公有制经济蓬勃发展，并逐步形成按劳分配为主、多种分配方式并存的分配格局。与此同时，城乡固有的二元分配结构逐渐带来全社会收入差距的不断扩大，突出表现在城乡收入差距扩大上，收入分配原则随之从"效率优先"向"兼顾效率与公平"转变。进入新时代以来，社会主要矛盾从"人民日益增长的物质文化需要同落后的社会生产"转为"人民日益增长的美好生活需要和不平衡、不充分的发展"，为决胜全面建成小康社会，这一时期的收入分配制度更加注重公平，尤其是保障所有国民分享经济发展成果。在这一阶段，中央政府制定了到 2020 年全面消除绝对贫困和总体实现基本公共服务均等化的目标和规划，充分保障低收入人群的基本生活和贫困地区的基本公共服务。初次分配中不断消除分配不公的各种基础，同时增强再分配过程中的公平分配职能，不断完善收入分配体制，促进形成公平、合理的收入分配格局。

70 年来，我国社会收入分配制度演变中最明显的变化就是对低收入群体的保障力度大幅增强，无论反贫困政策还是覆盖全体的基本公共服务体系，都着重于贫困地区和低收入群体。未来一个阶段我国收入分配制度改革的重点是，除继续关注低收入群体以外，逐渐限制高收入群体的过高收入，重点保障中等收入群体收入，促进我国社会橄榄型分配格局的形成。

参考文献

杨涛，2000，《城乡收入差距的政治经济学》，《中国社会科学》，第 4 期。

龚建文，2008，《从家庭联产承包责任制到新农村建设——中国农村改革 30 年回顾与展望》，《江西社会科学》，第 5 期。

谷书堂、蔡继明，1989，《按贡献分配是社会主义初级阶段的分配原则》，《经济学家》，第 2 期。

金碚，1986，《以公平促进效率 以效率实现公平》，《经济研究》，第 7 期。

李实，2015，《中国收入分配格局的变化与改革》，《北京工商大学学报》（社会科学版），第 4 期。

李实、朱梦冰，2018，《中国经济转型 40 年中居民收入差距的变动》，《管理世界》，第 12 期。

厉以宁等，2013，《全面深化改革开放 推进经济持续健康发展——学习贯彻十八大精神笔谈（下）》，《经济研究》，第 3 期。

李子联，2015，《中国收入分配制度的演变及其绩效（1949－2013）》，《南京大学学报》，第 1 期。

王小鲁，2010，《我国收入分配现状、趋势及改革思考》，《中国市场》，第 20 期。

魏众、王琼，2016，《按劳分配原则中国化的探索历程——经济思想史视角的分析》，《经济研究》，第 11 期。

杨宜勇、池振合，2008，《我国收入分配体制改革 30 年的基本经验》，《中国发展观察》，第 11 期。

张亮，2016，《我国收入分配制度改革的历程回顾及其经验总结》，《发展研究》，第 11 期。

张车伟、程杰，2013，《收入分配问题与要素资本化——我国收入分配问题的"症结"在哪里?》，《经济学动态》，第 4 期。

郑新立，2007，《建立体现社会公平的收入分配制度——学习党的十七大报告》，《宏观经济管理》，第 11 期。

中共中央文献研究室，1982，《三中全会以来重要文献选编（上）》，人民出版社。

周为民、卢中原，1986，《效率优先、兼顾公平——通向繁荣的权衡》，《经济研究》，第 2 期。

第二十四章 收入差距的演变研究

新中国成立70年来，我国居民收入方式和收入结构发生了巨大变化，尤其改革开放带来的中国经济增长红利使全社会生产能力和人们生活水平有了显著提高。然而，在效率提升和增长加速的同时，不同地区不同行业居民收入差距随之扩大，并且在长期实行的城乡分割的户籍制度影响下，农村居民和城镇居民逐渐形成且遵循着完全不同的收入增长路径，导致全社会收入差距发生了结构性变化。党的十八大以来，我国收入分配制度不断向低收入群体倾斜，以建立公平的收入分配格局为目标，全社会的收入不平等状况逐渐得到扭转。对于市场化改革和城乡收入差距扩大以及垄断行业高收入等关键问题，国内理论界李实、赵人伟、岳希明等陆续开展了一系列深入研究。蔡昉、林毅夫等则从发展经济学理论视角讨论了二元体制下的城乡收入差距问题。

第一节 收入差距的演变

一 计划经济时期城乡分割基础上的收入平均化

新中国成立至1978年十一届三中全会前，我国收入分配制度是以城乡分割为基础、以平均主义为特点，演变趋势是生产资料公有化和生活资料占有平均化。在这样的制度安排下，居民的收入分配呈现典型的低水平、单一化和平均化的特点（黄晓霓，2011：59）。

新中国成立初期，我国处于从新民主主义向社会主义的过渡时期，多种经济成分并存，社会阶层分化明显，民族资本家和地主的收入水平要远远高于工人和农民的收入水平。通过一系列改革举措，工人和农民的收入水平提高，从而使农村内部和城市内部的收入差距迅速缩小。

在农村，1950 年通过的《中华人民共和国土地改革法》规定，废除地主阶级封建剥削的土地所有制，实行农村土地所有制。土地归农民所有之后，在农村逐步实行以家庭为经营单位的个体经济，农民生产的农产品在扣除上缴部分和农业税之后的剩余全部归自己所有。1953～1956 年，全国开展从农村个体经济转变为集体经济的农业社会主义改造（李子联，2015：38～47），这个过程中剥削阶级得以消除，集体经济兴起，伴随着生产资料所有制的改变，农村居民内部的收入分配差距逐渐缩小。

在城市，工人群众获得了正当的劳动权利，工业生产逐步扩大，必要的救济制度也基本建立，使得城市居民内部的收入分配差距有所缩小（孙殿明、韩金华，2010：44～48）。这一时期城市工资制度改革也进一步提高了工人的收入水平。1952 年实行以"工资分"作为计量单位的工资制度，建立了等级工资、计件工资和奖励工资制等；到 1956 年，工资制度改革取消了"工资分"制度，改为实行货币工资制度，工人实行八级工资制度，继续推广计件工资制并实行与经济效益挂钩的奖励工资制度等。由此形成的差异化工资制度极大地调动了城市工人的生产积极性（李子联，2015：38～47）。

随后生产资料公有制的主体地位得以确立并形成了单一的公有制。其中，资本主义工商业逐渐转变为全民所有制工商企业，原先的资本家及管理人员逐渐转变为工人；手工业的社会主义改造使个人逐渐成为集体所有制企业的工人；农业方面，农民所有制改造为集体所有制，农民成为共同参与集体劳动的合作社社员。单一公有制的确立，使农民和城市居民都成为单独的劳动者，不再拥有生产资料，个人收入分配遵循"按劳分配"原则，居民内部收入差距逐渐缩小，甚至趋于平均化（孙殿明、韩金华，2010：44～48）。

社会主义改造完成后，社会主义经济制度初步建立，我国逐渐形成了高度集中的计划经济体制，不断提高生产资料的公有化程度。在农村地区，掀起了人民公社化运动"高潮",公社内部成员的个人收入分配主要遵循工分制原则,以劳动工分作为计量劳动和分配消费品的尺度。虽然工分制本身具有按劳分配的特征,但由于生产水平低以及监督机制不健全,工分制下的农村收入分配基本上是平均分配。而在城市,单一的生产资料公有制形成后,每个居民都只是劳动者,个人收入分配遵循工资制原则,一旦工资级别被确定,那么同级别劳动者的工资收入就完全一样。在这种制度安排下,居民收入分配差距进一步缩小并逐渐固化,出现了平均主义倾向。直至改革开放前夕,我国居民收入分配一直维持在差距不大的范围内。统计显示,1978 年我国农村基尼系数约为 0.21,城市基尼系数约为 0.16,均处于比较平均甚至绝对平均的范围。

二 经济转型期收入差距的非线性变化

改革开放以后,随着经济转型加快推进,我国收入分配格局在收入差距不断扩大的总体趋势下出现了明显的非线性特征。其中,前 30 年城乡之间、城镇内部和农村内部收入差距都在扩大,但非两极分化,只是低收入人群收入增长的幅度小于高收入人群,并且在经济高速增长带动下贫困人口不断减少,然而在后 10 年中,收入差距扩大的趋势初步得到了遏制(李实,2018:2~33)。由于城乡分割,这一阶段的收入差距主要体现在城乡收入差距上,呈现先降后升的"U"形规律(陈斌开、林毅夫,2013:81~102)。

得益于 1978 年开始的农村改革,我国城乡收入差距截至 1984 年缩小至较低水平(陆铭、陈钊,2004:50~58;王小鲁,2010:8~19;蔡昉,2003:16~25)。以家庭联产承包责任制为基础,农村全面推进收入分配改革,农村收入分配制度和分配机制由此发生了根本性变化;而城市收入分配制度改革直到 1985 年才开始。总体上,在这一时期,随着农村改革的推进,农村内部居民收入差距略微拉大,城市内部居民收入差距维持稳定,由此导致城乡间收入差距有所缩小。根据国家统计局的估计,农村基尼系数从1978 年的 0.21 上升至 1985 年的 0.26,而同期城市基尼系数则由 0.16 小幅提高至 0.19(张东生,2012:225~239),低于农村居民收入差距的扩大幅度。

1986~2008 年, 我国城乡收入差距转而不断拉大。当时的一系列市场化改革推动了我国经济体制急剧转型, 大量农村剩余劳动力向城市流动, 农民大规模退出农业部门, 城乡收入分配机制随之急剧变化, 由于农业部门收入增长源泉相对受限, 城乡收入差距扩大 (蔡昉, 2003: 16~25), 这一时期收入分配不公的问题也日益凸显 (李实, 2015: 1~6)。尽管 1995 年政府提高了农产品的收购价格, 短期内带来城乡收入差距的略微缩小, 但1997 年以后随着农产品收购价格日趋下降, 城乡收入差距又继续扩大 (陆铭、陈钊, 2004: 50~58)。据统计, 城市基尼系数从 1985 年的 0.19 上升至 2005 年的 0.34, 同期农村基尼系数从 0.26 上升至 0.38, 全国基尼系数从 0.38 上升至 0.46 (张东生, 2012: 225~239)。国家统计局数据进一步显示, 2003~2008 年全国层面的收入差距一直呈现扩大的趋势, 基尼系数从 0.44 上升至 0.49, 达到了历史最高水平。

2008 年以后, 全社会开始广泛关注收入不平等问题。政府部门对此高度重视, 此后的收入分配制度改革转而更加强调公平。政府不断加大初次分配和再分配对收入差距的调节力度, 增加对低收入人群的扶贫和保障支出力度, 有效缓解了收入分配差距的继续扩大, 全国收入差距趋于稳定。加之城镇化进程和反腐工作的深入推进, 全国收入差距扩大势头得到了初步遏制, 全国基尼系数自 2014 年开始下降。党的十八大以来, 进一步加大了税制结构的调整力度, 一系列"减税降负"的"政策红利"为我国经济结构性转型提供了有利条件, 同时也有利于全社会收入分配结构的进一步优化。

进一步考察城乡内部收入结构。农户家庭收入构成经历了以经营性收入为主到以非农就业收入为主的巨大转变。伴随着家庭联产承包责任制的全面推行, 农村第二产业和第三产业收入占农民收入比重迅速提高。尽管家庭经营性收入仍是农民收入的重要组成部分, 但农民收入增长源泉发生了质的变化, 由过去依靠家庭经营性收入增长转变为主要依赖劳动报酬增长 (张车伟、王德文, 2004: 2~13), 然而农民的财产性收入占比一直相对偏低。

城镇居民家庭则仍然以工资性收入为主，其次是转移性收入，而财产性收入和经营性收入占比较低（顾海兵、王亚红，2008：77～83），不过近年来财产性收入增长趋势明显（张车伟、王德文，2004：2～13）。

三 城乡收入差距和地区收入差距

城乡差距和地区差距引致收入不平等，基本成为学界共识（林毅夫等，1998：3～5；蔡昉，2003：16～25；陆铭、陈钊，2004：50～58）。其中，城乡差距往往与户籍制度联系在一起，地区差距则集中体现在东、中、西部地区间及省际。我国在计划经济时期推行重工业优先发展战略，导致重工业比重过高，然而城市工业资本积累的增加没有相应地引起工业部门劳动吸纳能力的提高，以及带动农村剩余劳动力的转移。这其中，分割城乡人口和劳动力市场的户籍制度，与相配套的城市劳动就业制度、城市偏向的社会保障制度、基本消费品供应的票证制度、排他性的城市福利体制等一起，阻碍了劳动力这一重要的生产要素在城乡之间的合理流动（蔡昉，2003：16～25）。农村劳动力向城镇流动，不仅有助于缩小城乡收入差距（程名望等，2006：68～78；章元等，2012：76～87），而且能够提高农村居民收入。一方面，外出打工所得收入一部分被汇回老家；另一方面，人口净流出带来农村剩余劳动力减少，在一定程度上提高了劳动生产率（李实，1999：3～5）。虽然户籍制度及相关政策保障了农业生产所需的劳动力，但也制约了城乡间劳动力的充分流动以及城乡人口结构的持续优化，成为这一时期造成我国城乡收入差距扩大的主要因素（Whalley and Zhang，2004：1～31）。

据统计，2000年我国城乡实际人均收入比高达2.46，如果考虑城镇居民医疗补贴、教育补贴等因素，城乡收入差距会更大。究其原因，主要是农户在非农产业与农业之间的劳动力配置差异、地区分割引起的区域收入差异、农村财产分配的影响，以及税费制度的累退效应（李实，2003：106～134）。与此同时，有研究表明，1978～1995年尤其80年代中期以来，我国东、中、西部地区之间的收入差距远大于各地区内部差距，地区内部差距呈缩小趋势，地区之间收入差距则进一步扩大（林毅夫等，1998：3～5）。

第二节　收入差距变化的原因

一　城乡收入差距的原因

政府实行城市偏向型政策，是导致城乡收入差距迅速扩大的主要原因之一（杨涛，2000：11~22；蔡昉，2003：16~25；Kanbur and Zhang，2005：87~106）。城市偏向型政策的实施，以后由此导致的中国城镇化进程滞后、城乡收入差距居高不下，都与推行重工业优先发展战略有关（林毅夫、刘明兴，2003：3~14；Lin and Chen，2011：1~21），可以说，当时城镇化和城乡收入分配的一系列制度安排，如户籍制度等都内生于这一发展战略（陈斌开、林毅夫，2013：81~102）。影响城乡收入差距的城市偏向型政策主要有：城乡分割的行政管理制度（陆铭、陈钊，2004：50~58），政府农副产品价格控制、不合理的税费负担、城乡劳动力市场分割、歧视性的社会福利和保障体系等（Yang，1999：306~310），城市偏向的教育经费投入政策（陈斌开等，2010：36~43），等等。归根结底，巨大的城乡收入差距是一种不公平的经济发展战略带来的，是一种不公平的社会经济体制带来的，是多种不公平的公共服务政策带来的，因而是一种严重的收入分配不公现象（李实，2018：2~33）。

受教育水平也是影响收入差距的一个基本且重要的因素。教育有助于积累人力资本，个体受教育程度的差异会影响其收入回报，因而教育不均等势必导致居民收入差距扩大。总体上，我国各省的教育发展水平并不平衡，特别是在受过高等教育的人口比重方面仍然存在较大的差距，而高等教育的持续平衡发展将有助于缩小地区间收入差距，一个良好的迹象是，近年来各地高等教育人口比重呈收敛趋势（陈钊等，2004：25~31）。从机会公平的角度看，我国教育适龄人口受教育机会是不均等的，高收入人群的教育机会显著大于低收入人群，由此加剧了收入的不均等程度（王小鲁、樊纲，2005：24~36）。

基于教育与收入不平等的关系判断，现阶段我国正处于倒"U"形关系曲线顶点的左侧，平均受教育年限的增加不是降低而是提高了收入的不平等程度（白雪梅，2004：53~58）。接受过高等教育的劳动者比重增加，降低了工资收入不平等程度，但是由于教育回报率的上升对收入不平等的影响程度更大，总效果仍然是收入不平等程度的上升（徐舒，2010：79~92）。然而，收入不平等程度的上升往往又会加剧教育不平等程度，并且经验研究表明收入不平等是教育不平等的直接原因，机制在于收入分配通过影响个人的人力资本投入水平，在很大程度上决定了个人的受教育水平，进而影响其教育回报率。上述教育不平等与收入不平等之间的相互影响有明显的区域性特征，东、中、西部地区经济发展水平的差异也显著体现在教育分配和收入分配差异上（杨俊等，2008：38~47）。

另外，这种由教育差距带来的收入不平等在城镇劳动者身上表现得更加明显（徐舒，2010：79~92）。对于城镇居民，主要是因教育和工资相关性以及教育回报率的增加导致工资收入的不平等加剧，而教育不平等程度的下降起到了一定的缓解作用（陈玉宇等，2004：16~25）。对于农村而言，地区间工资性收入差异是导致地区收入差距扩大的主要原因，而农村工资性收入水平又主要与各地农民的受教育程度有关（邹薇、张芬，2006：67~79）。教育和在职培训积累的人力资本是决定农户收入差距的重要因素，反而物质资本的影响并不显著，并且人力资本的回报远高于物质资本（高梦滔、姚洋，2006：71~80）。在影响农户收入差距的诸多因素中，基础教育所体现的人力资本以及区域经济发展水平对农户收入差距的影响是全面性的，而其余因素的影响是结构性的，仅仅就部分收入来源产生影响（程名望等，2015：17~28）。

二 城镇职工工资差距拉大的体制因素

改革开放前，由于全国实行计划经济体制，行业收入差距并不明显。改革开放后，企业获得了更多的经营自主权，竞争性市场机制的作用不断增强，体现在劳动力市场上，表现为企业和行业职工之间的收入差距逐渐扩大，并成为我国城镇居民收入差距不断扩大的重要原因（Meng and Zhang，2001：485~504；蔡昉等，2005：230~256；Démurger et al.，2006：58~101；陈钊等，2010：65~76）。凭借垄断性经营权和定价，垄断企业从消费者手中攫取垄断利润，其中除部分以税收的形式成为国家财政收入来源外，主要部分留给垄断企业，成为垄断企业职工高收入、高福利甚至是腐败的重要资金来源。已有研究基于回归分析的分解方法发现，2002年包含垄断行业时全部行业对城镇职工收入差距的贡献度为5.086%，而不包含垄断行业时贡献度降为2.292%，通过对比显示出行业垄断对职工收入差距的重要性（陈钊等，2010：65~76）；通过泰尔指数分解法对垄断行业职工高收入不合理部分测量发现，2005年行业垄断对工资差距的贡献度达8%左右（岳希明等，2010：77~93）；使用企业和员工匹配数据中企业和个人两方面的信息，通过回归分析方法发现，行业垄断与职工年龄是继受教育水平之后影响职工工资差距的重要因素，贡献度在4%~8%（聂海峰、岳希明，2016：5~20）。一直以来，垄断行业的平均收入水平比竞争性行业高出50%左右，无论是包括全部行业在内的总的收入差距，还是垄断行业和竞争性行业的内部收入差距，均达到了较高水平，基尼系数接近或已超过0.4（杜鑫，2010：111~124）。可见，行业垄断是导致企业工资差距的前提条件，所有制是导致企业工资差距的必备条件，行业垄断与国有企业的结合导致日益扩大的企业工资差距。因此，要控制日益扩大的企业工资差距，必须高度重视国有企业的工资决定行为（叶林祥等，2011：26~36）。

第三节 构建合理防止收入差距扩大的机制

伴随着改革开放的深入推进和要素市场化配置体制机制的建立，我国收入差距总体呈扩大的趋势，尤其是90年代中后期，居民收入分配不均等程度日趋提升，为此，学术界围绕如何通过构建完善的体制机制来防止收入差距进一步扩大展开了大量政策研究，并主要形成以下代表性建议。

第一，优化宏观调控政策。通过政策调整缩小收入差距，具体表现在调整全国特别是农村的税收政策，使得城乡居民在税收上享有相同的权利和义务。在农村，农户纳税比率与其收入水平挂钩，同时针对一些低收入户和贫困户采取必要的税收减免政策；在城镇，进一步推进实物分配的货币化过程，使得个人所得税建立在个人实际收入而不只是货币收入基础上，并且实物分配的货币化过程也是防止官僚特权和职权腐败的一项有效措施（李实、赵人伟，1999：3~5）。改进整个宏观经济政策对收入分配的影响，不仅需要强调税收和转移支付对初次分配结果的调节效果，还需要关注对分配起点和分配过程的调节，如教育政策、劳动力流动政策、产业结构转换政策等（赵人伟，2002：35~40）。为有效推动城市化，缩小城乡收入差距，需要从发展战略和由此衍生的制度、政策入手：一是大力发展符合比较优势的劳动密集型企业，提供更多的就业岗位，加快城市化进程，缩小城乡收入差距；二是鼓励多渠道多形式就业，提高城市就业吸纳能力；三是加快城市部门改革，逐步放开城乡分割的户籍制度；四是逐步放弃因重工业优先发展战略所形成的一系列城市偏向的制度安排，包括城市偏向的教育经费投入政策和歧视性的社会福利政策等（陈斌开、林毅夫，2013：81~102）。

第二，有效发挥政府的收入再分配职能。实行市场经济，并不是不发挥政府作用，而是要发挥政府的有效功能。国家通过收入再分配机制对初次收入分配的结果进行再分配，有效矫正市场失灵对分配结构的扭曲，保证老、病、残、幼等弱势群体从社会获得维持基本生存的收入。因此，收入再分配机制是国家收入分配体制的重要组成部分。政府在收入再分配上的功能主要是通过税收和转移支付两个途径来实现。税收的主要对象是高收入群体，转移支付的主要对象是低收入群体。政府通过这两个手段进行收入再分配，发挥缩小收入差距的功能，即"提低限高"作用。税收调节的功能非常重要，特别是其中的个人所得税，对调节高收入群体和低收入群体之间的差距起着重要的作用。再分配政策的调节力度不足是各国可支配收入基尼系数差异较大的原因，因此，发挥和强化政府的收入再分配功能仍是当前收入分配制度改革的重要内容。为了完善再分配政策进而缩小收入差距，一是加强税收调节收入分配作用，可以考虑实施按家庭综合征收个人所得税制度；二是完善社会保障制度顶层设计，增强社会保障制度的普惠性；三是加快实现公共服务均等化，重点解决外来人口的同等待遇问题（张车伟、程杰，2013：14～23）。

第三，完善社会保障和公共服务体系。自2003年起，我国逐步建立了一套覆盖城乡居民最低收入人口的保障体系。截至2017年底，全国有1762万建档立卡贫困人口被纳入最低生活保障体系；有126万建档立卡贫困人口被纳入特困供养体系，按照现行标准的未脱贫人口有926万人。与此同时，实施了多项惠农措施和政策，如退耕还林还草补贴、粮食直补，在全国范围内基本覆盖全体农村居民的新型农村合作医疗制度和新型农村养老制度，以及2006年全面取消农业税费的改革，等等。这些社会保障和公共服务政策对于缓解贫困、增加农民的转移性收入、提高农民生活水平发挥了巨大作用，同时有利于缩小农村内部和城乡收入差距。尽管如此，一些贫困地区基本公共服务落后的实际情况仍然较为严峻，全国范围内各地养老金、低保等社会保障标准存在明显差异，这些不均衡状态有望在今后持续改善。

第四，解决公共服务部门的垄断和低效问题。自1985年城镇工资制度改革以来，社会各界对国有企业（尤其垄断国有企业）高工资的争议颇大，垄断行业依靠行政性垄断地位获得了大量超额利润，不仅为从业人员支付高额的工资薪金，还一度成为腐败资金的重要来源。有研究指出，部分垄断行业职工的收入比全国职工平均工资水平超出4～10倍（国际公认的合理标准为3倍）。因行业垄断带来的效率损失以及由此造成的收入不平等问题同样引起各界关注。近年来，政府陆续出台提高垄断国有企业上缴利润标准、合理限制垄断行业从业人员不合理高工资的规定，这对于解决行业垄断导致的收入差距问题发挥了调控作用。与此同时，应推进财税体制改革，建立合理的资源税、垄断利润调节税、国有企业分红、土地流转等制度，规范和调整各级政府的财权和事权关系，建立阳光财政，实现公共资金和资源管理的透明化（王小鲁，2010：8～19）。政府应当加强对垄断行业的收入规制，降低溢价程度，同时放松垄断行业的进入管制，通过引入竞争机制抑制垄断利润的产生，最终消除垄断行业收入溢价的来源。教育机会不均等是导致垄断行业和竞争性行业之间以及各自内部收入差距产生的主要因素，这一方面说明我国的劳动力市场化改革初步形成了以人力资本水平为基础的就业报酬形成机制，另一方面也说明积极发展教育事业，增强不同人群之间教育发展的均衡性，普遍而均衡地提高全体劳动者素质，是缩小垄断行业和竞争性行业之间收入差距乃至全社会总体收入差距的重要着力点。此外，鉴于城市劳动力市场存在对农业户籍劳动者较为严重的歧视，并且这种歧视已经成为垄断行业和竞争性行业之间以及各自内部收入差距的重要因素，深入推进户籍制度改革，消除对农村进城务工人员的就业歧视，也极具重要意义（杜鑫，2010：111～124）。

参考文献

白雪梅，2004，《教育与收入不平等：中国的经验研究》，《管理世界》，第 6 期。

蔡昉，2003，《城乡收入差距与制度变革的临界点》，《中国社会科学》，第 5 期。

蔡昉、都阳、王美艳，2005，《中国劳动力市场转型与发育》，商务印书馆

杨涛，2000，《城乡收入差距的政治经济学》，《中国社会科学》，第 4 期。

陈钊、陆铭、金煜，2004，《中国人力资本和教育发展的地区差异：对于面板数据的估计》，《世界经济》，第 12 期。

陈钊、万广华、陆铭，2010，《行业间不平等：日益重要的城镇收入差距成因——基于回归方程的分解》，《中国社会科学》，第 3 期。

陈斌开、林毅夫，2013，《发展战略、城市化与中国城乡收入差距》，《中国社会科学》，第 4 期。

陈斌开、张鹏飞、杨汝岱，2010，《政府教育投入、人力资本投资与中国城乡收入差距》，《管理世界》，第 1 期。

陈玉宇、王志刚、魏众，2004，《中国城镇居民 20 世纪 90 年代收入不平等及其变化——地区因素、人力资本在其中的作用》，《经济科学》，第 6 期。

程名望、史清华、杨剑侠，2006，《中国农村劳动力转移动因与障碍的一种解释》，《经济研究》，第 4 期。

程名望、史清华、Jin Yanhong、盖庆恩，2015，《农户收入差距及其根源：模型与实证》，《管理世界》，第 7 期。

杜鑫，2010，《中国垄断性行业与竞争性行业的收入差距：基于北京市微观数据的研究》，《南开经济研究》，第 5 期。

高梦滔、姚洋，2006，《农户收入差距的微观基础：物质资本还是人力资本?》，《经济研究》，第 12 期。

顾海兵、王亚红，2008，《中国城乡居民收入差距的解构分析：1985—2007》，《经济学家》，第 6 期。

黄晓霓，2011，《新中国成立以来收入分配制度的历史考察及启示》，中央民族大学硕士学位论文。

李实，1999，《中国农村劳动力流动与收入增长和分配》，《中国社会科学》，第 2 期。

李实，2003，《中国个人收入分配研究回顾与展望》，《经济学》（季刊），第 2 期。

李实，2015，《中国收入分配格局的变化与改革》，《北京工商大学学报》（社会科学版），第 4 期。

李实，2018，《中国收入分配制度改革四十年》，*China Economist*，第 4 期。

李实、赵人伟，1999，《中国居民收入分配再研究》，《经济研究》，第 4 期。

李子联，2015，《中国收入分配制度的演变及其绩效（1949–2013）》，《南京大学学报》（哲学·人文科学·社会科学），第 1 期。

林毅夫、蔡昉、李周，1998，《中国经济转型时期的地区差距分析》，《经济研究》，第 6 期。

林毅夫、刘明兴，2003，《中国的经济增长收敛与收入分配》，《世界经济》，第 8 期。

陆铭、陈钊，2004，《城市化、城市倾向的经济政策与城乡收入差距》，《经济研究》，第 6 期。

聂海峰、岳希明，2016，《行业垄断对收入不平等影响程度的估计》，《中国工业经济》，第 2 期。

孙殿明、韩金华，2010，《建国 60 年来我国居民收入分配差距演变轨迹及原因研究》，《中央财经大学学报》，第 5 期。

王小鲁，2010，《我国收入分配现状、趋势及改革思考》，《中国市场》，第 20 期。

王小鲁、樊纲，2005，《中国收入差距的走势和影响因素分析》，《经济研究》，第 10 期。

徐舒，2010，《技术进步、教育收益与收入不平等》，《经济研究》，第 9 期。

杨俊、黄潇、李晓羽，2008，《教育不平等与收入分配差距：中国的实证分析》，《管理世界》，第 1 期。

叶林祥、李实、罗楚亮，2011，《行业垄断、所有制与企业工资收入差距——基于第一次全国经济普查企业数据的实证研究》，《管理世界》，第 4 期。

岳希明、李实、史泰丽，2010，《垄断行业高收入问题探讨》，《中国社会科学》，第

3 期。

章元、许庆、邹璟璟，2012，《一个农业人口大国的工业化之路：中国降低农村贫困的经验》，《经济研究》，第 12 期。

张东生，2012，《中国居民收入分配年度报告（2011）》，经济科学出版社。

张车伟、程杰，2013，《收入分配问题与要素资本化——我国收入分配问题的"症结"在哪里?》，《经济学动态》，第 4 期。

张车伟、王德文，2004，《农民收入问题性质的根本转变——分地区对农民收入结构和增长变化的考察》，《中国农村观察》，第 1 期。

赵人伟，2002，《对我国收入分配改革的若干思考》，《经济学动态》，第 9 期。

邹薇、张芬，2006，《农村地区收入差异与人力资本积累》，《中国社会科学》，第 2 期。

Démurger, Sylvie, Martin Fournier, Li Shi and Wei Zhong, 2006, "Economic Liberalization with Rising Segmentation in China's Urban Labor Market," *Asian Economic Papers*, 5 (3).

Kanbur R., X. Zhang, 2005, "Fifty Years of Regional Inequality in China: A Journey through Central Planning, Reform and Opennes," *Review of Development Economics*, 9 (1).

Lin Y., B. Chen, 2011, "Urbanization and Urban Rural Inequality in China: A New Perspective from the Government's Development Strategy," *Frontiers of Economics in China*, 6 (1).

Meng Xin, Junsen Zhang, 2001, "The Two-tier labor Market in Urban China: Occupational Segrega-tion and Wage Differentials between Urban Residents and Rural Migrants in Shanghai," *Journal of Comparative Economics*, 29 (3).

Whalley J., S. Zhang, 2004, "Inequality Change in China and (Hukou) Labour Mobility Restrictions," *NBER Working Paper*.

Yang D. T., 1999, "Urban Biased Policies and Rising Income Inequality in China," *American Economic Review*, 89 (2).

第二十五章　基本公共服务的制度供给和均等化诉求

新中国成立 70 年来，随着公共服务供给体制的完善和公共服务供给范围的扩大，我国在推进基本公共服务均等化方面取得了显著的成效。自党的十六大特别是十六届六中全会提出"逐步实现基本公共服务均等化"以来，在区域协调发展战略引导下，中央加大对中西部地区转移支付力度，同时大力推进公共财政和民生建设，由此我国基本公共服务制度框架初步形成，基本公共服务标准基本确立。在这 70 年尤其是改革开放以来的 40 年，基本公共服务投入不足、区域基本公共服务差距拉大等问题初步得到了解决，但是各地区之间以及城乡之间的基本公共服务差距仍然较大。在这一领域，郁建兴等重点关注地方治理与公共服务能力研究；郭庆旺、解垩等则从公共财政和社会保障视角对公共服务均等化问题做了积极探讨。

第一节　基本公共服务供给格局的变化

一　计划经济时期城乡二元的基本公共服务供给体系

新中国成立后的 30 年里，我国建立了一个相对简单、平均主义和国家包办（配给制）的公共服务体系，服务于当时的经济制度要求。这一公共服务体系是建立在单位制度、户籍制度和城乡二元结构之上，以城市"单位制福利"和农村"集体福利制度"为主体。其中，城市的"单位制福利"采取"企业办社会"的公共服务供给模式，各企事业单位同时兼具生产经营和公共服务供给的双重功能，向职工免费且同质地提供退休工资、公费医疗、基础教育、福利服务、住房分配等公共服务。农村实施以小学教育、集体养老和合作医疗为主体的"集体福利制度",村集体经济成为农村公共服务的主要融资和供给主体,国家较少参与和直接提供资金支持(郁建兴,2011:5~17)。受限于当时的经济社会发展水平,这种完全由国家包办的单一的公共服务供给主体方式整体而言处在较低水平,且伴随着严重的资源浪费和效率损失。这种城乡"二元"的公共服务体制也成为改革开放之后影响我国公共服务均等化的重要因素。

二 改革开放后基本公共服务供给的政府归位和均衡发展趋向

改革开放以后,我国公共服务供给制度逐步适应了建立社会主义市场经济的要求,表现为体制转轨、城乡统筹和追求均等化等特征,其间经历了从感性探索到理性推进的体制转轨,以及从政府缺位到政府归位、从失衡加剧到均衡发展的发展过程(李杰刚、李志勇,2012:13~16),大致分为三个时期:1978~1994年,传统公共服务供给体制逐步解体,是有计划商品经济时期的公共服务供给制度;1994~2002年,逐步建立适应市场经济的新体制,转为市场经济培育期的公共服务供给制度;2002年以来,体现"以人为本"、科学发展观和均等化目标,形成了市场经济完善期的公共服务供给制度(Tony,2008:43~70;郁建兴,2011:5~17;李杰刚、李志勇,2012:13~16)。

在改革开放初期,经济体制改革以农村家庭联产承包责任制为基础推开,公共服务供给延续了改革开放前的城乡二元体制。在农村,联产承包责任制的全面推行,使以农村集体经济为基础的传统公共服务体系随着集体经济的解体而瓦解,20世纪80~90年代农村地区几乎处于公共服务供给的"真空"状态(郁建兴,2011:5~17),主要由农户经营中的上缴集体所得以及农村税费来承担,也就是以制度外供给为主。而城市公共服务供给仍然延续旧有的由国家财政提供的体制。尤其是当时提出以经济建设为中心,集中全社会力量推动经济增长,因此,改革开放以后各级政府的公共服务支出尽管总量不断增加,但相比经济建设支出,公共服务支出占总财政支出的比例严重偏低（郁建兴，2011：5～17），并且这些公共服务支出中的绝大部分还都用于城镇地区。可以说，改革开放早期的基本公共服务呈现明显的二元格局，即城市公共服务由政府提供，农村公共服务由农民共同出资，这就不可避免地造成了基本公共服务方面的城乡差距。城乡公共服务的巨大差异，既体现在农村基础教育的资金投入方面，也体现在城乡之间卫生资源悬殊，其中社会保障方面的城乡差距最为明显（解垩，2007：1～4）。

20世纪90年代开始，针对传统公共服务供给体制存在的诸多弊端，我国推动公共服务供给制度从传统的"企业办社会"模式转向社会化和市场化。这一阶段的市场化改革集中在卫生、教育和住房领域，例如，取消完全免费的医疗和教育制度，确立商品化住房供给的主体地位；与此同时，公共服务供给责任地方化（郁建兴，2011：5～17）。这一时期我国城市公共服务主要由政府公共财政提供，城市居民免费消费纯公共产品，消费准公共产品也仅需支付较低费用，农村公共服务则主要由农村基层政府（乡镇）和村集体提供。本质上，这些改革仍然没有改变我国旧有的城市偏向型公共服务供给格局（江明融，2007：65～95）。1994年分税制改革导致中央和地方财政收支体制发生重大变革，尤其将教育、医疗等主要基本公共服务的事权下放给地方政府，带来了公共服务的地区差异，而1978年以来的财政分权并没有相应的增加小学义务教育的有效供给（乔宝云等，2005：37～46）。由于各地政府间财力的差距，基本公共服务的地区差异逐渐扩大，城乡之间差距明显［中国（海南）改革发展研究院课题组，2009：22～29］。

进入21世纪以来，公众对公共服务的需求不断增加，政府为实现基本公共服务均等化做出了巨大努力。2003年党的十六届三中全会首次提出完善公共财政制度，逐步实现基本公共服务均等化，这是在经济转轨和社会转型的关键时期作出的重大决策，由此全面展开对公共服务均等化理论和实践的探索。2007年党的十七大再次指出，公共服务体制改革的根本目标是提高公共服务水平，实现公共服务能够公平有效地向社会提供，要围绕推进基本公共服务均等化和主体功能区建设来完善公共财政体系。党的十八大报告系统地提出了加快完善城乡发展一体化体制机制，着力在城乡规划、基础设施、公共服务等方面推进一体化，促进城乡要素平等交换和公共资源均衡配置，形成以工促农、以城带乡、工农互惠、城乡一体的新型工农、城乡关系。《"十三五"推进基本公共服务均等化规划》明确提出，到2020年，基本公共服务体系更加完善，体制机制更加健全，在学有所教、劳有所得、病有所医、老有所养、住有所居等方面持续取得新进展，基本公共服务均等化总体实现。从基本公共教育、基本劳动就业创业、基本社会保险、基本医疗卫生、基本社会服务、基本住房保障等方面建立公共服务的国家标准和资金保障体系。在一系列制度建设推动下，我国的基本公共服务均等化程度有了极大提高。从均等化的效果看，一是义务教育的公平性逐步提高；二是加大公共卫生投入和制度建设力度；三是不断扩大和提高社会保障范围及标准；四是加大落后地区基础设施建设力度（《基本公共服务均等化与政府财政责任》协作课题组，2008：6~14）。但是由于公共服务投入比重偏低以及社会对公共服务需求不断增长，公共服务供给总体上呈现短缺的格局，城乡、区域和群体之间的公共服务水平差距较大。从公共服务提供的区域差别看，东部地区要优于西部地区，经济发达省份要优于经济落后省份。

第二节　基本公共服务均等化的推进

一　重点领域

在教育方面，研究发现，当不考虑高等院校内部分层因素的影响，城镇居民高等教育入学率的均等化程度在90年代有了显著提高，然而一旦将高等院校内部分层因素纳入，则优质高等教育资源表现出倾向家庭背景好、家庭社会地位高的子女（丁小浩，2006：24~33），近年来对全国各省基本公共教育综合评价的结果表明，基本公共教育供给水平逐年提升，区域间不均等程度逐年下降（高萍，2013：91~97）。

在医疗卫生方面，分地区考察，对比1997年和2006年我国基本医疗卫生资源的区域配置，东部地区尤其部分东部省份逐渐加大医疗投入，而西部地区在人口和政策性补贴方面存在不均等现象，然而地区间公共卫生服务均等化差异在此期间有所缩小，反映出旨在提高各地区公共服务均等化水平的政策措施初见成效（王晓洁，2009：46~49）。这期间，我国在社会保障上的财政支出逐年增加，不过投入比例偏低，东、中、西三个区域之间以及城乡间社会保障类公共服务的地域差距逐年扩大，东、中、西部地区社会保障的财政支出呈现明显的阶梯状，并且就社会保险参保人数而言，也是东部地区参保水平明显高于中、西部地区；月最低工资标准、最低生活保障标准和低保平均支出水平从东到西呈"U"形分布（李雪萍、刘志昌，2008：18~25），从地理区位看，北方地区通常要好于南方地区（杨宜勇、刘永涛，2008：11~17）。同样，我国公共卫生和基本医疗服务省际差距明显，并且经济发达地区远优于经济落后地区，公共卫生服务水平和基本医疗服务水平往往与地区经济发达程度呈高度正相关关系。

分城乡考察，2000~2008年，分析城乡医疗卫生费用和医疗卫生资源情况发现，相比于组内差距，城乡组间差距对城乡医疗卫生公共服务差距的贡献在80%以上，并且农村内部医疗卫生不均等程度高于城镇，财政支出向农村医疗卫生倾斜、整合城乡医疗保险制度、深化医疗体制改革等有助于促进城乡医疗卫生公共服务均等化（和立道，2011：114~120）。2003年开始，我国社会保障支出的城乡差距尽管仍然明显但是呈逐步缩小态势。其中，社会救助的均等化效果较明显，而城乡养老保障不均等程度最高。虽然近年来农村居民获得医疗保障的机会更多，但总体保障水平仍然远低于城镇居民（陈正光、骆正清，2010：54~58）。

二 基本公共服务供给的公共财政体制问题

尽管改革开放以来我国基本公共服务的非均等化特征依旧明显，各个细分的基本公共服务领域中依然存在明显的地区间、不同群体间的非均等化，但是近年来政府不断加大对基本公共服务的财政投入，基本公共服务非均等化的状况得到了一定程度的改善。经济发展不均衡以及由此引起的财富分配不均是造成我国基本公共服务供给地区不均等的根本原因（郭小聪、刘述良，2010：150～158）。具体地，城乡公共服务非均等化主要是由长期实行的城市偏向型公共服务供给制度造成的（江明融，2006：43～47）；地区间公共服务非均等化的原因则主要在于地区间经济发展水平和自身财政能力的差距（肖建华、刘学之，2005：6～10）。

基本公共服务的提供与公共财政息息相关，认识和把握我国公共财政中的相关体制问题，是促进基本公共服务由不均等向均等化转变的必要前提。涉及的关键问题体现在：一是政府对基本公共服务财政投入依然不足，其占财政支出的比重较低；二是中央和地方政府在基本公共服务均等化上的事权与财权不匹配；三是基层政府承担过多的基本公共服务职能；四是转移支付制度的均等化作用尚未充分发挥（郭小聪、代凯，2013：145～154；安体富，2007：88～93）。其中，转移支付制度尤其一般性转移支付对于均衡地区财力有着重要作用，但当前超过转移支付总额60%以上的税收返还与专项转移支付存在逆均等化现象，一般目的转移支付的均等化效果也难以确定（王雍君，2005：34～38）。现行转移支付制度缩小了省际间财力差距，但未能有效缩小中部和西部地区内部各省之间的财力差距（曹俊文、罗良清，2006：43～45）。其中，税收返还不利于公共服务均等化的实现；专项拨款和一般性转移支付虽然有利于实现公共服务均等化，但效果有限（张恒龙、陈宪，2007：15～23；解垩，2007：1～4）。总之，公共服务的非均等化在很大程度上与现行转移支付的均等化效果不明显有关。中央财政转移支付有助于实现各省公共医疗卫生服务的均等化，但会抑制其发展；促进了公共交通基础设施服务的发展，但加剧了省份间差异；对公共基础教育服务不具有显著的影响（郭庆旺、贾俊雪，2008：74～84）。转移支付在均等实现财政责任的意义上具有一定的效果，因素法转移支付、专项转移支付和结算补助等项目都在一定程度上向财力缺口较大的地区倾斜，转移支付对于公共财政均等化有着较大的作用。2003年以后从公共财政角度看转移支付的均等性有所改善，转移支付开始呈现公共服务均等化的倾向（尹恒、朱虹，2009：37～46）。

第三节　完善基本公共服务均等化的制度保障

通过完善公共财政制度促进公共服务均等化目标的实现，尤其是推动政府职能转变，合理划分各级政府事权和支出责任，完善均衡性转移制度，等等。这就需要科学合理的公共财政制度设计。目前除了政府进一步加大对基本公共服务领域的财政投入力度外，财政制度层面亟须进一步完善。有研究指出：一是合理划分各级政府基本公共服务均等化的事权和财权；二是合理确定县、乡基层政府的基本公共服务均等化职责；三是完善基本公共服务均等化的财政转移支付制度等。进一步明确中央与地方政府以及地方各级政府之间在基本公共服务方面的事权，健全财力与事权相匹配的财政体制，依据各类公共服务所具有的不同性质和特点划分各级政府承担的责任（郭小聪、代凯，2013：145~154）。在制度建设方面，《"十三五"推进基本公共服务均等化规划》给出了一套相对详细的基本公共服务均等化方案，从事权和支出责任、提供标准等方面完善制度，指出到2020年，基本公共服务体系更加完善，体制机制更加健全，在学有所教、劳有所得、病有所医、老有所养、住有所居等方面持续取得新进展，基本公共服务均等化目标总体实现。鉴于地方财政的财力与事权不匹配是公共服务供给不足的体制性原因，应通过改革完善现有的财政体制，进一步规范转移支付制度（郭小聪、刘述良，2010：150~158），实行纵向转移与横向转移相结合的模式，逐步取消税收返还，并入一般转移支付，科学界定专项转移标准，控制准入条件和规模，加快转移支付的法制化建设（安体富，2007：88~93）。此外，还需要调整转移支付的结构，尤其是增加均衡效果显著的一般性转移支付制度，规范专项转移支付等（解垩，2007：1~4；王雍君，2005：34~38；郭庆旺、贾俊雪，2008：74~84）。通过重新划分中央和地方共享税种及税收分成比例，调整转移支付结构，推动东中西部区域间公共服务均等化（陈颂东，2008：42~45）。例如，推进公共卫生服务均等化方面，需要科学界定基本医疗和公共卫生，建立地区均等化预警机制；明确中央和地方卫生事权，完善转移支付制度，建立以产出和成果为目标导向的财政卫生投入体制；加大政府财政卫生投入，完善医疗保障制度；实现公共卫生和基本医疗服务省际均等化，必须在加大政府财政卫生投入的同时，继续扩大医疗保障制度的覆盖范围，把公共卫生纳入医疗保障体系，强化医疗保障制度的转移支付功能（杨宜勇、刘永涛，2008：11~17）。

　　基本公共服务均等化落脚的四个基点，即财力均等化、财政能力均等化、服务结果均等化和基本消费均等化。基本公共服务均等化的最终目标就是促进居民消费的平等化，减少因财富、收入的不确定性而导致的消费差距过大，政府通过公共服务减少居民消费中的不确定性，分担消费风险，以促进基本消费的均等化，实现基本公共服务均等化最终要以全国公众基本消费均等化程度来衡量（刘尚希，2007：24~27）。我国处于社会主义初级阶段，人均财力水平仍然较低，加上经济建设支出缺口巨大，因此有选择地将部分重要的公共服务列为基本公共服务，建立基本公共服务最低标准符合当前的发展模式。应确定具体的公共服务项目，制定最低的提供标准，并由多级政府分摊经费来保障各地政府有能力提供，建立以基本公共服务最低水平为基础的转移支付制度（马国贤，2007：74~77）。现行的转移支付体系对地方政府的财政努力产生了反向激励作用，不利于均等化的实现，需要调整转移支付的类型和结构，增加均等化补助比重；调整转移支付的地区分配结构，增加中西部贫穷地区所获份额等（张恒龙、陈宪，2007：15~23）。

　　在完善公共财政体制的同时，为推进基本公共服务均等化，需要进一步健全政府基本公共服务供给与管理机制。针对当前我国基本公共服务政府管理中存在的问题，应做好以下工作：一是建立完善各级政府基本公共服务均等化绩效考核体系和问责机制；二是建立完善基本公共服务均等化的多元供给机制；三是完善基本公共服务决策过程的公众参与机制；四是加大对欠发达地区和农村地区基本公共服务的制度支持力度（郭小聪、代凯，2013：145~154）。另外，考虑建立健全以基本公共服务均等化作为重要考核指标的政府绩效考核体系，建立基本公共服务均等化绩效考核体系和问责机制，采取能力均等化的模式，实行以公共服务为导向的干部政绩考核制度（谷成，2007：55～59）。

参考文献

安体富，2007，《完善公共财政制度逐步实现公共服务均等化》，《东北师大学报》（哲学社会科学版），第 3 期。

安体富、任强，2010，《政府间财政转移支付与基本公共服务均等化》，《经济研究参考》，第 47 期。

曹俊文、罗良清，2006，《转移支付的财政均等化效果实证分析》，《统计研究》，第 1 期。

陈颂东，2008，《促进区域公共服务均等化的财税制度研究》，《税务研究》，第 10 期。

陈正光、骆正清，2010，《我国城乡社会保障支出均等化分析》，《江西财经大学学报》，第 5 期。

丁小浩，2006，《规模扩大与高等教育入学机会均等化》，《北京大学教育评论》，第 2 期。

高萍，2013，《区域基本公共教育均等化现状、成因及对策——基于全国各省（市、自治区）面板数据的分析》，《宏观经济研究》，第 6 期。

谷成，2007，《财政均等化：理论分析与政策引申》，《经济理论与经济管理》，第 10 期。

郭庆旺、贾俊雪，2008，《中央财政转移支付与地方公共服务提供》，《世界经济》，第 9 期。

郭小聪、代凯，2013，《国内近五年基本公共服务均等化研究：综述与评估》，《中国人民大学学报》，第 1 期。

郭小聪、刘述良，2010，《中国基本公共服务均等化：困境与出路》，《中山大学学报》（社会科学版），第 5 期。

和立道，2011，《医疗卫生基本公共服务的城乡差距及均等化路径》，《财经科学》，第 12 期。

《基本公共服务均等化与政府财政责任》协作课题组，2008，《基本公共服务均等化与政府财政责任》，《财会研究》，第 6 期。

江明融，2006，《公共服务均等化论略》，《中南财经政法大学学报》，第 3 期。

江明融，2007，《公共服务均等化问题研究》，厦门大学博士学位论文。

李杰刚、李志勇，2012，《新中国基本公共服务供给：演化阶段及未来走向》，《财政研究》，第 1 期。

李雪萍、刘志昌，2008，《基本公共服务均等化的区域对比与城乡比较——以社会保障为例》，《华中师范大学学报》（人文社会科学版），第 3 期。

刘尚希，2007，《基本公共服务均等化：现实要求和政策路径》，《浙江经济》，第 13 期。

马国贤，2007，《基本公共服务均等化的公共财政政策研究》，《财政研究》，第 10 期。

乔宝云、范剑勇、冯兴元，2005，《中国的财政分权与小学义务教育》，《中国社会科学》，第 6 期。

王晓洁，2009，《中国公共卫生支出均等化水平的实证分析——基于地区差别视角的量化分析》，《财贸经济》，第 2 期。

王雍君，2005，《从投入预算到产出预算》，《河北经贸大学学报》，第 3 期。

肖建华、刘学之，2005，《有效政府与财政服务均等化》，《中央财经大学学报》，第 6 期。

解垩，2007，《转移支付与公共品均等化分析》，《吉林财税高等专科学校学报》，第 1 期。

杨宜勇、刘永涛，2008，《我国省际公共卫生和基本医疗服务均等化问题研究》，《经济与管理研究》，第 5 期。

尹恒、朱虹，2009，《中国县级地区财力缺口与转移支付的均等性》，《管理世界》，第 4 期。

郁建兴，2011，《中国的公共服务体系：发展历程、社会政策与体制机制》，《学术月刊》，第 3 期。

张恒龙、陈宪，2007，《政府间转移支付对地方财政努力与财政均等的影响》，《经济科学》，第 1 期。

中国（海南）改革发展研究院课题组，2009，《基本公共服务体制变迁与制度创新——惠及 13 亿人的基本公共服务》，《财贸经济》，第 2 期。

Tony Saich, 2008, " Providing Public Goods in Transitional China," *Palgrave MacMillan*.

第二十六章　反贫困实践、市场化机制与政策减贫效应

新中国成立以来特别是改革开放以来，我国经济发展取得了瞩目的成就，人民生活水平稳步提高，在降低贫困人口数量、提高贫困人口生活质量上取得了巨大的成绩，贫困人口大幅减少，贫困发生率大幅降低。按照世界银行每天 1.9 美元的界定标准，中国贫困发生率从 1981 年的 88.32% 下降到 2010 年的 11.18%。放眼全球，1981～2011 年世界贫困人口减少 9.27 亿人，其中，中国贫困人口由 8.38 亿减少至 8417 万，减少了 7.53 亿人，占世界减贫人口的 81.23%（国家统计局住户调查办公室，2015）。按照我国 1978 年的标准，贫困发生率由 30.7% 降至 1.6%；按照 2008 年标准，2000～2010 年贫困发生率由 10.2% 降至 2.8%；按照 2010 年标准，1978～2017 年中国贫困人口从 77039 万降至 3046 万，贫困发生率由 97.5% 降至 3.1%。到 2020 年，还将实现现行标准下农村贫困人口的全部脱贫。除了贫困人口数量下降以外，贫困地区农村生活和消费水平也逐步提高，基础设施和基本公共服务条件明显改善，在 2020 年全面消除绝对贫困目标下，贫困地区农户收入水平和基本公共服务水平还将进一步提升。总之，改革开放以来，我国反贫困伟大实践取得了巨大成就，绝对贫困规模全面下降，为世界减贫事业做出了巨大贡献。对此，汪三贵、李小云等就农村贫困问题做了大量的研究，主要讨论了城乡和区域发展下的反贫困问题。万广华等则主要围绕经济增长来研究收入分配和农村贫困问题。

第一节　贫困问题的阶段性特征与反贫困政策的演进

我国作为世界上最大的发展中国家，长期致力于推动国民经济社会发展

和增进人民生活福祉。新中国成立后，我国进行了土地制度和其他社会制度的根本性改革，逐步消除了因财产分配不公导致的大规模贫困问题，20 世纪 50 年代人民的生活水平有了明显的提高，贫困状况有所缓解。然而，由于 20 世纪 50 年代中期生产资料所有制的社会主义改造后形成的单一公有制和在此基础上建立的高度集中计划经济体制带来的激励不足和资源配置效率低的问题，加上片面强调重工业优先发展而忽视与人民生活密切相关的农业和轻工业发展，我国经济在 20 世纪 50 年代后期至 70 年代末的发展过程中遭受严重挫折。在这一时期尽管经济增长速度并不缓慢，也初步建立了完整的工业体系，但人民生活水平长期以来没有得到根本性改善，贫困仍然是十分普遍的现象（汪三贵，2008：78~88）。1966~1977 年农民人均收入仅增加 18 元，年均增长率不足 1.5%（周彬彬，1991：40~46）。用营养标准衡量，改革开放以前至少有 40%~50% 的人口处于生存贫困状态。

1986~1993 年农村实施专项反贫困政策。1986 年开始，我国扶贫方式从救济扶贫转向农村区域开发扶贫，利用贫困地区的自然资源进行开发性生产建设，逐步形成贫困地区和贫困户的自我积累和发展能力，自此进入了开发式扶贫战略的新阶段。1986 年在中央层面成立国务院贫困地区经济开发领导小组等专设扶贫机构。《国民经济和社会发展第七个五年计划（1986~1990）》确定了扶持老少边穷地区尽快摆脱经济文化落后状况的目标，制定了资金扶持、税收减免、对口支援等措施。1986 年开始贫困县的确定工作，将扶贫资源集中用于贫困人口较为集中的国家级贫困县。到 1993 年初，确定了 331 个国定贫困县和 368 个省级贫困县。此外，中央财政还安排专项扶贫资金用于支持贫困县建设，主要包括支援经济不发达地区发展资金、以工代赈和扶贫贴息贷款。这三项资金成为此后中央支持扶贫开发的主要项目资金。

1994~2000 年我国进入扶贫攻坚阶段。1994 年国务院颁布实施《国家八七扶贫攻坚计划》，用 7 年左右时间基本解决全国农村 8000 万贫困人口的温饱问题，我国扶贫开发进入攻坚时期。按照"7 出 4 进"方法，在 1986 年标准上对国家级贫困县做了第一次调整，全国 27 个省、自治区、直辖市重新确定了 592 个国家重点扶持贫困县。1994～2000 年中央财政专项扶贫资金规模达 1145 亿元，较 1986～1993 年增加了 700 多亿元，扶贫贴息贷款迅速增长。同时，自 1994 年起取消沿海较发达地区的扶贫信贷资金，转而用于支持中西部贫困状况严重地区，新增的财政扶贫资金也只用于支持中西部贫困地区。扶贫资金使用以农业及相关基础设施建设为主，而在医疗、教育等方面的投入比例尚较小，目的在于提高贫困地区的生产力，增强自主创收能力；同期逐步动员社会力量开展社会扶贫，推进部门扶贫和东西协作。

1985～2000 年我国农村贫困出现了两个方面的变化。第一个变化是农村贫困发生率持续下降，贫困人口从 1985 年的 1.25 亿人降至 2000 年的 3209 万人，主要受到以下因素的影响：一是在联产承包责任制基础上逐步推行农产品价格和市场体制改革；二是乡镇企业迅速发展；三是政府对农村大规模扶贫开发。第二个变化是农村贫困人口虽大幅下降，但扶贫济困难度增加，贫困发生率下降速度开始放缓，农村与城市之间收入差距不断扩大，农村内部的不平等程度也有所加剧。

21 世纪头十年，我国农村扶贫进入开发式扶贫的新阶段。这一阶段从专项扶贫转向协同扶贫，2001 年出台《中国农村扶贫开发纲要（2001～2010）》，政策目标调整为："尽快解决极少数贫困人口的温饱问题，进一步改善贫困地区的基本生产生活条件，巩固温饱成果，提高贫困人口的生活质量和综合素质，加强贫困乡村的基础设施建设，改善生态环境，逐步改变贫困地区经济、社会、文化的落后状况，为达到小康水平创造条件"。这一时期国家新增的扶贫政策包括西部大开发和"多予少取"惠农政策。西部大开发自 2000 年开始实施，以推动贫困地区发展为目标，不断加大对西部地区的投入，优先安排基础设施和资源开发等项目建设。积极改善贫困地区的公路交通运输条件，以及相关农村水利、退耕还林还草和生态环境项目，在同等条件下优先考虑贫困地区。这一区域发展战略为推动贫困地区经济发展、增加贫困人口收入以及解决温饱问题发挥了重要作用。2003 年出台《中共中央国务院关于促进农民增加收入若干政策的意见》后，又相继推出了一系列惠农政策，包括大型农机具购置补贴政策、种粮补贴政策、良种补贴政策、针对特殊群体的全国农村最低生活保障制度、农村合作医疗制度，以及取消农业税和义务教育阶段学生学费，等等。这些政策被概括为"多予少取"，在扶贫减贫工作中也发挥了重大作用。《中国农村扶贫开发纲要（2001～2010）》把贫困地区尚未解决温饱问题的贫困人口作为扶贫开发的首要对象，把贫困人口集中的老少边穷地区作为扶贫开发的重点，并在这四类地区确定扶贫开发工作重点县，将贫困村、贫困户也纳入区域瞄准范围，这标志着扶贫瞄准从区域瞄准转向村级精准瞄准。2001年全国范围内确定了148131个贫困村，覆盖了扶贫重点县的贫困村和非扶贫重点县的贫困村，但东部省份的贫困村、户将不由中央负责。2001～2005年中央财政三大扶贫资金即发展资金、以工代赈和贴息贷款的总规模达1586亿元，较前一阶段的扶贫资金增长38.5%。在延续《国家八七扶贫攻坚计划》基础上，重新确定了三个重点扶贫方式——"整村推进"、产业化扶贫和"雨露计划"。同时，这一时期开始重视对财政扶贫的监督和考核，建立资金预拨制度、绩效考评制度、使用跟踪监测制度等新的管理方式，稳步推进社会力量对我国扶贫事业的支持。进入21世纪，农业税改革、两免一补、新农合、农村低保、农村养老保险等一系列社会保障制度不断完善，配合农村专项扶贫开发资金和政策，使我国贫困的缓解和治理开始呈现出依靠非农产业增长和政府转移性收入的新局面。农村贫困人口从2000年的3209万人降至2007年的1479万人。2008年开始，我国建立新的扶贫标准，2000～2010年中国贫困人口从9422万人减少至2688万人，降幅达71.5%，贫困发生率由10.2%降至2.8%。

2011年至今则是以精准扶贫为核心、全面消除绝对贫困的新时期。为了进一步加快贫困地区发展，促进共同富裕，实现到2020年全面建成小康社会奋斗目标，2011年我国政府颁布《中国农村扶贫开发纲要（2011～2020）》，对扶贫工作进行重新定位，提出了"两不愁，三保障"的扶贫战略目标，标志着农村扶贫开发的任务由过去着力解决"绝对贫困""极端贫困"带来的低层次基本衣食温饱问题转向以"提高发展能力""缩小发展差距"等更高标准来解决贫困问题，同时进入"精准扶贫，精准脱贫"的扶贫阶段。这一阶段开始提高扶贫标准，将低于扶贫标准的具备劳动能力的农村人口作为主要扶贫对象，确立六盘山区、吕梁山区、罗霄山区等14个连片特困山区作为扶贫攻坚重点区域，2014年底全国推行贫困户建档立卡制度。在以政府财政为主的机制下，有机结合专项扶贫、行业扶贫、社会扶贫，建立全面扶贫框架。精准扶贫要求根据不同区域不同贫困户致贫的具体原因采取相应措施，发展包括生态保护补偿、社会保障政策兜底、金融扶贫、电商扶贫和旅游扶贫等在内的新兴扶贫方式，金融支持在扶贫工作中的作用得到进一步强化。与此同时，建立精准扶贫考核机制，层层签订责任书，层层传导扶贫工作责任，向扶贫工作重点村派驻工作队和第一书记，改革财政专项扶贫资金管理机制，开展贫困县扶贫专项资金统筹整合试点，增强县一级政府对扶贫资金的支配和使用权利；进一步发挥社会各界在定点扶贫、东西部协作扶贫等扶贫工作中的作用。党的十八大以来，无论是对贫困人口的瞄准程度还是扶贫资金投入规模和使用效率都有了显著的提升。按照每人每年2300元（2010年不变价）的农村贫困标准计算，截至2018年末，我国农村贫困人口有1660万人，贫困发生率为1.7%（国家统计局，2019）。

我国正在发生的大规模减贫得益于中国经济特别是农村经济的持续高速增长，也得益于改革开放四十年来区域性扶贫开发和精准扶贫方略的有力实施。更重要的是，我国的制度优势在大规模减贫中起到了决定性作用。重要的制度基础有：中国共产党对减贫的坚定政治承诺和持续制定减贫战略，中央和各级政府强有力的组织动员和资源投入，公平的土地分配制度和改革开放初期较为平等的收入分配制度，以及新中国成立后头三十年的人力资本积累等（汪三贵，2018：1～11）。

第二节　经济增长和金融发展的减贫机制

长期、快速的经济增长是战胜贫困最根本也是最重要的力量来源（Chambers et al. ，2008：348～357）。关于经济增长、收入分配和贫困减缓的研究一直是理论界关注的焦点，注重考察特定区域内的经济增长以及收入分配对当地贫困减缓的作用。改革开放以来我国经济保持了快速增长，为缓解农村贫困提供了坚实的经济基础，为贫困人口的大幅减少做出了重大贡献（Yao et al.，2004：145～163；汪三贵，2008：78～88；Huang et al.，2008：107～122；胡兵等，2007：33～42；林伯强，2003：15～25；杨颖，2010：12～18；Ravallion and Chen，2007：1～42）。但有研究指出，由于城乡收入差距的扩大以及收入分配状况的恶化，我国经济增长对减贫的作用已不明显（Huang et al.，2008：107～122；胡兵等，2007：33～42；罗楚亮，2012：15～27）。一些研究还发现，在不同阶段我国经济增长的减贫效果存在差异，20世纪90年代早期，经济增长促进了贫困发生率的下降，而后由于农村居民收入缓慢增长以及收入分配不均等问题，经济增长的减贫效果有所下降（陈绍华、王燕，2001：3～11；万广华、张茵，2006：112～123；杜凤莲、孙婧芳，2009：15～26）。进入21世纪，关于我国经济增长对贫困减少的贡献程度有了两方面的理论认识。一些学者认为经济增长依然对减少贫困发挥着显著的作用，但贫困减少的速度低于经济增长速度，明显低于20世纪80年代的水平；然而，各区域的经济增长速度、贫困减少速度以及贫困发生率对人均GDP的弹性存在明显差异（李小云等，2005：67～74）。另外一些学者认为经济增长在一定程度上表现出"益贫困地区"大于"益贫困户"的特征（张伟宾、汪三贵，2013：66～75），农村扶贫政策的实施从生产能力、市场参与和缓解脆弱性等方面改善了贫困地区农民分享经济增长的机会和能力，有劳动力的贫困农户如果能够参加扶贫项目，其收入增长速度是非常可观的。扶贫政策的实施加快了中国农村减贫进程，缓解了收入分配机制对减贫的负面影响，使经济增长表现出一定的益贫性，但扶贫政策实施过程中存在瞄准偏差，这是导致"益贫困地区"大于"益贫困户"的原因之一，未来的农村扶贫政策需要在加大扶贫资金投入的同时提高扶贫资金的瞄准效率。

实证研究对不同时期经济增长的减贫效应作出了评估，采取的主要方法是计算贫困发生率对经济增长的弹性，有研究估计贫困发生率对经济增长（用全国居民人均收入增长率表示）的弹性绝对值为2.7；1993～2004年贫

困发生率对全国平均经济增长的弹性绝对值为 1.07（文秋良，2006：8~
13）。进入 21 世纪以来，贫困减少的速度低于经济增长速度，贫困发生率对
人均 GDP 的弹性绝对值为 1.09，明显低于 20 世纪 80 年代的水平；并且与
第二、三产业相比，农业部门的增长仍然具有较高的减贫效应（李小云等，
2010：4~11）。

同样，金融发展也有利于我国贫困家庭收入水平的提高。农村金融发展
不仅可以直接减少农村的贫困人口，还能够通过推动农村经济增长和改善收
入分配间接减少农村贫困人口，而且间接作用的效果更大（丁志国等，
2011：72~77）。考察 2001~2007 年，大约 31% 的贫困家庭收入增长可归
因于金融发展的收入分配效应，而剩下的 69% 则是由金融发展的增长效应
所致（苏基溶、廖进中，2009：10~16）。长期以来，贫困地区人口因资金
缺乏难以从事正常的农业生产，农村金融发展滞后是制约农村经济发展的
重要因素，同时也是我国农村地区大量贫困人口难以依靠产业脱贫的重要
原因。以小额信贷为特征的金融发展有利于贫困减缓（苏基溶、廖进中，
2009：10~16；丁志国等，2011：72~77）。分省份看，在非农产业比重
高的省份，金融发展反而会加大贫富差距。有研究发现，我国金融发展在
短期内缓解了全国贫困状况并改善了贫困人口收入分配状况，但长期看，
并没有成为促进贫困减少的重要因素；相反，短期内我国城镇金融发展加
深了城镇贫困人口的贫困程度，甚至进一步恶化了城镇贫困人口收入分配
状况，但长期看，城镇金融发展有利于城镇贫困减少（杨俊等，2008：
62~76）。金融发展通过经济增长和收入分配途径提高了穷人的收入水平，
但金融波动会抵消金融发展的减贫效果，同时由于金融服务成本等限制，
金融发展减缓贫困的作用会出现先恶化后改善的效应（崔艳娟、孙刚，
2012：116~127）。

第三节　政府扶贫项目的瞄准及减贫效果

改革开放 40 年来，财政资金扶贫是促进贫困人口减少的重要政策贡献。

涉及的关键是扶贫项目的瞄准机制。改革开放以来，我国扶贫经历了从贫困县到贫困村再到贫困户的瞄准阶段，直到 2014 年建档立卡制度建立，标志着以户为单位的精准扶贫制度建立，不过仍有一些扶贫政策是以区域为主，如"三区三州"等深度贫困地区的扶贫政策。

以县为单位的瞄准机制排除了其余非贫困县的贫困人口，而贫困县同时存在将扶贫资金用于其他领域的情况，导致贫困人口享有资金比例低（世界银行，2002）。在贫困瞄准的准确性上，2001 年贫困重点县的确定较 1993 年贫困县有了大幅改善，但是贫困县获得的扶贫资金与所在县人均纯收入的相关性仍然较低，政治因素显著影响了贫困县的确定（Yue and Li，2004：101~116）。中央及地方对村一级贫困村的识别方法是有效的，村一级扶贫资金瞄准度的差异主要是由于不同类型的扶贫资金归口不同的上级部门管理，且遵循不同的管理规定，其中，财政发展扶贫资金到达贫困村的比例最高。扶贫项目对贫困户的瞄准度很低，受管理方便及农户需求分散的影响，扶贫项目更容易被中等收入群体获得（李小云等，2005：67~74）。贫困县识别和扶贫资金分配的瞄准性以及瞄准差距和瞄准误差，在很大程度上受到民族成分、革命老区等政治因素的影响，扶贫政策的覆盖面越大，瞄准漏出越多（Park et al.，2002：123~153）。精准程度方面，通常县级瞄准高于村级瞄准，2001 年贫困县的瞄准错误率为 25%，而贫困村的瞄准错误率为48%（汪三贵等，2007：56~64），而伴随着"精准扶贫"制度的完善，以贫困户为单位的瞄准效率最高。由于数据基础和估计方法不同，国家统计局估计的贫困人口和民政部门确定的低保人口很大程度上是两个不同的群体，完善农村扶贫对象的选择和瞄准机制需要建立统一的贫困人口识别机制（汪三贵、Park；2010：68~72）。虽然我国扶贫瞄准单元经历了从县到村再到户的不断精确转变，但实际上扶贫资源瞄准偏离的困境一直没有得到有效的改善。一方面，扶贫资源瞄准与传递背后的治理和管理机制容易造成资源的使用与贫困人口的实际需求相脱离；另一方面，基层社会治理结构往往导致"精英捕获"，这两个原因使得我国扶贫瞄准机制面临一定的治理困境（李小云等，2015：90~98）。

与瞄准相关的一个关键因素就是贫困的认定标准和识别变量。我国贫困线通过按照收入和消费维度确定，但是贫困村和贫困户的识别往往采用多维贫困。比如，贫困村的识别一般涵盖生活状况（家庭人均自产粮食产量、家庭人均年现金收入、土坯房屋的比重）、基础设施（饮水困难家庭比重、通电家庭比重、通公路的自然村比重）和人力资源（女性长期患病率和中小学适龄女童的失学率）等多个维度。部分贫困村的识别根据省政府分配给各乡的名额由小组讨论和乡、村领导投票确定（汪三贵等，2007：56～64）。无论如何，我国扶贫项目在2020年全面消除绝对贫困的要求下都将基本实现百分之百的瞄准度。

就我国政府扶贫项目或扶贫资金的增收和减贫效果来看，扶贫项目对贫困地区的收入和消费带来了明显的增长效果（Jalan and Ravallion，1998：65～85；Park et al.，2002：123～153；Park and Wang，2010：790～799；Meng，2013：1～11）。接受扶贫项目的贫困县的人均收入增长比非贫困县更高，1992～1995年的农村扶贫项目使得县级人均收入增长了0.91%（Park et al.，2002：123～153）。"八七"计划使接受扶贫项目的贫困县农村居民人均收入在1994～2000年增长了38%，扶贫项目投资的回报率达42%（Meng，2013：1～11）。小额信贷对贫困村农户增收具有促进作用，资本补贴的影响则很弱；引入资金配套机制不仅显著增加了贫困村农户人均纯收入，也明显改善了资本补贴的扶贫效果。总体来看，"自上而下"和"自下而上"的农村发展扶贫项目增强了村级民主，提高了扶贫瞄准度及其效果，对于精准扶贫政策的优化设计具有良好的启示（贾俊雪等，2017：68～89）。

参考文献

陈绍华、王燕，2001，《中国经济的增长和贫困的减少：1990～1999年的趋势研究》，《财经研究》，第9期。

崔艳娟、孙刚，2012，《金融发展是贫困减缓的原因吗？——来自中国的证据》，《金融研究》，第 11 期。

丁志国、谭伶俐、赵晶，2011，《农村金融对减少贫困的作用研究》，《农业经济问题》，第 11 期。

杜凤莲、孙婧芳，2009，《经济增长、收入分配与减贫效应：基于 1991～2004 年面板数据的分析》，《经济科学》，第 3 期。

国家统计局住户调查办公室，2015，《中国农村贫困监测报告 2015》，中国统计出版社。

国家统计局住户调查办公室，2016，《中国农村贫困监测报告 2016》，中国统计出版社。

胡兵、赖景生、胡宝娣，2007，《经济增长、收入分配与贫困缓解——基于中国农村贫困变动的实证分析》，《数量经济技术经济研究》，第 5 期。

贾俊雪、秦聪、刘勇政，2017，《"自上而下"与"自下而上"融合的政策设计——基于农村发展扶贫项目的经验分析》，《中国社会科学》，第 9 期。

李小云、唐丽霞、许汉泽，2015，《论我国的扶贫治理：基于扶贫资源瞄准和传递的分析》，《吉林大学社会科学报》，第 4 期。

李小云、于乐荣、齐顾波，2010，《2000－2008 年中国经济增长对贫困减少的作用：一个全国和分区域的实证分析》，《中国农村经济》，第 4 期。

李小云、张雪梅、唐丽霞，2005，《我国中央财政扶贫资金的瞄准分析》，《中国农业大学学报》（社会科学版），第 3 期。

林伯强，2003，《中国的经济增长、贫困减少与政策选择》，《经济研究》，第 12 期。

罗楚亮，2012，《经济增长、收入差距与农村贫困》，《经济研究》，第 2 期。

世界银行，2002，《世界银行国别报告——中国战胜农村贫困》，中国财政经济出版社。

苏基溶、廖进中，2009，《中国金融发展与收入分配、贫困关系的经验分析——基于动态面板数据的研究》，《财经科学》，第 12 期。

万广华、张茵，2006，《收入增长与不平等对我国贫困的影响》，《经济研究》，第 6 期。

汪三贵，2008，《在发展中战胜贫困——对中国 30 年大规模减贫经验的总结与评价》，《管理世界》，第 11 期。

汪三贵，2018，《中国 40 年大规模减贫：推动力量与制度基础》，《中国人民大学学报》，第 6 期。

汪三贵、Albert Park、Shubham Chaudhuri、Gaurav Datt，2007，《中国新时期农村扶贫与村级贫困瞄准》，《管理世界》，第 1 期。

汪三贵、Albert Park，2010，《中国农村贫困人口的估计与瞄准问题》，《贵州社会科学》，第 2 期。

文秋良，2006，《经济增长与缓解贫困：趋势、差异与作用》，《农业技术经济》，第3期。

杨俊、王燕、张宗益，2008，《中国金融发展与贫困减少的经验分析》，《世界经济》，第8期。

杨颖，2010，《经济增长、收入分配与贫困：21世纪中国农村反贫困的新挑战——基于2002—2007年面板数据的分析》，《农业技术经济》，第8期。

张伟宾、汪三贵，2013，《扶贫政策、收入分配与中国农村减贫》，《农业经济问题》，第2期。

周彬彬，1991，《我国扶贫政策中几个值得探讨的问题》，《农业经济问题》，第10期。

Chambers Dustin, Ying Wu, Hong Yao, 2008, "The Impact of Past Growth on Poverty in Chinese Provinces," *Journal of Asian Economics*, (19).

Huang Ji kun, Zhang Qi, Rozelle Scott, 2008, "Economic Growth, the Nature of Growth and Poverty Reduction in Rural China," *China Economic Journal*, 1 (1).

Jalan J., Ravallion M., 1998, "Are There Dynamic Gains from a Poor – Area Development Program," *Journal of Public Economics*, 67 (1).

Meng L., 2013, "Evaluating China's Poverty Alleviation Program: A Regression Discontinuity Approach?" *Journal of Public Economics*, 101 (1).

Park A., Wang S., Wu G., 2002, "Regional Poverty Targeting in China," *Journal of Public Economics*, 86 (1).

Park A., Wang S., 2010, "Community-based Development and Poverty Alleviation: An Evaluation of China's Poor Village Investment Program," *Journal of Public Economics*, 94 (9).

Ravallion Martin, Chen Shaohua, 2007, "China's (Uneven) Progress Against Poverty," *Journal of Development Economics*, 82 (1).

Yao Shu-jie, Zong-yi Zhang, Lucia Hanmer, 2003, "Growing Inequality and Poverty in China," *China Economic Review*, (15).

Yue Ximing, Li Shi, 2004, "Targeting Accuracy of Poverty-Reducing Programs in Rural China," *China & World Economy*, 12 (2).

第二十七章　代际间流动特征与代际收入流动影响因素

改革开放后，尤其是 20 世纪 90 年代以来，我国居民收入分配格局发生了巨大变化，城乡收入差距、地区差距和行业差距逐步扩大，拥有较多经济资本和丰裕社会资本的高收入群体通过帮助子辈获取就业信息、为子辈提供更多更好就业机会或者给子辈直接提供资金支持等途径，使其子辈在收入上继续处于较为明显的优势地位。然而对于低收入群体，由于摆脱低收入的能力和途径有限，难度较大，低收入群体家庭几代人都处于长期贫困状态，陷入了"贫困陷阱"。这种贫困的代际传递趋势日渐突出，可能造成收入不公平现象在两代人之间不断延续。这一研究领域相对前沿，涌现出了一批中青年学者的理论探讨和经验研究。

第一节　代际间的"双重流动"特征和继承性流动模式

1989～2011 年，我国城镇居民代际流动在"60 后"、"70 后"和"80后"群组间呈先降后升的趋势，即"60 后"代际流动最高，"70 后"代际流动最低，"80 后"代际流动居中（王学龙、袁易明，2015：58～71）。决定代际流动的关键因素包括两方面：先赋因素和后致因素（郭丛斌、闵维方，2009：5～12；李煜，2009：60～84）。其中，前者是家庭背景对个体经济地位的影响，包括父辈收入情况、经济地位、职业等，强调与生俱来、不可改变；后者主要是教育和个体的自我努力，可以在后天过程中创造和改变。社会流动研究关注的是社会不平等结构的形成及其变化，社会流动模式研究则揭示了社会分层结构形成的机制及其变化趋势。就代际流动机制而言，除家庭投资外，家庭禀赋（包括基因、能力、家庭声誉、知识、技能）以及家庭背景所带来的人生目标等，同样对子辈收入产生影响。除天生禀赋外，义务教育也是影响收入差距和代际流动性的主要原因（杨娟等，2015：86～99）。在政府教育投资不变的情况下，增加基础教育投资占比可以缩小居民收入基尼系数；随着政府基础教育投资占比的增加，子辈对父辈的收入依赖程度减小，居民收入的代际流动性增大，向上及向下的流动率均有所增加（徐丽等，2017：36～62）。教育能够提高子女在社会中的地位和促进代际流动（郭丛斌、闵维方，2009：5～12）。

1978年之后，计划分配为主导的计划经济逐渐向市场经济转型，劳动力市场开始萌发，市场转型及政策变化给代际资源的继承性传递带来更多可能，权利、经济和文化三大资源的拥有数量和质量成为阶层分化的主要壁垒，社会不平等现象日益严重（任春红，2017：90～94）。这一时期的代际流动不是发生在坚实而稳固的社会结构之上，而是表现为"双重流动"，不仅是人在社会樊篱间流动，而且樊篱本身的位置也发生流动。我国代际流动的根本问题不只是"流动的樊篱"，而且更重要的是"樊篱的流动"（高勇，2009：1～17）。社会流动模式研究强调制度化权力的影响，例如，工作单位的所有制性质和特有的行政级别等，这些制度化的统治权力很好地解释了我国的社会流动模式（许欣欣，2000：67～85）。户籍制度不仅为从农业到非农职业的流动设置了一个很高的门槛，而且削弱了城市中所能观察到的代际间职业地位的关系，农村人口很高的代际向下流动率归因于户籍制度（吴晓刚，2007：38～65）。

随着制度转型的不断深入，代际阶层原有的相对关系模式没有发生根本性变化，即以阶层再生产为主要特征的阶层相对关系模式在制度转型过程中被持续地再生产出来，甚至有所强化。也就是说，制度变迁没有削弱阶层壁垒的阻隔作用，代际间的阶层流动依然表现为阶层内部的再生产（李路路，2003：42～51）。单位和地区壁垒效应依然限制了人的流动，相同职业地位的资源含量存在差异；市场经济起到弱化结构壁垒的作用，父代单位对子代地位获得的影响下降，继承机制受到抑制；同时，职业相关的社会经济地位迅速上升，但自致机制并不乐观（边燕杰等，2006：100～109）。除了工业化和制度机制外，再生产机制和统治机制也是形成共同的继承性流动模式的重要机制（李路路，2006：37~60）。在社会集团或社会群体的再生产机制和统治权力机制的影响下，代际间的继承性模式在具有不同结构、不同制度、不同文化和不同社会运行状况的社会中普遍存在并得以延续（任春红，2017：90~94）。

第二节　代际收入流动的影响因素

代际收入流动也关乎社会公平与机会平等，是社会收入分配的一种动态衡量。伴随着收入分配制度改革的推进，代际收入流动也引起了越来越多的关注。有研究发现，代际收入流动能够解释劳动者收入差距的35%（徐舒、李江，2015：23~33）。代际收入流动衡量一个人的收入受其上一代人收入影响的程度，一般用代际收入弹性测度，即子辈收入对父辈收入的弹性。一个社会的代际收入弹性越大，则代际收入流动性越小，机会不平等程度越高。

城乡家庭代际收入流动偏弱，且城镇家庭高于农村家庭，这扩大了城乡收入差距，与此同时，无论在城镇还是在农村内部都出现了高收入阶层固化的倾向，低收入阶层家庭子女向上流动的概率偏低（周兴、王芳，2015：64~73），新生代城镇家庭子女收入向上流动的能力相对其前辈有所减弱，而新生代农村家庭子女收入向上流动的能力要超过前辈。2002~2012年城乡居民收入差距的代际传递呈下降趋势，且城镇居民代际传递高于农村（徐晓红，2015：5~17），城镇收入较低组和收入较高组的代际固化现象明显改善，是收入差距代际传递下降的来源；而收入较低组的农村居民更容易陷入低收入代际传递陷阱。1986~2001年农村收入流动先增大后趋于平缓，并且教育水平、外出打工在这一时期对农民收入的提高有明显的正向效应（孙文凯等，2007：43~57）。

收入代际流动主要受财富转移、人力资本投资及环境惯性三个方面的影响（袁磊，2016：173~181）。有研究进一步指出，人力资本、社会资本和财富资本可以解释60%的代际收入传递（陈琳、袁志刚，2012a：115~131）。

在当前我国特殊的经济转型背景下，家庭财富资本转移是重要的代际收入传递途径，也是父代提升子代经济福利的途径之一（陈琳、袁志刚，2012b：99～113）。随着经济发展和社会文化与时俱进，婚姻中的财富转移如彩礼（及嫁妆）也逐渐成为收入代际流动的主要实现途径之一。特别是进入 21 世纪，婚房成为许多家庭代际转移的重要内容，父代为子代购置婚房成为代际收入流动的实现途径之一（王跃生，2010：60～72），但婚姻中能否通过婚房实现代际收入流动，也取决于父代的财富、收入。房产对子代收入的影响显著提升，1995～2005 年房屋资产对于代际收入流动的解释力显著增强（陈琳、袁志刚，2012a：115～131；2012b：99～113）。

相对于财富的转移或赠予，人力资本投资是代际收入流动中的长期和潜移默化的传递机制。人力资本是导致代际收入流动的重要原因（陈琳、袁志刚，2012a：115～131；周兴、王芳，2015：64～73），而教育又是职业阶层的重要影响因素，教育不平等效应对代际收入流动性的变迁具有重要作用，该效应取决于家庭背景差异对子女教育的影响、教育体系的不平等程度以及教育在劳动力市场中的重要性（王学龙、袁易明，2015：58～71）。不仅如此，子女接受教育可以显著降低职业向下流动的概率（周兴、张鹏，2015：351～372）。除了家庭的人力资本投资外，公共教育投资同样对代际收入流动具有非常显著的作用。基础教育显著影响底层人群，对基础教育的投资可以显著提高代际收入流动与社会公平性（林莞娟、张戈，2015：118～129）。学校、公共设施以及医疗保险等公共服务体系的完善有助于子代的职业向上流动，更好的公共服务可以有效增加子女的受教育年限，进行更好的人力资本投资（卢盛峰等，2015：94～104）。贫困家庭的子代要想实现代际收入向上流动，主要依靠公共人力资本投资来促进代际收入流动，因此保障基础教育的均等化至关重要。教育扩张总体上提高了教育流动性，降低了代际受教育程度向下流动的可能性，提高了代际受教育程度向上流动的可能性（罗楚亮、刘晓霞，2018：121～140）。来自不同收入水平家庭的子女尽管初始能力的差距不大，但家庭的教育选择和公共教育政策能够使其最终的人力资本和收入在代际内的差距不断扩大，并固化了收入在代际间的相关性（杨娟等，2015：86～99）。

除了财富和人力资本投资以外，父辈或家族所处的社区、阶层、圈子，以及所拥有的人脉和资源也会逐渐传递给子代，或者间接为后代所利用。家庭环境差异直接体现为物质条件的不同，物质条件更优的父辈会给子代提供更好的居住和成长环境，对人格和视野的培养也使子代具有更多的收入流动机会。这又不可避免地与人力资本投资相照应，高收入家庭倾向于为子女提供优质稀缺的教育资源。除了高收入家庭愿意支付的教育溢价以外，还需要看到物质惯性的存在（邸玉娜，2014：65~74）。相比于低收入家庭，高收入家庭的孩子在物质方面有着先发优势，即使两个出身不同的学生，在面对相同的教育机会时各自的教育收益率也存在差异。家庭政治资本同样对子女收入产生重要影响，父母政治身份和地位对子女收入有较为显著的影响，父母政治资本可以促进子女的人力资本积累，通过影响子女就业部门选择进而带来工资溢价。有研究发现，父亲在职和党员身份对子女收入有较为显著的影响，政治关系特别是权力寻租对子女收入也有显著影响（杨瑞龙等，2010：871~890）。来自较高等级大学的"官二代"比非"官二代"大学毕业生收入高出12.65个百分点，表明父母政治资本对较高等级大学毕业生的影响更大，同时，父母政治资本在大学毕业生就业单位的选择上同样有优势，使其更容易进入公有制的单位工作（胡咏梅、李佳丽，2014：22~30）。"官二代"的起薪比非"官二代"平均高出13%，父母的政治资本有助于大学生在劳动力市场中的表现（李宏彬等，2012：1011~1026）。"官二代"的教育年限平均高出非"官二代"0.42年，并且这种教育优势转化为职场优势的工资溢价为5.5%，"官二代"的工资溢价来源于更高的人力资本积累而非单纯依靠父母的政治资源（谭远发，2015：22~33）。这一结论反过来说明，与人力资本投资相关的教育仍然是影响当前我国社会阶层分化和收入流动的重要因素，维护教育的机会公平、缩小教育差距对于个人的向上流动至关重要。

第三节　提高代际收入流动的政策研究

随着经济社会发展，无论从财富转移、人力资本投资还是家庭社会资源看，近年来我国代际收入流动性都有所下降，高收入阶层和低收入阶层都有固化特征。伴随收入分配制度进一步完善，社会对公共服务体系、教育资源均等化以及公平的就业和竞争环境都有了新的要求。

既有研究无一例外地强调了教育对提高收入流动性的重要作用。自1986年开始，我国颁布了《义务教育法》。20世纪90年代以来，高等教育实施大学扩招政策，义务教育普及率和高等教育受教育群体规模不断增加。同时，教育经费支出占财政支出的比重逐年上升，自1993年首次提出"教育经费占GDP的比重4%"目标算起，2012年以来教育经费支出已连续七年超过4%。然而我国教育资源分布存在严重的不均衡，并且这种不均衡几乎存在于每一级教育体制内，城乡和区域间差异明显（陈琳、袁志刚，2012b：99～113）。这种公共教育分布的失衡，使得处于社会底层、贫穷家庭的后代难以平等接受各层次教育，这在很大程度上促进了低收入阶层收入的代际传递，降低了代际收入的流动。在这种形势下，大力推进教育均等化是提高代际收入流动的可行路径，对于推进我国教育制度改革、缓解代际收入不平等具有重要战略意义。提高人力资本回报率、实现教育均等化的措施包括促进教育体制改革，使受教育者获得与其学历层次相适应的知识技能与能力禀赋，提高高学历人才薪酬福利水平；努力实现教育资源均等化，加大困难家庭学生奖助补力度，使不同户籍不同阶层的子代能够平等地接受各个层次的教育（袁磊，2016：173～181）。加大义务教育阶段的公共支出力度，有助于弥补年轻父母在孩子早期教育时的预算约束，缓解代际内收入不平等并增强代际间收入流动（杨娟等，2015：86～99）。完善教育资助政策，增强贫困地区弱势群体子女的受教育机会，消除劳动力市场分割，为每一个劳动者创造平等的就业机会，是减缓收入差距代际传递趋势的有效措施（徐晓红，2015：5～17）。

较高的代际收入流动意味着更加公平的社会环境和更平等的就业、竞争机会，有助于促进经济社会的全面协调可持续发展。对此，需要深化户籍制度改革，建立和完善城乡统一的劳动力市场，重视收入调节政策实施效果（徐晓红，2015：5～17）。创造公平的就业和竞争环境，切断代际收入的惯性传导，保障就业公平，鼓励毕业生跨区域、跨行业就业，提高人才在不同地区和行业的流动性，避免环境惯性实现对代际收入流动的影响（袁磊，2016：173～181）。缩小城镇家庭房屋财产的不合理差距，特别是去除其上所附着的教育、福利资源。通过建立完善的产权制度，逐步实现农村房屋土地的可流转变现，从而实现这些不动产对我国农村家庭的财富意义（陈琳、袁志刚，2012b：99～113）。更好的公共服务机会有助于个体在就业年限上显著高于其他条件相同的非政策恩惠地区居民，并最终带来代际职业提升，因此需要政府在社会公平目标下提供均等化的公共服务条件和公共服务政策（卢盛峰等，2015：94～104）。这些政策的实施，有利于改善当前在对子代经济能力投资激励方面的结构扭曲，增强动态的收入公平和机会均等，也有利于缩小收入差距，提高代际收入流动。

参考文献

边燕杰、李路路、李煜、郝大海，2006，《结构壁垒、体制转型与地位资源含量》，《中国社会科学》，第5期。

陈琳、袁志刚，2012a，《中国代际收入流动性的趋势与内在传递机制》，《世界经济》，第6期。

陈琳、袁志刚，2012b，《授之以鱼不如授之以渔？——财富资本、社会资本、人力资本与中国代际收入流动》，《复旦学报》（社会科学版），第4期。

邸玉娜，2014，《代际流动、教育收益与机会平等——基于微观调查数据的研究》，《经济科学》，第1期。

高勇，2009，《社会樊篱的流动——对结构变迁背景下代际流动的考察》，《社会学研究》，第6期。

郭丛斌、闵维方，2009，《教育：创设合理的代际流动机制——结构方程模型在教育与代际流动关系研究中的应用》，《教育研究》，第10期。

胡咏梅、李佳丽，2014，《父母的政治资本对大学毕业生收入有影响吗？》，《教育与经济》，第1期。

李煜，2009，《代际流动的模式：理论理想型与中国现实》，《社会》，第6期。

李宏彬、孟岭生、施新政、吴斌珍，2012，《父母的政治资本如何影响大学生在劳动力市场中的表现？——基于中国高校应届毕业生就业调查的经验研究》，《经济学》

（季刊），第 2 期。

李路路，2003，《制度转型与阶层化机制的变迁——从"间接再生产"到"间接与直接再生产"并存》，第 5 期。

李路路，2006，《再生产与统治——社会流动机制的再思考》，《社会学研究》，第 2 期。

林莞娟、张戈，2015，《教育的代际流动：来自中国学制改革的证据》，《北京师范大学学报》（社会科学版），第 2 期。

卢盛峰、陈思霞、张东杰，2015，《公共服务机会与代际间职业流动——基于非血亲父子（女）配对数据的实证分析》，《经济科学》，第 2 期。

罗楚亮、刘晓霞，2018，《教育扩张与教育的代际流动性》，《中国社会科学》，第 2 期。

任春红，2017，《代际阶层流动：理论范式与中国现实》，《中共福建省委党校学报》，第 2 期。

孙文凯、路江涌、白重恩，2007，《中国农村收入流动分析》，《经济研究》，第 8 期。

谭远发，2015，《父母政治资本如何影响子女工资溢价："拼爹"还是"拼搏"?》，《管理世界》，第 3 期。

王学龙、袁易明，2015，《中国社会代际流动性之变迁：趋势与原因》，《经济研究》，第 9 期。

王跃生，2010，《婚事操办中的代际关系：家庭财产积累与转移——冀东农村的考察》，《中国农村观察》，第 3 期。

吴晓刚，2007，《中国的户籍制度与代际职业流动》，《社会学研究》，第 6 期。

徐丽、杨澄宇、吴丹萍，2017，《代际流动的影响分析——基于 OLG 模型的政策实验》，《教育经济评论》，第 4 期。

徐舒、李江，2015，《教育投资结构对居民收入代际收入流动：异质性及对收入公平的影响》，《财政研究》，第 11 期。

徐晓红，2015，《中国城乡居民收入差距代际传递变动趋势：2002—2012》，《中国工业经济》，第 3 期。

许欣欣，2000，《从职业评价与择业取向看中国社会结构变迁》，《社会学研究》，第 3 期。

杨娟、赖德胜、邱牧远，2015，《如何通过教育缓解收入不平等?》，《经济研究》，第 9 期。

杨瑞龙、王宇锋、刘和旺，2010，《父亲政治身份、政治关系和子女收入》，《经济学》（季刊），第 3 期。

袁磊，2016，《我国居民代际收入流动的实现路径——兼文献综述》，《经济问题探索》，第 11 期。

周兴、王芳，2015，《城乡居民家庭代际收入流动的比较研究》，《人口学刊》，第 2 期。

周兴、张鹏，2015，《代际间的职业流动与收入流动——来自中国城乡家庭的经验研究》，《经济学》（季刊），第 4 期。

第七篇
经济体制改革理论

新中国成立以来，特别是改革开放以来，有关经济体制改革文献浩如烟海，在如此众多的文献中，本篇选择《经济研究》《中国社会科学》《管理世界》《中国工业经济》《财政研究》等期刊刊发的文章，以改革进程为脉络，试图发掘和展现经济理论与改革实践互动前行的过程。

第二十八章　改革开放前

从新中国成立至改革开放前有关经济改革新的观点和理论研究集中在过渡时期和"大跃进"时期。过渡时期，我国学术界就过渡时期基本经济规律、计划与市场、价值规律等问题展开了讨论。"大跃进"时期，学者就社会主义再生产、经济核算和经济效果等问题进行了讨论。

第一节　关于基本经济规律的讨论

从 1949 年新中国成立到 1956 年社会主义改造完成这一阶段是社会主义过渡时期，也是新民主主义社会向社会主义社会过渡时期，具有新旧社会交替时期的特征。这一阶段的经济特征是国营经济领导下的五种经济并存。从 1953 年到 1956 年底我国进行了社会主义改造，改造完成后，社会主义公有制经济成为国民经济的主体部分，社会主义的公有制经济制度已经基本建立。过渡时期，我国学术界就基本经济规律、计划与市场、价值规律等问题展开了讨论。

一　过渡时期基本经济规律

一些学者认为过渡时期没有基本经济法则。如王学文认为过渡时期既然存在多种经济成分，那么每种经济成分基于自身所具有的条件不同，都有着决定支配该种经济成分的主要过程、主要方面的主要经济法则。基本经济法则是一个独立的划时代的社会经济法则，而我国还不是一个独立的社会形态，所以，目前的经济条件还不能形成一个基本经济法则（张卓元、张晓晶，2019：77~78）。

一些学者则认为过渡时期的基本经济规律是社会主义基本经济规律。骆耕漠（1955：2～10）指出我国还处于过渡时期，还是一个过渡社会，还不是一个"独立的划时代"的社会，还不是一个已经形成的社会主义社会，基本上包含三种经济：国营经济——社会主义经济、资本主义经济、个体经济。在这三种经济中只有国营经济是最强大的（不仅是就在国民经济中所占比重而言），占据着支配或主导的地位，因此社会主义基本经济规律就成为（不是将成为而是已经成为）我国过渡社会的基本经济规律。

还有一些学者认为存在多种经济规律。如苏星（1955：34～39）认为我国过渡时期不是一个独立的社会形态，因此还不存在一个决定全社会生产主要方面和主要过程的基本经济法则，但是在过渡时期由于有了居于领导地位的社会主义经济，社会主义基本经济法则成为整个国民经济中起主导作用的法则。同时由于资本主义经济的存在，在我国还存在资本主义基本经济法则，不过整个法则的作用范围日益受到限制，并且随着经济条件的变化，逐渐失去效力并退出舞台。

二　计划与市场和商品、价值问题

承认价值规律。孙冶方（1956：30～38）提出了把计划放在价值规律的基础上的观点。价值规律的基本内容和作用在社会主义和共产主义社会都存在；只有在私有制度下的商品经济，它是通过商品流通、市场竞争来起作用的、来体现的，因而带有破坏性；而在计划经济中，是应该通过计算来主动地去捉摸它的。顾准（1957：21～53）提出社会主义经济是计划经济与经济核算的矛盾统一体，价值规律是通过经济核算调节社会生产的。这种调节的最高限度的做法是，使劳动者的物质报酬与企业盈亏发生程度极为密切的联系，使价格成为调节生产的主要工具。王亚南（1959）认为，价值规律真正的作用在于提高劳动生产率、促进生产。现今主要问题，不是如何防止它的消极破坏作用，而是如何尽可能地发挥它促进生产的积极作用，充分发挥价值规律在我国社会主义经济中的作用。

关于1959～1960年对人民公社化运动否定商品生产和"一平二调"的

讨论方面，许涤新（1959：14～18）认为就农村人民公社来说，除了要发展同国家或者其他公社进行交换的商品生产，其内部各单位之间也要发展商品生产和商品交换。于光远（1959：259）认为社会主义制度下两种公有制之间的交换、国营企业与国营企业之间的交换以及社会与个人之间的交换都是商品关系。郑经青（1959：22～33）认为在社会主义各种交换关系中，都要承认和尊重价值规律的作用，坚持等价交换。特别是在处理同集体所有制的经济关系时，在国家和公社之间、公社内部各级之间，必须反对"一平二调"，实行等价交换。

第二节　关于国民经济核算的讨论

在急于求成的"左"的思想指导下，1958～1960年我国实行了"大跃进"。学者就社会主义再生产、经济核算和经济效果等问题进行了讨论。

关于国民经济比例关系讨论方面，郭子诚等（1959：18～31）认为在客观可能的限度内，通过人们的主观能动性来改善客观经济条件，使它们适应起来。刘国光（1962）认为从速度和比例的种种不同的可能结合中，选择最恰当的方案，使国民经济不仅能够在当前的计划时期高速度、按比例地发展而且能够为后续时期的进一步发展，创造良好的条件。许涤新（1964）从实际出发去处理国民经济各部门的比例关系，是积极平衡而不是消极平衡。如果离开客观可能性而片面地强调需要，那就不可能组织新的平衡，反而会加剧不平衡（张卓元、张晓晶，2019：97）。

关于社会主义经济核算讨论方面，薛暮桥（1961）认为社会主义的经济核算，包括生产中的经济核算（主要是劳动成果和生产成本的核算）和建设中的经济核算（主要是投资效果的核算）。前者保证现有生产能力的合理利用，发挥最大的经济效果；后者保证用尽可能少的活劳动和物化劳动的消耗，创造出尽可能多的新的生产能力（张卓元、张晓晶，2019：100）。何建章、桂世镛、赵效民（1962：1～10）指出企业经济核算应该包括成本核算和资金核算两个方面。从社会的角度看，降低某种产品所必须占用的资金，就意味着提高了资金运用的效果，用同量的资金可以生产出更多更好的产品，从而提高了整个社会劳动的经济效果。

有学者进一步指出，社会主义经济活动要追求最大的经济效果，需要用利润或者成本作为评价企业经济效果的主要指标。孙冶方提出用最少的劳动消耗取得最大的经济效果是社会主义经济活动的最高准则。并且在他组织编写的《社会主义经济论稿》中，确定了以最少的社会劳动消耗有计划地生产最多的满足社会需要的产品，作为贯穿全书的红线（张卓元、张晓晶，2019：102）。如沈经农（1962）认为企业经济核算中心的统计指标只能是一个，而不是两个或更多，否则就无所谓中心了。经济核算体系的中心指标就是利润指标。但杨润瑞、李勖（1962）认为成本和利润都是综合性指标，应该并重。孙冶方（1963）明确提出应该将资金利润率作为企业经济效果的最综合指标，进而指出社会平均资金利润率是每个企业必须达到的水平，超过平均资金利润率的就是先进企业，达不到的就是落后企业（张卓元、张晓晶，2019：101）。

许多经济学家认为价值规律的作用是通过价格及其运行实现的，孙冶方、杨坚白、何建章等主张"生产价格论"。杨坚白（1963：40~56）认为在社会主义社会，只有生产价格才能比较准确地确定国民经济发展的规模、水平、速度和比例，核定经济效果，并正确处理各种经济关系。何建章、张玲（1964：12~20）认为，在社会主义制度下，价格应当直接以生产价格为基础。这是由社会主义经济中的物质技术和社会主义生产关系的特点决定的。

参考文献

骆耕漠，1955，《关于我国过渡时期基本经济法则问题》，《经济研究》，第1期。
苏星，1955，《目前争论的主要分歧在哪里》，《经济研究》，第1期。
孙冶方，1956，《把计划和统计放在价值规律的基础上》，《经济研究》，第6期。
顾准，1957，《试论社会主义制度下的商品生产和价值规律》，《经济研究》，第

3 期。

刘国光，1962，《关于社会主义再生产比例和速度的数量关系的初步探讨》，《经济研究》，第 4 期。

杨坚白，1963，《国民经济平衡和生产价格问题》，《经济研究》，第 12 期。

何建章、张玲，1964，《试论社会主义经济中的生产价格》，《经济研究》，第 5 期。

张卓元、张晓晶，2019，《新中国经济学研究 70 年》，中国社会科学出版社。

郑经青，1959，《对于社会主义制度下价值规律问题的几点意见》，《经济研究》，第 4 期。

许涤新，1959，《论农村人民公社化后的商品生产和价值规律》，《经济研究》，第 1 期。

郭子诚等，1959，《试论国民经济高速度和按比例发展》，《经济研究》，第 6 期。

何建章、桂世镛、赵效民，1962，《关于社会主义企业经济核算的内容问题》，《经济研究》，第 4 期。

第二十九章　经济体制改革的启动时期

　　这一阶段时间范围是 1978 ~ 1984 年。1978 年 12 月，党的十一届三中全会召开，全会否定了"以阶级斗争为纲"的错误理论和实践，作出了把党和国家的工作重心转移到经济建设上来，实行改革开放的伟大决策。这次会议确定了调整、改革、开放的路线和方针政策，拉开了中国经济体制改革的序幕。全会公报指出，现在我国经济管理体制的一个严重缺点是权力过于集中，应该有领导地大胆下放，让地方和工农企业在国家统一计划的指导下有更多的经营管理自主权。应该坚决实行按经济规律办事，重视价值规律的作用，注意把思想政治工作和经济手段结合起来，充分调动干部和劳动者的生产积极性。1982 年 9 月党的十二大召开，大会确立了"计划经济为主，市场调节为辅"的提法。"计划经济为主，市场调节为辅"思想是这一阶段中国经济体制改革的重要指导思想，与原先将社会主义经济等同于完全的指令性计划经济观念相比，无疑是一次历史性的飞跃。这一阶段的改革首先从农村开始，逐步向城市推进。

　　在计划经济为主、市场调节为辅的思想指引下，中国经济体制改革实践沿着放权让利、双轨并行，计划与市场结合的方向推进（王健，2018：21 ~ 23）。在所有制结构方面，坚持公有制为主体，允许个体工商户发展，引进外资等。在公有制经济的经营形式方面，农村集体经济实行家庭联产承包责任制，由安徽小岗村率先进行随后推广到全国。家庭联产承包责任制和乡镇企业快速发展，调动了亿万农民的积极性，解放了农村生产力，使得农业生产迅速恢复和发展，农民收入大幅度提高。1985 年农村总产值较之 1978 年增长了 3 倍。1984 年，中国粮食总产量达到创纪录的 40731 万吨，比 1978 年增长 33.6%。1984 年农村居民人均纯收入达到 355 元，比 1980 年增长

85.5%（吴敬琏，2018：26）。在中央和地方的关系方面，实行"分灶吃饭"的财政体制，使得各级地方政府有了促进本地经济发展的积极性，大大增强了地方的财力。国有企业改革从扩大企业自主权试点开始，调动了广大职工的积极性，企业也有了一定活力。流通体制上，逐步培育农产品市场，废除了农副产品的统购统销制度。在物资计划调拨和行政定价的"计划轨"之外，开辟出物资买卖和买卖双方协商定价的第二轨道——"市场轨"（吴敬琏，2018：27）。

第一节 关于价值规律的研究

这一时期中国学术界对过去视为禁区的意识形态观点进行了研究。1978年10月，胡乔木在《人民日报》发表了《按照经济规律办事，加快实现四个现代化》一文。文中详细阐述了马克思、列宁、毛泽东在这个问题上的基本观点，论证了向外国学习是马克思主义早已提倡的基本原则，是按照经济规律办事的客观要求，批评了"不承认经济规律，以为社会意志、政府意志、长官意志就是经济规律，以为经济规律可以按照政治需要而改变"的观点，指出未来加快实现四个现代化，特别有必要认真总结建国三十年来正反两方面的经验，努力自觉地按照客观经济规律办事；批评了"认为价值规律在社会主义制度下对生产不起调节作用"的观点，强调要遵守价值规律——以价值为基础、商品按等价的原则交换；而且提出，"不遵守客观存在的价值规律，也就不可能严格遵守有计划按比例规律"。倡导向资本主义国家学习，认为只有把社会主义制度的优越性同发达的资本主义国家的先进科学技术和先进管理经验结合起来，把外国经验中一切有用的东西和我们自己的具体情况、成功经验结合起来，我们才能够迅速提高按照客观经济规律办事的能力，才能够加快实现四个现代化的步伐。同时，提出了一些改革的具体建议。比如，不仅在企业之间，在国家和企业（包括工业和农业企业，全民所有制和集体所有制企业）之间，乃至在中央和地方、地方和地方、地方各级之间，企业和职工之间，都可以实行合同制；从小而全、大而全这种落后的生产组织形式，转移到按照专业化和协作组织起来的社会主义专业公司（包括全国性的、地方性的、同一行业联合的、各有关行业联合的社会主义专业公司）的轨道上来；积极恢复和大力加强银行的作用，通过信贷和拨款对企业的活动进行有效的促进和监督；发展经济立法和经济司法，把国家、企业、职工的利益和各种利益关系，用法律形式体现出来，并且由司法机关按照法律办法处理。认真实行以农业为基础，缩小工农业产品交换价格的"剪刀差"，真正承认农民的集体所有制，承认生产队的自主权。

1979年邓力群在《访日归来的思索》中指出，日本的确在不少方面有比我们先进的东西，我们必须把这些先进的东西拿来，使之"变成建设社会主义的工具"，并对斯大林"在社会主义条件下生产资料不是商品""价值规律和有计划按比例规律互相排斥"等过去认为是马克思主义基本原理的主张提出质疑，认为学习日本的做法，企业、部门和国家的计划都要"以价值规律为前提，或者充分适应价值规律的要求"。

针对在经济理论界强调市场机制的作用、认为社会主义经济也是一种商品经济的主张受到了坚持传统经济理论人士的批评。如1982年，在党的十二大报告起草过程中，参加起草工作的袁木等五位同志给当时主管意识形态工作的胡乔木写了一封信，提出在我国尽管还存在商品生产和商品交换，但是绝不能把我们的经济概括为商品经济。如果作这样的概括，那就会把社会主义条件下人们之间的共同占有、联合劳动的关系，说成是商品等价物交换的关系；就会认定支配我们经济活动的主要是价值规律，而不是社会主义的基本经济规律和有计划发展规律。这样就势必模糊有计划发展的社会主义经济和无政府状态的资本主义经济之间的界限，模糊社会主义经济和资本主义经济的本质区别（张卓元、张晓晶，2019：216）。

如何确定价格中的利润额，这在经济学界长期主张不一，争论不休，主要有三种意见：第一种，主张按平均工资利润率来确定价格中的利润额，即用平均工资利润率乘以单位产品成本中的工资额，求得利润额；第二种，主张按平均成本利润率来确定价格中的利润额，即用平均成本利润率乘以单位产品成本，求得利润额；第三种，主张按社会平均资金利润率来确定价格中的利润额，即用平均资金利润率乘以生产单位产品占用的资金，求得利润额。汪祥春（1981：20～26）倾向于第三种意见。在计划经济时代，认为生产价格是资本主义的东西，因而这种主张一直受批判。随着改革开放的深入，应该重新认识，不能把生产价格单纯归结为资本家追求平均利润率的结果。市场供求对价格的影响是客观存在的，社会主义生产价格也反映社会总劳动在国民经济各部门按一定比例分配的要求。同时汪祥春认为制订和调整各种商品价格，在考虑价值和供求关系的同时，还必须考虑国家政策和计划的要求。根据一定时期政治和经济的需要，根据国家政策和计划的要求，某些商品的价格可以在一定时期内和一定程度上背离价值。王振之（1983：45～52）指出，价格改革必须体现计划经济为主、市场调节为辅的原则。改革价格体系和调整物价，应以按照统一的社会平均盈利率即综合盈利率测算出来的理论价格为依据。张维达（1983：9～14）认为物资价格应以生产价格和平均利润率为依据，价格包含进货价、流通费和盈利（包括税金）。

第二节　企业改革研究

这一阶段学者就经营自主权展开了关于企业改革的讨论。

一批学者对企业应当拥有经营自主权进行了理论分析。董辅礽（1979：42～50）认为在全民所有制的所有制形式下，国家政权的行政组织取代了经济组织，企业成为国家各级行政机构的附属物，甚至成为基层一级政权（如政企合一单位）。这种所有制形式容易导致官僚主义、命令主义、瞎指挥、"按长官意志"办事，违反客观经济规律。企业改革的核心内容可以归结为"改变全民所有制的国家所有制形式"。全民所有制企业应该具有统一领导下的独立性，实行全面的、独立的、严格的经济核算，各经济组织中的劳动者有权在维护和增进全体劳动者的共同利益的前提下，在统一计划的指导下，结合对单位和自身的利益考虑直接参加经营。

刘诗白（1979：24～29）提出不能把全民所有制形式凝固化。因为生产力的发展、科学技术的进步与社会主义物质技术基础的加强与新的变化，使原来的公有制的具体形式或局部环节变得陈旧，不再适合于生产力发展的要求。一系列维护企业经济利益、扩大企业职权的调整，实质上是关系到所有制关系的调整，它归根到底是社会主义全民所有制的进一步完善。全民所有制企业经济改革实质上是所有制关系的调整。社会主义全民所有制企业保有一定的产品占有权与收益分配权，存在局部的经济利益，是由社会主义历史阶段的生产力水平和按劳分配规律、物质利益规律的要求所决定的，是不以人们的意志为转移的。

蒋一苇（1980：21～36）认为，社会主义经济的基本单位应当是具有独立性的企业。作为现代经济基本单位的企业，决不能是一块块缺乏能动性的砖头，而应当是一个个具有强大生命力的能动的有机体。整个国民经济是一个经济联合体，由许许多多具有独立性的基本单位联合组成。企业应当是企业全体职工的联合体，企业的权利是掌握在全体职工的手里。作为独立的商品生产者，企业在国家统一领导和监督下，实行独立经营、独立核算、共负盈亏、自主发展，一方面享受应有的权利，另一方面确保完成对国家应尽的义务。

这一时期国外的改革模式引起了中国学术界的广泛兴趣。从 20 世纪 50 年代起，以南斯拉夫为代表的东欧社会主义国家相继对苏联模式有了不同程度的突破。20 世纪 50 年代的南斯拉夫铁托、波兰哥穆尔卡等改革，60 年代匈牙利的卡达尔、捷克斯洛伐克的杜布切克等提出了改革方案，苏联也出现了"利别尔曼建议"和短暂的"柯西金改革"，相继形成了一些较为有影响力的改革模式理论，如波兰的"分权模式"、捷克斯洛伐克的"布拉格之春"、匈牙利的"新经济机制"、南斯拉夫的"自治社会主义"改革等，这些改革模式的方向都是增强市场的作用。于光远、苏绍智、刘国光、董辅礽等学者在对东欧社会主义国家改革历程作了深入的比较研究后，对东欧的市场社会主义改革理论和改革实践作了系统介绍，并在中国改革界掀起了南斯拉夫热、匈牙利热等。学者总结比较了匈牙利体制与南斯拉夫体制，认为二者存在重大区别，一是匈牙利强调同时发展两种公有制经济，即国营经济和合作社经济，而南斯拉夫强调必须把国有制经济改为社会所有制经济。二是匈牙利认为，实行市场经济，不是倒退到私有制经济，废弃国家计划，而是改变国家计划的形式。南斯拉夫则早先就放弃了国家计划，实行了较为完全的市场经济（张卓元、张晓晶，2019：306）。

参考文献

王健，2018，《市场导向经济体制改革的六个发展阶段》，《人民论坛》，第 33 期。

吴敬琏，2018，《中国经济改革进程》，中国大百科全书出版社。

董辅礽，1979，《"四人帮"宣扬"始终存在阶级论"给社会主义政治经济学造成的混乱》，《经济研究》，第 9 期。

刘诗白，1979，《试论经济改革与社会主义全民所有制的完善》，《经济研究》，第 2 期。

蒋一苇，1980，《企业本位论》，《中国社会科学》，第 1 期。

汪祥春，1981，《对我国当前价格改革问题的初步认识》，《财经问题研究》，第 2 期。

张维达，1983，《马克思的商业价格理论与我国的物资供应价格改革》，《财贸经济》，第 12 期。

第三十章 经济体制改革的探索时期

这一阶段时间范围是 1984 ~ 1992 年。1984 年 10 月,党的十二届三中全会通过了《中共中央关于经济体制改革的决定》,提出社会主义有计划的商品经济。理论界就价格改革、企业改革、宏观经济管理改革等内容展开了较为深入的研究。

1984 年 10 月召开的党的十二届三中全会通过了《中共中央关于经济体制改革的决定》,提出社会主义有计划的商品经济,在思想上打破了将计划经济和商品经济对立起来的传统观念,明确制定计划也必须自觉依据和利用价值规律,是以公有制为基础的有计划的商品经济。1987 年 10 月,党的十三大进一步提出了社会主义有计划商品经济的体制应该是计划与市场内在统一的体制,特别强调计划与市场不是板块式的结合,而是有机的结合,计划与市场的作用范围都是覆盖全社会的,并提出了"国家调节市场,市场引导企业"经济运行机制。国家运用经济手段、法律手段和必要的行政手段,调节市场供求关系,创造适宜的经济和社会环境,以此引导企业正确地进行经营决策。由于通货膨胀比较严重,从 1988 年底开始,我国经济进入了三年的治理整顿时期。1990 年召开的党的十三届七中全会提出了"建立适应社会主义有计划商品经济发展的、计划经济与市场调节相结合的经济体制和运行机制,在国家法律法规和计划的指导下发挥市场调节的积极作用"。这种提法基本上回到了十二大强调的计划经济,是理论上的一种倒退。

十二届三中全会通过《中共中央关于经济体制改革的决定》,标志着经济体制改革实践从农村走向城市。在这个阶段经济体制改革的实践表现为:充分发挥企业的活力。增强企业活力,特别是增强全民所有制大中型企业活力是以城市为重点的整个经济体制改革的中心环节。但是在城市经济体制改革实践中也出现了一些问题，经济运行仍然处于"一放就乱，一收就死"的恶性循环；企业之间地位不平等，竞争不公平，价值不统一，制度不健全，行为不规范，苦乐不均匀，盛行"鞭打快牛"；随着中央政府对地方政府放权让利，尤其是实行财政承包方式以后，出现了地方保护和区域分割倾向（王健，2018：21~23）。随着"国家调节市场，市场引导企业"运行机制的提出，城市经济体制改革实践表现为：搞活全民所有制企业，实行所有权与经营权适当分离，国有企业实施承包制、租赁制等经营方式的改革。在宏观管理上，采取了"调、放、管"相结合的方针，理顺比价关系，实行财税包干制。

第一节　价格改革的研究

一　价格改革

价格改革是中国经济体制改革的一个非常重要的领域。推进市场化价格改革，无疑是实现经济运行机制转轨的关键。价格改革同所有制改革一起，构成中国经济改革的两条主线（张卓元，2008：2~7）①。1984年，党的十二届三中全会《中共中央关于经济体制改革的决定》指出，"价格是最有效的调节手段，合理的价格是保证国民经济活而不乱的重要条件，价格体系的改革是整个经济体制改革成败的关键"。如何推进价格改革，学术界从管理体制、改革突破口、价格体系、配套措施等角度提出了改革的思路。

由于历史的原因，过去长期忽视价值规律的作用，再加上价格改革尚在摸索试行之中，价格体系出现了相当紊乱的现象，我国物价水平发生了较为

---

① 中国社会科学院财贸物资经济研究所"生产资料市场与价格"课题组（1988）认为，价格改革绕不过去的主要原因是：价格改革是自然经济、半自然经济、产品经济转向社会主义有计划商品经济必过之关；价格改革是企业由行政机关的附属物转变成自主经营、自负盈亏具有生机和活力的相对独立的商品生产者和经营者必过之关；价格改革是宏观控制由直接控制为主转向间接控制为主必过之关；价格改革是优化资源配置、促进技术进步和经济效益提高必过之关；价格改革是由传统的旧价格模式转向新价格模式必过之关。

剧烈的波动，不少商品的价格既不反映价值，也不反映供求关系，不同商品之间比价不合理的情况十分突出。学术界提出了保持物价基本稳定的前提下进行价格改革的思想。王振之（1983：45~52）、张卓元（1985：4~7）强调要在保持物价基本稳定的前提下进行价格改革。因为市场物价的基本稳定，是保证经济稳定和协调发展的需要，是社会主义计划经济的客观要求。李由鹏（1985：9~14）则提出物价政策应该以有利于经济的增长和人民生活水平的提高为终极目标，而不应该围于为稳定物价而稳定物价。价格必须是相对自由的，富有弹性的价格模式较为符合价格运动的规律。

关于价格管理体制讨论方面，李由鹏（1985：9~14）认为社会主义价格管理既要保持价格与计划经济的联系，又要保留其自动反馈、自动调节的机能。新的价格管理模式应把重点从微观控制转向宏观调节。在宏观经济层次上，国家通过有计划地发行和投放货币，控制总体平衡。在微观经济层次上，确立企业定价的原则，只有在企业有一定的定价、调价权之后，市场供求力量才能对价格的形成施加足够的影响。必须有条件地逐步减弱固定价格的管理，浮动价和自由市场价将逐步成为主导形式，其具体范围的确定可以参照价格供需弹性的大小以及浮动价的覆盖能力。李剑白（1985：32~37）认为价格体系是由一系列在社会再生产过程中互相联系的价格所组成的有机整体。改革价格体系是一个宏大的系统工程。要想做到使这个工程能够正常运转，实现预定的目标，就必须注意和考虑各种价格之间的联系性和相关性。改革现行不合理的价格体系，主要应解决有些商品的价格严重违背价值又不反映供求关系和某些商品之间比价不合理问题。而要解决这些问题，关键是要确定科学的定价依据和实行多层次的价格形式，以及制定合理的比价关系。华生等（1985：27~32）认为，在有计划的商品经济的基础上新的价格管理体制应以有弹性的计划价格为主体。必须改变长期以来把计划价混同于固定价的观念，寻找能够灵活反映价值量和市场供求变化的新形式。而陈洪博（1986：60~65）从我国经济体制模式的基本特征和体制改革的主要任务出发，认为应选择有弹性的计划价格和有计划的市场价格并存，并以后者为主要形式的价格改革目标模式。杨仲伟、李波（1985：83~91）认为计划价格理论与市场竞争价格理论两种对立的价格形成理论各有不足之处，到底哪一种理论能更好地为价格改革服务，这就必须从给定的实践内容和实践目的出发。由于价值规律的运行要借助于市场竞争价格机制，因而指令性计划和指导性计划都应尽量少干预市场定价的客观过程。当前各项配套改革应围绕如何为价格机制的运行逐步创造适宜环境这一中心来进行。张卓元（1987：1～7）认为价格改革包括价格体系改革和价格管理体制改革两大方面，这两方面改革要配套进行，并且要善于通过价格管理体制的改革推动价格体系合理化。社会主义有计划商品经济模式要求有计划控制宏观价格（包括控制物价总水平、主要比价关系和战略性价格）和放活微观价格，价格改革在总体上要符合这一本质要求。

关于价格改革的突破口讨论方面，张卓元（1985：4～7）提出为了保持市场物价的基本稳定，在价格改革中，要选好突破口，最好先从不那么直接影响消费品价格的工业生产资料价格改起，对影响市场物价的价格改革，要持特别慎重的态度，分期分批和小幅度进行，并且同工资等改革相配合。宏观经济协调和思想准备充分，是顺利进行价格体系改革的重要保证。张曙光（1985：18～23）提出从提高能源、原材料价格入手，着重调整各种生产资料之间，特别是各种互相联系（包括纵的联系和横的联系）、互相补充、互相代替的产品之间的比价关系。张维达（1987：16～20）认为价格体系改革从必要生活资料的副食品价格入手，逐渐全部放开，不尽符合我国的国情，只从矿产品、原材料等最初生产资料产品入手，成效可能会更显著些。

关于价格渐进式改革讨论方面，张曙光（1985：4～7）认为比较可行的办法是抓住现行价格结构和比价关系不合理这一突出问题，对现行不合理的价格体系进行调整和改革，以便逐渐积累经验、积累数据，并通过逐渐逼近的办法，最后达到价格体系改革的目的。李由鹏（1985：9～14）指出受种种制约因素，价格改革不可能在短期内完成，而是一个渐进的过程，应当化"大震"为"小震"，分步实施，多方配合。谷书堂、赵兴汉（1987：9～15）指出，统一规划，全面安排，把改革的总目标明确化，在此前提下，分步实施，使每个具体改革步骤与总体规划衔接起来，是颇为重要的。张卓元（1987：1~7）提出价格体系的改革要逐步进行，一般包括三个阶段：调整价格，使各行业能够得到大致相同的利润水平；放开价格，使价格能充分反映市场供求关系；同国际市场价格挂钩。但是朱彤（1988：39~42）认为在当前的价格改革中，不宜进行分步改革，而应进行一步到位的改革。张卓元（1990：3~9）认为某些国家采取的"电休克疗法"，即一次放开几乎全部商品和劳务（包括粮食）价格的做法，不符合中国国情。

关于调、改、放的讨论方面，华生等（1985：27~32）认为，我国当前的价格改革不能仅是一个调的过程，也不能仅靠一个放的办法，而必须从我国当前的国情出发，从经济改革的实际出发，改、调、放结合，外改内调，以改促调，以改养调，因势利导，走出一条符合中国国情的价格改革道路。陈洪博（1986：60~65）认为，"七五"时期价格改革从总体上仍然应采取放调结合、小步前进的方针，供求矛盾较大的产品以调为主，供求大体平衡或供求矛盾有所缓和的产品可区分具体情况，或者全部放开，或者适当扩大放开的比例。马凯（1987：7~13）认为"调"（有计划地调整价格）与"放"（放开价格、由市场调节）结合，"看得见的手"与"看不见的手"并用，是社会主义国家较快理顺价格体系的有效途径和方法。谷书堂、赵兴汉（1987：9~15）指出价格改革采取放调结合的做法，实践证明是有效的。用"以放代调"来取代"调放结合"的做法，并不适合我国的国情。价格改革要实行放调结合的原则，就需要通过理论价格测算来衡量现行价格的高低，确定合理的价格水平、调整幅度和实施步骤。放开的价格方面，为了实行必要的宏观调控，也应研究利润的高低和供求发展趋势，因此也应进行理论价格的测算研究。张维达（1987：16~20）提出价格体系改革，必须加强宏观经济控制适应微观经营机制特点，调价要适度，放价要指导，稳步推进改革。吴树青、林岗（1989：57~63、117）认为，就价格体制而言，仍应根据不同产品生产条件和交换条件的变化趋向，该调则调，能放则放，经过较长时间的努力逐渐逼近市场定价模式。在经济处于较严重的非均衡状态，总供给和总需求之间的缺口很大且包含着短期内难以校正的结构问题的情况下，由国家有合理经济根据地分期分批统一提高牵动全局的短线产品价格，较之将其交给一个极不完善、缺乏正常运行基本条件的市场去左右，显然是更为现实和合理的选择。张卓元（1990：3~9）指出依靠国家有计划的调整价格，理顺物价关系，作用是有限的。除少数重要商品和劳务需要实行国家定价和调价者外，对于大多数商品和劳务的价格，应考虑一旦时机成熟，就把价格放开，让市场调节，使价格比较好地反映供求关系，反映资源的稀缺程度。属于国家定价和调价的商品，也可参照放开的商品价格，研究其相对价格是否合理，应当作何调整等。

对价格改革评价研究方面，张维达（1987：16~20）认为从价格体系改革的预期目标来看，主要有两条衡量标志：一看价格体系改革是否符合结构性改革，因为在坚持物价基本稳定的前提下进行价格改革必须是结构性的改革；二看改革是否使价格体系趋于合理，价格改革虽然不能一次到位，但要使价格体系趋向合理化。按照上述两条主要标志来衡量，认为1983年纺织品调价取得较为明显的成功。改革成效不够理想、问题较多的是1985年开始的全面价格改革。在价格改革中，出现较大幅度地普遍上涨，主要来自外部两个方面原因：一是宏观经济方面出现国民收入超分配；二是微观机制不够灵活，缺乏企业自我约束的经营机制。

二 价格双轨制

生产资料"双轨制价格"是我国特定历史条件下的必然产物。在双轨体制下，双重运行机制相互摩擦和冲突，不可避免地产生一些消极作用，双重运行机制又相互补充，对短缺经济条件下的经济运行发生了难以替代的积极作用（马凯，1987：7~13）。

姚林（1985：17~21）和茅于轼（1986：39~43）对"双轨制"利弊进行了详细分析。实行"双轨制"价格有明显的好处。①对基础工业品实行统一的普遍调价，价格上涨的好处大部分由中央财政拿走，企业宁可不调价而继续实行财政补贴，因而对生产的刺激性不大。实行"双轨制"价格，超产加价的好处大部分留给企业，对调动企业的积极性、刺激生产增长的作用明显。②随着产量的增长，混合平均价格逐步上升，减缓了原材料价格上升对加工企业的一次性冲击，有利于加工企业逐步消化吸收。③超产加价提高了平均价格，从而有利于调动一部分库存积压生产资料。④混合平均价格逐步上升，靠向市场价格，可以平衡供求，为理顺价格提供了新的参照系数。当然，同任何事物都不可能十全十美一样，"双轨制"价格也存在一定的弊病，表现在：①计划内大企业吃平价原材料、计划外企业吃高价原材料会形成新的苦乐不均，在一定程度上不利于搞活大企业。②两种价格机制并存，给乱涨价、转手倒卖等不正之风以空隙，给宏观经济管理带来困难。③由于新的混合平均价上升缓慢，使理顺价格的时间跨度过长（姚林，1985：17~21）。吴树青、林岗（1989：57~63、117）认为，双轨制固然为"倒爷"提供了土壤，但其滋生的直接原因是政府管理和监督的涣散和软弱，以及某些政府官员的以权谋私。正是这种涣散、软弱和以权谋私，使"倒"有可能大规模地变成现实，而并不是只要实行双轨制就必然出现"倒爷"横行的局面。

针对"双轨制"价格实施过程中存在的问题，学者提出了不同的解决方案。姚林（1985：17~21）提出在实行"双轨制"价格时，一方面要加强价格的监督检查，另一方面要结合调整计划固定价格。使混合平均价格较快的转变为新的、较为合理的市场价格。随着新的、较合理的市场价格形成，"双轨制"价格就可以逐步过渡为协议价格，给企业更大的价格自主权。梁天征、曾湘泉（1987：9~15）认为比较理想的改革方案是"先调后放，全面配套"。调整生产资料价格，改变税负、利率、货币量等宏观控制变量；改革企业制度，形成要素市场；放开价格，调整税制以及其他配套措施。钟朋荣（1987：13~17）认为在改革过程中，双轨制虽然起了某些积极作用，但其弊端也越来越突出。双重价格改革的方向是，尽快向单轨制过渡。在双重价格过渡的过程中，为了能暂时维持原有的利益格局，可以采用这样的办法：将生产资料流通全部放开，对极少数非常短缺的产品实行上限浮动价格，对其他产品一律实行自由价格。常清（1989：77~84、124）认为，价格双轨制的实施，使权力货币化，经济秩序混乱。应调整双轨制，重点在于纠正双重信号紊乱、双轨摩擦且分产品进行：①有些垄断性产品，不能实行市场价格形式，如铁路运输、石油等行业，要在科学测算的基础上，由国家统一定价，以核算价为基础，考虑政策因素。②有些投资周期长、靠企业投资不能促进供给的产品，要退回为国家定价。这种产品即使企业行业合理也不能解决投资问题，只有靠国家投资，因而国家可以通过调价限制需求、积累资金。③有的产品有竞争性、投资的技术经济要求不高，要彻底放开。在放开价格的同时，把各种资源税费加上，价税联动。④有些产品价格生产者不宜调整，而计划内外价差比较大。应参照市场价征税，如彩电征税就是成功的，可以考虑扩大到电话等消费品。⑤农产品国家只保城市居民口粮和国防用粮。用化肥等农资和农民换粮。总之，有进有退。清理双轨制，严格计划内外，给"官倒"无用武之地。洪银兴（1989：37～42、49）认为价格双轨制是价格体系扭曲和经济结构扭曲的症结所在。当前的价格改革很有可能进入宏观的、中观的和微观的比价复归的误区。这是价格改革的一大风险。比价复归标志着价格改革的失败。离开比价复归误区的出路，不在于中止价格改革，不在于加强对价格的行政控制，也不在于继续采取双轨的价格改革，而在于改善价格改革所依赖的各种环境，选准价格改革的时机。张卓元（1990：3～9）认为，生产资料双轨价并轨，应是部分商品并为计划轨、大多数商品并为市场轨，防止只并为计划轨的倾向。根据"调放结合，调管结合"的原则，区别不同行业、不同品种的具体情况，由易到难逐步进行，争取到"八五"后期初步并轨、"九五"期间基本并轨。对少数国家垄断经营的短缺而重要的生产资料价格和公用事业收费，如石油、电力、铁路、航空、重要有色金属产品价格，公有住房房租等，调管结合，由国家直接定价、调价，在逐步取消这些产品双轨价时，可以按计划价格和市场价格的综合平均价水平来制定单轨计划价格水平，对为数众多的机械、电子等产品和供求平衡的原材料如水泥、玻璃等，可以采取放开价格的办法，变双轨为单轨。为了抓住时机，推进价格改革，需要尽快制订规划和分步实施步骤，避免打乱仗。

对双轨制价格改革的评价方面，中国社会科学院"价格改革"课题组

（1986：18～23）认为，七年来价格形成机制发生了本质上的变化，走出了传统的计划价格体制的框架，形成了具有中国特色的板块—双轨制过渡模式。板块制是不同的产品分别采取自由价格、浮动价格和政府统一定价等不同价格形式；双轨制是指同一种产品，计划内的产品采取政府统一定价，计划外产品采取市场价格。板块—双轨制在一定程度上实现了价格改革的双重目标。梁天征、曾湘泉（1987：9～15）认为，1984 年和 1985 年所遵循的"以放为主"的"双轨制"生产资料价格改革思路并非是完全成功的。"双轨制"条件下产生了价格扭曲，导致供求作出不合理的反应。双轨制无助于有计划商品经济体制的形成。

第二节　关于改革模式的研究

经济体制改革面对着一幅似乎剪不断、理还乱的巨网，从没有一个是全优的无数抉择中寻找出最优的抉择（郭树清，1987：36～48、213）过程。学者就改革模式、改革步骤、配套改革等进行讨论。

一　改革模式

刘国光（1984：1～11）提出我国经济体制改革要采取有中国特色的社会主义经济模式。这种模式内涵包括所有制结构、经济决策结构、经济调节结构、利益和动力结构、管理组织结构、信息传递结构。由于经济体制改革模式的选择是一个战略性的问题，必须把战略目标和战术性的过渡措施予以区别。把我国的经济体制从原来的带有供给制因素的传统集中计划经济模式改造成为具有中国特色的运用市场机制的计划经济模式，在理论上、思想上的关键问题是要扫除自然经济论的影响。同时要正确处理好几个方面的关系，一是多种经济形式经营方式之间的关系；二是计划与市场的关系；三是国家与企业、劳动者三者关系，以及劳动者相互之间的关系；四是中央与地方、条条与块块、中心城市与经济区的关系等。陈吉元、荣敬本、林青松（1984：37～54）则提出计划调节与市场机制有机结合的计划经济模式。他们将社会主义经济区分为五种模式，分别为军事共产主义的供给制模式、传统的集中计划经济模式、改良的集中计划经济模式、计划调节与市场机制有机结合的计划经济模式、市场社会主义经济模式。经济改革是要改变经济体制的基本规定性运行原则，是由一种经济模式过渡到另一种经济模式。我国经济改革的目标模式必须从国情出发，认真总结我国经济体制演变的经验教训，进而提出我国经济改革应当在坚持社会主义公有制和按劳分配原则的基础上，创建适合于大力发展商品生产和商品交换并有利于巩固计划经济制度的模式。

二　改革设计

我国的经济体制改革始于农村。家庭联产承包责任制解除了人民公社制度对农民家庭经营主动性的束缚，产生出巨大的经济效果。城市改革是在农村改革的启示和推动下起步的，同时，继承了20世纪50年代中期以来苏联等国在改革中采取"非集中化"和"强化物质刺激"两项主要措施的传统，于是形成了以"简政放权"和"减税让利"作为改革的主要内容的思路。放权让利的一系列措施对冲破旧体制的束缚、调动群众的积极性、促进货币经济的复苏和发展起了巨大的作用。然而随着改革的推进，放权让利的思路显示出很大的局限性。各受益单位和个人相互攀比，竞相取得"放""让"的优惠，从而形成利益分配关系调整常态化和总需求不断扩张的局面（吴敬琏，1987：3～14）。在这种情况下，学术界就继续按照老思路，把"放权让利"作为改革的主要内容，还是把主要注意力放到理顺经济关系、建立有计划商品经济的体系上来；改革实施方法的选择：是不要总体设计，边走边看、单项突进，"摘击反射"，还是总体设计，分步实施，进行分步骤的同步配套改革，为此展开了激烈的讨论。

温桂芳（1984：20～23、36）提出价格和税收都是调节经济的杠杆。但是，价格和税收所调节的对象及调节的方法有所不同。因此，无论价格体系的改革、调整，还是税种、税率的设计，都要考虑到如何互相配合，既发挥所长，避免所短，又能补充对方的不足，以便更好地共同发挥经济杠杆的作用。价格和税收必须互相配合，不仅表现在价格实行全面的调整和改革之前需要税收的配合，而且在对价格进行全面调整和改革的过程中，乃至价格调整合理后，仍需税收密切配合，才能更好地发挥价格的经济杠杆作用。由于各种原因，我国不合理价格的调整和改革，不可能毕其功于一役，而必须逐步地、分阶段进行。通过逐步地、分阶段的调整和改革，实现全面的、系统的调整和改革。

楼继伟、周小川（1984：13～20）认为在对供求平衡价格进行科学核算的基础上，综合运用各种工具，包含财政、税收、贸易以及金融，在充分考虑到克服不良的周期性波动、防止过高的通货膨胀率、争取收入分配的合理化及支持国民经济长远发展战略的前提下，使主要产品的定价有利于促进供求平衡的局面出现。

陈洪博（1986：60～65）认为价格改革的要旨不在于设计出国家据以规定价格的理论模式，而在于创造并完善价格运动的作用机制和环境条件，使市场价格能够在这些机制的作用和环境条件的影响下按照自身规律去运行，具有自我调节的功能，国家则通过对价格形成机制的控制和环境条件的改造使价格运行符合宏观经济目标。

张卓元（1987：1～7）认为要为价格改革创造比较良好的经济环境，其中最重要的是经济协调发展，总供给和总需求及其主要结构的平衡，货币供应量的增长需要同经济发展相适应，即使出现超前增长，增长幅度也要控制在5%以内。

中国经济体制改革研究所综合调查组（1985：3～18）把改革从价格改革为主要特征的产品市场推进到更深层次的劳动市场和资金市场，同时辅之以消费政策和产业组织政策的调整，是"七五"期间可供选择的改革方向。

为探索当前经济体制改革整个系统的线索，华生等（1986a：3～11）认为必须返回到有计划商品经济的细胞——企业。华生等（1986b：21～28）认为在现代商品经济中，资产收益办法是实现两权分离以后既保证所有者（或法律所有者）利益，又能给经营者（或经济所有者）以充分活动天地的普遍形式。因此，城市经济体制改革要依据城市改革的特殊规律，围绕资产这个核心，重新构造微观经济活动的细胞——企业。华生等认为通过资产经营责任制变革重新构造微观经济组织的行为动机，使企业从资源占用份额最大化转到资源收益最大化，解决了市场运行中社会主义企业行为的优化问题。

宋养琰、王海东（1986：32～38）认为，经济改革必须同时考虑两方面的配套。一方面，必须注意不同层级的各项改革目标之间的配套，这将对经济改革的全局产生直接影响，称为"大配套"。另一方面，必须注意同一层级的各项改革具体目标之间的配套，这将对经济改革的局部产生直接影响，称为"小配套"。当前经济改革问题固然有"小配套"问题，但更严重的是发生在"大配套"上。

吴敬琏（1987：3～14）认为有调节的市场机制并不是若干互不联系的个别设施的杂乱组合，而是一个由独立的商品生产者、协调商品生产者行为的竞争性市场和国家根据社会目标对市场进行的调节三个要素结合成的有机体系。这个体系绝不是单靠放权让利所能建立的。并且，即使从微观经济效益的角度看，单纯放权让利不能造就有利于公平竞争的环境，从而形成规范化的激励机制，靠它刺激起来的积极性也是不可能持久的。这样，长期把放权让利作为主要措施而不能建立起有效运行的新经济体制，就会使改革遇到越来越大的困难。

郭树清（1987：36～48、213）认为"七五"改革是一系列转变：①企业（特别是生产企业和商业企业）基本上能够自主经营、自负盈亏；②商品市场完全统一，土地使用市场基本形成，劳动市场搭起框架，资金市场具备基本条件；③宏观控制转变为间接控制为主，保留的直接控制主要集中于国家为实现发展战略和产业政策而采取的投资管理及工资水平控制。为达此目标，需要具体完成两种配套改革或两个层次的配套改革。第一，全面调整和理顺国家、部门、地区、企业之间的经济利益关系。以价格、计划、税收、财政、信贷、物资、外贸、外汇等方面的改革和其他方面的政策调整相配合。第二，在理顺基本经济关系的基础上，改革劳动、福利、工资、保险和保障以及住宅管理等方面的经济关系，合理解决国家与职工、企业与职工、社会与个人之间的经济利益关系问题。

三 国外的改革研究

前一阶段对苏联东欧国家改革以考察和学习为主，这一阶段学术界则是对苏联东欧国家改革有关理论家的思想及理论以讨论为主。如波兰的布鲁斯、匈牙利的科尔奈、捷克斯洛伐克的锡克都是市场社会主义的倡导者。锡克的宏观分配计划模式的基本特点是以宏观分配计划来取代原来的指令性计划。更重视积累和消费之间，以及积累和消费内部的比例协调（高铁生，1987：10~15）。布鲁斯的分权模式是一个实行计划和市场相结合的模式，其根本特点是计划包含市场、计划制约市场。他比兰格模式强调市场多一些，又比锡克模式强调计划多一些（陈东琪，1986：61~63、60）。科尔奈经济思想的精华包括：短缺是理解传统社会主义经济运行的关键；企业软预算约束是造成长期短缺最主要的制度原因；必须坚持全面配套改革；直接行政控制的削弱不等于市场作用的加强；效率与社会主义伦理原则之间存在矛盾；改革将有所得，也有所失等（李振宁，1986：24~31）。在当前关于社会主义经济体制或调节机制的目标模式的讨论中，无论是对市场社会主义不加分析地一概否定，抑或是毫无保留地极力推崇，都是不可取的（高铁生，1987：10~15）。

刘国光（1985：3~19）认为科尔奈改革模式作为经济机制的分析工具，对我们有一定的参考意义。但是，我们不能轻率地把有宏观控制的市场协调体制作为我国经济体制改革的目标模式。在运用有宏观控制的市场协调模式这一理论概念时，我们绝不能把社会主义原则抽象掉，绝不能把公有制为主体的所有制结构和内涵抽象掉，也绝不能把国家的宏观决策和计划指导抽象掉。只有在考虑了这些根本问题的前提下，我们才能运用有宏观控制的市场协调这一理论概念来分析研究我国改革所要建立的把微观放活和宏观控制有机地结合起来的目标模式。

李振宁（1986：24~31）通过对科尔奈的理论成果分析提出我国当前社会主义经济学研究启发：经济学所关心的问题总是与一定时代的任务相联系。忽视短期问题和微观分析是传统社会主义经济学的弱点。社会主义经济学的进步相当程度上取决于研究方法的进步。社会主义经济学要兴旺发达，就必须敢于正视现实经济中的矛盾和问题，开展实事求是的分析和建设性的批评。在社会主义经济发展尚未成熟的今天，企图建立一种适用于所有社会主义国家及其各个历史阶段的一般经济学似乎还为时过早。

四 关于市场取向改革的研究

在学术界，就社会主义经济应是计划经济还是市场经济的问题进行了一场大争论。

1990年2月22日，《人民日报》发表题为《关于反对资产阶级自由化》的文章，认为资产阶级自由化的经济根源就是个体私营经济，并对中国的改革提出质问：到底是推行资本主义化的改革，还是社会主义的改革？这是当时第一篇问姓"社"还是姓"资"的相关文章。《当代思潮》1990年第1期发表题为《用四项基本原则指导和规范改革开放》的文章，指出私营经济和个体经济如果任其自由发展，就会冲击社会主义经济。

1991年2月15日至4月22日，《解放日报》相继发表了四篇皇甫平关于建立市场经济寻求新突破的评论文章。其中，3月2日发表的第二篇评论《改革开放要有新思路》提出，要防止陷入某种"新的思想僵滞"，批评"有些同志总是习惯于把计划经济等同于社会主义，把市场经济等同于资本主义，认为在市场经济背后必然隐藏着资本主义的幽灵"。"资本主义有计划，社会主义有市场"，"这种科学认识的获得，正是我们在社会主义商品经济问题上又一次更大的思想解放"。不能把发展社会主义商品经济和社会主义市场同资本主义简单等同起来，不能把利用外资同自力更生对立起来，不能把深化改革同治理整顿对立起来，不能把持续稳定发展经济、不急于求成同紧迫感对立起来。"总之，进一步解放思想，是保证我们完成第二步战略目标的必要条件"。第三篇评论《扩大开放的意识要更强些》刊登在3月22日出版的《解放日报》上，认为"如果我们仍然围于'姓社还是姓资'的诘难，那就只能坐失良机"。

但是这四篇文章遭到了一些捍卫计划经济体制人的批评。流波（1991：32）认为在自由化思潮严重泛滥的日子里，曾有过一个时髦的口号，叫作不问姓"社"姓"资"。结果呢？在不问姓"社"姓"资"的掩护下，有人确实把改革开放引向了资本主义化的邪路。1991 年 7 月，《真理的追求》杂志发表的《重提姓社与姓资》一文更是认为，所谓改革不要问姓"社"姓"资"本来是"精英"们为了暗度陈仓而放的烟幕弹。1991 年 6 月 15 日，《人民日报》发表邓力群的长文《坚持人民民主专政，反对和防止和平演变》，指出全国人民面临着"双重任务——阶级斗争与全面建设"。这就把基本路线规定的"以经济建设为中心"变成两个中心，非但如此，阶级斗争还排在经济建设的前面。

事实上，对皇甫平的批评虽然表面上声势浩大，但不论在政界还是学界，绝大多数人都是同情和支持改革的（吴敬琏，2018：129）。1991 年 7 月 4 日，中国社会科学院经济学科片在刘国光同志主持下召开了"当前经济学领域若干重要理论问题"座谈会，经济学科片各所、国务院发展研究中心、国家计委经济研究中心、国家统计局、中央党校、北京大学、中国人民大学、北京经济学院等单位的知名专家、学者共 30 余人参加了会议。在为期一天的会议上，与会者围绕所有制结构和公有制实现形式、计划与市场相结合的经济运行机制、现阶段个人收入分配问题、社会主义经济理论在当代的实践、如何正确对待西方经济学理论等问题展开了热烈讨论。众多学者提出了对批评者的不同意见。

1991 年 10 月 7 日至 12 月 4 日，江泽民总书记主持召开了 11 次中央重要领导人与各部门研究机构负责人和一些经济学家参与的座谈会，特别就怎样建设有中国特色的社会主义进行了讨论。与会经济学家从理论和历史相结合的层面深入探讨体制、机制及其效应问题。他们在发言中无一例外地赞成改革的市场取向。有些发言还对市场有效配置资源和建立兼容的激励机制等基本功能做出了经济学的阐释（吴敬琏，2018：130）。

第三节　企业改革和财税体制改革研究

一　所有制改革的具体形式

白仲尧（1986：3～8）提出，实行经济责任制可能是现阶段全民所有制比较好的具体形式。在全民所有制系统中，只有自上而下、逐级实行经济责任制，形成一环扣一环的经济责任锁链，才能真正建立起全民所有制的经济责任制。实行经济责任制要从以利润分配为主转移到以保护和发展社会主义公共资金财产为主上来。杨瑞龙（1986：159～165）则认为实现国有资产价值递增，承包责任制可能是改革全民所有制的一种可供选择的模式。郭树清（1988：25～37）提出社会主义股份经济模式，在法律上，社会主义生产资料所有权归全体人民，但是国家不再是唯一的或者说主要的代理人，经济组织和社会公共机构或团体成为更普遍的具体监督管理机构，并依照明确的方式获得收益，承担风险责任，以及在他们认为必要的时候互相转移自己所拥有的股份资产。而蒋学模（1986：25～28）认为社会主义可以设立股份公司，但是股份化不是大中型全民制企业改革的方向。至于无限制吸收私人资金入股，即使是集体企业，也应该慎重对待。宋养琰、王海东（1986：32～38）提出改造传统全民所有制的四种基本方案，即承包、租赁、转卖和股份化。第三种方案适用于一部分小型国营企业所有制改革，第四种方案适用于大中型国营企业所有制改革。所有制改革的过渡形式即国家和集体的联合所有制。董辅礽（1988：27～33）指出经济运行机制的改革与所有制的形式和结构的改革必须结合起来，两者应构成经济体制改革中不可分割的、不可缺少的内容。就所有制改革而言，如果只是在关系国家政治经济命脉的、保证社会公益的或不应以盈利为目标的或自然垄断的领域继续保留国家所有制，而将其余的国有企业或者改革成为集体所有制等公有制，或者改革成为个体经济或私营经济（这主要是指那些小型的国有企业），并在保持多种公有制占主导的条件下发展多种非公有制（个体的、私营的、混合的私有制等），那么就有助于克服在单一公有制以及在公有制中国家所有制占绝对优势的所有制结构下国家所有制企业的不佳表现给整个经济带来的种种问题。黄少安（1990：162～166）指出所有制深层结构改革的内涵是企业制度的改革。这种改革是以"两权分离"为前提进行的。企业制度创新的目标模式——以现代股份有限公司制度为主。从发展趋势看，租货制和承包制都不可能成为主要的所有制组织形式。高尚全（1998：3～5）认为股份制是促进生产力发展的有效的资本组织形式。股份合作制是劳动联合与资本联合相结合的新型集体经济组织形式，有利于劳动者利益与社会利益的协调，有利于发展生产力。

二 国有企业改革

（一）国企改革模式

通过改革理顺国有企业的产权关系，是我国城市经济改革的关键。产权关系不理顺，国有企业不可能真正步入市场，也难以建立起适应社会主义市场经济的宏观运行机制。苏联东欧各国提出了国有企业产权改革五种模式，即社会所有制、企业所有制、股份所有制、李斯卡的承包经营模式及混合经济模式。我国学者纷纷就中国国有企业改革方式做了大量有益探讨。

改革开放早期，学术界的讨论主要集中在承包制和股份制上。陈东琪、王振中（1987：53~58）认为，国外设计的改革方案同我国现实在前提和条件上有差异，如果抽掉国外方案运用的前提，会给我国改革造成混乱。如果没有将"社会继承"和"承包抵押"作为前提，承办经营模式就会产生承包者白手瓜分全民利益的问题。如果由于部分人因承包享有国有资产使用收益而产生收益悬殊，是不公平的。国有企业改革不一定只能采取一种方案，而应进行综合研究，找到兼容性的可行的配组结构。肖欣等（1988：60~68）认为尽管承包制对经济体制改革和经济发展表现出很大的功效，并具有制度创新的意义，但将之视作符合改革目标的制度并企图通过完善使之固定下来，则是不妥当的。

杜海燕（1987：10~18）指出改革实践从承包制起步有其客观原因。但也认为承包制的症结不在于操作，而在于承包制本身存在的问题。工业企业承包与农村承包有质的差异，承包制主要是靠收入刺激取得显著成效，但并没有解决传统所有制中所有者虚置的本质问题。此外，承包制并不能根本解决行政干预企业问题。

唐丰义、杨沐、王玲玲等（1987：53~60）认为资产经营责任制所实现的两权分离是有一系列不连续点的，承包性质本身决定了它不存在连续过渡的客观机制，财产关系和企业利益并没有完全独立出来。我国目前商品经济极不发达，实行股份制的各种条件亦不完善。因此，股份制更适宜在小范围内进行试点，并有待于进一步总结经验。研究提出一种新设想——全员、全权、全责的财产责任制，并在劳动人事制度、自负盈亏制度、分配制度、价格制度、筹资和投资制度、外贸制度等方面提出了过渡措施。

忻文、张晓明（1987：40~43）将股份制称为直截了当的所有权变革，由于资产经营责任制是在现存公有制的框架通过对企业制度各个环节的不断改造实现所有制的改革，同股份制相比，它可说是不动声色。

但是吴敬琏（1987：3~14）指出轻率进行所谓"所有制改革"，在推行"股份制""租赁制""经营责任制"的名义下，用低估国有财产价值、高抬股息红利等办法，化公为企、化公为私，低价拍卖乃至无偿瓜分全民财产。这样做虽然表面上并不增加财政的负担，似乎不失为财政收入已无可再让的情况下"调动积极性"的好办法，然而事实上这种"让财产"的办法却会严重损害国家的经济实力，造成比"让收入"更深远的后果。

陈佳贵（1991：47~55、127）认为，我国国有企业的改革方向是要使企业成为自主经营、自我发展、自我改造和自负盈亏的商品生产者和经营者。而要实现这一目标的主体思路是实行公有股份制。实行公有股份制不仅对转变国有企业的经营机制，而且对加强宏观管理都有很大的作用。从中国的具体国情出发，实行劳动共有股份制模式是可行的，并且还提出了国有企业向股份制企业过渡的十种途径。

银温泉（1993：12~18）更赞成以法人机构持股为主而建立股份公司制度的方案。法人持股为主的公司化的企业改革方案有以下优点：首先，它消除了国家行政机构直接干预企业的基础，从而消除了国有国管的传统体制的根本弊端，使国家所有者不再为高昂的监督成本和信息成本所困扰。其次，它符合现代市场经济中股份公司发展的趋势。在美国、西欧和日本，已有60%~70%的股本掌握在机构投资者或公司这些法人组织手里。法人持股为主的改革方案实施的难点在于，如何将国家作为所有者转变为法人组织所有者，法人股本（权）怎样形成？怎样保证经理人员在法人相互持股时不相互勾结，侵占公司资产和损害公司利益？等等。在一个高度货币化、市场化的经济即市场经济中，国家对经济的调节有时虽然也通过直接的物质手段进行，但主要是通过间接调控手段进行的。因此，在向市场经济转轨以后，我国的经济中没有必要一定保持国家对企业的直接控制权。

宋养琰（1993：33～42）提出为国有企业的产权改革构想了七种组织形式：分管制、一企两权制、法人产权制、股份制、企业产权转让制、兼并制、企业破产制。于金富（1996：17～21、70）提出国有企业产权制度改革的基本形式或主要方式应当是实行国有企业的股份化改造。按照股份化的方式进行国有产权制度改革的基本方向应当是实现企业的资本化、社会化与法人化。高旭东（1993：84～88）认为大企业主要应改造为股份制企业，中小企业则不应以股份制为主要的企业法律形式。厉以宁（1993：67～72）认为，特大型国有企业仍有可能进行股份制改革，但不能搬用一般国有企业的股份制改革方案，而应走股份制企业集团的道路。高旭东（1993：84～88）认为大企业主要应改造为股份制企业，中小企业则不应以股份制为主要的企业法律形式。

（二）企业制度研究

随着国有企业改革实践推进，学者更多转向企业制度研究。

郭元晞（1990：20～27），必须同时抓好企业的内部改革，主要是处理好所有者、经营者、劳动者之间的关系。这三者之间的关系具体地表现为所有者和经营者、经营者和劳动者两个层次的责任、权和利关系都应通过契约形式来确定。

张晖明、张军（1991：8～12）认为，我国传统社会主义企业经营机制的根本性问题在于行政性运行，表现在企业的经济地位的行政化、企业决策机制的行政化、企业经济环境的行政化、企业动力机制的行政化。企业经营自主权改革的基本要求，一方面重整企业外部环境的基本构架，包含财税、信贷和价格管理等内容；另一方面理顺企业内部的各种关系，涉及董事会与经理的关系、关于职工的地位和作用、企业财务管理制度、组建企业集团调整企业规模等内容。

郭晋刚（1993：45～51）提出在任何一步到位的企业改革方案都是可望而不可即的前提下，只能采取分步走的次优改革方案来逐步逼近并最终走向目标模式。在近期的改革政策中，可考虑不失时机地将现代公司体制中的监事会制度引入大中型国有企业改革。加快建立与完善能促使企业间高级经营管理人才自由流动的高层次劳务市场，并在此基础上，更多地采用招标投标这种公开竞争的市场机制选拔和任免企业领导人。在企业内部应推广建立特殊奖励基金制度。对符合国家产业政策，效益好或有发展潜力的大中型企业应实行倾斜发展政策。

周叔莲（1994：3～7）认为国有企业建立现代企业制度要逐步推进，首先要尽快明确企业产权，使企业真正自负盈亏。建立现代企业制度的工作要经得起检验，起码要检验以下四个方面的内容：①企业特征，即企业是不是具有了真正企业和现代企业制度的主要特征。②企业行为，即企业的行为是不是起了根本变化，真像市场经济竞争主体的行为了。③企业家作用。④企业业绩。

范王榜（1995：36～40、128）认为国有企业的改革应建立起内部治理结构和制衡机制，通过"退出机制"减轻"道德危害"风险，实现国有企业的自我约束和自我激励，把经济效益与社会效益目标统一于企业的经营管理过程始终。郑红亮（1998：3～5）则认为我国应该借鉴与创新相结合，建立起使一揽子公司治理机制发挥作用的制度条件，培养机构投资者是公司治理结构创新的一个突破口。简新华（1998：3～5）提出建立有效的激励监督约束机制，减少和防止代理风险，降低代理成本，增加代理收益，是中国国有企业改革的重要任务。为此，必须形成和完善内部机制与外部机制防范委托代理风险。

三 财税体制改革

这一阶段，针对原体制集中过多、管得过死的弊端，我国财税体制实行了放权让利改革。中央和地方在财政分配上既实行过分成制，包括"比例分成"和"总额分成"等,也实行过包干制,即地方财政包干、与中央分灶吃饭。这些作为财政体制改革的过渡形式是可行的,但是削弱了中央财政的调控能力,地方在预算安排上不可避免地从本地利益出发,这在一定程度上导致产业结构失调、投资膨胀和消费膨胀等一系列问题。中央财政所占国家整个财政收入的比重大幅度下降,50 年代为 70% 左右,1988 年下降到 47.2%,中央财政越来越困难。近 10 年,中央财政除 1985 年外年年有赤字,1979~1988 年赤字累计达 648 亿元(俸异群,1990:20~24)。为此,理论界就如何推动财税体制改革展开了广泛讨论。

郭元晞(1990:20~27)指出实行税利分流来进一步调整处理好国家与国有企业的关系。调整处理好国家与国有企业的关系的重点是处理好相互之间的利益关系,从国民收入分配上理顺国家和国有企业之间的收入分配关系,企业改革的一项重要任务是必须实行税利分流。通过税利分流,把国家和国有企业的关系从经济机制和法律机理上进一步确定下来,严格划清作为国家政权的税赋收益和国有资产的增值收益。划分这两种性质完全不同的收入,可以避免在确定国家和企业利益分配关系上的随意性和因频繁变化而造成的收入分配上的大起大落现象。

俸异群(1990:20~24)认为基于我国国情,建立与进一步深化改革相适应的经济环境和经济秩序必须实行分税制,指出分税制改革应该按如下步骤进行:实行税利分流是顺利实行分税制的先决条件;明确划分中央与地方的事权和财政支出范围,是顺利实行分税制的关键;合理确定分税原则,进一步完善税收制度和健全征管体系,就可稳妥地走好分税制道路。

周少华(1991:138~143)认为分税制不仅仅是一项中央集中财力的临时性措施,而且是体制方面的改革。实行分税制,要保护和发挥地方各级政府增收理财的积极性,并将其引导到法制化的轨道上来。由于分税制是国家基本经济管理体制的重大改革,涉及各方责权利的调整,不可能一步到位,不能急于求成。必须确立逐步推进、分步实施、先试点后推广的指导思想。分税制的方案要和个人所得税、企业所得税、流转税、部门和地方财政包干以及财政复式预算、国有资产管理体制等问题通盘考虑,要和地方政府充分协商，认真测算，经过试点完善方案，最后交全国人民代表大会讨论通过后，逐步推行。

周小川（1992：49～67）更强调竞争机制作用，提出中国经济中的三大扭曲，即价格扭曲、成本—利润关系扭曲、中央—地方政府职能分工的扭曲。财税改革要在力图消除扭曲的前提下，重新审查税收基础，调整税收结构，重新设计财政支出模式，而不要让现有的扭曲模糊了视线。经济体制改革的最终目标是要从过分集中的中央计划经济转向公平竞争的社会主义市场经济，整个改革的设计特别强调通过竞争机制来为经济效率的提高带来压力。财税改革有四个努力方向：一是消除扭曲，促进竞争，加快走向商品经济的改革步伐；二是增加财政收入并保障财政收入的稳定，使其随着经济发展而增长；三是根本性地改变国家和企业、中央和地方之间的收入分配关系，更好地发挥财税调节的作用；四是加强和其他改革方案的配套实施，更好地适应改革以后发生的各种经济行为的改变。

刘克崮（1993：9～13、58）认为社会主义市场经济与资本主义市场经济既有共同点，也有不同点，只有充分认识这些，才能真正了解财税体制改革的方向。财政管理职能和管理方法应实现十大根本转变：①由以管国有企业为主转为面向全社会。②由主要让国有工业作贡献转变为财源基础随着客观经济基础的变化而变化。③由过多地管微观经济转变为主要管宏观经济。④由管到企业内部转变为只管企业外部。⑤由直接管理、行政手段为主转变为间接管理、运用经济杠杆为主。⑥由人治为主转变为法治为主。⑦由一事一议、单打一、多变动的决策状况，转变为按照客观规律，瞻前顾后，环视左右，统筹协调，采用规范化办法，使各项决策较为合理和稳定。⑧以管当前近期为主转变为以管中期为主，兼顾近远期。⑨由以眼前财政收支为重转变为以促经济发展为重，各项收入和支出安排，都应有利于壮大后备财源和提高支出效益。⑩由较多地带有单纯、简单计算收支的色彩转变为重深层机制的转换，努力建立增收节支的内在机制。同时要理顺与财政相关的政府经济管理职能。在政府宏观调控职能分工和机构设置的方向上应更多地借鉴日本的大藏省、通商产业省和经济企划厅的模式，而不是少数欧美联邦制国家的模式。产权管理职能格局的方向是：全国人民代表大会行使全民所有即国有资产的所有权。全国人大授权国务院管理国有资产，行使所有权派生的国有资产管理权。国务院必须有一个机构，代表政府具体行使国有资产管理权，对国务院负责。各行业主管部应一分为三：政府的行业管理职能（应逐渐归并）、民间的行业协调组织，以及国有资产经营公司和企业集团。近期财税体制改革的任务主要是：完善和推行分税制、税利分流、复式预算，统一税收制度和财务会计制度，改革国有资产管理体制和政策性投融资体制，改善支出管理。

参考文献

王振之，1983，《价格改革需要探讨的几个理论问题》，《学习与思考》，第 2 期。

华生、何家成等，1985，《论具有中国特色的价格改革道路》，《经济研究》，第 2 期。

李剑白，1985，《价值规律与价格改革》，《求是学刊》，第 6 期。

李由鹏，1985，《价格改革的多方位思考》，《经济理论与经济管理》，第 6 期。

杨仲伟、李波，1985，《价格形成与价格改革》，《中国社会科学》，第 5 期。

张卓元，1985，《价格改革的理论基础与若干条件，价格理论与实践》，第 3 期。

姚林，1985，《论价格改革的目标模式》，《价格理论与实践》，第 6 期。

张曙光，1985，《关于价格改革的几个问题》，《财贸经济》，第 2 期。

茅于轼，1986，《我国价格改革中的双轨价格制》，《改革与战略》，第 3 期。

陈洪博，1986，《前期价格改革评估和近期价格改革设想》，《经济研究》，第 4 期。

马凯，1987，《短缺经济条件下的价格改革》，《经济理论与经济管理》，第 5 期。

朱彤，1988，《双重模式并存时间不宜过长——兼论价格改革同所有制改革的关系》，《经济体制改革》，第 4 期。

张卓元，1987，《价格改革规律性探索》，《江汉论坛》，第 8 期。

谷书堂、赵兴汉，1987，《推进价格改革需要考虑的几个问题——对价格改革实践的思考》，《价格理论与实践》，第 3 期。

张维达，1987，《价格改革中几个问题的反思》，《价格理论与实践》，第 5 期。

梁天征、曾湘泉，1987，《双轨制并非一条成功的价格改革思路——兼论"先调后放，全面配套"的改革设想》，《经济理论与经济管理》，第 1 期。

钟朋荣，1987，《论价格改革中的七大关系》，《江汉论坛》，第 2 期。

中国社会科学院财贸物资经济研究所"生产资料市场与价格"课题组，1988，《价格改革关的理论透视与剖析》，《财贸经济》，第 10 期。

常清，1989，《价格改革的理论思考》，《经济学家》，第 6 期。

洪银兴，1989，《价格改革的风险和出路》，《经济研究》，第 9 期。

吴树青、林岗，1989，《关于价格改革的几个理论问题》，《经济学家》，第 1 期。

张卓元，1990，《九十年代我国价格改革的基本思路》，《财贸经济》，第 12 期。

郭树清，1987，《我国经济体制现状与继续改革的方向》，《管理世界》，第 1 期。

刘国光，1987，《我国经济体制改革的模式问题》，《财经问题研究》，第 6 期。

陈吉元、荣敬本、林青松，1984，《关于我国经济体制改革的目标模式问题》，《中国社会科学》，第 5 期。

吴敬琏，1987，《关于改革战略选择的若干思考》，《经济研究》，第 2 期。

温桂芳，1984《论税制改革和价格改革的相互配合》，《财贸经济》，第 9 期。

楼继伟、周小川，1984，《论我国价格体系改革方向及其有关的模型方法》，《经济研究》，第 10 期。

华生等，1986a，《经济运行模式的转换——试论中国进一步改革的问题和思路》，《经济研究》，第 2 期。

华生等，1986b，《微观经济基础的重新构造——再论中国进一步改革的问题和思路》，《经济研究》，第 3 期。

高铁生，1987，《"市场社会主义的理论和模式"分析及我们的态度》，《世界经济与政治》，第 12 期。

陈东琪，1986，《布鲁斯的分权模式》，《经济学动态》，第 3 期。

李振宁，1986，《科尔奈经济思想的精华》，《经济研究》，第 9 期。

刘国光，1985，《经济体制改革与宏观经济管理——"宏观经济管理国际讨论会"评述》，《经济研究》，第 12 期。

杨瑞龙，1986，《改革全民所有制的困难及对策》，《管理世界》，第 5 期。

白仲尧，1986，《试论全民所有制改革的具体形式》，《改革》，第 1 期。

郭树清，1988，《所有制改革的经验、理论和设想》，《中国社会科学院研究生院学报》，第 2 期。

蒋学模，1986，《对我国生产资料所有制改革的几点意见》，《经济学动态》，第 2 期。

宋养琰、王海东，1986，《所有制经济改革的困难与出路》，《经济研究》，第 9 期。

董辅礽，1988，《经济运行机制的改革和所有制的改革》，《经济研究》，第 7 期。

黄少安，1990，《所有制结构改革与企业制度创新》，《改革》，第 5 期。

陈东琪、王振中，1987，《国有企业的改革：设想和现实——国内外几种企业改革模式的比较分析》，《中国工业经济》，第 5 期。

肖欣、李伟东、霍德发，1988，《承包制是对我国经济体制改革道路的现实选择

——关于吉林省承包经营责任制的理论考察》，《经济研究》，第 5 期。

杜海燕，1987，《承包制国有企业体制改革的初始选择》，《经济研究》，第 10 期。

唐丰义、杨沐、王玲玲等，1987，《尽快使国有企业成为真正的法人企业——对国有企业改革的分析与探索》，《经济研究》，第 7 期。

忻文、张晓明，1987，《资产经营责任制和股份制的比较》，《经济研究》，第 3 期。

陈佳贵，1991，《公有股份制：国有企业改革的主体思路》，《经济体制改革》，第 1 期。

银温泉，1993，《国有企业改革三种基本思路的理论分析》，《经济研究》，第 9 期。

宋养琰，1993，《对国有企业产权改革的总体设想》，《中国社会科学》，第 1 期。

高旭东，1993，《对深化国有企业改革的几点看法》，《经济体制改革》，第 2 期。

于金富，1996，《深化国有企业改革不应坚持国家主导型取向——与夏振坤等同志商榷》，《经济研究》，第 5 期。

厉以宁，1993，《特大型国有企业的股份制改革》，《管理世界》，第 3 期。

郭元晞，1990，《深化国有企业改革的若干思考》，《经济研究》，第 9 期。

张晖明、张军，1991，《政企分流、自主经营——国有企业改革的思路和取向》，《复旦学报》（社会科学版），第 6 期。

郭晋刚，1993，《"双轨制"下的国有企业微观经济行为研究——兼论近期深化国有企业改革的若干政策选择》，《经济研究》，第 10 期。

周叔莲，1994，《市场经济和国有企业改革》，《管理世界》，第 4 期。

范王榜，1995，《国有企业改革：思路偏失及其转换》，《经济体制改革》，第 4 期。

郑红亮，1998，《公司治理理论与中国国有企业改革》，《经济研究》，第 10 期。

简新华，1998，《委托代理风险与国有企业改革》，《经济研究》，第 9 期。

俸异群，1990，《我国财税体制改革必须走分税制道路》，《税务研究》，第 5 期。

周少华，1991，《谈财税体制改革》，《改革》，第 1 期。

周小川，1992，《财税改革及整体性经济分析》，《改革》，第 6 期。

刘克崮，1993，《我国财税体制政策取向及近期改革建议》，《财政研究》，第 5 期。

中国经济体制改革研究所综合调查组，1985，《改革：我们面临的挑战与选择——城市经济体制改革调查综合报告》，《经济研究》，第 11 期。

张卓元，2008，《中国价格改革三十年：成效、历程与展望》，《红旗文稿》，第 23 期。

华生、何家成等，1985，《论具有中国特色的价格改革道路》，《经济研究》，第 2 期。

流波，1991，《改革开放可以不问姓"社"姓"资"吗?》，《经济学动态》，第 8 期。

高尚全，1998，《论股份制与股份合作制》，《经济与管理研究》，第 1 期。

第三十一章 社会主义市场经济
体制初步确立时期

第一节 研究背景

这一阶段时间范围是 1992～2002 年。1992 年 10 月，党的十四大正式明确了建立社会主义市场经济体制的改革目标。学者就财税体制改革、要素市场改革以及国有企业性质进行重点分析。

1992 年，邓小平同志在南方谈话中指出改革开放迈不开步子，不敢闯，说来说去就是怕资本主义的东西多了，走了资本主义道路。要害是姓"社"还是姓"资"的问题。判断的标准，应该主要看是否有利于发展社会主义的生产力，是否有利于增强社会主义国家的综合国力，是否有利于提高人民的生活水平。进一步指出，计划经济不等于社会主义，资本主义也有计划。市场经济不等于资本主义，社会主义也有市场。计划和市场都是经济手段，计划多一点，还是市场多一点，不是资本主义与社会主义的本质区别。邓小平同志的讲话一锤定音，结束了理论界关于"姓社姓资"的争论，指明了建立社会主义市场经济体制是经济体制改革的方向。

1992 年 10 月，党的十四大正式宣布，我国经济体制改革所确定的目标模式关系到整个社会主义现代化建设全局，核心是正确认识和处理计划与市场的关系，明确了建立社会主义市场经济体制的改革目标，并明确指出，社会主义市场经济体制，就是要使市场在社会主义国家宏观调控下对资源配置起基础性作用。这就意味着长达十几年的关于计划与市场的争论、计划经济与市场经济的争论，基本上画了一个句号，社会主义市场经济体制改革目标确立起来了，市场化改革方向确立起来了。

1993 年 11 月，党的十四届三中全会召开，通过了《中共中央关于建立社会主义市场经济体制若干问题的决定》，是对十四大确立的社会主义市场经济体制改革目标的具体化。该决定进一步确定了社会主义市场经济体制的基本框架，这就是，"建立社会主义市场经济体制，就是要使市场在国家宏观调控下对资源配置起基础性作用。为实现这个目标，必须坚持以公有制为主体、多种经济成分共同发展的方针，进一步转换国有企业经营机制，建立适应市场经济要求，产权清晰、权责明确、政企分开、管理科学的现代企业制度；建立全国统一开放的市场体系，实现城乡市场紧密结合，国内市场与国际市场相互衔接，促进资源的优化配置；转变政府管理经济的职能，建立以间接手段为主的完善的宏观调控体系，保证国民经济的健康运行；建立以按劳分配为主体，效率优先、兼顾公平的收入分配制度，鼓励一部分地区一部分人先富起来，走共同富裕的道路；建立多层次的社会保障制度，为城乡居民提供同我国国情相适应的社会保障，促进经济发展和社会稳定。这些主要环节是相互联系和相互制约的有机整体，构成社会主义市场经济体制的基本框架"。以上几条，也就是中国社会主义市场经济体制的四梁八柱，也是市场化改革的基本内容。

这一时期，经济体制改革实践的显著特点是，改革开始由微观层面转向宏观层面。1994 年，国家进行了宏观调控体制的改革：一是改革财税体制，改革的重点是把财政包干体制改为分税制，划分中央与地方事权、财权的分税制增强了中央政府对经济的调控能力。二是金融体制改革，中央银行改革调控方式，以存款准备金、再贴现和公开市场业务等市场经济国家通用的手段对宏观经济进行调控，新组建三家政策性银行，制定商业银行法。三是加快投融资体制改革，投融资活动充分发挥市场的调节作用，逐步建立银行信贷和法人投资的风险责任机制，加强对投资结构和投资总量的调控。四是深化对外经济体制改革，在实现汇率并轨的基础上改革外汇管理办法，建立统一规范的外汇市场，继续积极引进外资和增加出口。

第二节　要素市场与财税体制改革研究

一　要素市场研究

关于资本市场的研究方面，李扬（1994：88～90）认为以国家信贷资金分配为主的融资机制，已经不能满足经济发展的需要。在今后的金融改革中，建立高效率的资本市场应当成为重点之一。而建立这样的市场，应从直接融资和间接融资两方面入手。在间接融资方面，大力发展非银行金融机构，应成为我国金融创新的重点之一。在直接融资方面，重要的是大力发展规范化的股票和公司债券市场。周小川（1996：16～26）从股票市场作用的理想理论模式与现实差异出发，提出了资本市场改革方向。股票市场在实践中的弱点是存在过多的短期行为，而理想的股票市场应是建立在对企业效绩（特别是未来的效绩潜力）的评价机制之上对资本进行再配置。而资本市场的时间特性过于方便短周期的交易，因而对资本市场的改造仅在于对其时间特性进行调整，使资本市场的时间特性比较偏重于低频率或者是长周期的行为。研究进一步提出通过滤波器、间断式交易、自动撮合和相关性监督，使得股票市场上的交易者能够根据对企业的评价推定是否进行交易，进而达到改造资本市场的时间特性的目的。许小年（2000：14～19）认为由于效率低下，我国目前的资本市场还不能满足深化改革的需要，是国民经济中的一个薄弱环节。针对资本市场存在的问题，研究提出了建设有效资本市场的政策建议，主要包括将国有企业改造的工作扩展到上市公司、新上市国有企业向公众发售50%的股权、将国有企业改造的工作扩展到国有证券机构；建立针对证券专业人员，特别是证券机构高级管理人员的市场，所有专业人员脱离公务员编制，薪酬由市场供需决定；增加供给，特别要增加大盘股的供给，尽快解决国有股、法人股的流通问题；开发金融衍生产品；大力倡导价值投资理念等。

随着经济体制改革的推进，学者对如何完善劳动力市场展开了有益探讨。陈甫军（1999：3～5）认为只有先通过一种有地域差别（城乡之间）和身份差别（国有与非国有之间）的就业政策和劳动制度，使国有企业职工通过内部市场与外部市场一体化的方式，逐渐向市场体制转移完毕，中国过渡经济中劳动力市场的特殊发展道路才能宣告结束，建立和形成一种全国统一的劳动力市场才有可能。陆铭、蒋仕卿（2007：14～28）认为中国的劳动力市场改革充满了中国式智慧，1996 年是中国城市劳动力市场改革的分水岭，前半段是"小米慢慢炖"，后半段是"快刀斩乱麻"。第一个阶段，劳动力市场改革的效果主要表现为人们职业和收入结构的调整；第二个阶段，表现出人们在不同的就业状态上的分化。劳动力市场改革使得收入差距有所扩大，经济的可持续增长面临着新的挑战。为此，中国需要调整发展战略，促使劳动力市场改革有利于收入均等化，从而有利于经济的可持续增长。

有关土地要素的研究方面，国务院研究室宏观组（1992：108～113）认为土地制度改革：一是严格执行全国土地地政的统一管理制度；二是考虑城镇经济活动主要依靠地方政府管理，城镇地租绝大部分应留在地方；三是中央与地方之间土地收益的分配办法应合理、简便。黄小虎（1995：50～60）提出了以统一规划、统一房政与地政、土地管理应实行垂直领导体制为主要内容的土地管理体制改革对策。

二　财税体制改革研究

1994 年以来国家实施了以分税制为核心的财税体制改革。赵全厚（2018：29～38）认为这是确立社会主义市场经济时期的财税体制改革阶段。此阶段的财税体制改革是以适应社会主义市场经济体制为目标进行根本性框架重构的。通过一系列、多维度的改革，较为成功地构建了与市场经济相适应的财税体制。这次财税改革调整了财力分配格局，确保了中央财政收入增长快于地方财政收入增长，使中央与地方的分配关系在体制上实现了规范化，统一了税收，堵塞了财源流失漏洞，可以说是财税改革思路的根本性突破，标志着走出了"放权让利"传统思路的束缚，真正走上了转换机制、制度创新之路。分税制的灵魂在于权责利关系明晰化、法制化和规范化

（何振一，1994：34～38），但在取得成就的同时，也带来了深层次的隐忧。学术界就财税改革中出现的问题提出有益的建议。

王琢（1994：17～21，127）认为，分税制中增值税地方得小头、新税制取消地方减免税的权力、取消国有企业税前还贷办法这三项改革措施的综合效应，从表面看是增加财政收入，从实质看无异于"杀鸡取蛋"，从而扼杀地方工业化原始积累机制、扼杀企业内部原始积累机制、挫伤地方政府推进工业化的积极性。为此，应调整增值税中，中央与地方的分成比例，不应取消地方减免税权力，而应区别情况限制地方减免税权力，对国有企业也要区别对待。吕炜等（1994：33～45）认为地区差距扩大、中央财政本级收入增长难以得到保证、企业和农业等改革滞后是1994年财税改革中的不稳定因素。要划清界限，对各种矛盾加以分类处理；把住让利、放权、向地方借款三个口子，有效防止体制变形、复归；采取有效措施，减少体制摩擦，预防和减少不安定因素的发生等。

苏明（1996：84、85～92）提出了"九五"期间进一步改革和完善税收制度的政策建议。着力强化税收组织收入。适时统一内外资企业所得税、尽快开征社会保障税、完善地方税体系。大力整顿和规范政府的分配行为（确立以税收分配代替一些收费分配的思路，是适应市场经济要求的规范的政府分配行为）。科学界定中央与地方的事权和财权（必须按照现代市场经济的要求，矫正以往政府与企业之间、中央政府和地方政府之间在管理职责上的错位、越位、不到位的弊端）。逐步建立规范的政府间转移支付制度，重视解决省以下财政体制问题。

贾康（1998：3～5）认为1994年的财税改革仍带有浓重的过渡色彩。一是现行财政管理体制中最显著的旧体制因素是企业所得税仍按行政隶属关系划分，提出可行的方案是对其实行中央、地方共享。二是预算外资金和"外外"资金被各个政府部门分散掌握，其筹集、使用很不规范，随意性大，监督薄弱。应以整合、规范政府财力收支运作作为重点来理顺分配、加强管理、提高政府财力使用效益。三是现行税制存在不利于顺应税源结构性变化调整财政收入结构和贯彻产业政策等问题。应在维持现行税制大框架相对稳定的基础上，积极调整、完善、深化税制改革。此外，还需要配合行政改革和机构精简，加强支出管理，提高转移支付水平。

国务院发展研究中心"完善社会主义市场经济体制"课题组（2003：3～9）认为，目前的财税体制仅是改革进程中的过渡性体制，还不能完全适应社会主义市场经济发展的要求，必须进行更深层次的财税体制改革。当前财税体制存在的问题有：政府财政职能尚未转换到位，公共财政体制仍处于建立过程中；现行税制不规范、不统一，滞后于社会主义市场经济的发育和对外开放的新形势，影响了市场配置资源功能的发挥；目前的中央与地方、地方政府间的财政体制离规范、科学、稳定的制度目标尚有较大距离；财政"自动稳定器"和"安全网"的功能发挥不够。政府财政应改变计划经济中"发展经济，培植财源"的理念，将满足社会公共服务作为财政的唯一目标；进一步转变财政职能，调整和优化财政支出结构，基本建立起公共财政支出体制；以"积极稳妥、局部调整、逐步到位"的方略推出第三次大的税制改革，调整和完善税制体系；基本理顺和规范中央财政与地方财政的分配关系和管理体制；基本完成财政支出管理制度的改革，增加预算透明度，强化预算支出的约束；加强财政对经济结构的调控等。

刘溶沧、王珺（2000：28～33）概括了中国财税体制改革的基本经验和重要启示：放权让利的财税改革思路无助于最终搞活经济；财政职能的转变必须和政府职能的转变同步进行；各级政府的财政收入必须规范化；财政的宏观调控能力只能加强而不能削弱；财政金融体制改革和财政、货币政策的协调配合至关重要；公平、效率与发展目标应同时兼顾；在财税体制改革过程中要处理好财政与经济之间的良性互动关系；注意财税体制改革与其他方面改革的协调配合。

第三节　企业改革研究

这一阶段学者重点围绕国有企业[①]性质展开研究。

[①] 早在1986年蒋学模就提出把全民所有制企业笼统称为国营企业已不合适了，较准确的称呼应是国有企业。

范王榜（1995：36～40、128）指出，国有企业改革的传统思路是片面强调政企分开及两权分离的重要性，企图将国有企业改造成与一般企业有同等经济效率的经济组织。传统改革思路偏失的根源在于混淆国有企业与一般企业的界限，没有准确把握国有企业的本质。市场经济中的国有企业只能是一种特殊企业，它主要向市场提供"公共物品"，而一般企业则主要提供"私人物品"，后者一般以利润最大化为唯一目标，而前者虽也追求利润，但经营目标是多元化的。对国有企业来说，所提供的社会效益更受人们关注。刘世锦（1995：29～36）认为传统国有企业作为"社区单位"是由国家"制造"出来的。中国的国有企业并不是市场经济中的生产经营单位，而是计划体制下的"社区单位"，这一现象是由国家在推行旧的体制和战略的过程中"制造"出来的。

林毅夫等（1994：17～28，1995：3～10）更为明确地指出，国有企业的形成是国家行为的必然产物。在50年代，中国最高决策者为了赶超发达国家经济而制定了优先发展重工业的战略。这样一种战略目标一经确定，传统经济体制的面貌就会随之产生。首先，在一个发展水平甚低、资本极度缺乏的国家内优先发展重工业，只能人为地压低资本、外汇及能源、原材料、劳动力和生产必需品等的价格以降低重工业资本形成的门槛，因此造成了生产要素和产品价格的极大扭曲；其次，由于市场机制很难保证稀缺资源流向不具比较优势的重工业部门，就需要借助计划与行政命令配置资源；最后，为了贯彻资源的计划配置机制，在微观上必须建立以完成计划任务为目标的国有企业和人民公社。

张宇燕、何帆（1996：128～135）将国有企业的实质理解为国家与企业之间的一种契约安排，其中国家的目标函数会直接影响国有企业的行为模式。边界刚性是计划经济体制下国有企业的独特性质，使得国家行为对企业目标和行为产生了约束。

金碚（1999a：3～5，1999b：3～5，2001：5～6）认为国有企业有着特殊的优越性，承担着特殊的职能，实现着一定的社会目标，是一种特殊企业，具体表现在：国有企业具有特殊的产权制度决定了其经营行为有可能超越单纯的商业利益目标，需要承担一定的社会政策目标；国有企业有特殊的融资渠道，包括财政拨款、国家银行贷款、国家向国际金融市场进行主权性融资等；国有企业通常具有较高的信誉；国有企业总是同政府有密切的关系。

高尚全（1998：3~5）指出，长期以来我国在所有制问题上超阶段的认识和实践，严重阻碍了生产力的发展。因此，必须从社会主义初级阶段这个最大的实际出发，决定生产关系的实现形式。而公有制实现形式多样化，是与市场经济相结合的重要条件。

参考文献

李扬，1994，《发展资本市场应成为金融改革的重点之一》，《改革》，第6期。

周小川，1996，《企业改革要与培育和改造资本市场相结合》，《改革》，第6期。

许小年，2000，《有效资本市场和中国经济改革》，《经济社会体制比较》，第5期。

许国平、陆磊，2001，《不完全合同与道德风险：90年代金融改革的回顾与反思》，《金融研究》，第2期。

陈甬军，1999，《中国过渡经济中的劳动制度改革与劳动力市场发展》，《中国经济问题》，第5期。

陆铭、蒋仕卿，2007，《重构"铁三角"：中国的劳动力市场改革、收入分配和经济增长》，《管理世界》，第6期。

国务院研究室宏观组，1992，《关于国有土地使用制度改革的问题》，《管理世界》，第6期。

王琢，1994，《评财税改革的成效与隐忧》，《经济体制改革》，第4期。

何振一，1994，《1994年财税改革举措效果及问题剖析》，《经济研究》，第4期。

苏明，1996，《关于"九五"期间财税改革若干问题的研究》，《管理世界》，第1期。

吕炜、刘晨晖，2014，《中国财税改革的学术视阈和现实趋向：从特殊化向一般化的回归》，《经济社会体制比较》，第5期。

贾康，1998，《在配套中攻坚：财税进一步改革的展望》，《改革》，第1期。

刘溶沧、王珺，2000，《中国财税体制改革：基本经验与重要启示》，《财政研究》，第11期。

范王榜，1995，《国有企业改革：思路偏失及其转换》，《经济体制改革》，第4期。

刘世锦，1995，《中国国有企业的性质与改革逻辑》，《经济研究》，第 4 期。

林毅夫、李周，1995，《国有企业改革的核心是创造竞争的环境》，《改革》，第 3 期。

林毅夫、李周，1997，《现代企业制度的内涵与国有企业改革方向》，《经济研究》，第 3 期。

张宇燕、何帆，1996，《国有企业的性质（上）》，《管理世界》，第 5 期。

金碚，1999a，《再论国有企业是特殊企业》，《中国工业经济》，第 3 期。

金碚，1999b，《三论国有企业是特殊企业》，《中国工业经济》，第 7 期。

金碚，2001，《国有企业的历史地位和改革方向》，《中国工业经济》，第 2 期。

高尚全，1998，《我的所有制结构与经济体制改革》，《中国社会科学》，第 1 期。

黄小虎，1995，《中国土地使用制度改革探索》，《中国社会科学》，第 2 期。

赵全厚，2018，《我国财税体制改革演进轨迹及其阶段性特征》，《改革》，第 4 期。

国务院发展研究中心"完善社会主义市场经济体制"课题组，2003，《财税体制改革的成就、存在的问题及进一步改革建议》，《税务研究》，第 9 期。

第三十二章 社会主义市场经济体制逐步完善和全面深化经济体制改革时期

第一节 研究背景

社会主义市场经济体制逐步完善和全面深化经济体制改革阶段的时间范围是 2002 年以来。2002 年 11 月，党的十六大召开，明确要建成完善的社会主义市场经济体制的改革目标。2003 年 10 月，党的十六届三中全会召开，通过了《中共中央关于完善社会主义市场经济体制若干问题的决定》，全面部署深化经济体制改革的指导思想、战略目标以及重点任务，标志着中国经济体制改革从初步建立社会主义市场经济体制进入完善社会主义市场经济体制的新时期。学术界就国有企业改革、要素市场改革以及"国进民退"问题展开了讨论。

改革围绕完善社会主义市场经济体制的核心任务，从巩固并完善公有制为主体、多种所有制经济共同发展的基本经济制度，构建和健全归属清晰、权责明确、保护严格、流转顺畅的现代产权制度，深化投融资体制改革、完善宏观经济调控体系，加快政府职能转变、推动社会管理和公共服务等多个领域协同迈进，农村税费改革试点推进，取消了农业税、牧业税、特产税，不断调整国有经济布局和结构，大力推进国有企业股份制改革，进一步完善土地、劳动力、技术、产权、资本等要素市场。

2012 年习近平总书记提出深化社会主义经济体制改革和站在新的历史起点上加快完善社会主义市场经济体制。学者围绕着混合所有制改革、财税体制改革、要素市场改革展开了讨论。

　　2012 年 11 月，党的十八大召开，我国进入新时代。2013 年 11 月，党的十八届三中全会召开，审议通过《中共中央关于全面深化改革若干重大问题的决定》，当前改革进入攻坚期、深水区，只有坚持全面改革，才能继续深化改革。因此，改革不再拘泥于经济体制改革领域，而是包括经济、政治、文化、社会、生态文明，以及国防和军队改革、党的建设制度改革等。该决定指出，经济体制改革是全面深化改革的重点，进一步明确了处理好政府与市场的关系是关乎经济体制改革成功与否的核心问题；将市场在资源配置中的基础性作用改为决定性作用，是对政府与市场关系认识的深化，为全面深化经济体制改革指明了方向。根据深化经济体制改革的目标，明确了新阶段经济体制改革的主要任务方向包括：坚持和完善基本经济制度。必须坚持两个"毫不动摇"，集中体现了社会主义市场经济的整体性问题，即必须毫不动摇巩固和发展公有制经济，必须毫不动摇鼓励、支持、引导非公有制经济发展。同时，决定对"混合所有制"赋予全新的内涵并将其定位提升到一个新高度，成为我国基本经济制度的重要实现形式。加快完善现代市场体系，建立统一开放、竞争有序的市场体系，要完善主要由市场决定价格的机制，合理划定市场与政府作用边界。简政放权、加快转变政府职能，深化财税体制改革，推进开放型经济建设，积极参与国际经济合作等。2017 年 10 月，党的十九大报告提出，经过长期努力，中国特色社会主义进入了新时代，这是我国发展新的历史方位。中国经济已由高速增长阶段转向高质量发展阶段，正处在转变经济发展方式、优化经济结构、转换增长动力的攻关期，建设现代化经济体系，为跨越历史关口，实现全面建设社会主义现代化强国的重要战略目标发力。

　　经济体制改革围绕着废除对非公有制经济各种形式的不合理规定，消除各种隐性壁垒，支持非公有制经济健康发展；完善产权制度和要素市场化配置机制，迸发市场活力和社会创造力；深化国有企业改革，推动混合所有制经济发展，培育具有国际市场竞争力的世界一流企业；完善市场准入负面清单制度，放宽市场准入限制，激发各类市场主体活力；完善市场监管体制，建立放心消费市场，强化消费对经济发展的基础性作用；健全宏观调目标体系，创新宏观调控方式手段；推动"一带一路"建设，坚持"引进来"和"走出去"并重，构建全面开放新格局等重点领域深入改革、谋求转变，以达到释放社会主义市场经济长久发展之活力与竞争力。

第二节　要素市场改革与财税体制改革研究

一　要素市场改革研究

（一）关于资本市场的研究

吴晓求（2006：15~22）从构建现代金融体系和维护金融体系的稳定性角度对新时期我国资本市场的发展战略、国有大型和特大型企业从海外市场逐步回归国内 A 股市场、大型国有商业银行外资持股比例、债券市场发展的迫切性和中小企业发展与金融制度创新等重要问题作了探讨，认为构建一个结构合理、功能健全的资本市场，对中国金融体系的现代化和中国经济的持续成长具有战略意义，而让国有独资或控股的大型、特大型资源性企业回归国内 A 股市场则是构建结构完善、功能强大的资本市场的核心要素。

刘克崮、王瑛、李敏波（2013：1~5）认为沪深证券交易所设立以来，在优化资源配置、促进经济结构调整和推动实体经济发展方面做出了重要贡献，但仍存在重融资轻回报、资本市场与实体经济不匹配、重行政审批轻市场监管，以及市场主体总体不成熟等问题。研究提出了强化市场投资功能，积极构建与实体经济相适应的多层次、多品种资本市场体系，完善市场运行机制和加强市场主体建设等政策建议。朱建明、李贵强（2014：64~67）指出，从资本市场支持我国实体经济发展的程度、与国外成熟资本市场的对比来看，我国资本市场还存在功能未能全面发挥、整体效率不高的问题。中国资本市场融资功能突出，定价与资源配置、投资与风险管理等功能发挥不足的问题影响着资本市场的整体效率。研究提出以下政策建议：放松政府管制，政府应以维护市场"三公"运行与保护投资者合法权益为宗旨，对资本市场的监管从重管制审批向重规范发展转变；强化市场自我约束，从公司治理、风险控制、信息披露方面入手督促资本市场主体加强自我约束，借鉴国外市场经验改革现行上市公司退市制度；加强投资者保护，市场中介机构应建立健全投资者适当性管理制度，将合适的产品向合适的投资者销售；加大执法力度，政府在放松管制的同时应加强市场监管，重点打击虚假发行、虚假陈述、内幕交易、市场操纵、利益输送等资本市场重大违法犯罪活动。

（二）关于土地要素的研究

钱忠好、曲福田（2004）指出政府垄断是中国现行土地征用制度的典型特征。规范政府土地征用行为、完善土地征用补偿机制、允许非农建设用地入市等是中国土地征用制度改革路径所在。陶然、汪晖（2010：93～123）认为土地作为地方政府的一种主要政策工具，对推动地区经济增长和城市发展起到了关键作用。现行的征地制度、农村集体建设用地管理体制以及农地承包制度仍然存在大量问题。未来中国土地制度改革的主要方向应为：强调唯公益性用地才纳入征地范围，允许农村集体土地直接进入城市土地一级市场，建立土地发展权交易的市场机制。同时加快财税体制、户籍制度等配套改革。周天勇、张弥（2011：5～11、136）从我国土地体制改革和立法的目的入手，阐述了土地体制改革中应调整好政府管理与市场调节的关系、粮食安全与房价等社会安全的关系、土地改革和立法与财政体制改革的关系以及农民土地保障与推进农业现代化的关系，并提出了改革和形成合理的地方政府房地财政收入渠道、延长土地使用年期、形成稳定的土地物权，以及开征房地产交易增值税、房产税、土地使用税等建议。

（三）关于劳动市场的研究

陆铭、蒋仕卿（2007：14～22）认为中国的劳动力市场改革充满了中国式智慧，1996年是中国城市劳动力市场改革的分水岭，前半段是"小米慢慢炖"，后半段是"快刀斩乱麻"。第一个阶段，劳动力市场改革的效果主要表现为人们职业和收入结构的调整；第二个阶段，表现出人们在不同的就业状态上的分化。劳动力市场改革使得收入差距有所扩大，经济的可持续增长面临着新的挑战。为此，中国需要调整发展战略，促使劳动力市场改革有利于收入均等，从而有利于经济的可持续增长。

近年来，学者围绕着劳动力市场分割展开研究。肖潇（2015：77～82）指出当代中国劳动力市场分割是市场经济在世界范围内扩展和中国改革开放的发展战略共同塑造的结果，既具有体现世界劳动力市场一般性的外生形态，也具有体现国内劳动力市场形成与发展特殊性的内生形态。内生与外生二重形态之间的关联与互动，决定了中国劳动力市场分割的阶段性特征与发展趋势。陈锦其（2015：40～46）认为，我国劳动力市场分割致使发育滞后，劳动力市场体系难以完整构建是长期以来经济、社会和政治等系统相互交织、相互强化而形成的壁垒制约的结果，是经济转型时期的过渡阶段。建立完全市场化的劳动力市场体系，不只是涉及经济领域的局部变革，而且要从根本上解构身份歧视、等级化的社会体系，是一场深刻而持久的渐进性、整体性的改革，这一变革要以经济改革打破各类福利的身份依附，要以社会改革打破身份歧视，要以行政改革打破身份等级，实现去除一切束缚劳动力自由流动、创造财富活力的桎梏。置于整体性改革下的劳动力市场改革只能通过寻找"最大公约数"，由点及面、渐进式地突破和推进，是以承认和转化既得利益来发展和巩固新生市场利益、以保护存量转化存量来发展增量的历史发展过程。

都阳（2016：102～107）提出劳动力市场制度的动态完善必须因应经济社会的发展不断进行结构性改革。其中，实现充分就业与优化劳动力资源配置是劳动力市场改革的两个目标。经济新常态下劳动力市场的供给侧结构性改革，需要加快推进户籍制度、基本养老制度、基本医疗制度、劳动力市场制度等改革，以期达到劳动力市场制度安全性和灵活性的统一，并实现充分就业和劳动力资源配置优化。

陈锡文（2014：4～6）认为形成完善的土地制度，保证土地权利人的合法权利与实行严格的土地用途管制是相辅相成、不可或缺的。土地的产权权利与土地的用途管制必须平衡。

二 财税体制改革研究

赵全厚（2018：29～38）认为2012年以来是面向国家治理现代化的财

税体制改革阶段。这一阶段应继续深化财税体制改革，突出财税体制改革与其他改革的协调性、财税体制改革的现实性等问题。

邓子基、唐文倩（2012：2~6）从"改革顶层设计"对推进我国分税制财政管理体制的深化改革进行了讨论，首先，有利于理清政府间财政关系，在我国目前五级行政区划下，优先推动"三级财政"制度的设计，奠定分税制"顶层"大厦的根基；其次，在此基础上，通过构建地方政府主体税种和辅助税种，使地方税系能够稳定满足地方两级政府的财力需求，让搭建的大厦框架能牢固矗立在"底层"；最后，结合我国财力上收的实际，为使地方政府财权（力）与事权进一步匹配，必须完善转移支付制度，夯实"顶层"大厦。

中国国际经济交流中心财税改革课题组（2014：2~10）指出我国财税体制运行中的突出矛盾和问题表现在：政府职能界定不明确，职责划分不清晰，转移支付制度不规范，预算体系部门色彩重、制衡机制较弱等。研究提出下一阶段财税改革的基本思路和主要任务在全面服务经济、政治、社会、文化、生态各领域改革的基础上，在调整分配结构特别是合理界定政府职能、理顺政府间财政关系、改革税收制度、优化支出结构、强化预算管理、规范政府债务、健全信息系统等方面深入推进。同时，加强财税改革与价格、土地、金融等项改革的配套联动。

高培勇（2014：5~20）从战略层面梳理了新一轮财税体制改革的基本目标与行动路线。研究的基本结论是：与1994年的财税体制改革有所不同，新一轮财税体制改革的基本目标在于建立与国家治理体系和治理能力现代化相匹配的现代财政制度。围绕这一基本目标，要从逐步提高直接税比重入手着力于优化税制结构，支出结构上要向民生领域支出倾斜，要落实"全口径"预算管理，要继续坚守"分税制"的方向。

付敏杰（2014：10~13）认为，未来财税制度改革的核心是强化财税制度作为国家基本经济制度核心的作用，以财税制度改革促进国民经济发展战略总体的实现。新一轮财税体制改革的理念是提高市场效率，提高劳动福利，保障最基本的生存需要。研究提出改革的取向是：强化消费、自然人对于税收的贡献，降低工业企业生产环节的税负比重，完善政府收支预算管理体制，推动财税制度化建设等。

查勇、梁云凤（2015：45～49）认为，实施好财政政策，基点是全面把握宏观经济新常态下的需求转向，全面回顾梳理财税改革的成绩、总结经验、发现问题，探究新常态下财税改革方向、路径、举措。研究提出了积极推进结构性减税，健全中央和地方财力与事权相匹配的财政体制，改革财政转移支付制度，推动主体功能区建设，健全环境税制促进生态文明等重要举措。

吕炜、刘晨晖（2014：33～45）认为十八届三中全会所释放出的改革信号表明，中国改革进程已由"摸着石头过河"向"顶层设计"转变，在制度层面各种体制安排也逐步由强调"特殊化"向"一般化"转变，这是中国改革进程发展到特定阶段的一种必然回归，符合中国改革的总体逻辑。其中，财税体制改革由特殊化的、过渡性的制度设计向一般性的制度安排回归的趋势尤为明显。从财政分层的视角考察，这种回归体现为财政职能常态化、财税体制外生化以及收支约束机制化三重过程，三条线索贯穿于中国整个财税制度的纵向变革历程，并能够得到财税改革领域的学术视阈和现实趋向的双重验证。

高培勇、汪德华（2016a：5～17，2016b：5～16）评估了2013年11月到2016年10月这一轮财税体制改革进展情况，认为预算管理制度改革虽然取得了初见成效，但在各种主客观因素影响下，总体上还是处于起步阶段的"在建"工程；以间接税为主的税收制度改革虽然取得了积极进展，但直接税改革滞缓，总体上是"跛脚"式推进中的一项"卡脖子"工程。财政体制改革虽有所突破，但相对滞后的状态并没有发生根本改变，总体上属于具体方向有待明晰的工程。

高培勇（2018：4～20）回顾了中国财税体制改革40年的历程，提出以改革的阶段性目标区分，可以大致归为五个既彼此独立又互为关联的阶段。其间所存在的一条上下贯通的主线索是，它始终作为整体改革的一个重要组成部分，服从于、服务于整体改革的需要。伴随着由经济体制改革走向全面深化的历史进程，不断地对财税体制及其运行机制进行适应性的变革：以"财政公共化"匹配"经济市场化"，以"财政现代化"匹配"国家治理现代化"。具体而言，就是以"公共财政体制"匹配"社会主义市场经济体制"，以"现代财政制度"匹配"现代国家治理体系和治理能力"。这一成功实践的背后则是建立在深刻认知财税体制及其运行机制客观规律基础上形成的理论支撑：经济的市场化必然带来财政的公共化，国家治理的现代化要求财政的现代化。站在新的历史起点上，围绕财税体制改革的焦点、难点和痛点打一场攻坚战，加快建立现代财政制度，是中国特色社会主义新时代财税体制改革的必由之路。

第三节　企业改革研究

一　关于国企改革效率测度

孙群燕、李杰、张安民（2004：64～73）通过构建一个混合寡头垄断竞争的博弈模型得出在国企相对生产效率很低的情况下，必须对其进行私有化改革；但是，如果国企的相对生产效率不太低，完全的私有化并不能最大化社会总体福利或政府支付。郝大明（2006：61～72）利用2001年山东省第二次基本单位普查工业企业数据资料，对国有企业公司制改革前后的效率变化进行实证分析。国有企业公司制改革后，其效率都有较为明显的提高，但不同经济类型公司的效率差异很大；在影响国企改制效率的因素中，企业经济类型的改变作用最大；决定公司经济类型的两个因素——资本构成和投资主体的差异都会显著影响改制效率。研究进一步提出提高国企改制效率的关键在于把国有企业改造成为真正独立的市场主体，根本途径在于降低国家资本的比重。赵世勇、陈其广（2007：71～81）研究发现，并不是所有的产权改革模式对企业效率都有显著的正效应。经营者（一把手）个人控股或收购、管理层集体持股或收购、与外商合资或被外商收购这三种产权模式对企业技术效率具有显著的正效应。只有将公有企业的产权转移到私人企业家手中，才能明显提升效率。研究还发现，企业规模越大、市场环境和政府环境越好、企业越年轻，技术效率越高。刘瑞明、石磊（2010：127～137）针对国有企业的生存困境提出国有企业的"增长拖累"这一概念，以便于重新认识国有企业的效率损失，即国有企业不仅本身存在效率损失，而且软预算约束的存在，拖累了民营企业的发展进度，从而对整个经济体构成"增长拖累"。

二 关于国有企业混合所有制等研究和"国进民退"问题的研究

黄速建、余菁（2006：68～76）认为国有企业是同时拥有非经济目标和经济目标的特殊的企业组织。国有企业作为政府参与和干预经济的工具与手段，是政府针对出现或可能出现的市场失效问题而代表公众利益所采取的诸多政策举措的一种。唐凯江（2007：113～120）认为产权取向的国有企业改革是理想模式，而管理制度取向的国有企业改革才是现实模式。在现阶段国有企业产权关系不能明晰，或者暂时不能明晰，甚至所有者"缺位"的特殊情况下，借助于某种权威（比如国家和法律）的力量，建立合理的管理组织和管理制度，是破解国有企业改革难题的新方向。郭飞（2008：52～67、204～205）认为妥善处理公有制经济与非公有制经济的相互关系，使两者统一于建设中国特色社会主义的伟大实践中，关键在于坚持公有制的主体地位，不断探索、发展和完善公有制的有效实现形式。对于公有资产在社会总资产中占优势可从两个维度来理解：一是量的优势，主要体现在公有经营性净资产在社会经营性净资产中占优势；二是质的优势，集中体现在社会主义经济能够创造出比资本主义经济更高的劳动生产率。应正确认识和把握社会主义市场经济条件下国有经济布局的特殊性，合理规划并不断优化国有经济的布局和结构，着力打造一批具有国际竞争力的国有或国有控股的大型企业或企业集团，进一步发挥国有经济的主导作用。

国际金融危机以后，山东钢铁合并日照钢铁、山西煤炭产业整顿小煤矿等现象引发了大众的关注，学术界也掀起了对国有企业改革走向的大讨论。

邓伟（2010：39～46）认为是我国少数行业出现了"国进民退"现象，

2009 年这一现象变得更为明显。"国进民退"并非市场公平竞争的结果，而是由国有企业过多的留存利润、歧视性产业政策、国有银行的信贷支持以及地方政府对中央国企的支持等体制性因素扭曲所致。因此，"国进民退"不仅不利于效率的提高和社会福利的改进，还会在民营企业的发展、收入分配、产业结构优化、金融风险和增长方式的转型等方面对我国经济产生不利影响。为防止"国进民退"，应对国有企业进行合理定位，划定其必要的经营范围。

卫兴华、张福军（2010：5～11、159）从西方发达国家为应对国际金融危机实行某些国有化的措施，从国家现行宏观政策取向，从国企和私企的发展趋势及其比重消长，从市场经济运行的操作层面，从理论逻辑与论断的准确性多角度进行分析，认为所谓"国进民退"都是缺乏科学依据的一种主观论断。李政（2010：98～102）更是认为"国进民退"是一个伪命题，其在概念上是模糊的，在总体上是不存在的，在个案上争论是没有意义的。对于局部的国有企业扩张现象，应该具体问题具体分析，不能泛泛而论。评判国有企业"进退"的利弊和正当性，关键要看其向何处进、何处退，为何进、为何退，如何进、如何退。"国进"并不意味着"民退"，在社会主义市场经济条件下，国有经济与非公有制经济之间不是此消彼长的关系，而应是和谐共生、协调发展的关系。应该基于有效发挥国有经济功能，着眼于整个国民经济和社会发展，以"三个有利于"为标准评价国有企业的绩效与行为，并致力于国有企业治理机制的完善和创新与管理效率的提高，而不是对其简单地加以肯定或否定。

季晓南（2010：22～36）指出当前国内的"国进民退"讨论已远远超出了如何分析和看待一些行业和领域出现的国有企业兼并重组民营企业这一层面，实际上这场争论关系到如何坚持社会主义市场经济的改革方向，关系到如何坚持社会主义初级阶段的基本经济制度，关系到如何认识国有经济在社会主义市场经济中的地位和作用，关系到如何界定政府在宏观调控中的作用等一系列重大问题。丁任重、王继翔（2010：35～40）指出不管是"国退民进"还是"国进民退"，我国的国企改革都应客观地以社会文明进步、人民安居乐业和生产力提高为标准，而不是一概而论地赶时髦去改制。没有必要担心民营经济多了，社会主义公有制就会变质；也没有必要担心国有经济多了会使经济倒退。只要把握好改革方向，坚持以公有制为主体、多种所有制经济共同发展，树立科学发展观，取发达国家之精华，走一条改革成本最低的路径就是我们改革的最终目标。

发展混合所有制经济是深化国有企业改革的重要举措，在全面深化经济体制改革时期，学者就如何有效推进国有企业混合所有制改革进行了有益讨论。

黄群慧、余菁（2013：5~17）认为，在新时期国有企业改革的主要目标绝不是通过国有企业私有化、民营化最终消灭国有企业，也不仅仅是围绕国有资产保值增值建立激励机制以追求国有资产发展壮大，而应是建立有效的制度基础保证国有经济追求国家使命导向的发展。围绕这个目标解决国有经济现在面临的盈利性使命和公共性使命冲突则成为新时期国有企业改革的重要任务。应将国有经济部门区分为公共政策性、特定功能性和一般商业性三类，分别构造不同的治理机制。

李建标、王高阳、李帅琦、殷西乐（2016：109~126）认为非国有资本参与混合所有制改革有着更高的期望收益，并且参与越早获利越多，但其成效将受到交易成本和国有资本超级股东身份的影响；对国有资本而言，其收益不受交易成本的影响，而且超级股东身份会使其拥有强大的谈判能力。由于国有资本与非国有资本存在运作体制和行为认知方面的巨大差异，国有资本与非国有资本的混合初期会遇到较大困难，如混合所有制企业中可能会出现较大差异的权力认知取向。只有经过长期的认知和行为的磨合，才能取得混合所有制改革的实际成效。与此同时也可以将国有资本打造成为"有经济活力、控制力、影响力和抗风险能力"的市场主体。

张冰石、马忠、夏子航（2017：20~26）对国有企业混合所有制改革中涉及的垄断国有企业引入非公资本、国有资本与非公资本的融合、多元化资本主体的产权关系、国有资本管理体系以及集团企业多层级公司治理等主要问题进行了系统的分析，提出了国有企业混合所有制改革的理论框架，为推动国有企业特别是垄断行业国有企业实施混合所有制改革提供理论参考。

国有企业混合所有制改革的基本前提是放开国有企业非公资本准入，实施混合所有制改革的融合基础是实现国资与非公资本的优势互补，混合所有制改革的利益保障是明晰国资与非公资本的产权关系，实施混合所有制改革的结构支撑是重塑国有资本管理体系，实施混合所有制改革的制度保障是完善多层级公司治理结构与机制。

綦好东、郭骏超、朱炜（2017：8～19）认为，国有企业混合所有制改革的动力主要在于提升经济绩效、改善企业治理、促进社会稳定与发展，而改革的阻力则主要来自部分既得利益者的阻碍、落后激励机制的制约、意识形态的固化及公众对变革的担忧。因此应多方式推进混合所有制改革，加大国有资产经营机制改革力度，切实加强各类产权的法律保护，维护公众利益。

中共十八届三中全会决议已针对城市公用事业等自然垄断领域提出了改革的纲领。但是，关于自然垄断领域应该如何推进混合所有制改革仍不明确。陈林等（2018：186～205）使用1998～2008年全国规模以上的公用企业数据，剔除产品价格因素的影响，以成本函数分析方法测算不同的公用事业领域的自然垄断属性及其全要素生产率，并以基于自然实验的三重差分法，对自然垄断、混合所有制改革与企业生产效率之间的关系进行实证检验，结果表明：①混合所有制改革对自然垄断环节的企业全要素生产率提升作用不显著；②混合所有制改革不应该在全国范围内和所有的公用事业领域内推行，不区分自然垄断与可竞争领域的改革存在政策效果的不确定性；③相对于自然垄断环节，进行混合所有制改革后竞争性环节的企业生产效率得到显著提升，体制改革的"政策红利"更大。因此，混合所有制改革应优先在竞争性环节开展。

参考文献

孙群燕、李杰、张安民，2004，《寡头竞争情形下的国企改革——论国有股份比重的最优选择》，《经济研究》，第1期。

郝大明，2006，《国有企业公司制改革效率的实证分析》，《经济研究》，第 7 期。

赵世勇、陈其广，2007，《产权改革模式与企业技术效率——基于中国制造业改制企业数据的实证研究》，《经济研究》，第 11 期。

刘瑞明、石磊，2010，《国有企业的双重效率损失与经济增长》，《经济研究》，第 1 期。

黄速建、余菁，2006，《国有企业的性质、目标与社会责任》，《中国工业经济》，第 2 期。

唐凯江，2007，《草坪问题的行为经济学分析——兼论国有企业改革的新方向》，《中国工业经济》，第 1 期。

郭飞，2008，《深化中国所有制结构改革的若干思考》，《中国社会科学》，第 3 期。

邓伟，2010，《"国进民退"的学术论争及其下一步》，《改革》，第 4 期。

李政，2010《"国进民退"之争的回顾与澄清——国有经济功能决定国有企业必须有"进"有"退"》，《社会科学辑刊》，第 5 期。

季晓南，2010，《正确分析和认识当前"国进民退"的讨论》，《政治经济学评论》，第 3 期。

卫兴华、张福军，2010，《当前"国进民退"之说不能成立——兼评"国进民退"之争》，《马克思主义研究》，第 3 期。

丁任重、王继翔，2010《中国国有企业改革演进：另一种视角的解读——关于"国退民进"与"国进民退"争议的思考》，《当代经济研究》，第 4 期。

吴晓求，2006，《关于当前我国金融改革和资本市场发展若干重要问题的看法》，《金融研究》，第 6 期。

钱忠好、曲福田，2004，《中国土地征用制度：反思与改革》，《中国土地科学》，第 5 期。

陶然、汪晖，2010，《中国尚未完成之转型中的土地制度改革：挑战与出路》，《国际经济评论》，第 2 期。

周天勇、张弥，2011，《中国土地制度的进一步改革和修法》，《财贸经济》，第 2 期。

陆铭、蒋仕卿，2007，《重构"铁三角"：中国的劳动力市场改革、收入分配和经济增长》，《管理世界》，第 6 期。

高培勇，2018，《中国财税改革 40 年：基本轨迹、基本经验和基本规律》，《经济研究》，第 3 期。

赵全厚，2018，《我国财税体制改革演进轨迹及其阶段性特征》，《改革》，第 4 期。

刘克崮、王瑛、李敏波，2013《深化改革建设投融资并重的资本市场》，《管理世界》，第 8 期。

朱建明、李贵强，2014，《中国资本市场功能的现状、问题与制度改革》，《软科学》，第 1 期。

肖潇，2015，《试论改革开放以来我国劳动力市场分割的二重形态——以"积累的社会结构"为分析视角》，《社会主义研究》，第 1 期.

陈锦其，2015，《历史总体观视度下的劳动力市场化改革》，《中国浙江省委党校学报》，第 1 期。

都阳，2016，《论劳动力市场改革的两个目标》，《中共中央党校学报》，第 5 期。

陈锡文，2014，《关于农村土地制度改革的两点思考》，《经济研究》，第 1 期。

邓子基、唐文倩，2012，《我国财税改革与"顶层设计"——省以下分税制财政管理体制的深化改革》，《财政研究》，第 2 期。

高培勇，2014，《由适应市场经济体制到匹配国家治理体系——关于新一轮财税体制改革基本取向的讨论》，《财贸经济》，第 3 期。

付敏杰，2014，《新一轮财税体制改革的目标、背景、理念和方向》，《经济体制改革》，第 1 期。

查勇、梁云凤，2015，《新常态下财税改革方向及政策建议》，《财政研究》，第 4 期。

吕炜、刘晨晖，2014，《中国财税改革的学术视阈和现实趋向：从特殊化向一般化的回归》，《经济社会体制比较》，第 5 期。

中国国际经济交流中心财税改革课题组，2014，《深化财税体制改革的基本思路与政策建议》，《财政研究》，第 7 期。

高培勇、汪德华，2016a，《本轮财税体制改革进程评估：2013.11－2016.10（上）》，《财贸经济》，第 11 期。

高培勇、汪德华，2016b，《本轮财税体制改革进程评估：2013.11－2016.10（下）》，《财贸经济》，第 12 期。

黄群慧、余菁，2013，《新时期的新思路：国有企业分类改革与治理》，《中国工业经济》，第 11 期。

李建标、王高阳、李帅琦、殷西乐，2016，《混合所有制改革中国有和非国有资本的行为博弈——实验室实验的证据》，《中国工业经济》，第 6 期。

张冰石、马忠、夏子航，2017，《基于国有资本优化配置的混合所有制改革实施模式》，《经济体制改革》，第 2 期。

綦好东、郭骏超、朱炜，2017，《国有企业混合所有制改革：动力、阻力与实现路径》，《管理世界》，第 10 期。

陈林、万攀兵、许莹盈，2018，《混合所有制企业的股权结构与创新行为——基于自然实验与断点回归的实证检验》，《管理世界》，第 10 期。

图书在版编目（CIP）数据

中国发展经济学思想研究. 1949－2019／张其仔等著
. －－北京：社会科学文献出版社，2020. 11
ISBN 978－7－5201－7124－3

Ⅰ. ①中…　Ⅱ. ①张…　Ⅲ. ①发展经济学－研究－中
国　Ⅳ. ①F061. 3

中国版本图书馆 CIP 数据核字（2020）第 152028 号

中国发展经济学思想研究：1949～2019

著　　者／张其仔　江飞涛　吴利学 等

出 版 人／谢寿光
责任编辑／吴　敏

出　　版／社会科学文献出版社·皮书出版分社（010）59367127
　　　　　地址：北京市北三环中路甲29号院华龙大厦　邮编：100029
　　　　　网址：www. ssap. com. cn
发　　行／市场营销中心（010）59367081　59367083
印　　装／三河市龙林印务有限公司

规　　格／开　本：787mm×1092mm　1/16
　　　　　印　张：32. 25　字　数：482 千字
版　　次／2020 年 11 月第 1 版　2020 年 11 月第 1 次印刷
书　　号／ISBN 978－7－5201－7124－3
定　　价／198. 00 元